基金项目:

国家社会科学基金"十三五"规划2020年度教育学一般课题"我国独立学院转设风险防范和推进机制研究"(课题批准号:BIA200206)

我国独立学院
转设风险防范和推进机制研究

阙明坤　著

厦门大学出版社
XIAMEN UNIVERSITY PRESS

国家一级出版社
全国百佳图书出版单位

图书在版编目（CIP）数据

我国独立学院转设风险防范和推进机制研究 / 阙明
坤著. -- 厦门：厦门大学出版社，2022.12
　　ISBN 978-7-5615-8813-0

　　Ⅰ. ①我… Ⅱ. ①阙… Ⅲ. ①高等学校－学校管理－
研究－中国 Ⅳ. ①G647

中国版本图书馆CIP数据核字(2022)第190177号

出 版 人　郑文礼
责任编辑　廖婉瑜
封面设计　蒋卓群
技术编辑　朱　楷

出版发行　厦门大学出版社
社　　　址　厦门市软件园二期望海路 39 号
邮政编码　361008
总　　　机　0592-2181111　0592-2181406(传真)
营销中心　0592-2184458　0592-2181365
网　　　址　http://www.xmupress.com
邮　　　箱　xmup@xmupress.com
印　　　刷　厦门市竞成印刷有限公司

开本　720 mm×1 000 mm　1/16
印张　23.5
字数　422 千字
版次　2022 年 12 月第 1 版
印次　2022 年 12 月第 1 次印刷
定价　95.00 元

厦门大学出版社
微信二维码

厦门大学出版社
微博二维码

本书如有印装质量问题请直接寄承印厂调换

序　一

杨德广

　　独立学院自1999年6月诞生以来,已经过了20多年的办学历程。我国为什么会有"独立学院",这有着特定的历史背景,独立学院是世界教育史上少有的具有中国特色的办学模式。

　　20世纪80年代,在改革开放、市场经济的强劲推动下,国家迫切需要人才的支撑,迫切要求加快高等教育发展步伐。然而当时我国的高等教育毛入学率一直徘徊在2%～3%。推进高等教育大众化迫在眉睫、势不可挡,但完全依靠国家投资不可能。90年代伴随着我国民营企业的发展,借鉴外国私立学校的经验(有些国家的私立大学占一半以上),我国民办高校迅速发展起来。由于大多数民营企业、个体经济实力不强、教育资源不足,新办的民办高校多数是专科层次,导致不少地区本、专科教育结构失衡。同时,在长期以来计划经济体制束缚下,许多公办高校有较大的资源存量和办学空间。于是出现了"名校办民校"的独立学院。其主要特点是:学制本科、挂靠公办高校、财务独立核算等。其优点是开发了公办高校的潜力、确保了独立学院本科教育质量、增加了公办高校的经济来源(独立学院按规定给母体学校一定的管理费)。当时社会上包括教育界有不少人对独立学院表示不理解、不赞成,甚至呼吁"取消",认为是"学校捞好处""国有资产流失""是假民办,是政府直接干预民办教育市场"。显然,这是片面的、非理性的。我曾撰文指出,独立学院是中国特色的新型民办高校。可以说,我是独立学院的鼓吹者、参与者和维护者。独立学院是为国家、为社会培养人才,最大的受益者是国家、社会和学生。20多年来的实践证明,独立学院是我国高等教育体制改革的一项重大举措,是一定历史时期高等教育主动适应社会发展的产物,有力地推动了高等教育大众化现代化进程,为经济社会发展培养人才作出了巨大贡献。

　　历史的车轮已进入新时代、新征程。在党的二十大精神鼓舞下,全国人民为实现第二个百年宏伟目标,建设社会主义现代化强国,踔厉前行。为此必须坚持科教兴国、人才强国战略。要大力发展高等教育,培养更多更好的优秀人才。根据国家的战略部署,独立学院脱离母体公办高校,转设成为独立设置的本科高校,光荣地退出历史舞台。转设是关系到独立学院生存发展的重大问题,母体高校、社会力量投资方、独立学院、地方政府之间存在较大的利益冲突,转设所诱发的风险事件引发社会各界高度关注。在全面深化教育改革和依法治教的当下,研究独立学院转设风险防范及推进机制,具有重要的理论和现实意义。

问题是时代的声音,也是创新的起点。只有聆听时代的声音,回应时代的呼唤,才能真正解决重大问题,推动理论创新。正是立足这一宏大历史背景,由无锡太湖学院副校长、浙江大学博士后阙明坤研究员撰写的《我国独立学院转设风险防范和推进机制研究》一书应运而生,该书瞄准高等教育改革热点,聚焦独立学院转设痛点,回应社会关切,贡献解决方案。

我与阙明坤博士相识多年,他是教育学界的青年才俊,后起之秀,具有广阔的研究视野与深厚的学术功底,近年来围绕高等教育、民办教育、教育政策等话题,在《教育研究》《管理世界》《高等教育研究》《教育发展研究》等期刊发表了数量不菲的学术成果。阙博士勤奋好学、思维敏捷、观点超前、勇于开拓,经常废寝忘食,笔耕不辍。他最为擅长、关注时间最久的还是当属"独立学院"研究,其深耕独立学院领域,又在独立学院从事过管理工作,围绕该主题发表了一系列成果,展现出对这个领域浓厚的学术兴趣。爱因斯坦说过,"兴趣是最好的老师",兴趣是不断激励研究者钻研的原动力,只有保持长久的兴趣,才能把研究做实、做深、做透。事实也是如此,阙博士的这部著作恰是他10多年来学术兴趣的一个总结凝练,也是其立足独立学院研究的一项创举,可以称得上是一部"集大成之作"。这部著作以宏阔的视野、理性的思维、丰富的资料、深入的分析,书写了我国独立学院的变迁之路,描绘了一幅新时代高等教育改革的画卷,阐释了我国独立学院转设风险防范的理论基础、体系构建、案例分析,读来令人耳目一新,引发诸多思考。

独立学院是历史的产物,自诞生之日起就饱受争论,褒贬不一。回想10多年来,在独立学院兴起发展过程之中,我陆续写了一些思考文章,对当时社会上出现的几种反对独立学院的声音予以剖析、回应。2008年我和华芸撰写的《对我国高校独立学院的理性思考——独立学院全部转为"公办"不可取》,提出由政府公共财政包办将已有的独立学院全部转为公办是不可取的。2009年我又写了一篇《独立学院是中国特色的新型民办高校》,提出独立学院是适合中国国情、具有中国特色的新型民办高校。2010年在《独立学院的发展模式及未来走向》一文中,我总结了独立学院有四种办学模式,各有其特点和优势,也存在一些问题和矛盾。我国应重点扶持和发展国有民营型独立学院。在我国高等教育发展初期,要实现高等教育大众化任重而道远,需要采取多种渠道、多种体制、多种模式办学。独立学院顺应了我国经济社会发展和高等教育改革的趋势,它是特定时代的产物。本书在谈及转设问题时,对独立学院的生成和发展做了细致梳理,对独立学院作出的历史贡献给予充分肯定,非常中肯,尊重历史,以事实为准绳,这一点我觉得是难能可贵的。

本书通过深度调研独立学院的转设现状及瓶颈问题,深入分析独立学院转设面临的风险,系统回答独立学院转设中的重点和难点问题,构建具有适用价值的风险防范体系,丰富和发展了高等教育风险管理理论。全书共分为九章,包括:绪论;我国独立学院历史变迁与转设状况;独立学院转设风险的类型及成因;独立学院转设风险防范体系;独立学院转设风险防范的案例分析;推进独立学院转设的保障机制;国外高等教育办学模式对我国独立学院转设的镜鉴;独立学院转设后发展走向展望;独立学院转设为本科高校后的典型案例。每一章都有丰富的内涵和深刻的论述。

通读全书,我觉得,总体而言,具有以下三个特点。

一是理论框架具有创新性。

恩格斯说:"一个民族要想站在科学的最高峰,就一刻也不能没有理论思维。"本书概念清晰、理念先进,切中独立学院转设面临的风险问题,引入风险社会、风险管理、应急管理等理论,对于推动独立学院平稳有序转设具有重要理论价值。德国社会学家贝克指出,"现代社会本质上是一个风险社会"。风险社会并未预示一个"危险性增大的世界",而是一个越来越关注未来安全的世界,我国在实现现代化过程中也面临着改革带来的诸多风险和挑战,风险管理对于实现社会稳定和安全尤为重要。作为高等教育领域的一项重大制度变迁,独立学院转设牵涉到多方利益,转设过程中面临褪去公办高校光环、管理骨干回归母体高校、独自组织教学、上市公司并购等挑战,存在着各种类型的风险。当风险成为现实时,就可能导致独立学院转设过程出现危机。

目前,学界对于独立学院转设风险的定量研究基本没有,大部分研究仍停留在对其内涵和特征的初步探讨上,尚没有针对独立学院转设风险形成一套系统化的评价指标体系,缺乏科学、客观的评价研究,无法了解目前独立学院转设所处的风险水平。本书建构了一套"独立学院转设风险评价指标体系",将独立学院转设风险划分为法律政策风险、社会稳定风险、教育教学风险、政治安全风险、财务资产风险五类,对各种相关因素进行定性和定量分析,衡量出独立学院转设目前所处的风险水平,所用方法及相关结论具有科学性和创新性。不仅如此,作者从利益相关者视角出发,进一步分析转设过程中举办高校、社会力量投资方、独立学院、政府、师生五大利益相关者的诉求,对各主体的博弈行为进行分析和诠释,厘清导致独立学院转设风险的各方面原因,这些系统思考实现了观点上的突破,形成了集成创新。

二是研究观点具有指导性。

"求木之长者,必固其根本;欲流之远者,必浚其泉源。"本书紧贴实际、操作性强,精准回应了"如何防范独立学院转设风险"和"如何推进转设后高质量发展"两个关键问题,可谓切中要害、直击痛点。

本书在对独立学院转设风险考察、预测、收集分析的基础上,借鉴国外成熟的风险治理经验,结合各国风险治理框架和标准,构建了包括风险识别、风险评估、风险预警和风险应对在内的一整套风险防范体系。作者认为,独立学院转设风险具有复杂性、多变性,在转设过程中要对风险加以判断、归类和性质鉴定,估计和预测转设风险发生的概率和损失程度,确立风险等级,监控转设风险因素的变化趋势,建立向决策层发出预警信号并提前采取预防对策的风险预警系统,最后对不同类型的风险采取不同的应对措施。

本书系统回答了独立学院如何协调母体高校、投资方和师生的利益,在社会震荡和风险最小的情况下审慎推进独立学院转设,实现各方利益的均衡,平稳有序推动转设。同时,提出了一系列可行的对策,包括:加强政府统筹领导,健全多元分流机制,建立政府协调机制,完善领导管理体制,健全质量保障机制,建立退出补偿机制。

可见,本书不仅能为独立学院转设释疑解惑和提供指导,也可以直接为各级教育主管部门完善独立学院转设相关政策提供决策参考,既可以助力独立学院走出转设的迷雾和泥淖,也能够促进政策供给和创新,对于教育行政管理者、高校领导、中层干部均有指导意义。本书是作者主持的国家社会科学基金教育学课题的成果结晶,该课题取得丰硕成果,免予鉴定,转化为一系列咨政报告,获得中央办公厅、全国政协、全国工商联、民盟中央、教育部等省部级以上单位采纳,获得中央领导肯定性批示,为独立学院转设风险防范提供了有益的决策参考。

三是研究内容具有丰富性。

本书研究内容非常丰富,基于数据统计和调查研究,对独立学院转设前、转设中、转设后三个阶段均进行了系统研究,可以为高等教育研究者提供参考。其中第五章、第九章运用典型的案例和翔实的资料,既佐证了论点,又丰富了内容,使这本专著有血有肉,理论与实际相结合,令人信服。

　　不同独立学院的发展形态迥异,转设的路径也应该是多元的,以满足不同发展现状的独立学院的转设需求。独立学院不论是转设成公办院校,还是民办院校,抑或终止办学,均存在一定的风险。在对独立学院转设存在的风险及其防范进行学理研究的基础上,本书选择了五个具有典型意义的案例学校开展风险防范分析,从独立学院办学情况、案例来龙去脉、点评分析三个方面深入剖析不同案例所呈现的风险,与独立学院转设风险防范的学理分析交相辉映,从现实视角观照我国独立学院转设进程中存在的风险及其防范策略,促进研究走深走实。

　　独立学院转设为完全独立设置的本科高校,是组织形态、办学机制、领导体制、发展模式的重大变迁。转设后,不同类型的高校呈现出不同的发展状态,有的高校发展势头良好,充分展示出生机活力。本书依据独立学院转设民办本科高校、公办本科高校、本科职业技术大学、国有民办普通本科高校四种不同的路径,分别选取三亚学院、浙大宁波理工学院、河北科技工程职业技术大学、桂林学院四个发展势头良好的案例,进行个案分析,剖析内在机理,破译成功密码,对正在转设或和已转设的学校提供参照,具有较强的启示意义与借鉴价值。

　　值此本书出版之际,仓促成笔,聊作对我国高等教育改革的一种回溯,是以为序。

（作者杨德广教授系当代教育名家、上海师范大学原校长、中国高教学会高等教育学专业委员会原理事长）

序 二

常桐善

　　在全球高等教育发展格局中,中国高等教育一枝独秀,经过改革开放 40 多年的发展,中国高等教育走出了一条独具特色的跨越式发展之路,建成世界最大规模高等教育体系,完成了美国、英国、法国等发达国家用很长时间才完成的高等教育大众化普及化任务。其中,中国的独立学院作为社会力量办学的产物,是一种具有鲜明本土化特色的高等教育改革尝试。很多学者从中国的实际情况出发,对这样独具特色的高等教学办学模式进行了广泛深入的研究,为国家制定有关政策提供了有效依据。阚明坤博士在这方面深耕细作,进行了长期而严谨的研究,其最新专著《我国独立学院转设风险防范和推进机制研究》就是这一领域的优秀代表。

　　中国从 1982 年《中华人民共和国宪法》开始鼓励社会力量依法举办各种教育事业,到颁布和修订《民办教育促进法》,出台一系列鼓励社会力量办学的法律法规,促进了民办高等教育事业的繁荣发展,为独立学院的产生与发展提供了法律依据。中国的独立学院是在高等教育市场化改革的背景下诞生的,其依托公办高校的品牌优势、师资优势、管理优势,同时发挥社会力量的资金优势、机制优势、效率优势,实现了高起点办学、高水平建设、高质量发展。独立学院大多是依靠民营企业和个人的投资以及学费收入运行,在一定程度上缓解了地方政府的教育经费支出压力,形成了对本科教育资源的有益补充,提供了多样化教育供给。独立学院的发展与壮大,调动了社会力量投资兴办教育的积极性,为中国高等教育营造了更具竞争性的发展环境,极大地推动了高等教育的改革和发展,为经济社会发展提供了人力资本支撑。

　　从一个国家和地区的教育生态来看,独立学院推动了中国高等教育改革,促进构建政府、学校、社会之间的新型关系,有利于健全政府主导、社会参与、办学主体多元、办学形式多样、充满生机活力的办学体制,形成以政府办学为主体,全社会积极参与、公办教育和民办教育共同发展的格局,推动中国高等教育办学管理体制由条块分割的中央集中办学向中央和地方两级领导、以省级人民政府为主管理高等教育的体制转变，强化省级人民政府在推动高等教育发展方面的责任。独立学院的发展与壮大，在一定程度上打破了公办高校"一统天下"、国家包办高等教育的单一模式和统一办学的局面，催生了公办高等教育与民办高等教育合理定位、良性竞争的发展局面，调动了全社会参与的积极性，进一步激发教育活力，满足人民群众多层次、多样化的教育需求。

同时，从高等教育分类发展、分类培养来看，中国独立学院促进了高等教育的分类发展。在较长一段时期，中国原有的高校设置标准和高等教育评估强调学科导向、学科布局、学科覆盖、办学规模，不强调各类高校之间人才培养类型的不同。独立学院则扩大了应用型高等教育资源，推动研究型、应用型和职业技能型三大类型高等教育协调发展。独立学院诞生前，中国高等教育以研究型大学与高职高专院校为主，应用型本科高校不足，应用型、技术型人才培养较为薄弱。独立学院从办学伊始，就立足于应用型本科人才培养，积极探索一种以市场需求为导向、以能力培养为核心的全新人才培养类型，注重校企合作、应用研究、服务区域，壮大了应用型高等教育力量。这既是时代赋予独立学院的新使命、新要求，又是其自身生存发展的必然选择。独立学院作为应用型高等教育生力军，促进了不同类型高等学校之间差异发展、各安其位、各展所长、有序竞争、相互协调、办出特色、争创一流的发展格局，有力改变了"千校一面"的单一化局面。

在高校分类发展方面，已有很多的国际经验可以借鉴。美国加州的研究型、教学型和社区学院的办学经验就是其中之一。我在加州大学工作近20年，深深体会到分类办学不仅可以满足一个地区、国家经济发展对人才的需求，同时也能满足学生的学习需求。另外，即便是在同一个大学系统，各分校的办学也会避免过分"同质性"的问题。我工作的加州大学经过150多年的发展，已先后建立了10所分校，办学方面各具特色，而且在大学系统的协调下，为解决高等教育大众化后优质高等教育资源短缺的问题，作出了各自力所能及的贡献。

当然，作为一种新的办学模式，独立学院在办学过程中出现了一些问题和矛盾。明坤博士从内部治理、法人地位、产权归属、师资结构、办学条件等方面进行了细致的剖析。毫无疑问，这些分析和研究对推进中国独立学院全面转设，引导规范民办高等教育健康发展，推进高等教育治理体系和治理能力现代化有重要的参考和借鉴价值。诚然，促进中国独立学院的第二次华丽转身，助推其成功转型升级是一项复杂的工程，关系到中国高等教育整体的前途命运和发展改革方向。明坤博士能瞄准独立学院转设中存在的问题,深入探究,未雨绸缪,提出对策,可谓具有学术敏锐性和创新眼光。浏览全书,本专著在理论和实践上有诸多创新,值得充分肯定。

首先,本书精准敏锐把握了独立学院转设发展过程中的前沿问题,研究主题具有时代性。2016年,阙明坤博士就主持了教育部人文社科课题,研究独立学院转设成效;2020年,他又聚焦独立学院转设风险,申报主持了国家社科基金课题;2021年,独立学院在转设过程中出现风险事件,体现了他的前瞻意识,这与他长期以来坚持仰望星空与脚踏实地相结合,坚持理论研究与实践改革相结合的学术品质密不可分。他敏锐注意到独立学院在转设过程中面临的"分手费"争议、利益博弈、司法纠纷、迁址办学、院校更名、师生权益保障等系列问题,精准研判转设中存在的风险。在此基础上,本书提出从政府统筹协同、领导管理、多元分流、法律救济、退出补偿五个方面构建独立学院转设推进机制,系统回答了独立学院如何兼顾母体高校、投资方和师生的利益,稳妥推进独立学院转设,为促进独立学院平稳有序转设提供了有益参考。

其次,本书构建了独立学院转设风险防范理论框架,研究内容具有理论性。该书综合运用管理学、经济学、社会学、教育学等多学科相关理论,以风险社会、风险管理、应急管理为理论指导,根据转设风险表现形式,创造性地将独立学院转设风险分为法律政策风险、社会稳定风险、教育教学风险、政治安全风险、财务资产风险五大类型,剖析转设风险的特征及成因。特别是本书率先构建了独立学院转设风险防范评价指标体系,用模糊综合评价法评估国有民办型独立学院和民有民办型独立学院的转设风险水平,认为当前这两类独立学院转设风险水平均为中风险,研究具有创新性。本书系统构建了较为成熟的独立学院转设风险防范体系,包括独立学院转设风险识别、风险评估、风险预警、风险应对,填补了这一研究领域的空白,为破解独立学院转设现实困境提供了新的理论视角。

最后,本书以丰富的案例进行深入研究,研究内容具有针对性。本著作分别对独立学院举办方多次变更、独立学院转设"分手费"纠纷、独立学院转设为公办高校后收费及发证引发的争议、独立学院与高职合并转设本科职业技术大学产生群体事件、独立学院转设为公办高校校区"三本变一本"引发师生争议等五个典型案例,细致分析风险产生与防范全过程。案例研究与学理分析交相辉映,从现实视角观照独立学院转设进程中存在的风险及其防范策略,具有较强的实践针对性。他山之石,可以攻玉,作者还分析了印度附属学院办学模式、日本私立大学、德国应用科技大学以及美国大学异地多校区办学经验,通过域外高等教育办学模式研究，思考其对独立学院转设的镜鉴，对独立学院转设后的可持续发展具有启示意义。

总而言之，本书致力于探索符合中国国情的独立学院转设风险防范框架体系和独立学院转设前后的保障机制、发展路径，是一部理论与实践、定性与定量、域内与域外相结合的力作，对指引独立学院转设、强化风险防控提供了很好的参考，具有开拓性贡献。行文至此，还有一个问题在我脑海盘旋：中国独立学院转设之后，未来怎么办，将走向何方？这是一个非常值得关注的问题，本书也给出了一些回应。

这个问题让我想起马丁·特罗对加州大学"共治"的解读。他认为加州大学"共治"模式的内涵意义可以总结为两个方面："大学自治的最大化"和"追求卓越"。为了容易理解，我将其总结为三个方面："共做主"（shared ownership）、"共履职"（shared responsibilities）、"同担责"（shared accountability）。简单地说，就是所有大学的利益人，包括教师、行政服务人员以及学生都必须认清自己在大学治理中的位置，并为此而履行自己的职责，且为其承担责任。这样的治理环境所彰显的特征是：权力分散，职业化的行政领导力与专业化的学术领导力优势互补，利益人积极参与大学治理。希望中国独立学院在转设为应用型本科高校时，能够借鉴明坤博士和其他学者的研究成果，以及国际高等教育的办学经验，少走弯路，多办实事，为莘莘学子提供高质量的学习机会和就读经历。

真诚祝愿中国独立学院转设后发展越来越好，为世界高等教育多样化创造更多经验。也期待学习明坤在这个领域的研究新作！

（作者常桐善教授系美国加州大学校长办公室院校研究与学术规划主任、加州大学伯克利高等教育研究中心兼职高级研究员）

目　录

第一章　绪论

　　现代社会是一个充满不确定性的高风险社会,社会系统的复杂性导致其内在的脆弱性,风险成为现代社会基本的结构性特征。当代中国社会由巨大的社会变革而激起发展活力,同时也因此步入高风险社会。与西方国家的三权分立不同,在我国行政体制下,改革主要由政策驱动。改革开放40多年来,驱动高等教育改革的主要是政策。[①] 政策驱动改革既促进了高等教育的大发展与大提高,也为我国高等教育从大国走向强国埋下了风险隐患。我国独立学院转设风险防范与推进机制研究正是在这一背景下展开的。

第一节　概念界定与研究意义

　　理论是行动的先导,在推进教育治理体系和治理能力现代化的背景下,加强我国独立学院转设风险防范和推进机制研究,既是高等教育改革发展的现实所需,也是加强理论对实践指导的客观需要。

一、概念界定

　　德国著名教育理论家沃尔夫冈·布列钦卡指出:"没有准确的概念,明晰的思想和文字也就无从谈起。"对我国独立学院转设风险防范有关概念进行辨析,是开展本研究的起点。

(一)独立学院

　　"独立学院"是在高等教育大众化、市场化背景下办学体制改革创新的产

---

① 王建华.政策驱动高等教育改革的背后[J].清华大学教育研究,2019,40(1):53-64.

物,是植根于中国土壤、具有中国特色的本土化概念,其经历了组织形态的变革和政策演进的变迁。

2003 年,教育部《关于规范并加强普通高校以新的机制和模式试办独立学院管理的若干意见》规定:"独立学院,是专指由普通本科高校按新机制、新模式举办的本科层次的二级学院。"一些普通本科高校按公办机制和模式建立的二级学院、"分校"或其他类似的二级办学机构不属此范畴。这是政府层面首次对独立学院概念提出明确的界定。随着独立学院的快速发展,其办学过程中出现一些问题,为了规范普通高等学校与社会组织或者个人合作举办独立学院活动,促进高等教育事业健康发展,2008 年,教育部制定《独立学院设置与管理办法》,对独立学院的内涵又进行了修正和完善。其明确提出:"独立学院是指实施本科以上学历教育的普通高等学校与国家机构以外的社会组织或者个人合作,利用非国家财政性经费举办的实施本科学历教育的高等学校。"独立学院是民办高等教育的重要组成部分,属于公益性事业。

从产权属性和投资主体来看,我国独立学院大致可以分为国有民办型和民有民办型两种类型。

国有民办型独立学院是指由公立高校与地方政府、国有企业、公办高校基金会、校办企业联合举办的公办型独立学院,其典型特征就是"学校的资产属国家或集体所有,按民办高校的运行机制进行管理,学校按教育成本收取学费,国家不再投入。独立学院共享母体高校的部分师资,并把学费收入的一部分上缴母体作为土地、校舍、师资等办学资源的使用费"。[①] 国有民办型独立学院党政领导班子由公办高校任命,学院所有资产和办学积累归国家所有。

民有民办型独立学院是指公立高校与民营企业或个人合作举办的民办型独立学院。此类独立学院或由合作方投资、所在地政府划拨土地建设,或完全由合作方投资建设,其办学更倾向于借鉴企业管理方式,在内部分配机制、人事管理体制等方面带有明显的民办特点。民有民办型独立学院董事长(理事长)一般由企业出资人担任,学校办学资产具有社会企业属性。

(二)转设

"转设"是独立学院领域内的重要概念,一般指独立学院脱离母体高校,按普通高等学校设置程序,经教育部考察,由隶属于公办高校的独立学院转变成

---

① 徐军伟.内生与外生:独立学院"浙江模式"与"广东模式"的比较与思考[J].教育发展研究,2010,30(Z2):108-111.

为独立设置的民办本科高校、公办本科高校或者终止办学的行为。2006 年，教育部《关于"十一五"期间普通高等学校设置工作的意见》首次提出"转设"的概念，"'十一五'期间独立学院视需要和条件按普通高等学校设置程序可以逐步转设为独立建制的民办普通本科高校"。2008 年《独立学院设置与管理办法》的出台，标志着正式拉开独立学院转设的序幕。

2009 年教育部办公厅下发《关于编报省级〈独立学院五年过渡期方案〉的通知》，规定独立学院的转设路径为民办本科院校或民办其他层次学校，可以终止、合并或并入公办普通高校、民办学校；2011 年《教育部关于"十二五"期间普通高等学校设置工作的意见》专门就独立学院转设制定了优惠政策；2017 年《教育部关于"十三五"时期普通高等学校设置工作的意见》也提出，对布局合理、条件具备、办学行为规范的独立学院，鼓励按照普通高等学校设置程序，申请转设为独立设置的本科学校。

2020 年 5 月，教育部办公厅正式印发《关于加快推进独立学院转设工作的实施方案》（以下简称《实施方案》），明确要求："把独立学院转设作为高校设置工作的重中之重，积极创造条件推动完成转设。"针对不同区域、不同类型、不同模式的独立学院，主要有转为民办、转为公办、终止办学三种路径，同时鼓励各地积极创新，可探索统筹省内高职高专教育资源合并转设，也可因地制宜提出其他形式合法合规的转设路径。

（三）风险防范

"风险"是一个动态性、前瞻性的可能状态，指向负向性的发展。根据《现代汉语词典》释义，"风险"是指可能发生的危险。埃米特·J.沃恩认为，风险是指事件结果的不确定性以及这种不确定性所带来的损失。德国著名学者贝克指出，在工具理性支配下，人类在开展相应社会活动时普遍秉持功利主义和效率优先原则，而缺乏对人文精神以及一些道德准则的坚守和反思，在缺乏价值引领的情况下开展高效率的社会生产活动，则会给现代社会带来无尽的风险。① "风险防范"是指有目的、有意识地通过计划、组织、控制和监察等活动来防范风险损失的发生，削弱损失发生的影响程度，以达到社会稳定或获取最大利益等目的。

---

① 伍宸,宋永华.风险社会理论视角下我国高等教育国际化面临的挑战与对策[J].教育研究,2021,42(3):123-134.

二、研究意义

对我国独立学院转设风险防范和推进机制研究,是独立学院改革发展阶段必将面对的重大问题,它具有重要的历史和现实意义。

(一)理论意义

本研究有利于进一步加强高等教育领域风险防范研究的系统性、科学性、综合性,扩大高等教育研究的学术视野,增加独立学院研究的理论深度和厚度。长期以来,高等教育研究领域在一定程度上忽略风险,对客观存在的风险关注不够,鲜有相关主题研究,造成高等教育风险理论体系缺位。"风险"一词在金融市场、企业管理等场域出现得较为频繁,似乎与作为"知识堡垒""长寿组织"的高校不沾边。对"风险"讳莫如深之于规避高等教育风险毫无益处,仅关注既定事实的"困难"而对具有前瞻意味的"风险"避而不谈,其后果是在风险即将转化为损害时,陷入无理论可用、无先验指导的境地。

作为高等教育领域的一项重要制度变迁,独立学院转设过程中必然隐藏风险。据此,本研究综合运用管理学、经济学、社会学、教育学等多学科相关理论,从风险社会、风险管理、应急管理等理论出发,立足政府职能转变、市场经济发展、第三部门兴起、教育民营化、"双一流"大学建设等宏阔背景,辨析独立学院转设中的风险因素,创新我国高等教育研究视角,完善高等教育治理基本理论,形成具有中国特色、时代特征、独立学院特点的高等教育理论体系。

(二)实践意义

我国独立学院转设涉及众多利益群体,是社会各界关注的焦点。许多学院在转设中面临着"分手费"争议、利益博弈、司法纠纷、迁址办学、院校更名、师生权益保障等一系列问题,对于未来发展走向普遍感到迷茫和困惑。本研究致力于构建我国独立学院转设风险防范体系和健全转设推进机制,旨在指导独立学院转设实践,平稳有序推动独立学院转设,为不同类型的独立学院提供适合的转设路径模式,促进独立学院转设后的可持续发展。

如何优化地方高等教育布局、促进高等教育高质量发展,是各级政府主管部门关注的一大焦点问题。随着 2020 年 5 月教育部办公厅《实施方案》的出台,各地加快推动独立学院转设进程,部分地区因政策执行不当而引发风险事件。本研究的开展能够为政府提供相关政策咨询,有利于化解教育领域风险,提升教育治理体系和治理能力现代化水平,为政府完善独立学院转设和高等教育改革政策提供科学建议。

第二节 文献综述

本研究涉及独立学院与高校风险防范两个主题。其中,独立学院研究成果相对丰富,借助 CiteSpace 共词分析工具对我国独立学院研究文献进行可视化分析,全视域、多角度地展示我国独立学院转设的研究成果,可以从整体上把握独立学院转设风险防范和推进机制研究脉络。

一、关于独立学院的相关研究

CiteSpace 主要针对相关研究的共引文献,通过引文网络分析,挖掘引文空间的知识聚类和分布。托马斯·库恩提出,科学研究的重点、范式随着时间而变化,这些变动时而缓慢,时而剧烈,科学发展是可以通过其足迹从已经发表的文献中提取的。[①] 文献数据能够细致勾勒独立学院研究的知识脉络。因此,研究选择中国知网(CNKI)全文数据库为数据采集源,选取"独立学院"为检索词进行篇名检索。为确保研究内容的权威性,样本数据所涉及的期刊类别仅选自中文社会科学引文索引(CSSCI)源刊,时间跨度设置为"不限",如此共得到样本数据 628 条。

(一)独立学院研究的发文趋势

由图 1-1 可知,独立学院的相关研究发轫于 2003 年,在其后数年间独立学院研究的发文量逐年上涨,这一新兴办学体制受到广泛关注。从研究整体状况来看,可划分为两个阶段:第一阶段是探索上升期(2003—2007 年)。该阶段的发文量呈上升趋势,2003 年全国独立学院已高达 360 所,由于兼具"品牌"和"资本"优势,独立学院在全国各地兴起,引发研究热潮。第二阶段为持续关注期(2008—2021 年)。2008 年教育部《独立学院设置与管理办法》颁布,正式拉开了独立学院转设序幕,促使其迎来研究热潮,在 2008 年达到峰值,此后数年研究发文量总体维持在较高水平。2010 年之后,独立学院总体研究态势趋冷,这一方面表明独立学院可能逐渐退出高等教育舞台,另一方面预示着在独立学院研究领域新问题的发掘正变得日益困难。

---

① 李杰,陈超美.CiteSpace:科技文本挖掘及可视化[M].2 版.北京:首都经济贸易大学出版社,2017:2.

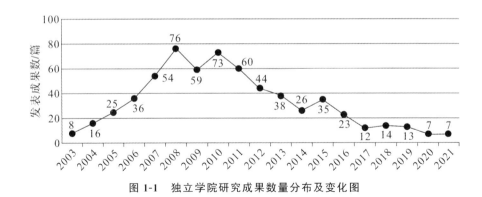

图 1-1　独立学院研究成果数量分布及变化图

从研究内容来看,不同时期独立学院研究的关注点各有侧重,独立学院研究的主要内容包括以下几个方面:前期研究主要聚焦于独立学院制度设计、人才培养,中后期研究主要围绕独立学院转设推进。详见表 1-1。

表 1-1　独立学院研究的高影响力文献

被引频次	年份	作者	篇　名	期刊来源
282	2003	周　济	促进高校独立学院持续健康快速发展	中国高等教育
155	2004	潘懋元 吴　玫	独立学院的兴起及前景探析	中国高等教育
145	2005	斯荣喜 龚山平	独立学院应用型创新人才 培养模式探索	高等工程教育研究
64	2007	王建华	我国独立学院制度:问题与转型	教育研究
45	2010	杨德广	独立学院的发展模式及未来走向	教育发展研究
50	2011	冯向东	处在"十字路口"的独立学院	高等教育研究
61	2011	王富伟	独立学院的制度化困境 ——多重逻辑下的政策变迁	北京大学教育评论
62	2016	阙明坤	我国独立学院转设现状分析 及对策研究	教育研究
21	2017	阙明坤	独立学院混合所有制办学模式研究	高等教育研究
21	2019	阙明坤 原　珂 汪慧英	我国独立学院转设发展效果 的实证研究	教育与经济

（二）独立学院研究的合作群体

合作群体分析又被称为科学合作分析,科学计量学家 Katz 和 Martin 将这一概念如此界定:科学合作就是研究学者为生产新的科学知识这一共同目的而在一起工作。[①] 独立学院的合作群体主要包括学者和机构。

1.独立学院研究的主要学者

CiteSpace 软件中提供的"Author"节点可用于绘制独立学院研究领域的作者共现网络,为了进一步提高研究对象的代表性,在剔除无关数据后,最后确认 625 篇文献为本研究所需。通过设置分析项目选择方法"Top N＝50",时间切片(Time Slice)选择 2 年,点击"GO"生成图谱。图 1-2 中的节点代表相关人员的发文数量,发文量越多则节点越大,而图中的连线代表合作关系,连线的粗细反映了合作的紧密程度。

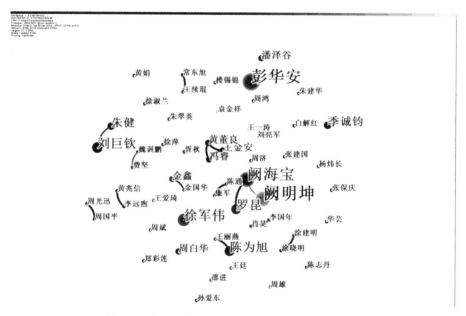

图 1-2　我国研究独立学院的主要学者关系网络图

总体来看,独立学院研究在近 30 年的发展历程中已形成若干个稳定的合作网络,图 1-2 中最大节点显示为阙明坤,发文数 10 篇。根据文献计量学中的普赖斯定律,核心作者发文数 $Mp＝0.749×\sqrt{Np\ max}$(Np max 表示发文最

① 李杰,陈超美.CiteSpace:科技文本挖掘及可视化[M].2 版.北京:首都经济贸易大学出版社,2017:179.

多作者的论文数)。① 由此可知,Mp＝0.749×$\sqrt{10}$＝3.162(篇),择取整数,在独立学院研究领域发文量大于或等于 3 篇的作者可被界定为核心作者。据统计,该领域核心作者共计 15 人,发文量共计 74 篇,占样本总量 625 篇的11.84％。

2.独立学院研究的主要机构

通过设置与上面相同的参数,得到研究独立学院的机构图谱,根据同类合并原则,将同校之中不同部门间的研究成果进行合并,最终生成以校为单位的合作机构网络。在此基础上得到发文数量排名前 30 的研究机构,具体信息见表 1-2。

表 1-2　我国研究独立学院的主要机构一览表

机构名称	发文篇数	机构名称	发文篇数	机构名称	发文篇数
浙江大学城市学院	14	嘉兴学院南湖学院	4	苏州大学	2
宁波大学	11	厦门大学教育研究院	4	南京师范大学	2
北京大学教育学院	6	浙江财经学院东方学院	3	江苏省教育科学研究院	2
浙江师范大学行知学院	6	苏州大学应用技术学院	3	大连理工大学	2
南京大学金陵学院	6	云南师范大学文理学院	2	湘潭大学	2
福州大学至诚学院	6	烟台大学文经学院	2	武汉科技大学中南分校	2
湘潭大学兴湘学院	5	重庆工商大学融智学院	2	沈阳理工大学应用技术学院	2
浙江大学教育学院	3	武汉大学教育科学学院	2	湖南师范大学	2
华中科技大学教育科学研究院	4	湖南涉外经济学院	2	无锡太湖学院	2
山西大学商务学院	4	南京理工大学紫金学院	2	扬州大学广陵学院	2

① 岳伟,许元元.改革开放 40 年我国主体教育研究的回顾与展望:基于知识图谱及文献可视化分析[J].教育研究与实验,2019,(1):38-45.

由表 1-2 可见,独立学院研究的主要机构包括独立学院自身、公办高校、科研院所以及校外智库机构。总的来说,得益于独立学院本身的经验优势,大多数独立学院都开展了关涉自身的院校研究,在发文数量排名前 30 的研究机构中独立学院占到半数以上,此外由独立学院转设而来的普通高校也是我国独立学院研究的重要力量。

(三)独立学院的研究内容

学术界对于独立学院的研究,主要围绕独立学院的制度设计、独立学院的人才培养、独立学院的转设问题这三个方面展开。

1.关于独立学院制度设计的研究

独立学院的历史沿革研究备受关注。有学者认为,独立学院生逢其时,具有得天独厚的条件和较大发展空间,占有公办和民办两种体制优势,定位和前景是应用型和教学型,进一步发展必须解决好"营利性"和"独立性"两大关键问题。[①] 独立学院发展历经初创期、建设期、转型期等三个时期[②],包括探索创新、规范发展和转型发展三个阶段。[③] 人民群众对教育的迫切需求同优质教育资源供给不足是教育发展的基本矛盾,浙江大学按新机制、新模式与社会力量合作,采用嫁接方式先后创办了两所独立学院,走出了一条高起点、高规格、高效率的办学新路子。[④] 独立学院在发展过程中存在办学逐利性和影响教育公平等问题[⑤],该模式是"制度性寻租"的结果,是公立大学制度与私立大学制度折中、妥协与调和的产物,存在着明显的"营利的伪装",并没有真正实现制度创新,而是一种制度失范,必须进行制度转型。[⑥] 有学者指出,对于独立学院应该坚持改革开放的方针,实事求是,允许"公办"和"民办"之间"公私混合"模式的存在,不应简单地把所有独立学院一刀切入"民办体制"的行列。[⑦] 有

① 马陆亭,范文曜.发展独立学院的现实基础及政策探析[J].中国高等教育,2005(8):28-32.
② 路正南,周西安,孙国.新形势下独立学院的发展历程及路径分析[J].教育与职业,2012(33):26-28.
③ 钟秉林,周海涛.独立学院发展再审视[J].教育研究,2019,40(4):83-90.
④ 郑造桓,顾建民.发挥名校名城优势 探索创新办学体制:浙江大学创办独立学院的实践与思考[J].中国高教研究,2003(11):18-21.
⑤ 潘懋元,吴玫.独立学院的兴起及前景探析[J].中国高等教育,2004(Z2):31-32.
⑥ 王建华.我国独立学院制度:问题与转型[J].教育研究,2007(7):43-49,83.
⑦ 许为民,林伟连,楼锡锦,等.独立学院的发展与运行研究[M].杭州:浙江大学出版社,2008:40.

研究者认为,独立学院是公立高等学校与其他生产要素所有者为生产相互同意的教育服务而把自有资源组合在一起,根据各自比较优势进行分工并约定按各自投入的资源比例分享实际收益的一种合约。产权是区分新制独立学院与其他高等教育办学组织的核心标准,独立学院具有与其他高等教育办学组织不同的产权结构,这是其本质特征所在。① 独立学院的产生,受到高等教育社会功能演化与高等教育大众化的影响,它是服务型教育体系的重要组成部分。②

独立学院政策变迁研究成为热点。1998 年以来,独立学院政策变迁经历了诱致性、强制性与断裂性更替的变迁形态。从变迁路径看,教育逻辑对政治逻辑、市场逻辑和社会文化逻辑过度依赖的初始制度安排使得独立学院始终没能形成稳定的制度模式。③ 独立学院政策变迁是沿着制度供给——需求路径进行的,其中不仅有对经济效用等直接价值的追求,也包含了对公正、平等、自由等政策元价值的追逐。④ 独立学院作为一种制度创新的办学形式,地方实践在前,中央政策规范在后,具有"先发展后规范"的特征,这在一定程度上决定了会出现地方多样性与中央统一性的政策执行问题。⑤

独立学院举办模式研究成果丰富。独立学院举办模式有诸多界定,包括民有民营模式、国有民营模式、公有民营模式和混有民营模式。⑥ 主要类型有两种:第一种是由公立高校独自或结合其他公有力量举办的公办型独立学院,又称国有民办型独立学院⑦;第二种是公立高校与私有力量合作举办的民办型独立学院。公办型独立学院主要遵循公立高校的行政逻辑,民办型独立学院则主要遵循强调私有产权的市场逻辑。⑧ 还有学者将独立学院分为翻牌的

① 朱军文.新制独立学院概念及其本质特征:基于产权的分析[J].复旦教育论坛,2004(5):63-65.

② 许为民.论独立学院的三个定位[J].中国高教研究,2006(8):44-47.

③ 魏训鹏,吴荣军,阚明坤.独立学院政策变迁的历史制度主义分析[J].高教探索,2021(10):111-118.

④ 费坚.独立学院政策变迁的价值分析[J].教育发展研究,2011,33(22):13-17.

⑤ 王富伟.独立学院的制度化困境:多重逻辑下的政策变迁[J].北京大学教育评论,2012,10(2):79-96,189-190.

⑥ 杨德广.独立学院的发展模式及未来走向[J].教育发展研究,2010,30(Z2):103-107.

⑦ 阚明坤,耿菊萍,雷承波.国有民办型独立学院转设的困境与对策[J].高校教育管理,2021,15(1):59-68.

⑧ 陈学飞,王富伟,阎凤桥,等.独立学院地方性发展实践的政策启示:基于浙江省独立学院的实地调查[J].复旦教育论坛,2011,9(1):56-60.

独立学院、卖牌的独立学院和创牌的独立学院,其分类的基本根据是产权形式。公立大学与自己所属公有产权合作,真正只有一个办学主体的、产权全部公有的独立学院,称为翻牌的独立学院;独立学院中只有一个办学主体,公立大学没有产权,只收 20%~40% 学费的公立高校举办的独立学院,称为卖牌的独立学院;有两个以上主体,有公有、民有两种以上的产权结构的,称为创牌的独立学院。① 有学者认为,从教育部文件方向和实践运作趋势来看,独立学院的基本性质均应该姓"民",因为作为法规制度和政策制定来说,不能想象一所机构长期既打着公立机构的旗号,又享受着民办机构的利益,否则违背公平竞争的基本规则,独立学院更像是一种混合所有制形式。② 独立学院由国有资本、集体资本、民营资本、个体资本、外资等不同所有制的两个及以上投资主体共同合作举办,具有混合所有制的典型特征。③ 教育逻辑对政府逻辑和市场逻辑的双重依附,以及中国特有的规则易于变通的社会逻辑和自我主义倾向的社会逻辑,最终形塑了独立学院"公私混合"的组织特征。④

2.关于独立学院人才培养的研究

一是办学定位研究。独立学院在建设与发展进程中,对自身科学定位未引起足够的重视,存在着缺失、迷失、简单"复制"、贪大求全等问题。⑤ 独立学院人才培养应贯彻"因材施教,扬长避短,学以致用"的方针;总体目标是"全面发展,突出专长,强化实践,着重应用";核心要求是"基本理论适用,基本技能过硬"。⑥ 在高等教育大众化的背景下,高校人才培养目标定位出现了"同质化"的倾向,主要表现为人才培养规格单一、层次趋高、类型模糊,独立学院应立足于教学型大学的办学定位,结合区域社会与经济的发展,努力培养面向生产、建设、管理、服务第一线的应用型人才。⑦ 独立学院应充分考虑自身特点、社会需求和生源状况的差异性,寻求区别于传统本科高校的人才培养特色,把

① 甘德安,肖静.独立学院之命运[M].武汉:武汉出版社,2012:46.
② 范文曜,马陆亭.独立学院发展的现状、问题与对策[J].理工高教研究,2005(3):1-4.
③ 阙明坤.独立学院混合所有制办学模式研究[J].高等教育研究,2017,38(3):65-71.
④ 王富伟,阎凤桥.独立学院组织种群的制度起源[J].华东师范大学学报(教育科学版),2018,36(6):118-134,159.
⑤ 李庆军.关于独立学院办学定位的思考[J].江苏高教,2006(1):72-73.
⑥ 袁剑波.独立学院应用型人才培养模式创新与实践[J].高等工程教育研究,2011(2):118-123.
⑦ 林伟连,伍醒,许为民.高校人才培养目标定位"同质化"的反思:兼论独立学院人才培养特色[J].中国高教研究,2006(5):40-42.

人才培养目标定位在"专业口径适度、基础知识扎实、应用能力强劲、综合素质较高"的高级应用型人才上。①

二是专业建设研究。独立学院创建初期,学科专业基本上是"带土移植",从申办高校直接移植过来。随着独立学院的发展,其学科专业建设必须"去土留根",建立具有自己特色的学科专业体系。② 独立学院应加快专业特色化建设,在依托母体高校和强化应用基础上实现创新性多维发展,应当凭借科学合理的建设定位、细致扎实的建设内容、循序渐进的建设步骤以及多级联动的协同机制,统筹规划特色专业建设的各个环节。③

三是培养方案研究。独立学院的人才培养方案不能简单沿用母体高校,一些办学者、管理者对此进行了思考。独立学院人才培养方案的制订应以市场为导向,以培养综合素质高、专业基础好、实践能力强、具有创新精神的应用型本科人才为宗旨,须具有鲜明的特色。④

四是培养模式研究。独立学院人才培养模式必须符合学生群体的能力和知识特征,与不同专业、不同学科的特殊性结合起来,体现理、工、经、管、文等不同专业特色,实现人才培养模式的多样化和最优化。⑤ 创新独立学院人才培养模式主要包括培养目标的创新、培养规格的创新、培养内容的创新、培养过程的创新等四个方面。⑥

3.关于独立学院转设问题的研究

总体来看,独立学院转设研究主要集中在以下三个方面:

第一,对独立学院转设背景、意义、内涵的探究。有学者认为,独立学院从早期的"二级学院"演变而来,要坚持"优、独、民"的发展方针,只能在发展过程中逐步走向规范。拥有独立的办学权和法人财产,是独立学院独立的根基,只有在独立学院渡过了办学资金的"瓶颈"制约期并获得学士学位授予权,民办高等教育的立法比较完备,公办大学的退出机制趋于成熟时,独立学院

① 邓传德,孙超,李进才.关于独立学院人才培养目标定位的探讨[J].中国高教研究,2008(4):86-87.

② 刘献君.论独立学院的学科专业建设[J].中国高教研究,2007(11):57-60.

③ 邵进.特色专业:独立学院内涵发展的着力点[J].现代教育管理,2013(12):72-75.

④ 荆光辉,黄文新.独立学院应用型人才培养方案的特色化研究[J].湖南师范大学教育科学学报,2009,8(5):94-96.

⑤ 斯荣喜,龚山平,邹晓东.独立学院应用型创新人才培养模式探索[J].高等工程教育研究,2005(1):73-75.

⑥ 戴林富,游俊.创新独立学院人才培养模式刍议[J].中国高教研究,2006(1):75-76.

才能真正独立办学。① 独立学院转设是独立学院摆脱对母体高校依赖,实现独立自主、内涵式发展的一个良好契机②,是国家政策导向、学校内生需求及社会经济发展的需要,是独立学院未来发展的重要趋势。③ 转设实质是公办高校退出,由其他的社会组织或者个人继续作为举办者。④ 随着独立学院自身办学品牌不断积淀,对于母体高校的依赖降低,办学条件达到普通本科高校的标准时,转设就成为独立学院发展的一条出路。独立学院要积极推动转设进程,科学规划专业设置、改变人才培养模式、办出自身特色、提高人才培养质量。

第二,对独立学院转设困难、瓶颈、政策建议等的研究。独立学院转设涉及投资方、举办高校、独立学院、地方政府等利益相关者的切身权益,因此利益博弈激烈。不同产权主体对转设态度不尽一致,加剧了转设难度。⑤ 导致独立学院转设执行困境的根源在于政策问题的跨界性、目标群体的多样性、政策的冲突性和模糊性。⑥ 转设政策执行的关键是产权问题⑦,高额"分手费"是转设的"拦路虎"。⑧ 在社会转型的基本制度背景下,政府、市场、家庭和教育多重制度逻辑的动态变迁以及相互作用造成了独立学院的制度化困境,应从高等教育多样性的角度重新思考包括独立学院在内的高等教育制度变迁。⑨ 从类型上看,"国有民办型"独立学院在转设过程中面临相关主体利益纠纷激烈、办学条件难以达到转设标准、政策梗阻与法律冲突并存、缺乏独立自主办学主体地位等瓶颈问题,转设难度更大。⑩ 从地域来看,江苏省独立学院在转设过程中面临较多风险,又存在诸多现实困境,需要政府、母体高校、投资方和独立

① 冯向东.独立学院"独立"之辨[J].复旦教育论坛,2006(1):58-62.
② 季诚钧.借"转设"之机激发独立学院内涵建设活力[J].中国高等教育,2010(24):41-43.
③ 金秋萍.独立学院转设的实践与思索[J].中国高等教育,2012(12):22-24.
④ 冯向东.处在"十字路口"的独立学院[J].高等教育研究,2011,32(6):33-41.
⑤ 樊哲,钟秉林,赵应生.独立学院发展的现状研究与对策建议:我国民办高等教育改革与发展探析(二)[J].中国高等教育,2011(Z1):24-27.
⑥ 彭华安.诞生与危机:独立学院制度运行的案例研究[M].上海:上海三联书店,2013:56.
⑦ 阙海宝.独立学院转设政策的执行与偏差[M].北京:人民出版社,2017:29.
⑧ 贺春兰.独立学院转设高昂"分手费"拦路[N].人民政协报,2014-02-26(10).
⑨ 王富伟.独立学院的制度化困境:多重逻辑下的政策变迁[J].北京大学教育评论,2012,10(2):79-96,189-190.
⑩ 阙明坤,耿菊萍,雷承波.国有民办型独立学院转设的困境与对策[J].高校教育管理,2021,15(1):59-68.

学院等相关利益方的通力合作,共同推进转设。[1]

第三,对独立学院转设后发展状况的关注。独立学院转设为本科高校后的发展态势如何,前景怎样,能否完成华丽转身,是学界研究的重要内容。独立学院转设后进入"断奶期",将面临生源、师资和内部治理结构等诸多问题,同时也面临实现真正独立、厘清产权关系、专注内涵发展等很多机遇。[2] 调查发现,独立学院转设比例整体偏低,转设高校区域分布不均,基础设施相对改善,发展态势稳中趋好。[3] 部分地区转设后的学校态势良好、稳中求进,同时自主办学品牌塑造亟待加强。[4] 独立学院转设后的健康可持续发展,需要加强政府部门资源统筹,明晰发展目标定位和特色发展战略,深化人才培养模式改革,加强教师队伍建设,建立健全风险防控机制。[5]

总体来看,现有研究成果为"独立学院转设风险防范与推进机制"议题提供了丰富的理论指导,为研究开展奠定了坚实根基。依据时间线来看,独立学院研究从实践中存在的问题分析逐步走向转设转型的探讨,相关研究领域不断拓展。但是,现有的研究也存在一些不足和缺陷,即对独立学院转设过程中存在的风险缺乏足够的关注,尚未出现有关独立学院转设风险防范的直接研究,对如何进一步完善独立学院转设政策,促进转设后的持续健康发展,缺乏深入有效的研究。因此,展望未来,紧紧围绕国家政策导向和独立学院发展态势,对独立学院转设风险开展追踪研究,将成为今后研究的重点,对独立学院政策研究和转设高校的发展具有更大的价值。

(四)独立学院的研究热点

研究热点是一段时期内有内在联系的、数量相对较多的一组论文所探讨的热点问题或专题,其并非特指某个术语,而是相关术语的总称,需要对相关高频和高中介性术语进行综合分析判定。[6] 从理论上来说,文献关键词词频

① 杨新春,张万红,张立鹏.独立学院转设的动因、困境及对策再探析:以江苏为例[J].中国高教研究,2021(4):20-27.
② 胡仲勋.独立学院转设现状与可持续发展对策探析[J].中国高等教育评估,2012(4):22-27.
③ 阚明坤.我国独立学院转设现状分析及对策研究[J].教育研究,2016,37(3):64-71.
④ 马悦.湖北五所独立学院转设后的发展现状与对策分析[J].中国高等教育,2013(Z3):68-70.
⑤ 钟秉林,景安磊.独立学院转设现状分析与转设后可持续发展路径探析[J].中国高教研究,2021(4):14-19.
⑥ 王国华,俞树煜,黄慧芳,等.中国远程教育研究的可视化分析:核心文献、热点、前沿与趋势[J].远程教育杂志,2015,33(1):57-65.

的高低分布可以用来研究某一领域的研究热点和发展动向[①]，在此基础上，选择以"关键词"出发，通过关键词共现和聚类分析抓取独立学院研究热点。

1.独立学院研究的关键词共现分析

使用数据集中的原始字段，分析作者的原始关键词和数据库的补充关键词，共得到节点 142 个，连线 234 条，经过同义词合并处理后得到图 1-3。图 1-3 中显示的是我国独立学院研究出现频次较高的关键词，独立学院相关研究内容十分丰富，涉及"母体高校""高等教育""人才培养""办学定位""转设""教学质量""高等教育大众化"等内容。其中，以"转设"为关键词的研究有数十篇，这表明独立学院研究领域对"转设"的关注度较高。

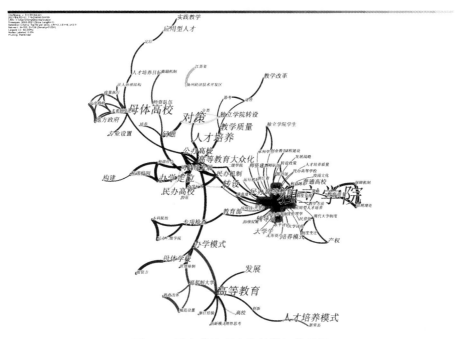

图 1-3 独立学院研究的关键词共现图

2.独立学院研究的关键词聚类分析

一个成熟领域的研究主题往往包含多个研究关键词，通过关键词的凝练与呈现，可以从更高层次掌握该领域的研究热点。

基于 CNKI 的独立学院研究领域关键词可以划分成 15 个聚类，分别对应

[①] 李杰,陈超美.CiteSpace:科技文本挖掘及可视化[M].2 版.北京:首都经济贸易大学出版社,2017:194.

着独立学院的 15 个研究主题。其中,规模(size)为 5 以上的具有显著度的聚类共有 10 个,根据聚类标签的大小进行排序,依次是:聚类 0 制度伦理学,高频关键词包括制度创新、混合所有制、办学体制、运行机制等,表明多数研究从制度视角审视分析独立学院问题。聚类 1 高等教育大众化,高频关键词包括民办机制、二级学院、公办高校等,强调独立学院是我国高等教育大众化背景下形成的一种新型办学模式。聚类 2 国家教育行政主管部门,高频关键词包括转设政策、政策变迁等,强调国家在独立学院发展过程中起到关键作用。聚类 3 大学生,高频关键词包括核心竞争力、职业生涯规划等,有相当一部分研究围绕独立学院学生及毕业生进行。聚类 4 教育改革,高频关键词包括规范设置、民办本科高校、相关利益者等。聚类 5 人才培养模式,高频关键词包括教学改革、教材建设、应用型人才等。聚类 6 独立学院转设,高频关键词包括产权、母体高校、投资者、利益博弈等,相关研究围绕独立学院转设问题进行了一系列探索,取得了富有建设性的成果。聚类 7 高等教育,高频关键词包括附属学院、联邦制大学、大学评价等。聚类 8 民办高等教育,高频关键词包括民办高校、民营化、国有民营等。聚类 9 专项检查,高频关键词包括可持续发展、严格管理、法律等。聚类 10 现代大学制度,高频关键词包括学术权力、依法治校、内部治理结构、章程建设等。

综合分析独立学院研究领域的关键词和主题,发现关于独立学院转设的研究并不少,但缺乏对转设风险防范的探讨,相关议题并未出现在关键词和聚类图谱中。相关研究主要关注转设过程中的现象或问题,譬如异地办学、转型发展现象,以及产权不清、利益纠纷、政策模糊导致的转设困境,且不同类型的独立学院面临的转设问题有一定差异。此类研究与独立学院转设风险范畴较为接近,但风险议题更关注问题发生的可能性及后果,而不单指问题本身,风险更强调一种不确定性。特别是在独立学院转设进程加快的背景下,各地独立学院转设风险频发,部分独立学院风险事件造成了严重后果。基于独立学院转设风险的客观事实,我们应当构建防范独立学院转设风险的制度体系,那么在学理上预先架构起一套指导实践的理论框架就显得十分必要。

(五)独立学院的研究前沿

突现词(burst term)揭示了一个领域研究前沿的突现和演变过程,代表着知识的涌现、断层和变革,通过突现词分析可以清楚地掌握某个领域的知识变迁,从而为我们整体把握研究脉络提供帮助。[①] 通过设置参数 γ＝1.0、最少持续时间(minimum duration)为 2 年,共得到 9 组突现词,它们代表着在某一时期内由独立学院领域中比较有影响力的事件所激发出的话题聚焦,从该关键词突发时持续至今的则为该领域目前的研究前沿。[②]

由图 1-4 可知,独立学院研究在初期主要关注体制机制、办学模式、教学质量等。"高等教育大众化"作为独立学院发展的重要背景,在 21 世纪初经常被提及。在研究中期,独立学院的人才培养受到学界关注。如今,"大学评价""民办高等教育""转设"是三个持续至今的突发关键词,已经成为独立学院研究领域的前沿话题。

关键词	检索起始/年	强度	研究起始/年	研究截至/年	2003—2021
民办机制	2003	3.8145	2003	2006	
高等教育大众化	2003	3.3641	2003	2006	
公办高校	2003	3.8145	2003	2006	
普通高校	2003	3.5147	2003	2006	
教学质量	2003	4.004	2005	2008	
人才培养	2003	3.451	2010	2014	
大学评价	2003	3.9714	2014	2021	
民办高等教育	2003	3.867	2015	2021	
转设	2003	5.7856	2015	2021	

图 1-4 独立学院研究的 9 组突现词

1.独立学院的大学评价

独立学院是中国高等教育体系中不可或缺的重要组成部分,在一定程度上满足了人民群众的高等教育需求。对它们进行客观、系统、科学的评价,是历史唯物观的体现。教育界的研究学者据此对独立学院的针对性评价作出了许多有益的探索,为独立学院的未来办学思路提供了一些建议。2014 年,武汉大学邱均平等学者在《重庆大学学报》上刊文《中国独立学院与公立专科院校评价的理论与实践探析》,该文详细论述了我国独立学院评价的意义、思路、

[①] 赵丹群.基于 CiteSpace 的科学知识图谱绘制若干问题探讨[J].情报理论与实践,2012,35(10):53-58.

[②] 王恩军,李如密.高等教育质量研究十年:研究热点、趋势与前沿:基于知识图谱的可视化分析[J].现代大学教育,2016(5):71-79.

原则和具体做法,并对评价结果进行了全面的分析和阐述,为独立学院评价研究提供了基础。此后数年,汤建民教授在《高教发展与评估》上连续刊文,即时发布独立学院科研竞争力评价研究报告,相关报告深入分析了独立学院的科研发展状况。目前,独立学院的评价已经引起了国内许多学者和机构的广泛重视,也有相应的评价结果出现。可以预见,只要独立学院仍屹立于我国高等教育舞台,有关独立学院评价的研究也将继续下去,但研究热度势必会随着转设进度而逐渐消退和演变。

2.独立学院的民办高等教育属性

"民办高等教育"是独立学院固有属性。1993年1月,国务院批转国家教委《关于加快改革和积极发展普通高等教育意见的通知》明确提出,改革原有的国家包办高等教育的单一体制和模式,探索适应社会主义市场经济体制、调动社会办学积极性、多种形式和途径发展高等教育的新路子。这一政策文件虽然不是直接针对社会力量办学,但在一定程度上赋予了"社会力量"进入公办体制内的合法性,创造了高等教育跨越式发展的新路径。1997年国务院颁布的《社会力量办学条例》,将"社会力量办学"进一步界定为"企业事业组织、社会团体及其他社会组织和公众个人利用非国家财政性教育经费,面向社会举办的学校及其他教育机构"。这一规定使民办教育机构的设置主体呈扩大趋势,除部分民营企业、社会团体或个人之外,只要是利用非国家财政性教育经费,国有企业和事业单位也可以被列入。这一设置主体的模糊性为未来公私性质兼具的高等教育机构的创生提供了制度性空间和土壤,为以独立学院为代表的"公助民办"办学类型提供了合法性。[①] 2008年,《独立学院设置与管理办法》第三条明确规定"独立学院是民办高等教育的重要组成部分,属于公益性事业"。基于独立学院的"民办"属性认识,有学者进一步指出,"独立学院并非是一种成熟的、单一类型的、稳定的民办性质的高校类型,而是一种混合样态的、依附于公办高校发展的、具有极高政策依赖度的、过渡性质的高等教育办学探索模式"。[②] 当前,学者们更多地将独立学院纳入民办高等教育系统进行研究,譬如《民办高校举办者变更:诱因、影响及规制》《中国民办高等教育七十年发展历程——基于政府与市场关系演进的视角》《民办高等教育困境与

---

① 彭华安.独立学院:创生背景、演进态势与政策议题[J].教育理论与实践,2015,35(15): 3-6.

② 严毛新.独立学院:一种过渡样态的高等教育办学模式[J].浙江社会科学,2011,175 (3):135-140,134,159-160.

发展路径选择》等文章,都将独立学院当作民办高等教育领域重要的研究对象。

3.独立学院的转设变迁

"转设"是独立学院研究领域内特有且极为重要的研究内容。独立学院的产生发展经历了先自发后规范的过程,国家政策调控也历经了默许试办、整顿定性、规范发展的调整。独立学院转设是一项政策引导下的工作,其研究与政策法理的变化相伴相生。最早提出独立学院"转设"的文件是《教育部关于"十一五"期间普通高等学校设置工作的意见》(以下简称《意见》),《意见》明确规定,"独立学院视需要和条件按普通高等学校设置程序可以逐步转设为独立建制的民办普通高等学校"。彼时学界也对转设政策进行了跟进,但研究主要探讨转设对于独立学院改革发展的重要意义。伴随着《独立学院设置与管理办法》、教育部办公厅《实施方案》等文件颁布,独立学院转设研究的预设随之变化:从"母体高校与民营企业合作举办独立学院"向"多方多元合作举办独立学院"的模式过渡,从"认为独立学院的办学形式会长期存在"向"为各类独立学院寻求转设路径"过渡,从"转设民办高校的单一方向"向"多元化转设方向"过渡。总体来看,"转设民办"是主导方向,"地方本科院校向应用型转变"的转型研究广受关注。

当然,也有研究对转设政策落实进行了前瞻性分析,有学者从制度视角指出,独立学院转设政策的执行不仅受到正式制度的约束,同时还受到非正式制度的规约,在一定程度上预见了转设政策执行可能面临的诸多问题。在此基础上,研究者们对转设实践以及具体困境进行了剖析,对各省区市转设现状开展了实证调查,其中,"转设困境"是相关研究的重点。独立学院转设困境的外在表现是转设推进缓慢、比例偏少,地域间不平衡,非公有资本投入为主的独立学院转设数远高于公有资本投入为主的独立学院,公有资本投入为主的独立学院转设困难。"困境"产生的原因是"利益相关者博弈、产权过户难、资产归属不清、办学投入不足、转设导向单一性与办学多样性存在矛盾"等。除此之外,独立学院与母体高校的关系处理、人才培养质量、办学自主权的获得、办学主体的利益、财政性经费的支持以及转设政策等问题,也是研究关注的重点。

目前,随着独立学院转设进程逐步深入,加快推进"国有民办型"独立学院转设,应当加强对转设风险及其防范举措的研究,为促进独立学院制度创新、平稳改革贡献理论力量。

二、关于教育风险防范的研究

我国正朝着建设高质量教育体系和教育现代化两个重要目标行进,防范化解教育改革和发展过程中的风险尤为关键,特别是高等教育领域的安全稳定、风险防范值得重点关注。近年来,社会风险研究备受关注,教育风险研究逐渐兴起,CNKI 数据库中文社会科学引文索引(含扩展版)期刊(CSSCI)数据库高级检索显示,研究主题为"社会风险"的文献共 1446 篇、"教育风险"的文献共 278 篇、研究篇名为"教育风险"文献共 18 篇,内容主要包括教育风险的成因、类型和防范等。

(一)社会风险研究广受关切

从 20 世纪 80 年代开始,我国陆续有一批学者开始研究社会风险。社会风险的内涵是社会损失的不确定性,是由个人或团体反叛社会行为所引起的社会失序和社会混乱的可能性。导致社会风险的直接原因是非自致性损失和无补偿损失,其根本原因是竞争的不公平和社会分配的不公平。[1] 社会风险具有时代背景,不同时代的社会风险类型也各不相同,如大数据时代[2]、人工智能时代的社会风险[3],一些社会热点问题往往受到风险研究领域关注,如智慧养老[4]、人脸识别技术[5]、元宇宙[6]等社会风险。中国社会风险治理面临各种困境,除了科学认知、分类以及实际行动力等困境外,还包括信仰与伦理价值观培植、体制与制度设置执行、文化与思维惯性、人才选拔标准与用人制度、治理模式创新与治理技术提高等方面的具体治理难题。[7] 进入新时代,我国面临的社会风险具有许多新特征,必须形成更为全面的动态评估机制、更为细致的预警监控机制、更为具体的责任落实机制以及更为紧密的协同参与机制,推

① 冯必扬.社会风险:视角、内涵与成因[J].天津社会科学,2004(2):73-77.
② 文洁贤,张建华.大数据时代社会风险治理的思维范式转换及其路径创新[J].华南师范大学学报(社会科学版),2021(4):176-182,208.
③ 周利敏,谷玉萍.人工智能时代的社会风险治理创新[J].河海大学学报(哲学社会科学版),2021,23(3):38-45,106-107.
④ 朱海龙,唐辰明.智慧养老的社会风险与法律制度安排[J].吉首大学学报(社会科学版),2020,41(5):27-36.
⑤ 孙道锐.人脸识别技术的社会风险及其法律规制[J].科学学研究,2021,39(1):12-20,32.
⑥ 高奇琦,隋晓周.元宇宙的政治社会风险及其防治[J].新疆师范大学学报(哲学社会科学版),2022(4):1-12.
⑦ 何珊君.中国社会风险治理的难题及其对策研究[J].社会建设,2019,6(3):48-57.

进党和政府执政的社会根基得到进一步巩固和提升。[①]

（二）教育风险研究逐渐受到关注

倪娟教授主持了 2019 年国家社科教育学重点课题"教育领域风险点特征与防范机制研究"。教育风险是在教育实践以及改革过程中，由社会、政治等各个领域及教育系统内部各种不确定性因素，对教育整体良性运行协调发展造成损害性影响的一种可能性关系状态，其存在于教育所有领域，包括学前教育、基础教育、高等教育、继续教育等职前与职后的全部学校教育范畴。[②] 按照风险承担主体，可将当前我国教育风险研究划分为国家社会层面的教育风险研究、学校组织机构层面的教育风险研究和家庭个人层面的教育风险研究。[③] 国家社会层面的教育风险主要有教育转型风险和教育转型中的改革风险；各级各类学校中典型的教育风险如高校负债办学风险、意识形态安全风险、教育舆情风险、师德师风失范风险、公共安全风险、民办教育生存风险以及校园伤害性事件，普遍存在教育技术责任风险、教育现代化风险等。家庭个人层面的教育风险主要为人力资本投资风险、高等教育投资风险、就业风险、教育过度等。做好教育风险的协同防范，明确对教育主管部门、执行部门和学校办学的监管，对教育人员加强教育风险知识普及和宣传，可以将绝大多数的教育风险扼杀在萌芽状态。教育风险防范需要在提高风险识别能力、建立健全教育风险识别机制的基础上，思考如何做到快速、有效的预警响应，及时抑制和化解潜在危险的积聚集合、加重升级，建立多方协同防控与系统预警机制，使潜在风险不成为现实危机，规避可能产生的直接后果和次生、衍生后果。[④]

（三）高等教育领域风险日趋凸显

高等教育领域的风险防范研究值得重点关注，高校风险的生成与利益相关者有关，不同的高校体现出差异性。现代大学存在的风险类型主要包括战略、法律、学生事务、科研、人事、财务和安全风险。[⑤] 民办高校快速发展的背后存在着风险的隐忧，主要有生源市场风险、教育质量风险、管理决策风险、财

---

① 胡洪彬.化解社会风险：新中国成立 70 年来的历程、经验与启示[J].求实,2019(4):17-29,109-110.

② 倪娟.教育风险：整体安全视域下的教育研究新视角[J].上海教育科研,2019(5):23-28.

③ 倪娟,王澍,高慧珠,等.我国教育风险研究现状与展望[J].教育研究与实验,2018(4):31-36.

④ 倪娟.教育风险的识别、防范与治理[J].人民教育,2020(8):42-46.

⑤ 谢凌凌,龚怡祖.高校风险生成机理：多学科逻辑推演[J].高教探索,2010(1):38-41.

务风险等四个方面。① 民办高校办学风险来自内部运行和外部环境两方面，具体表征为决策风险、管理风险和财务风险。② 中外合作大学在运行和发展过程中面临着比国内传统大学更加复杂多样的风险，需要通过风险治理机制予以应对。③ 高等职业教育校企合作中存在核心技术流失、产权争议、学生安全风险。④ 构建高等教育全面风险管理框架，开发风险评估应对工具，构建全面风险管理操作流程⑤，确立科学的风险意识和风险观念，加强风险防范的责任体系建设⑥，这些都是防范化解高等教育领域风险的举措。

（四）国外学者构建高校风险管理框架

国外研究中，有关企业风险管控的理论成果较多，也涉及一定的高等教育风险管理。例如阿尔特巴赫、列维等人 2014 年在《私立高等教育风险管控》中梳理了一些国家对学校所采取的风险管制措施。澳大利亚高等教育质量管理与标准署出台《风险评估框架》，通过描述风险评估的目标定位、指标体系框架和评估流程等内容为大学风险管理提供帮助。英国高等教育基金委员会（HEFCE）指出，高等教育机构主要面临 10 类风险，即健康与安全、财政、财产、战略、管理信息系统、学生事务、信誉、教职工事务、教学、海外办学风险等。美国全国大专院校事务官组织（NACUBO）与高校董事会联合会（AGB）联合发布的公告中对高校全面风险管理框架进行细致阐述，内容包括内部环境、目标确立、事件分析、风险评估、风险应对、控制行为、信息与沟通、监测等 8 个要素。

三、文献评述

第一，达成一些共识。一是独立学院在特殊历史时期为中国高等教育的大众化普及化作出了重要贡献，同时其在发展中也存在一些不可回避的困难。对于大部分独立学院而言，转设具有历史必然性，是大势所趋。二是独立学院

---

① 李钊.风险防范：民办高等教育快速发展中不容忽视的问题[J].湘潭大学学报（哲学社会科学版），2009，33（4）：145-148.

② 史雯婷.民办高校办学风险及其监管体系建构[J].教育发展研究，2008（24）：44-48.

③ 孙珂.中外合作大学的风险治理机制探析[J].国家教育行政学院学报，2013（2）：59-64.

④ 刘晓，高倩.高等职业教育校企合作的风险表征与规避策略[J].黑龙江高教研究，2015（7）：114-116.

⑤ 李全生，杨亮.全面风险管理框架在我国高等教育中的应用[J].天津大学学报（社会科学版），2011，13（4）：353-357.

⑥ 肖国芳.我国高等教育转型发展中的风险共存及政策管理[J].高校教育管理，2014，8（5）：24-28.

作为兼具社会效益与经济效益双重目标的一种典型利益相关者组织,涉及诸多利益相关者,他们有着各自的利益诉求,独立学院的转设必须处理好不同利益主体的关系。

第二,存在一些分歧。面对强制性制度变迁,独立学院该何去何从,如何让这一中国本土创造的高等教育模式发挥更大作用,学界莫衷一是。是不是所有的独立学院都应该转设?独立学院该如何转设?转设利弊如何?资产切割、产权处置、无形资产、契约终止,政策制定者和学者对这些问题的认识和观点尚不统一。

第三,存在一些薄弱项。一是研究内容的缺陷。独立学院在转设过程中存在哪些风险?如何防范独立学院转设过程中的潜在风险?如何从风险管控角度协调各个利益主体的预期成本和收益,从而更好地推进独立学院转设?这些内容尚未受到充分关注,亟待探讨。二是研究方法的不足。现有研究多采用传统思辨的方式探讨独立学院的发展和转设,缺少大范围的问卷调查、深度访谈、典型案例,实证研究需要加强。三是研究视野的局限,已有研究较少涉及经济学、管理学、法学等多学科的研究视野。

本研究的重点正是在关注上述分歧和薄弱项的基础上,找出问题的症结,从风险管理角度出发,着力防范当前独立学院在转设过程中面临的潜在风险,为独立学院转设提出切实可行的对策。

第三节　理论基础

德国社会学家贝克指出,现代社会本质上是一个风险社会。风险社会并未预示一个"危险性增大的世界",而是一个越来越关注未来安全的世界,我国在实现现代化过程中也面临着改革带来的诸多风险挑战,风险管理对于实现社会稳定和安全尤为重要。本节对风险社会理论、风险管理理论、应急管理理论的历史沿革和关键要素进行系统梳理,为后续的独立学院转设风险防范机制研究做理论铺垫。

(一)风险社会理论

风险社会理论历史悠久,在贝克、马歇尔、拉什等一批学者的探索下逐步扩充完善,已经形成了一套成熟的理论体系。

1."风险社会"理论的历史渊薮

从发展历史来看,"风险研究"源自 20 世纪 50 年代一些专家与管理者对所面临的现实困境的反思[1],当时冷战背景和核威慑国家的对峙,促使研究者对如何规避和控制核能在使用过程中的风险问题展开讨论;20 世纪 60 年代以降,伴随电视、广播等大众媒体的发展,公众开始参与核风险的讨论之中,并对全球环境问题和社会承受能力进行探讨;1970 年以后,风险问题研究从专家们关于科技问题的讨论转向批判者和新技术的反对者对新旧世界观、价值观的冲突;到 20 世纪 80 年代,风险问题不仅在讨论主题上有了进一步的拓展,讨论参与主体也更为多元,他们来自各个领域,此时,风险问题研究已成为全方位的"风险讨论"[2]。

正是在 20 世纪 80 年代,风险社会理论得到长足发展。1984 年,查尔斯·佩罗(Charles Perrow,又译"裴洛")提出了"常态之意外"的概念[3],用以指涉现代科技管理系统无法不直接或间接承认风险的不可控制性,也就是说,现代科技的系统,无论是安全的计算性上或危险的控制性上,都预设了高度风险性的存在。[4] 其后,佩罗在 2007 年发表《下一场灾难:如何减轻自然灾害、工业事故与恐怖袭击的影响》一文,进一步阐发了自己的风险理论。周雪光则进一步归纳了佩罗关于风险产生原因的观点,将之提炼为一种"组织失败",而这种失败的根源就在于有限理性与政治过程,前者指向的是人们因信息获取和信息处理的有限能力导致的决策失误,后者涉及的则是因利益、经历和认识的不同对信息的解读和使用策略会有不同。[5] 而更为知名的、更具开拓性的研究则来自 1986 年由德国社会学家乌尔里希·贝克(Ulrich Beck)发表的《风险社会》一书。

2.贝克对"风险社会"理论的开拓性研究

贝克将"风险"界定为"系统地处理现代化自身引致的危险和不安全的方

① 李翠.近年来国内外风险社会研究综述[J].黑河学刊,2014(2):184-186.
② 王郅强,彭睿.西方风险文化理论:脉络、范式与评述[J].北京行政学院学报,2017(5):1-9.
③ PERROW C. Normal accidents: living with high-risk technologies[J]. Social science & medicine,1990,31(10).
④ 周桂田.现代性与风险社会[J].台湾社会学刊,1998,21(10):89-129.
⑤ 周雪光. Normal Accidents 阅读笔记[EB/OL]. (2020-11-29)[2021-10-25]. https://weibo.com/ttarticle/p/show? id=2309404576537818300440.

式"。① 可以看出,贝克对风险问题承继自二战后的欧洲社会学家对"现代性问题"的反思,其将现代社会区分为"早期现代化/简单现代化"和"反身性现代化"两个阶段,前者是从传统社会经工业革命后产生的现代化过程,后者指的是当代工业社会的"(再)现代化"过程。也就是说,与当前不少研究者将现代性的最新发展阶段界定为"后现代"不同,贝克更为强调的是这一新发展阶段与前一阶段之间的相似性和继承关系。由此,贝克总是与另一位社会学大家——吉登斯并列,他们与主张以"后现代"命名当下社会的研究者所侧重的"断裂"是截然不同的,福柯则是后者的代表。

贝克将"自反性现代性"归结为三点特征:一是反身性,即反对和否定的对象指向了自己;二是客观性,即内在性;三是过程性和分岔性。其在表现上也有三个特点,即目的上趋向于确定性的现代性,最终在现实中导致了更多的不确定;目的上塑造个体独立性的现代性,最终在现实中催生了新的依赖性;目的上试图支配外部世界——"确立对外部世界的主体性",最终在现实中受到外部世界的更多限制。

正是在这种矛盾之中,才催生了"风险社会"。在《风险社会》一书中,贝克指出,风险社会在全球的建立或成型,促使人们创造了一个"共同世界"(common world),即通过分摊"风险",我们获得了一种同在一个世界之中的感觉,"一个我们无论如何都只能共同分享的世界,一个没有'外部'、没有'出口'、没有'他者'的世界"。与此同时,贝克也指出,每一种应对风险的方案,实际上就是创造了"各种替代性未来"(alternative futures),而通过给出不同的应对风险的方案,也提醒我们世界本身依旧是处在多样性之中的。这意味着风险社会同时也是一个充满多样性的社会。

目前,国外对贝克理论开展研究的三个角度是②:以科恩(Maurie J. Cohen,2005)为代表的"生态角度",其认为风险社会理论包括对三个问题的讨论,即可持续增长的经济、无处不在的有害技术和还原主义科学研究的缺陷;以布伦特·K.马歇尔(Brent K. Marshall,1999)为代表的"环境角度";以斯科特·拉什(Scott Lash,2000)为代表的"文化角度",重点以"风险文化"为核心概念,延伸贝克的风险社会理论。

3.马歇尔对贝克理论的补充和纠正

《全球化、环境退化与贝克的风险社会》一文揭示了马歇尔之所以将"风险

① 乌尔里希·贝克.风险社会[M].何博闻,译.南京:译林出版社,2004:19.
② 常雅楠.乌尔里希·贝克风险社会理论研究综述[J].学理论,2014(11):55-56.

社会"与"环境问题"——确切地说是"环境退化问题"——放在一起,一个重要的前提是"现代社会最复杂、最突出的一个困境就是出现和增加了按人文地理分布的环境风险和疾病灾害"①。这里的逻辑是,现代社会的突出特征是"风险社会",而"风险社会"的最突出特征是环境风险。

为了更好地发展风险社会理论,马歇尔对贝克的理论进行了深度剖析。第一,他认为,贝克风险理论的重要支柱之一,是对资本主义社会(或工业社会)中存在"财富分配"和"风险分摊"两种现象的剖析。前者满足的是社会的物质需要,然而一旦社会的物质需求得到满足,"财富分配"的逻辑会让位于"风险分摊"的逻辑,"富裕的目标让位于安全目标"。事实上,在上述判断的基础上,贝克认定阶级社会正在走向"无阶级"的社会,从而让"阶级的不平等"转变为"个性化的不平等"。这里的内在逻辑是,阶级是与财富分配的不公、不平等有关的产物,但是,"风险分摊"的逻辑战胜了"财富分配"的逻辑时,财富的不平等就变得不那么重要,相反,在风险分摊能力上的不平等就变得更为重要。

第二,马歇尔指出,贝克理论的基础是建立在"两种不可调和的发展"之上的:"技术政治官僚规范和规则基础之上的虚假安全"和"不能实现规制的史无前例的风险挑战与传播"。换句话说,风险社会之所以形成,是因为科层制(韦伯语)的"完全控制"的假象与技术发展对人类本身形成的挑战,两者叠加让"风险"事实上处在一种不可控之中。

由此,马歇尔认为,贝克的理论虽然有警醒作用,但未能逃脱"民族国家中心主义",是以西方福利国家为蓝本来展开的论述,其适用性有待商榷。与此同时,风险问题研究真正应该关注的是"风险人群"而非抽象意义上的"风险社会"。

在此基础上,马歇尔提出了自己的理论框架,包括以下三个组成部分:

一是全球结构形态,即风险社会和环境退化问题的整体背景。这一背景由两种不同的理论体系相互交叠描绘而成,其一是沃勒斯坦的"世界体系理论",其二是由众多理论家合流形成的"全球化理论"。前者认为当前的世界体系在1640年左右形成中心—半边缘—边缘的同心圆体系,三者之间相互影响,风险的扩散过程也是沿着这样的路径展开;后者则描述了一种人类社会在流动性上的总体方向,即人类活动范围和规模的不断增强,马歇尔借用了沃特

---

① 布伦特·K.马歇尔,周战超.全球化、环境退化与贝克的风险社会[J].马克思主义与现实,2005(5):93-104.

尔(Water,1995)的界定,认为存在经济、政治和文化三个维度的全球化。而当世界体系理论和全球化理论结合,马歇尔综合出的一个图景是:处在中心的民族国家倾向于通过由跨国精英的代理来稳定全球经济体制进而"保证现有的支配关系",也就是说,"当前全球结构形态是一种混合体,是由世界体系理论建构的受空间约束的劳动分工与相对于资本主义生产模式的个人关系基础之上的不依赖于空间的劳动分工之间的结合"①。

二是资本主义发展与环境退化之间的关系。资本主义在进入 20 世纪后半叶,奉行新自由主义,在一定程度上释放了企业,尤其是跨国企业的发展动能,但是在另一方面造成了负面结果,即"放松管制(或者最多是象征性规制)的后果是企业能够更容易地外部化其污染成本"。这种负面结果无法受到有效约束,其根源依旧是处在中心的、居于支配地位的民族国家和跨国精英,试图通过有计划地输出风险来巩固对边缘、半边缘国家的控制。

三是打破"国家"的分析框架。贝克风险理论更为注重对"风险社会",或者更为准确地说其更为关注的是"风险国家",即在一国范围内或国与国之间的风险问题,"国家—社会"是贝克风险分析的单位,而马歇尔则认为"风险人群"才是应该关注的重点,即应该打破"国家"的分析框架。

4.拉什对贝克理论的修正和补充

作为从"文化角度"开展风险社会理论研究的代表,拉什思考的缘起是对玛丽·道格拉斯和威尔德韦斯的阅读,道格拉斯等人从人类学的角度揭示了社会群体中总是有某个特定的群体对风险具有某种特殊的感知能力。用一种生物学的比喻来说,这些边缘群体正是因为他们的"边缘性"才能比身处"中心"的群体更早看到某种危险,就和鱼群、鸟群或瞪羚群体一样,在面对捕食者时,那些处在群体边缘的个体总是能最先捕捉到危险的降临,从而带动整个群体的趋避,使群体最大限度地躲避捕食。放在社会层面来看,这样的行为同样存在,边缘群体相对更加敏感于环境的变迁,从而就更容易也更经常作出反应,从而在社会内部引发连锁反应。因此,"危险"虽然在某种意义上是客观存在的,但是,更为重要的是对"危险"的识别及后续反应都与特定的社会群体高度关联。

由此,拉什通过强调"风险社会"与"风险文化"之间的区分,进一步拓展了

---

① 布伦特·K.马歇尔,周战超.全球化、环境退化与贝克的风险社会[J].马克思主义与现实,2005(5):96-104.

"风险社会理论"①。他指出,在贝克那里,"风险社会"先假定在一个社会中有一个公众关注的热点和难点,并且通常把它称为社会的焦点,同时,假定有一个确定的、制度性的、规范的治理范围,并且每一位单个的社会成员为了他们的实际利益需要有一个等级秩序;而与之相对应,"风险文化"则并没有假定一个确定的秩序,而是假定有一个需要通过自然调节的非确定的无序状态。②风险文化依存于非制度性的和反制度性的社会状态之中,其传播不是依靠程序性的规则和规范,而是依靠其实质意义上的价值。在风险文化时代对社会成员的治理方式不是依靠法规条例,而是依靠一些带有象征意义的理念和信念,因为风险文化中的社会成员宁可要平等意义上的混乱和无序状态,也不要等级森严的定式和秩序。③

我们可以看出,拉什找到了被贝克和吉登斯等人忽略的一个维度,即文化的维度。现代性在生发的过程中,虽然在很大程度上是理性的,尤其是工具理性不断深化并拓展的过程,但是,非理性的一面始终没有被排除,或者说,非理性与传统社会的联系更为紧密,并以一种变形的形式回归到了现代社会之中。在吉登斯和贝克的应对风险的方案中,始终更多倾向于依赖制度,也就是依赖早期现代社会最为成功的经验——"科层制—专家系统",而在拉什的理论范式下,由于自反性现代性的生成是基于"主体间性"的,所以,这种依赖主客体对立假设的"科层制—专家系统"的做法,最终将失效。因此,拉什给出的应对策略是:"依靠一些带有象征意义的理念和信念,高度自觉的风险文化意识,即风险社会的自省与反思"④,也就是说,通过高度抽象化的理念维系和仪式作用,形成对风险的整体应对。

(二)风险管理理论

风险管理研究与风险社会理论之间存在一定的联系,两者产生的背景均为冷战期间对"风险"问题的认识和讨论,但是,两者的理论出发点有着显著差异性,一般认为,风险管理源自企业管理的需求,这与承继自现代性研究的风险社会理论是不同的。

---

① 张广利,陈盛兰.拉什自反性现代化理论及启示[J].福建论坛(人文社会科学版),2014(2):170-174.
② 张广利,陈盛兰.自反性现代化的动因、维度及后果:贝克、拉什自反性现代化思想比较[J].东南学术,2014(1):51-56.
③ 斯科特·拉什,王武龙.风险社会与风险文化[J].马克思主义与现实,2002(4):52-63.
④ 张广利,陈盛兰.拉什自反性现代化理论及启示[J].福建论坛(人文社会科学版),2014(2):170-174.

1.风险管理理论的历史发展

通常而言,风险管理理论可以分为三个阶段的发展,即传统风险管理、现代风险管理和全面风险管理三个阶段。[①]

第一,传统风险管理阶段。1916年,法约尔出版《工业管理与一般管理》一书,提出将风险管理与企业经验结合起来的观点。[②] 虽然,彼得·伯恩斯坦(P.L.Bernstein,1996)曾指出,人类在文艺复兴时期就想操控灾害或风险。[③] 然而,真正的风险管理起源于20世纪50年代的美国,最初的风险管理以保险行业最具代表性。1970年到1990年是风险管理发展的重要阶段。这一时期,随着经济、社会和科学技术的迅速发展,人类开始面临种类越来越多、危害越来越严重的风险:1979年美国三里岛核电站爆炸事故、1984年美国联合碳化物公司农药厂在印度发生毒气外泄事故、1986年苏联的切尔诺贝利核电站爆炸等。这些事故的发生促使企业经营者、政府管理者和社会科学研究者将"风险管理"作为一项重要的议题:1977年,美国公布FCPA法案(Foreign Corrupt Practices Act),旨在防范各类组织中因内部运行导致的风险爆发;1986年,欧洲11个国家共同成立了欧洲风险研究会,其后,在新加坡召开了风险管理国际学术讨论会;等等。由此,与现实中的各类重大事故和重大事件相对应,20世纪60年代开始,研究者展开了一系列针对"风险管理"的探讨。《企业的风险管理》(梅尔、赫奇斯,1963)和《风险管理与保险》(威廉姆斯、汉斯,1964)相继出版,标志着风险管理成为一门学科。在这些著作中作者均认为,风险管理不仅是一门技术、一种方法或是一种管理过程,而且是一门新兴的管理科学,从此风险管理迅速发展,成为企业经营和管理中必不可少的重要组成部分。[④] 这一时期的研究中,研究者将"风险"默认为"坏事",在这一默认前提下,风险管理研究的重点在于探讨如何规避因风险发生带来的损失,尤其是企业运行中的财务风险和信用风险。这一阶段中,主要研究成果包括:Markowitz(1952)提出了组合选择理论[⑤];威廉·夏普(William F.Sharpe,1964)

---

① 张琴,陈柳钦.风险管理理论沿袭和最新研究趋势综述[J].河南金融管理干部学院学报,2008(5):22-27.

② 亨利·法约尔.工业管理与一般管理[M].迟力耕,张璇,译.北京:机械工业出版社,2007.

③ 彼得·伯恩斯坦.与天为敌:风险探索传奇[M].毛二万,张顺明,译.北京:清华大学出版社,1999:6.

④ 王东.国外风险管理理论研究综述[J].金融发展研究,2011(2):23-27.

⑤ MARKOWITZ H. Portfolio selection[J].The journal of finance,1952,7(1):77-91.

提出了基于风险条件的市场均衡理论,即"资本资产定价模型"(CAPM)[①]。

同时,这一时期的一些研究者已经意识到风险管理的复杂性。1965 年,Hedges 首次提出有关构建企业风险管理的方法论,界定了分析风险管理的观察视角问题,指出风险管理往往存在着两种不同的视角:一是基于首席财务官职位的财务政策视角,二是基于风险管理官职位的风险与保险视角。同时指出,保险是企业风险管理的重要工具,但是保险并不意味着风险管理的全部,从而将风险管理的范围进一步拓展,并且明确了保险只是风险管理的一种工具,使得风险管理从方法论角度更为全面和完善。

第二,现代风险管理阶段。1993 年,全球第一个首席风险官(CRO,chief risk officer)设立,标志着风险管理发展到了新的阶段。该阶段中,伴随国际金融和工商业发展,企业身处的全球经济环境日趋复杂化,面临的风险日益多样化,亚洲金融危机、墨西哥金融危机、拉美部分国家的金融动荡,引发危机的已不再是单一风险,而是多种风险交织产生的结果。尤其是 1998 年,美国长期资本管理公司(LTCM)在金融交易中损失 40 多亿美元,由此促使人们意识到,以零散的方式管理风险已难起作用。事实上,这一时期促使风险管理发生重大转变的直接原因可以归结为:衍生金融商品使用不当引发了多起金融风暴,促使财务性风险管理有了进一步的发展;保险理财与衍生性金融商品的整合,打破了保险市场与资本市场间的藩篱。现代风险管理是站在整个公司角度的风险管理,常常被称作公司风险管理或全面风险管理。[②]

在风险管理实践层面,除了设立首席风险官外,1995 年,澳大利亚和新西兰标准委员会成立了联合技术委员会,推出了全球第一个企业风险管理标准(AS/NZS4360);1996 年,全球风险管理协会(GARP)成立。而在理论研究层面,这一时期的研究者提出了"全面风险管理理论"(ERM)、"全球综合的风险管理"(GRM,global risk management)等。Kent D. Miller(1992)提出了"整合风险管理"(integrated risk management),意在对影响公司价值的多种风险因素进行辨识和评估,并制定相应的战略来管理和控制这些风险;Close(1974)将风险管理与现代管理学中的复杂组织系统模型相结合,为风险管理学科的发展提供了更为主流的理论来源;Cummins(1976)将风险管理与传统的企业理论相结合,运用现代经济学的分析方法来确定风险管理的最优策略,

①　SHARPE W F. Capital asset prices:a theory of market equilibrium under conditions of risk[J]. The journal of finance,1964,19(3):425-442.

②　王稳,王东.企业风险管理理论的演进与展望[J].审计研究,2010(4):96-100.

从而使风险管理融入金融市场理论中并成为金融学的一个重要领域[①]。

第三,全面风险管理阶段。1999 年,国际清算银行下的巴塞尔银行监理委员会对巴塞尔协议进行了修订,进一步构建制度以防范国际领域的金融风险。《新巴塞尔协议》将市场风险和操作风险纳入资本约束的范围,从而形成更为全面的风险管理理念。这一时期,风险管理成为社会普遍关注和在各领域中实行的一项社会制度。事实上,从 20 世纪 60 年代末到 70 年代,风险管理已经逐渐开始从企业管理拓展到了市政管理之中。[②] 例如,Todd(1969)、Vaughan(1971)通过对美国 9 个州市政管理的调研发现,市政官员对风险管理的认识还十分薄弱,提出加强市政领域的风险管理是市政官员的重要职能,目的是保证市政财务预算免受意外灾害的影响,以保持提供应有的市政服务的能力。[③]

进入 21 世纪后,不仅企业认识到风险的危害性、风险形成的多元性和复杂性,尤其是在 2001 年美国遭遇"9·11"袭击、2002 年安然公司倒闭、2008 年美国次贷危机等重大事件后,社会整体的风险意识加强,风险管理理论与主流经济、管理学科、社会科学实现了融合。2002 年,加拿大颁布了《风险管理:决策者指南——加拿大国家标准》;2003 年,亚洲风险与危机管理协会成立;2004 年,美国反虚假财务报告委员会下属的发起人委员会(COSO,The Committee of Sponsoring Organizations of the Treadway Commission)出台了 COSO 内部控制框架,把全面风险管理推向了新的高度。[④]

在 COSO 框架中,风险管理的基础是每一个行动主体与各自利益相关者之间调和,企业风险管理不仅是帮助企业本身达成既定目标的手段,同时也是避开前进途中隐患和意外的条件。同时该框架区分了全面风险管理框架的三个维度:风险管理的目标维度,包括战略目标、经营目标、报告目标和监管目标;风险管理的要素维度,包括内部环境、目标设定、风险设定、风险识别、风险评估、风险对策、控制活动、信息和交流、监控等;风险管理的企业组织层级维

① 龚艳冰,丁德臣,何建敏,等.企业战略风险管理理论、模型及应用综述[J].科学学与科学技术管理,2008(9):142-147.
② 张琴,陈柳钦.风险管理理论沿袭和最新研究趋势综述[J].河南金融管理干部学院学报,2008(5):22-27.
③ 胡伟益,王波.整体风险管理理论的沿革、内涵及展望[J].保险研究,2007(2):57-58,90.
④ 尹淑平.借鉴 COSO 风险管理理论提高我国税收遵从风险管理水平[J].税务研究,2008(12):69-71.

度,包括组织的高级管理层、各职能部门、各条业务线及下属各子公司等。①

这一阶段的理论成果包括:Jerry A. Miccolis 和 Kevin Hively(2005)指出当前企业实施风险管理的潜在障碍及企业可能面临的机会;美国德勤会计公司(Deloitte,2005)提出了 ERM 风险框架设计的原则及一些在实施企业风险管理框架时需要注意的问题,并且对一些已成功实施 ERM 的企业案例进行了总结;国际风险管理会议(2006)以"将全面风险管理整合到企业实践中去"作为会议主题,标志着全面风险管理理念在企业实践中进一步奠定了其重要地位。

2.风险管理理论维度

从不同视角和理念研究风险管理,会形成不同的思维方式,主要有以下三个维度。②

一是起步最早、成果也最丰富的基于量化的风险管理理论。早期学者对于掷骰子问题的关注孕育了概率理论,而对于更广泛社会问题的探讨激发了概率统计理论的进一步发展,这些共同构成了风险量化的数理基础。自此,现代意义上的风险转移、风险分担开始出现,并催生出保险、套期保值及其他的风险控制方法。此后,Markowitz(1952)提出了具有跨时代意义的资产组合理论,将风险分析的视角从单一资产拓展到多种资产的组合。Black 和 Scholes(1973)则奠定了现代衍生品定价的理论基础。此外,监管层也采用风险量化的手段对金融业风险进行监管,代表性的包括银行业的"巴塞尔协议"和保险业的"偿付能力标准"。

二是基于行为的风险管理理论。主要探讨不确定性环境中的决策问题,理论基础是前景理论。前景理论最初由 Kahneman 和 Tversky(1979)提出,至今已经历至少 3 个发展阶段:原始前景理论、累积前景理论和第三代前景理论。原始前景理论主要关注个体在风险决策过程中的行为偏差,提出并检验了框架依赖偏差、直觉偏差、确定性效应、孤立效应、反射效应等理论模型。累积前景理论则通过引入累积函数,将前景理论的解释范围从个体层面拓展至总体层面,随后,学者又对累积前景理论的函数模型进行深化和发展。第三代前景理论起源于对风险偏好逆转现象的解释,该理论提出,当决策权重被指定为序依赖时,参考点可以不确定。综合来看,前景理论奠定了现代行为经济学

① 严复海,党星,颜文虎.风险管理发展历程和趋势综述[J].管理现代化,2007(2):30-33.
② 吕文栋,赵杨,韦远.论弹性风险管理:应对不确定情境的组织管理技术[J].管理世界,2019,35(9):116-132.

和行为金融学的基础。^①

三是基于控制的风险管理理论。关注从风险管理环境到量化评估,再到监督改进的全过程。随着经济一体化进程的加速和行业竞争的加剧,整合式风险管理(ERM,enterprise risk management)理念诞生并受到广泛重视。ERM强调风险管理与收益的协调以及风险管理的"整体观",整合了套期保值、保险、内部控制等传统风险管理理论和方法。在实践层面,全球各类组织和机构积极响应,如专业协会(COSO,1992;CAS,2003;RIMS,2011)、监管机构(SASAC,2006)、国际标准化组织(ISO 31000,2009)、评级机构(S&P,2013)等。其中最有影响的是2004年COSO的《企业风险管理——整合框架》^②,《哈佛商业评论》甚至将ERM评为2004年重大观念突破之一。

总之,风险社会理论、风险管理理论和应急管理理论为独立学院转设风险防范提供了广阔的理论视野和学理支撑,为实践中教育平稳改革提供了有益启示。

(三)应急管理理论

应急管理研究是一个基于应急管理实践而建立起来的理论范畴。这一范畴可以溯源至20世纪80年代,Petak于1985年将"应急管理"定义为"一种发展和执行包括减灾、备灾、响应和恢复等功能在内的政策的过程"^③,具有事后应急的典型特征。随着应急管理实践的推移,"应急管理"的概念内涵逐渐丰富、理论体系逐渐完善,与风险社会理论、风险管理理论形成了有所关联但截然不同的学术脉络。

1.应急管理理论的历史发展

应急管理研究最早源于灾害研究,童星^④指出,在灾害研究中长期存在三种学术传统:围绕"灾害"概念建立起来的"工程—技术"传统,在这一传统中,来自自然科学与工程技术界研究者坚信通过工程技术、教育和执行可以实现对灾害的预防和控制;围绕"危机"概念建立起来的"组织—制度"传统,在这一传统中,来自管理学界的研究者坚信可以通过加强组织管理、完善制度设计等

---

① 严复海,党星,颜文虎.风险管理发展历程和趋势综述[J].管理现代化,2007(2):30-33.

② 冯浩,樊波.商业银行集团客户授信风险管理研究:基于COSO《企业风险管理——整合框架》的分析[J].湖北大学学报(哲学社会科学版),2011,38(2):79-84.

③ PETAK W J.Emergency management:a challenge for public administration[J].Public administration review,1985,45(1):3-7.

④ 童星.社会管理创新八议:基于社会风险视角[J].公共管理学报,2012,9(4):81-89,126-127.

方式来预防、识别、隔离、处理和控制危机;围绕"风险"概念建立起来的"政治—社会"传统,在这一传统中,来自社会科学界的研究者持有相对悲观的态度,对风险的不确定性展开探讨。

王燕青、陈红[①]从国际、国内两方面的趋势来对应急管理研究的脉络进行了梳理。他们指出,从国际研究的趋势来看,21世纪以前,应急管理研究主要涉及突发事件的事前与事中管理阶段,风险管理与应急决策是这一时期应急管理研究的主要内容。进入21世纪后,随着恐怖袭击、金融危机、公共健康、气候变化、网络危机等事件的频繁发生,应急管理研究一方面引入了数学建模、社会网络分析等方法开展研究;另一方面,诸如协作治理、地方政府管理和应急教育等逐渐成为热点议题。从国内研究的发展来看,20世纪90年代中期,公共危机的理论研究开始兴起。21世纪以前,我国应急管理研究的对象以自然灾害为主;进入21世纪以后,随着公共卫生事件、突发环境事件等新型突发事件的发生,我国学者开始对突发事件的监测预警、应急处置、灾后重建、应急管理体制机制等问题开展广泛研究。2010年以后,随着诸如网络安全事件等新型公共危机的出现,学者们开始将遗传算法、知识图谱、系统动力学等研究方法运用于应急管理的相关研究中,由此,推动了我国应急管理研究向一个融合管理学、社会学、政治学、经济学、法学、新闻传播学、工程技术等学科在内的综合性学科领域发展。

高小平、刘一弘[②③]则指出,以2003年"非典"疫情的发生为重要节点,随着国内相关研究的开展,应急管理的基本概念得到逐步梳理、框架体系得到建立完善,其中,应急管理研究主要呈现阶段性特征的三个阶段:一是2003年以前应急管理研究的萌芽阶段。这一阶段的应急管理研究主要集中于针对诸如地震、水旱灾害等灾害管理的研究,研究成果包括针对单项灾害的区域综合灾害、灾害理论、灭灾对策和灭灾保险等。二是2003年以后产生的应急管理研究快速发展阶段,这一阶段以2003年暴发的"非典"事件为重要标志,全面推动了我国应急管理实践和相关理论的发展,其主要研究成果包括对应急管理、危机管理、突发事件等基本概念的辨析以及对突发事件的分类处置等;在学科体系上,应急管理研究不再仅仅是行政管理学科关注的对象,广义的社会科学

① 王燕青,陈红.应急管理理论与实践演进:困局与展望[J].管理评论,2022,34(5):290-303.

② 高小平,刘一弘.我国应急管理研究述评(上)[J].中国行政管理,2009(8):29-33.

③ 高小平,刘一弘.我国应急管理研究述评(下)[J].中国行政管理,2009(9):19-22.

乃至自然科学均对应急管理给予了关注。三是从 2008 年开始,这是应急管理研究的质量提升阶段。2008 年,我国相继发生了南方雪灾、拉萨的"3·14"事件和汶川特大地震,童星[①]则进一步指出,近年来,由于经济增速的减缓、社会结构的紧张甚至断裂、社会各系统各要素之间的交互影响增强以及现代性带来的不确定性和自我危害,我国已经进入了高风险社会。突发事件的类型不仅更为多样化,对社会生活的影响程度也更为深远,应急管理研究的研究对象由此更为复杂,研究范式更趋向综合性、跨学科性。

2.我国应急管理研究的学科范式

我国应急管理研究的学科范式呈现多元特征。高小平、刘一弘[②][③]较早关注到来自不同学科视角的应急管理研究有着各自特征:基于行政管理学视角的应急管理研究主要涉及从政府整体的应急模式上开展的研究和应急管理范式上开展的研究;基于社会学视角的应急管理研究则从中国社会转型的角度来看待问题,尤其关注的是由社会转型引发的社会结构变化,进而引发新的社会矛盾的角度来看待群体性公共事件;基于多学科交叉视角的应急管理研究主要着眼于现代危机形态具有多样性和复杂性特点,甚至有的学者从自然科学领域的研究中生发出对应急管理的探讨。另外,还有部分针对特定类型突发事件的应急管理研究,这类管理研究主要针对的是具有实践性操作的一些危机事件,包括公共卫生事件、灾害事件和群体性突发事件等。

20 世纪 60 年代末期,组织理论出现了重大转向,为应急管理研究带来新的视角。张海波、童星[④]强调,"将环境的不确定性作为理解组织动力的关键变量"。在这一理论视角下,应急管理研究开始转向了以推动综合管理为目标的研究取向,由此,跨学科研究视角成为应急管理研究的主要发展方向。

与之对应,在研究方法上,我国应急管理研究长期以来主要采用案例方法,其后,以 2001 年美国"9·11"恐怖袭击事件为节点,研究者开始尝试引入网络分析方法开展研究。[⑤]

---

① 童星.社会管理创新八议:基于社会风险视角[J].公共管理学报,2012,9(4):81-89,126-127.
② 高小平,刘一弘.我国应急管理研究述评(上)[J].中国行政管理,2009(8):29-33.
③ 高小平,刘一弘.我国应急管理研究述评(下)[J].中国行政管理,2009(9):19-22.
④ 张海波,童星.中国应急管理结构变化及其理论概化[J].中国社会科学,2015(3):58-84,206.
⑤ 张海波,童星.中国应急管理结构变化及其理论概化[J].中国社会科学,2015(3):58-84,206.

3.我国应急管理的实践

应急管理是一种随着社会风险的增加与转变而不断演化的动态管理活动,王燕青、陈红[1]认为,应急管理的主体不应局限于政府,企业、社会组织及公众也应成为应急管理的重要参与者;管理的对象不仅包括各类突发事件,还涵盖了可能引发突发事件的各类社会安全风险及由突发事件演化而来的公共危机事件。因此,伴随理论发展,我国应急管理实践也不断丰富、不断完善。

张海波、童星指出,我国主要面对三类风险,即由现代性引发的风险、由现代化引发的风险、由网络社会崛起引发的风险。[2] 由此,他们认为,我国针对应急管理开展的实践大致可以分为两个阶段[3]:其一是以各种防灾减灾为目标的第一代体系,其二是以综合应急管理为目标的第二代体系。后者以应急体制同构化、应急机制标准化、应急法制原则化、应急预案普遍化为主要特征。而要进一步提升我国应急管理能力,必须在风险识别、脆弱性分析、能力评估等方面有所突破。

2003 年"非典"疫情暴发前,中国应急管理相关的政府职能分布在四个系统之中,包括由民政、水利、地震、气象等部门主导的减灾救灾体系,由安全生产监督管理部门主导的安监体系,由卫生部门主导的疾控体系,由公安部门主导的治安维稳体系。2003 年以后,中国仿照美国 CEM 建立了应急管理体系,引入了"全危险方法",将各类灾害统一命名为"突发事件",出台了《中华人民共和国突发事件应对法》。在政策体系上,中国形成了以"一案三制"(应急预案、应急体制、应急机制、应急法制)为核心的应急管理体系。[4]

4.从应急管理转向公共安全管理

应急管理是国家公共安全治理体系的重要组成部分,承担防范化解重大安全风险、及时应对处置各类灾害事故的重要职责。随着实践的深入推进,应急管理理论体系愈发成熟。2014 年,习近平总书记提出总体国家安全观,强调要统筹外部安全和内部安全、国土安全和国民安全、传统安全和非传统安全、自身安全和共同安全。在总体国家安全观的统辖下,包括应急管理在内的整个社会治理都被归入国家安全的范畴,其目标就是"维护国家安全,确保人

① 王燕青,陈红.应急管理理论与实践演进:困局与展望[J].管理评论,2022,34(5):290-303.
② 张海波,童星.中国应急管理结构变化及其理论概化[J].中国社会科学,2015(3):58-84,206.
③ 张海波,童星.应急能力评估的理论框架[J].中国行政管理,2009(4):33-37.
④ 张海波,童星.中国应急管理结构变化及其理论概化[J].中国社会科学,2015(3):58-84,206.

民安居乐业、社会安定有序"。总体国家安全观为应急管理指明了方向,确立了"生命至上、安全第一"的原则,从而为应急管理提供了评价和检验效果的标准。2017 年,党的十九大报告中取消了"应急管理"的表述,而改称"健全公共安全体系",表明应急管理理论在我国成功实现本土化转型。学术界将转型后的应急管理称为"公共安全治理"。① 党的二十大报告明确提出,"提高公共安全治理水平。坚持安全第一、预防为主,建立大安全大应急框架,完善公共安全体系,推动公共安全治理模式向事前预防转型"。由此可见,以新安全格局保障新发展格局,全面加强应急管理体系和能力建设,着力防范化解重大风险,推动公共安全治理模式从快速响应向风险预防转变,从传统的救灾减灾向韧性提升、风险治理、协同应对的可持续发展方向转变,是促进经济社会发展、维护国家稳定的必然要求。

作为一个学术概念,中文的"安全"在英文中有两个对应的概念:一是"security",二是"safety"。这两个概念经常被不加区分地使用,也日益呈现出相互融合的趋势。② 其中,"security"主要侧重描述来自人为或故意的原因造成的安全威胁,而"safety"主要侧重描述来自客观和外部的原因造成的安全威胁。③ 风险社会背景下,一方面,人造风险日益占据主导地位;另一方面,外部风险还将长期存在,且与人造风险相互交织。

"公共安全"本身是一个集合概念,涵盖了一系列子概念,如"食品安全""药品安全""生产安全""环境安全"等,不胜枚举,难以穷尽。"公共安全"概念在内涵上既包括"security"意义上的安全,也包括"safety"意义上的安全,是两者的复合。严佳和张海波④认为,"公共安全"是指使公众免于人身伤害或财产损失的价值目标和客观结果。在公共安全的相关研究中,"治理"概念已经得到广泛的应用,"公共安全治理"是指通过多元主体的广泛参与和相互合作,实现公众免于人身伤害或财产损失的价值目标和客观结果。童星⑤指出,既

---

① 童星.中国应急管理的演化历程与当前趋势[J].公共管理与政策评论,2018,7(6):11-20.
② 严佳,张海波.公共安全及其治理:理论内涵与制度实践[J].南京社会科学,2022,422(12):75-85.
③ 张海波.中国总体国家安全观下的安全治理与应急管理[J].中国行政管理,2016(4):126-132.
④ 严佳,张海波.公共安全及其治理:理论内涵与制度实践[J].南京社会科学,2022,422(12):75-85.
⑤ 童星.中国应急管理的演化历程与当前趋势[J].公共管理与政策评论,2018,7(6):11-20.

然安全有三个对立面——风险、灾害(突发事件)、危机,相应地,公共安全治理就应当由三个部分构成,即风险治理、应急管理、危机治理。在治理主体方面,唐钧[1]认为,"政府有义务为个体提供安全保障",强调政府在公共安全治理过程中发挥重要作用。公共安全治理的实现需要政府采取措施应对,其中包括两个方面[2]:一是单一灾种管理,强调政府通过设立或指定专门的机构来应对出现的公共安全事件,一旦该事件反复出现,政府需要将负责回应的机构和职能制度化。二是综合应急管理,要求政府在各种公共安全威胁不断涌现、层出不穷,且不同类型的公共安全威胁相互交织的情况下,整合、新建或指定一个机构来统一回应各种类型的公共安全事件,从而避免多部门共同应对时出现推诿、扯皮现象。

第四节　研究设计

本研究基于对独立学院转设的深入调查,借鉴风险社会、风险管理、应急管理等理论,剖析独立学院转设风险类型,围绕举办高校、投资方、独立学院、政府等转设过程中的风险主体,将风险识别、风险评估、风险预警、风险应对有机结合,构建独立学院转设风险保障机制,为推进独立学院平稳有序转设和转设后健康发展提供战略性指导。

一、研究目标

一是理论目标:构建独立学院转设的风险防范体系。通过深度调研独立学院转设潜在的风险,构建包括风险识别、风险评估、风险预警、风险应对在内的风险防范体系,丰富和发展高等教育治理理论,拓展具有中国特色、时代特征的教育理论话语体系。

二是实践目标:为独立学院转设释疑解惑并提供指导。系统回答独立学院转设中的盲点、痛点、堵点,为化解独立学院转设风险和推动转设实践提供经验、路径、方法指导,助力独立学院走出转设的迷雾和泥淖。

---

① 唐钧.公共安全与政府责任[J].中国党政干部论坛,2017,342(5):12-15.

② 严佳,张海波.公共安全及其治理:理论内涵与制度实践[J].南京社会科学,2022,422(12):75-85.

三是政策目标：形成具有可操作性的转设推进策略。独立学院转设亟须政府提供政策遵循，本研究可以直接为各级教育主管部门出台独立学院转设相关政策文件提供决策参考，促进政策供给和创新，提升教育治理体系和治理能力现代化水平。

二、研究方法

本研究坚持"问题导向、理论驱动、数据解释、案例支撑"的论证法则，采用"定性与定量"相结合的研究策略，综合运用案例研究、调查统计、政策文本分析等方法。

一是统计分析法。在教育部发展规划司、各省教育厅民办教育处（发展规划处）和中国民办教育协会的支持下，对全国独立学院进行问卷调查，发现独立学院转设过程中的共性问题。综合运用统计分析方法对问卷数据进行统计分析，建立相关统计模型。

二是深度访谈法。课题组赴黑龙江、河南、陕西、重庆、上海、江苏、山东、浙江、湖南、广西、云南、四川、辽宁、甘肃等 14 个省、自治区、直辖市进行实地调研，与独立学院董事长、母体高校负责人、独立学院院长、教职工代表以及省级教育部门负责人进行个别访谈和团体焦点访谈，认识独立学院转设不同阶段的困境和风险，掌握第一手资料，综合运用量化分析工具和质性分析工具，对访谈数据、文献数据进行处理。

三是案例分析法。Sanders(1982)建议多案例研究最佳的案例数目是 3～6 个，案例需具代表性。本课题选取了 4 所独立学院或转设高校，对其不同类型的风险进行分析，既有"公办高校＋民营企业"型独立学院，又有"公办高校＋地方政府"型独立学院。同时，对浙江大学宁波理工学院、海南大学三亚学院、广西师范大学漓江学院、华北电力大学科技学院等案例高校转设后发展情况进行跟踪研究。

三、研究思路

本研究以多种研究路径展开，以风险社会、风险管理、应急管理理论为理论指导，通过典型案例分析和量化统计，分析独立学院转设的现状、风险和成因，最后提出转设风险防范和推进策略。基本思路如图 1-5 所示。

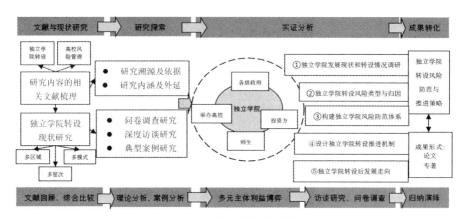

图 1-5　研究思路示意图

四、研究内容

本研究主要围绕独立学院转设是否面临风险、存在哪些风险、风险肇因为何、如何应对风险、怎样平稳推动转设等问题展开,内容包括我国独立学院发展历史变迁、转设基本状况、转设面临的各类风险、转设风险的归因分析、转设风险防范体系构建以及平稳有序转设的推进机制。

(一)我国独立学院发展变迁与转设现状

我国独立学院转设的问题需要置于独立学院发展历史中考察。在加快推进独立学院转设背景下,独立学院利益相关者如何行动,是否会引发转设风险,要厘清前因后果、结合政策环境和发展实际合理推断,必须尊重历史与现实,对我国独立学院发展的政策变迁进行梳理。从独立学院发展过程来看,我国高等教育已从大众化阶段步入普及化阶段,独立学院作为一种过渡形态的高等教育形式,在特定历史时期发挥了积极作用。据此,本研究追溯独立学院生成的历史源头,探寻独立学院发展中存在的历史问题,从历史与现实相结合的视角,勾勒出高等教育体制改革背景下我国独立学院动态发展和政策变迁过程,探讨其转设的多重逻辑,为揭示独立学院转设困境和风险做好铺垫。

本研究主要从两个维度建立独立学院转设数据库:第一,调查独立学院发展的基本概况。详细梳理独立学院的投资方、举办高校、用地用房、董事会构成、合作协议、举办者变更、资产过户、经费投入、师资队伍、治理结构等基本现状。第二,调查独立学院转设的进展情况。了解独立学院转设的区域分布、整体趋势等,洞悉我国独立学院转设的基本规律,重点调查转设占比和类型特征。在此基础上,剖析独立学院转设困境,为分析独立学院转设风险类型、成因,以及构建独立学院转设风险防范体系提供依据和支撑。

(二)独立学院转设存在的风险与归因分析

独立学院转设事关社会稳定,面临包括褪去公办高校光环、管理骨干回归母体高校、独自组织教学、上市公司收购等挑战,政策变迁对教育布局、入学率、既有政策产生影响,导致不确定性,政策执行会遭遇阻力。上述种种可能作为独立学院转设风险而普遍存在,它不是既成事实,也非既定结果。当风险成为现实时,就可能导致独立学院转设的危机。总体上来看,虽然风险是负面的,不利于独立学院平稳转设与转设后的健康发展,但存在化险为夷的可能性。前提是事先刻画独立学院转设风险的类型,这是降低转设风险发生概率,防止转设风险转化为危机的关键。因此,本研究运用风险管理等相关理论,结合独立学院转设实际,深入揭示独立学院转设面临的各种风险。

独立学院之所以存在转设风险,是因为转设作为一项重大强制性变迁改变了既有利益格局,各主体存在利益博弈。利益相关者在转设问题上意见不一、立场不一、认识不一、利益诉求不一,导致我国独立学院转设存在诸多风险。本研究从利益相关者视角出发,分析转设过程中举办高校、社会力量投资方、独立学院、政府、师生等利益主体的诉求,对各主体的博弈行为进行分析和诠释,鉴别导致独立学院转设风险的各方面原因。

(三)独立学院转设风险防范体系构建与案例分析

独立学院转设风险具有复杂性、多源性、多变性、不确定性、难以预测性,在转设过程中要对风险加以判断、归类和性质鉴定,估计和预测转设风险发生的概率和损失程度,确立风险等级,监控转设风险因素的变化趋势,建立向决策层发出预警信号并提前采取预防对策的风险预警系统,最后选择对哪些类型的风险采取什么应对措施。鉴于此,在对独立学院转设风险考察、预测、收集分析的基础上,本研究借鉴国外成熟的风险治理经验,结合风险治理框架和标准,制定包括风险识别、风险评估、风险预警和风险应对的一整套风险防范体系。本书注重独立学院转设现实问题分析,以 H 学院、W 学院、C 学院、N 大学 D 学院、B 大学 D 分校为例,通过对 5 所独立学院转设过程或转设后的风险深度呈现,增加对独立学院转设风险的全方位认识。

(四)独立学院平稳有序转设的推进机制

基于对独立学院发展历史和转设情况的梳理与统计,结合加快转设背景下我国独立学院转设面临的风险与防范体系构建,本书最终聚焦于平稳有序推动独立学院转设的方案和建议,系统回答独立学院如何协同母体高校、投资方和师生的利益,在社会震荡和风险最小的情况下审慎推进独立学院转设,实现各方利益的均衡。研究内容包括:针对不同类型独立学院,加强政府统筹领导,健全多元分流机制,建立政府协调机制,完善领导管理体制,健全质量保障机制,建立退出补偿机制。

(五)独立学院转设后发展走向分析

独立学院从隶属于公办高校到转设为独立设置的本科高校,其办学形态、组织结构、治理体系、办学环境均发生变化,各界非常关切。具体而言,在办学模式上,其需要平稳过渡断奶期,由依附走向独立;在办学属性上,其需要直面民办教育非营利性与营利性分类管理;在治理结构上,其需要提升治理体系和治理能力现代化水平;在人才培养上,其需要面对教育部本科教学合格评估、工程专业认证、申报硕士授权点等挑战;在教育格局上,独立学院转设路径呈现多元化,带动公有民办教育结构、普职教育结构、东中西部高等教育结构、区域高等教育结构发生变革。

同时,本书放眼全球,立足本土,对国际相关高等教育办学模式进行比较借鉴,吸收其有益经验,具体包括印度附属学院、日本私立大学、德国应用科学大学、美国高校异地多校区 4 种类型。另外,对三亚学院、浙大宁波理工学院、河北科技工程职业技术大学、桂林学院 4 所由独立学院转设的高校发展现状进行跟踪研究。

五、创新之处

第一,研究观点具有针对性。独立学院转设是全国高等教育面临的重大战略任务,本研究率先构建包括风险识别、评估、预警、应对在内的独立学院转设风险防范体系,为教育改革和高校发展提供指导与借鉴。

第二,研究视角较为新颖。本研究以风险社会、风险管理、应急管理理论为理论基础,从教育学、管理学、经济学、社会学等多学科视野深入洞察独立学院转设面临的风险和存在的利益博弈,可以为独立学院转设提供新的思路。

第三,研究方法具有鲜明的实证特点。在主管部门支持下,对全国独立学院进行全口径、大规模调研,掌握扎实的第一手数据,进行深入分析,开展案例解析,为理论构建和政策建议提供实证基础。

第二章　我国独立学院历史变迁与转设状况

　　独立学院是我国高等教育市场化、大众化背景下办学体制改革创新的产物,充分嫁接了公办高校与民营机制的双重优势,解决了高等教育发展中资金和质量两大难题。独立学院自诞生之日起就面临争议,一度陷于制度化困境,成为我国高等教育内涵式发展道路上的洼地。引导独立学院平稳有序转设,构建合理有序的高等教育治理体系,是顺应教育治理现代化的战略决策,亦是促进我国高等教育事业高质量发展的必然选择。

第一节　我国独立学院历史变迁

　　大历史观是以历史视野、时代大潮、全球眼光认识和把握人类社会发展规律的历史观。看待独立学院需要树立大历史观。回眸独立学院发展足迹,其走过了一段不平凡的历程。1998 年《面向 21 世纪教育振兴计划》出台后,中国迈开步伐跨入高等教育大众化时代。在大众化前夕,由江苏、浙江等经济发达地区率先试办探索的一种新型办学模式——独立学院悄然兴起。由于兼具"品牌"和"资本"优势,独立学院深受欢迎,招生异常顺利。之后独立学院办学模式引发各地效仿,在全国掀起一股兴办热潮。独立学院的诞生和发展,是教育、市场、政府和社会等多重制度逻辑相互作用的产物。

一、萌芽酝酿阶段(1988—1996 年)

　　恩格斯说,历史从哪里开始,思想进程也应当从哪里开始。[1] 独立学院的

---

[1]　马克思恩格斯文集:第二卷[M].北京:人民出版社,2009:603.

最早萌芽,源于改革开放春风的吹拂。1978年3月,邓小平在全国科学大会开幕式上提出:"教育事业,绝不只是教育部门的事,各级党委要认真地作为大事来抓。各行各业都要来支持教育事业,大力兴办教育事业。"随着改革开放的推进,民间资本积极涌向高等教育市场,社会力量办学逐渐兴起,一批由大学退休教授创办的非学历民办高等教育机构诞生。

1987年,由爱国华侨吴庆星先生家族独资创办的仰恩基金会投资创建的华侨大学仰恩学院,可以视作公有民办二级学院的发轫。华侨大学仰恩学院实行由福建省教育委员会和华侨大学联合办学、共同管理的管理体制。① 仰恩学院虽然名义上是华侨大学属下的一所学院,但具有完全独立性,在校生发展规定为600人。该模式被称为"捐资公办",是"私人出资建校,建成后交给政府,由政府办学"的一种办学模式,是"办学主权属国家所有"体制下的产物。1989年8月,国家教委同意仰恩学院脱离华侨大学独立办学,校名拟定为仰恩学院,由福建省委、省政府配备学校领导班子与教职员工,福建省教委直接管理,仰恩基金会将学校全部校产捐赠给福建省政府。华侨大学仰恩学院作为沿海发达地区诞生的一种新型办学模式,为后来独立学院的创办积累了经验。

20世纪90年代初期,随着国家建立社会主义市场经济体制,深化教育体制改革,部分公立高校利用自身资源优势尝试引入社会资本来办学。1992年,党的十四大报告首次提出"鼓励多渠道、多形式社会集资办学和民间办学,改变国家包办教育的做法"。1993年,国家教委颁布《民办高等学校设置暂行规定》,结束了民办高校无章可循的办学状态。《中国教育改革和发展纲要》(中发〔1993〕3号)提出,"对社会团体和公民个人依法办学,积极鼓励、大力支持、正确引导、加强管理"。这些利好政策释放的积极信号为独立学院的萌芽提供了适宜的土壤,奠定了制度基础。

1992年,经四川省教育厅正式批准,四川电影电视艺术进修学院建立,1995年,四川电影电视艺术进修学院与四川师范大学合作成立的四川师范大学电影电视学院(后升格为四川电影电视职业学院),成为采用新的民营机制运营的内设二级学院,颁发公办大学毕业证书,被誉为"第一个吃螃蟹的人"。但是由于没有经过教育部审批,尚不具有普遍意义。② 1993年,天津师范大学

① 仰恩大学官方网站.学校简介[EB/OL].(2017-12-16)[2022-01-04].http://www.yeu.edu.cn/xuexiaogaikuang/index.html.

② 王富伟.独立学院的制度化困境:多重逻辑下的政策变迁[J].北京大学教育评论,2012,10(2):79-96,189-190.

国际女子学院成立,该学院建立的直接原因是天津师范大学本身作为师范类院校,希望延伸非师范类专业,但迫于体制限制无法实现,因此,探索实行"统一招生、自费上学、不包分配、国有民办、自负盈亏"的办学模式。这些基层大胆探索为独立学院的创生提供了启示借鉴。

1995 年 12 月,《江苏省国民经济社会发展第九个五年计划和 2010 年远景目标纲要》提出:从 1996 年开始,以 1995 年江苏普通高校招生数为基数,每年增加招生 1 万人,到 2000 年,全省普通高校在校生达到 35 万人。江苏省委省政府在国家教委三令五申"稳定规模、控制发展"的背景下,顶住压力,根据省情果断作出高校率先扩招、"每年增招 1 万"的决策,比全国提前三年启动高等教育大众化进程。[①] 为适应江苏率先扩大招生的需要,东南大学借力地方政府参与高等教育办学的积极性,拓宽经费来源、增强人才培养能力,开始尝试高校与县级政府联合办学的新模式,县级政府出面对高校进行经费投入,学校为其培养所需人才。1996 年 1 月,东南大学与江苏省金坛市签订协议,在东南大学内联合举办"金坛学院",与启东市联合举办"启东学院"。又先后与扬州市、扬中市、如皋市、高淳县等县市人民政府签订了合作办学协议。根据协议,东南大学将在 5～7 年里为这些县市培养 1830 名经济和社会发展急需的各类人才,五县市投资在校内兴建教学大楼、实验大楼和学生宿舍,协议总投资为 2300 多万元。[②]

这些二级学院是社会力量参与办学的一种新探索,也是国有民办二级学院的最早雏形,为独立学院的诞生探索了先行经验。其后,上海又出现了一些本科高校与国内外相关机构合作举办的二级学院如上海交大中欧国际工商学院、上海工程技术大学航空运输学院、上海大学悉尼工商学院等等。它们的创设都早于 1998 年,但这些二级学院并没有经过教育部审批,是在特殊的背景下成立的,尚不具有普遍意义,也没有在全国产生太大影响。

二、发展兴起阶段(1997—2002 年)

制度的建构与变迁都需要合法性,合法性的高低决定了组织生命周期的长短。20 世纪末,国家出台一系列利好政策,也为民办高等教育和独立学院

---

① 龚放,范利群.高等教育改革"中层突破"的成功尝试:1996 年江苏高等教育率先扩大招生的政策分析[J].江苏高教,2013(4):1-7.

② 龚放,范利群.高等教育改革"中层突破"的成功尝试:1996 年江苏高等教育率先扩大招生的政策分析[J].江苏高教,2013(4):1-7.

的创生创造了条件。1997年颁布的《社会力量办学条例》提出:"国家对社会力量办学实行积极鼓励、大力支持、正确引导、加强管理的方针。"党的十五大提出了跨世纪社会主义现代化建设的宏伟目标与任务,对落实科教兴国战略作出了全面部署。1998年,我国高等教育毛入学率只有9.8%。对此,《面向21世纪教育振兴行动计划》提出,为使更多的高中毕业生有接受高等教育的机会,各地可以根据需求和经费投入及师资条件的可能,采用新的机制和模式。同时明确今后3至5年,基本形式以政府办学为主体、社会各界共同参与、公办学校和民办学校共同发展的办学体制。制定有利于吸纳社会资金办教育和民办学校发展的优惠政策。[①] 1998年8月颁布的《高等教育法》对民办高等教育采取鼓励的态度,明确提出:"国家鼓励企业事业组织、社会团体及其他社会组织和公民等社会力量依法举办高等学校,参与和支持高等教育事业的改革和发展。"1999年,中共中央、国务院《关于深化教育改革全面推进素质教育的决定》指出,经国家教育行政主管部门批准,可以举办民办普通高等学校。1999年,全国高校比1998年扩大招生规模52万人,增幅达47.4%。显然,当时的中国高等教育正处于一个制度变迁的窗口。

种群生态理论认为,由于组织惰性(inertia)的存在,组织并不能轻易地通过改变既有结构以适应环境变化,组织多样性主要表现为新组织形式的创立。新组织形式的产生表明,旧有的组织种群已不能通过内部结构的改变来满足环境变化中的新需求,构成了更为剧烈的制度变迁。[②] 为落实党中央、国务院作出的进一步扩大高等教育规模的决策,在当时高等教育资源普遍紧缺的情况下,由于公办高校受办学经费、场地的限制,难以满足高等教育扩招的需要,于是我国开始探索试办具有民办性质的二级学院。

独立学院的前身——国有民办二级学院形成规模并迅速发展是在江苏、浙江发达地区,这些地方经济基础较好,为高等教育探索新路提供了有利条件。1997年,东南大学按招生比例的2%在高考落榜生中录取一批学生进行成本收费,学生4年通过全部课程即颁发毕业证书。1998年,公有民办二级学院东南大学中大学院(后更名为东南大学成贤学院)正式成立,江苏省拉开了公办高校举办国有民办二级学院的序幕。1998年全国两会期间,部分人大代表、政协委员指出这是"乱收费",教育部学生司叫停了这种"宽进严出"的试

① 汪大勇.面向二十一世纪教育 振兴行动计划将实施[N].光明日报,1998-11-06(7).
② 王富伟,阎凤桥.独立学院组织种群的制度起源[J].华东师范大学学报(教育科学版),2018,36(6):118-134,159.

点。东南大学就向江苏分管副省长汇报。分管副省长表示,江苏省连续几年扩招 1 万人需要有载体,此举很好,并建议不要在落榜生里招,干脆纳入省招生计划在第三批次中招,其他学校也可这样办。所以,该省 1999 年就一下出来了 12 所"校中校"。[①] 同年,经江苏省教委批准,苏州大学文正学院等一批国有民办二级学院成立。该现象属于由地方政府启动政策议程,打破宏观体制壁垒的"中层突破"。此后,国有民办二级学院迅速在江浙一带崛起。[②] 1999 年 4 月,浙江省人民政府发文批准宁波大学科学技术学院成立,是浙江省首家进行高校体制改革试点的国有民办二级学院;1999 年 7 月,浙江大学、杭州市人民政府、浙江省邮电管理局共同创办了教育部首家批准建立的独立设置的二级学院——浙江大学城市学院。浙江大学城市学院利用浙江大学的名校优势,杭州市人民政府的资源优势,浙江省邮电管理局的资金、校园、产业优势,统一办学目标,进行优势互补、制度创新。这种公办大学与社会力量联合创办公有民办二级学院的模式,在全国产生较大影响,并迅速在全国其他地区推广。

从全国范围来看,1999 年到 2002 年是公办高校与社会力量联合举办民办二级学院迅猛发展的时期,全国许多省份把民办二级学院作为实现高等教育大众化的主要捷径,全国有 25 个省(自治区、直辖市)举办类似二级学院,数目达到 300 多所,本科在校生 40 多万人,初步形成占地约 7 万亩、校舍约 876 万平方米、教学仪器设备约 12 亿元、图书约 2000 万册的高等教育资源。[③] 2002 年,江苏省有 35 所普通高校设立公有民办二级学院 37 所,以招收本科生为主,年招生能力超过 2 万人。这段时间内,国家没有出台专门针对民办二级学院的办学政策,部分宏观教育政策中的个别条款为这种办学形式的产生提供了政策依据,如《社会力量办学条例》中规定了发展民办教育的基本原则,《民办教育促进法》(以下简称《民促法》)明确了民办教育的性质和地位等。其模式比举办任何新的高校(包括民办高校)都能更好更快地应对大规模扩招的需要。[④]

① 李剑平."校中校":独立学院规范发展最难啃骨头[N].中国青年报,2014-04-30(6).
② 阚明坤,耿菊萍,雷承波.国有民办型独立学院转设的困境与对策[J].高校教育管理,2021,15(1):59-68.
③ 路正南,周西安,孙国.新形势下独立学院的发展历程及路径分析[J].教育与职业,2012(33):26-28.
④ 顾冠华.解放思想出思路大胆探索出经验:江苏高等教育 30 年若干重大改革举措评述[J].江苏高教,2008(6):7-12.

公有民办二级学院并没有经过教育部审批,相当一部分是高校自己试办的,有一些是经省级教育行政部门同意的。[①] 其在快速发展过程中出现了诸多问题,主要表现在:一是相当一部分高校在校内举办了所谓"二级学院",这种"校中校",打着公办名校的旗号,收取私立高额学费,本质上是变相在搞收费"双轨制",这不仅违反国家现行高校收费政策,而且有悖教育公平,容易引发不同类别学生之间的矛盾。二是颁发学历学位证书的政策不统一,有的学校以二级学院的名义颁发,有的学校以校本部的名义颁发,招生宣传不明确,容易在社会上造成混乱,影响教育公平,广大学生和家长对此有较强反应。三是法人、产权等重大法律关系问题不明确,合作办学各方面临一定的法律和政策风险,一旦发生民事责任和债权债务纠纷,将给公办高校带来很大的名誉损失。这些问题如果不及时加以规范,必将影响学院的健康发展。就在教育部即将规范整顿公有民办二级学院的前夕,部分省份连夜"超生"一批公有民办二级学院。

中国实行特有的条块体制,以层级制和职能制相结合为基础,按上下对口和"合并同类项"原则建立起来的从中央到地方各个层级的政府大体上"同构"的政府组织和管理模式。在中央与地方的权力关系中,一方面地方政府具有处理相应事务的自主性,另一方面中央政府拥有最后的决定权和支配权。当省教育行政部门同时面临省级政府和教育部的不同要求时,它更倾向于执行前者的指示。但当教育部的要求上升为中央的指示时,省教育行政部门就会加强执行力度。独立学院在不同省份的差异发展,以及它于特定时刻在全国范围的快速扩散,与这种治理结构特征密切相关。[②]

三、规范管理阶段(2003—2007 年)

针对普通高校按照新的机制和模式试办的相对独立的二级学院(以下简称独立学院)在快速发展过程中出现了不少问题,国家教育主管部门意识到这种无序状态的危害,决定把独立学院审批权上收到教育部。2003 年 4 月 23日,《教育部关于印发〈关于规范并加强普通高校以新的机制和模式试办独立学院管理的若干意见〉的通知》(教发〔2003〕8 号,以下简称"8 号文件")正式发布,为与公办高校二级学院相区别,首次提出了"独立学院"这一特有称呼,明

---

① 李剑平."校中校":独立学院规范发展最难啃骨头[N].中国青年报,2014-4-30(6).

② 王富伟,阎凤桥.独立学院组织种群的制度起源[J].华东师范大学学报(教育科学版),2018,36(6):118-134,159.

确独立学院专指由普通本科高校按新机制、新模式举办的本科层次的二级学院,从此"独立学院"成为这类高等教育组织的官方称谓。该文件是我国独立学院发展史上具有里程碑意义的政策,确定了"积极支持、规范管理、改革创新"的指导思想,明确了独立学院实行民办机制、相对独立办学、吸收各方优势资源的"民、独、优"原则;明确规定,独立学院应具有独立的校园和基本办学设施,实施相对独立的教学组织和管理,独立进行招生,独立颁发学历证书,独立进行财务核算,应具有独立法人资格,能独立承担民事责任。独立学院还可按国家有关教育事业统计工作的规定,独立填报《高等教育基层统计报表》。

随着教育部 8 号文件的颁布,独立学院的身份在国家政策上得到明确,同时国家也严格设置了标准,提高了独立学院的创办门槛。以前那种无序的状态得以规范,没有雄厚实力的单位和个人不能轻易办学。至 2003 年上半年,全国有 25 个省、自治区、直辖市举办了 360 所民办二级学院,在校生 40 万人。2003 年下半年,按照 8 号文件的要求,教育部下发《教育部关于对各地批准试办的独立学院进行检查清理和重新报批工作的通知》,组织力量对各地、各高校举办的 360 多所民办二级学院进行了清理整顿,逐个审查,重新备案,最后取消了 100 多所,重新备案确认了 249 所。[①]

2004 年 11 月 23 日,《教育部关于对独立学院办学条件和教学工作开展专项检查的通知》(教高函〔2004〕21 号)发布,提出分期分批对目前试办的独立学院办学条件和教学工作进行专项检查,促进独立学院进一步加强教学基本建设,改善办学条件,规范招生管理,提高教育质量,办让人民满意的高等教育。2005 年 1 月,教育部高教司发布《关于对首都师范大学科德学院等 238 所独立学院进行办学条件和教学工作专项检查的通知》,于 2005 年 1 月 12 日至 21 日,对独立学院开展检查。[②] 根据教育部党组意见,教育部评估中心会同规划司、高教司、学生司等有关司局,聘请 300 多位专家,组成 80 多个检查组,对全国独立学院的办学条件和教学工作进行了一次全面的专项检查,促进独立学院进一步规范管理、改善条件、提高质量。[③]

为了促进独立学院严格按照 8 号文件规范办学,努力提高办学质量,保证

---

① 黄映芳.发展高校独立学院的若干思考[J].浙江社会科学,2006(2):113-115.
② 教育部高等教育教学评估中心.新机制新模式新探索:独立学院办学经验启示录[M].北京:高等教育出版社,2005:404.
③ 沈霖泉.ISO9000 与构建独立学院高等教育质量管理体系的研究[D].上海:同济大学,2008.

其持续健康发展,发挥评估作为促进高等教育发展、加大投入、改善办学条件和提高教育质量的指挥棒作用,教育部决定对独立学院也要开展教育工作评估。教育部高等教育司 2004 年 12 月 3 日印发《关于成立独立学院教学工作评估指标体系研究课题组的通知》(教高司函〔2004〕265 号)文件,课题组提出在制订独立学院的教学评估方案时,保持本科评估指标体系基本框架不变,对独立学院的特殊性和特殊要求在增加和调整观测点及等级标准上努力进行体现。不过由于种种原因,该项工作后来并未实施,独立学院教学评估并未开展。

2005 年 3 月,教育部下发了《关于独立学院办学条件教学工作专项检查情况及有关问题的通报》,对 7 所违规独立学院进行了通报批评,给予减少招生、暂停跨省招生等处罚,要求独立学院加强基本办学条件建设。2006 年教育部工作要点要求:加强对独立学院发展的支持和指导,引导独立学院改善办学条件、规范办学行为、提高办学质量。[①] 2006—2007 年,17 所独立学院因自有办学用地、自有教学行政用房面积以及基本办学条件达不到有关规定要求,被教育部确定为限制招生(黄牌)单位。2007 年 4 月,独立学院办学条件和资产权属核查工作结束,教育部对 113 所独立学院进行通报批评。1 所给予黄牌警告,并通过媒体向社会发布。

据统计,截至 2005 年 1 月,接受专项检查的 249 所独立学院中超过 70%的独立学院具备独立法人资格,80%的独立学院实现了财务独立,拥有独立校园,98%的独立学院招生宣传关于独立学院文凭的表述都清晰、准确,不存在误导学生的现象。[②] 2006 年 4 月,教育部办公厅发布《关于对普通高校、独立学院办学条件等有关问题核查情况的通报》,对办学条件不达标的 44 所独立学院提出了处理措施,对资产未过户的 189 所独立学院进行了通报批评。[③]截至 2006 年 12 月,全国有独立学院 318 所,在校生人数超过 150 万,2006 年全国独立学院共招生 54.3 万多人,占当年全国招生总量的 11%,从 1999 年至2006 年,高校本科招生新增人数的三分之一在独立学院,办学规模迅速扩大,进一步缓解了高等教育的供需矛盾。截至 2007 年 4 月,全国独立学院总数为318 所,在校生 186.6 万人,占全国普通高等教育本专科在校生总数的比率超

① 路正南,周西安,孙国.新形势下独立学院的发展历程及路径分析[J].教育与职业,2012
  (33):26-28.
② 刘凤泰.从专项检查看独立学院的生成与发展[J].中国高等教育,2005(17):6-8.
③ 魏训鹏,吴荣军,阚明坤.独立学院政策变迁的历史制度主义分析[J].高教探索,2021
  (10):111-118.

过 10％；其中独立学院本科在校生 165.7 万人，占全国民办本科高等教育在校生总数的 88.7％。[①] 独立学院成为中国高等教育不可忽视的重要组成部分。

总之，这一阶段国家针对独立学院的方针、政策是十分明确、坚定的，加大改革力度，规范办学，保证质量成为独立学院发展的主旋律。

四、法治建设阶段（2008—2017 年）

2008 年，教育部颁发《独立学院设置与管理办法》（即 26 号令，以下简称《办法》）。《办法》以《教育部关于"十一五"期间普通高等学校设置工作的意见》《国务院办公厅关于加强民办高校规范管理引导民办高等教育健康发展的通知》《民办高等学校办学管理若干规定》为基础，对独立学院相关政策规定进行了较大幅度的完善和调整，理清了独立学院与母体高校之间的关系，为独立学院适用《民促法》及《民办教育促进法实施条例》扫清了障碍。《办法》的出台对我国独立学院的发展影响极大，尤其是五年过渡期政策的推出，成为我国独立学院制度转型的"催化剂"。[②]

在我国关于独立学院的政策体系中，《办法》更加强调独立学院的"独立性"，坚持对独立学院"积极支持、规范管理、改革创新"的指导思想。《办法》对独立学院的设立、组织与活动、法律责任、管理监督、变更与终止等作了详细的规定，并对其基本办学条件、师资队伍建设、专业设置与教育教学管理等提出了严格的要求。在《办法》的"附则"中，明确要求此前设立的独立学院以 5 年为限，充实办学条件，完成规范工作。独立学院"五年过渡期"重点在于"充实办学条件""资产过户""独立授予学士学位"三个方面的工作。按照《办法》规定，独立学院要想成为一个真正独立的本科层次的高等学校，必须进一步充实办学条件，提高办学水平，以取得独立授予学士学位的资格，而且为了保障独立学院具有法人财产权，其必须限期完成资产过户，成为真正意义上的法人。

教育部办公厅《关于〈独立学院设置与管理办法〉的工作说明》中进一步明确："积极做好现有独立学院的规范和办学许可证的发放工作。考虑到独立学院的复杂性和实际情况，国家对已设独立学院给予了五年的过渡期，并明确了相关政策：(1)基本符合《办法》要求的，由省级教育行政部门向教育部提出考察验收申请，教育部组织考察验收，并对考察验收合格的独立学院核发办学许

---

① 中国政府网.教育部在京召开工作会议促进独立学院健康发展[EB/OL].(2008-02-29)
[2022-01-04].http://www.gov.cn/gzdt/2008-02/29/content_906126.htm.
② 王建华.独立学院五年过渡期政策述评[J].教育发展研究,2013,33(5):19-23.

可证。(2)符合普通本科高等学校设置标准的,可申请转设民办高等学校,颁发民办教育办学许可证。(3)既不申请考察验收,也不申请转设民办高等学校的,可继续教育教学活动,但必须按照《办法》的要求,规范体制机制,充实办学条件,在保证教育质量的前提下,有序地做好报请验收或申请转设工作,过渡期结束后,严格按照《办法》的要求办理。"其核心精神是"不进则退",即通过严格评估优胜劣汰,一方面鼓励合格的独立学院从母体学校中独立出来,自主发展,另一方面给不合格的独立学院亮红黄牌,建立有序的退出机制。

《办法》的出台,标志着独立学院进入了新的发展阶段,进入向民办普通高校转设的过渡期。在这个新的阶段,教育行政部门强调"积极鼓励、大力支持、正确引导、依法管理",要求根据独立学院的现状和特点进行分类指导。2009年2月,教育部办公厅下发《关于编报省级独立学院五年过渡期方案的通知》,明确规定独立学院可以转设为民办本科和专科院校。2011年,《教育部关于"十二五"期间普通高等学校设置工作的意见》专门对独立学院转设时间制定了优惠政策:"2014年以前每年均可按照高等学校设置工作要求开展独立学院转设的审批工作。"部分省市也出台了相应的配套政策,如江苏省下发《江苏省教育厅关于加强独立学院教学工作提高教学质量的若干意见》等文件,对该省独立学院开展专业建设抽检工作。

独立学院在发展中长期面临法人属性模糊不清、同等待遇无法落实等制度性障碍。2016年11月7日,全国人大常委会审议通过《关于修改〈中华人民共和国民办教育促进法〉的决定》,随后《国务院关于鼓励社会力量兴办教育促进民办教育健康发展的若干意见》《关于加强民办学校党的建设工作的意见(试行)》《民办学校分类登记实施细则》《营利性民办学校监督管理实施细则》等配套文件颁布,由此开启了民办教育非营利性、营利性分类管理的新时代,为独立学院的改革发展提出了新的挑战。

五、全面转设阶段(2018年至今)

2018年12月,《教育部办公厅关于做好2018年度高等学校设置工作的通知》(教发厅函〔2018〕215号)中明确提出,坚持把独立学院转设摆在高校设置工作的首要位置,各地要逐一梳理、系统分析本地区每所独立学院的办学实际情况,坚持分类施策,制定独立学院转设的时间表和路线图,积极推动独立学院能转快转、能转尽转。列入"十三五"高校设置规划的独立学院转设优先申报;未列入规划的,中期调整时优先支持列入规划。独立学院转设申报不受年度申报计划限制,成熟一所,转设一所。从此标志着我国独立学院转设正式驶入了"快车道"。该文件标志着我国独立学院转设进程即将提速。2019年3月,《民办教育工作部际联席会议2019年工作要点》明确提出,制订独立学院规范改革方案。全面摸清独立学院发展情况,深入分析各类举办和发展模式,研制《深化独立学院改革发展的指导意见》,明晰独立学院发展的路径和政策,深化独立学院体制改革,促进健康发展。

2020年5月,为引导民办高等教育健康规范发展,推进高等教育治理体系和治理能力现代化,按照教育部党组的决策部署,依据相关法律法规和政策文件精神,教育部办公厅正式印发《实施方案》明确要求把独立学院转设作为高校设置工作的重中之重,积极创造条件推动完成转设,该文件引发社会各界广泛关注,由此拉开了独立学院全面转设的序幕。

《实施方案》具体规定了以下四方面内容:一是限定了转设时限。《实施方案》明确,到2020年末,各独立学院全部制订转设工作方案,同时推动一批独立学院实现转设。原则上,中央部门所属高校、部省合建高校举办的独立学院要率先完成转设,其他独立学院要尽早完成转设。二是明确了转设路径。《实施方案》提出了转为民办、转为公办、终止办学等三种基本路径;鼓励各地积极创新,可探索统筹省内高职高专教育资源合并转设;同时,着重强调了无社会举办方的独立学院转让举办权的禁止性规定。三是确立了转设标准。可本着"从实际出发,有利于办学"的原则给予倾斜支持,在保证具有独立校园和基本办学设施、独立财务核算、独立师资队伍等办学条件的基础上,不过分强调土地、校舍面积。四是提出了一系列支持政策。优先受理转设申报,不受数量限制、不设受理时限,加快办理进度;对推动转设有力的省份,适当兼顾其他类型高校设置事项;对完成转设的举办高校及转设后的学校给予政策扶持;将独立学院转设情况作为"双一流"建设高校遴选评价、新增学位点申报、研究生招生计划下达时的重要参考因素;将独立学院转设情况纳入省级人民政府履行教育职责评价等。

遵循《实施方案》"能转尽转、能转快转,统筹兼顾、协调推进,分类指导、因校施策"的工作思路,各地加快推进独立学院转设工作,我国的独立学院由此进入全面转设阶段。

2021年4月,国务院颁布新修订的《中华人民共和国民办教育促进法实施条例》(以下简称《条例》),其中第七条规定:"实施义务教育的公办学校不得举办或者参与举办民办学校,也不得转为民办学校。其他公办学校不得举办或者参与举办营利性民办学校。但是,实施职业教育的公办学校可以吸引企业的资本、技术、管理等要素,举办或者参与举办实施职业教育的营利性民办学校。"公办学校不得参与举办营利性的民办学校,这对于现行独立学院的影响很大。如果独立学院选择了举办营利性学校,参与举办的公办学校就必须退出;如果独立学院选择了举办非营利性学校,公办学校就不能够获利营利。① 《条例》还规定,公办学校举办或者参与举办非营利性民办学校,不得利用国家财政性经费,不得影响公办学校教学活动,不得仅以品牌输出方式参与办学,也不得以管理费等方式取得或者变相取得办学收益,并应当经其主管部门批准。这意味着,公办高校也不能以举办者身份从独立学院收入当中获得收益。我国独立学院政策法规变迁如表 2-1 所示。

表 2-1　我国独立学院政策法规变迁一览表

颁布时间	政策法规名称	基本内容
2003 年 4 月	《教育部关于印发〈关于规范并加强普通高校以新的机制和模式试办独立学院管理的若干意见〉的通知》	第一次对这种办学模式的名称进行了统一和界定,明确了"积极支持,规范管理"的原则
2003 年 8 月	《教育部关于对各地批准试办的独立学院进行检查清理和重新报批工作的通知》	对不符合要求的学校,坚决停办;对暂不符合要求的学校,限期整改;符合要求的重新报批
2004 年 11 月	《教育部关于对独立学院办学条件和教学工作开展专项检查的通知》	进一步加强教学基本建设,改善办学条件,规范招生管理
2005 年 2 月	《教育部关于加强独立学院招生工作管理的通知》	进一步整顿独立学院招生行为
2006 年 9 月	《教育部关于"十一五"期间普通高等学校设置工作的意见》	提出独立学院视需要和条件按普通高校设置程序可逐步转设为独立建制的民办普通高等学校
2008 年 2 月	《独立学院设置与管理办法》	对独立学院政策规定进行了较大幅度的完善和调整,支持独立学院转设为民办高校
2010 年 7 月	《国家中长期教育改革和发展规划纲要(2010—2020 年)》	大力支持民办教育,完善独立学院管理和运行机制
2011 年 12 月	《教育部关于"十二五"期间普通高等学校设置工作的意见》	列入省级人民政府"十二五"高校设置规划的独立学院,可申请转设为民办本科学校

① 孙霄兵.新形势下独立学院的转型与发展[J].中国高等教育,2019(Z1):16-20.

续表

颁布时间	政策法规名称	基本内容
2013 年 2 月	《教育部关于上报独立学院规范工作进展的通知》	把独立学院规范工作作为优化高等教育资源、促进区域经济社会发展的重要契机和推动力
2016 年 11 月	第十二届全国人民代表大会常务委员会《关于修改〈中华人民共和国民办教育促进法〉的决定》	提出民办学校营利性和非营利性分类管理
2017 年 1 月	《教育部关于"十三五"时期高等学校设置工作的意见》	对条件具备的独立学院,鼓励按照普通高等学校设置程序,申请转设为独立设置的本科学校
2018 年 12 月	《教育部办公厅关于做好 2018 年度高等学校设置工作的通知》	坚持把独立学院转设摆在高校设置工作的首要位置,积极推动独立学院能转快转、能转尽转
2019 年 3 月	《教育部办公厅关于推动民办学校规范发展防范化解重大风险的通知》	独立学院转设需要纳入"三重一大"事项,法人属性、举办者等变更要面向社会公示
2019 年 3 月	《民办教育工作部际联席会议 2019 年工作要点》	制定独立学院规范改革方案,全面摸清独立学院发展情况
2020 年 5 月	教育部印发《关于加快推进独立学院转设工作的实施方案》的通知	独立学院转设作为高校设置重中之重,提出"转为民办、转为公办、停止办学"的转设路径
2021 年 4 月	《中华人民共和国民办教育促进法实施条例》	公办学校举办或者参与举办非营利性学校,不得以管理费等方式取得或者变相取得办学收益
2021 年 7 月	《教育部关于"十四五"时期高等学校设置工作的意见》	积极稳妥推进独立学院转设,可适当放宽生均土地、校舍面积及生师比要求先行转设

总之,一部独立学院发展史,就是一部高等教育改革创新史。我国独立学院是制度创新的产物,其萌芽、诞生、兴起、发展、蜕变均与政策环境密切相关。

第二节 我国独立学院发展概况

独立学院坚持应用型人才培养定位,落实立德树人根本任务,创新人才培养模式,融入地方经济社会发展大局,为高等教育大众化普及化和应用型人才培养作出了积极贡献。

一、独立学院的区域模式

独立学院的发展主要受国家宏观政策、举办高校和市场三种力量的影响,三种力量的博弈形成了三种比较有代表性的发展模式[①]:东北三省受政府和市场的影响较多,独立学院形成民营资本主导模式;江苏、浙江的独立学院受政府和举办高校的影响较多,形成国有资本主导模式;广东和湖北等省独立学院发展过程中,政府、举办高校、社会资本三者较为均衡,形成合力,从而形成综合推动模式。

(一)以东北三省为代表的民营资本主导模式

20世纪90年代,东北三省高校数量偏少,公办高等教育资源相对匮乏,不能适应经济社会发展需要。面对高等教育大众化浪潮,公办高校办学经费紧缺,难以完全承担扩招重任,民营资本瞄准了这一时机,纷纷进军高等教育领域,快速与高等学校合作办学。辽宁省先后设置独立学院23所,黑龙江省设9所,吉林省设11所,学校数和在校生数均在各省占据较大比例。

东北三省严格落实教育部文件精神,政府严格清理"校中校""假独立",对独立学院进行规范管理,严禁公办高校单独举办独立学院。2002年,黑龙江对25所民办二级学院进行清理规范,只保留了9所报请教育部备案,为独立学院的健康发展和顺利转设奠定了较好的基础。辽宁省教育厅则于2006年发布了《关于加强民办教育审批与管理的若干意见》,规定禁止公办学校利用财政拨款、依法取得并应上缴国库或者财政专户的财政性资金、学校贷款参与举办民办学校。东北地区省级政府严格执行国家层面关于独立学院的规定,从一开始就严把入口关,绝大多数独立学院符合"优质资源、民营机制、独立办学"的要求,独立学院的身份从一开始就基本属于"民办型",从而奠定了独立学院民营资本主导模式的基础。其典型经验主要体现在以下三个方面:

一是促进独立学院规范发展。东北地区严格执行教育部政策,对独立学院严格管理,依法依规,不打折扣,有效保障了独立学院健康发展的良好生态。吉林省政府办公厅转发省教育厅等部门《关于进一步规范独立学院收费管理有关问题意见》,要求严格按照有关规定,经批准或备案的收费项目要到省发

---

① 阚明坤,陈春梅,黄朝峰.我国独立学院三大区域发展模式及政策规制[J].教育发展研究,2018,38(23):38-45,50.

展改革委办理《收费许可证》。黑龙江省编制独立学院五年过渡期的工作方案并严格执行标准,成熟一个审核一个,条件不达标的不给予考察验收。辽宁省多次研究并下发专门文件,针对独立学院资产过户、转设民办、教师待遇等热点问题进行明确规范;督促独立学院落实法人财产权;制定独立学院分期分批参加规范验收的工作规划;勒令4所无投资方、不达标的独立学院退出办学;对没有土地证的沈阳航空航天大学北方科技学院连续3年停止招生。

二是不断健全民办教育扶持政策。东北地区政府贯彻落实民办教育法律法规,在财政扶持、土地划拨、税费优惠、原始投资、权益保护等方面出台了一系列扶持政策,为独立学院的健康发展和转设民办高校奠定了有力基础。比如,黑龙江省人大常委会协调财政、税务、建设、国土等部门,通过地方立法出台《黑龙江省民办教育促进条例》,免除独立学院资产过户巨额费用,并设立省级民办教育专项资金,从而大大减轻了举办者的资金负担,有力促进了独立学院转设。黑龙江省开创性地提出,对滚动发展起来的民办学校,可以一次性给予举办者相当于学校净资产15%的奖励,并明确了民办院校的产权属性。又如,《吉林省促进民办教育发展若干规定》对包括独立学院在内的民办学校给予大力支持,提出新建、扩建民办学校符合划拨用地目录的,按照划拨方式供地。

三是积极引导推动独立学院转设。辽宁省明确提出鼓励独立学院转设为民办本科高校,对符合办学条件的,积极推动独立学院转设;没有达到办学条件的,举办方和投资方要努力达到办学条件,尽快研究转设时间表并制定规划。《黑龙江省高等学校设置"十二五"规划》提出鼓励独立学院转设,并督促独立学院适时完成资产过户等各项工作。对独立学院转设为民办高校后,有关部门在招生计划、收费自主权、专项资金、质量工程立项等方面予以扶持。同时,东北地区政府积极协调,不允许母体高校在独立学院转设过程中设置障碍或以各种名义收取"分手费",有效推动了转设进程。在政府的引导支持下,东北地区独立学院的转设走在全国前列。

(二)以江苏、浙江为代表的国有资本主导模式

浙江和江苏是我国独立学院的发源地,两省独立学院最典型的特征就是"国有民办"。改革开放以来,江浙的经济和社会发展较快,民营经济发达。而与此形成鲜明对比的是江浙高等教育的严重滞后,学校数量少,办学规模小。老百姓对高等教育的需求推动了公办高校举办二级学院。这样既可以使高校创收,扩大经费来源,又可以缓解扩招压力。国有民办的"江浙模式",在实际办学过程中,有效规避了民营资本"逐利性"和教育"公益性"的利益冲突,多数独立学院实际管理者与母体高校之间合作办学较为顺畅。[①] 江苏省经教育部批准认定的独立学院最高峰时有 26 所(不包括 2011 年停止招生的 11 所民办二级学院),数量位居全国第二。其中,有 16 家投资主体为母体学校,3 家投资主体为政府,3 家投资企业为国有企业,4 家为民营企业,国有资本占84.62%。教育部 26 号令规定,独立学院设置标准应参照普通本科高校的设置标准执行,具备"不少于 500 亩的国有土地使用证或国有土地建设用地规划许可证"。国有民办型独立学院是公办高校"资源溢出"的产物,对母体高校具有高度依赖性,这既是其优势所在,也是短板。[②] 这一规定对独立学院的设置条件提出了更高要求,江浙两省大多数独立学院都不符合这项要求。26 号令颁布之初,浙江省 22 所独立学院中有 18 所办学场地未达标,土地基本没有过户;江苏省 26 所独立学院中有 16 所由母体高校教育发展基金会举办,"大部分独立学院使用的土地和房产为参与举办的普通高校所有,属于国有资产"。[③]

为了满足评估验收要求,江浙独立学院纷纷寻求办法,扩大占地面积。但是江苏、浙江大中城市土地资源稀缺昂贵,而周边县市经济条件较好,急于引进高等院校。在多项政策的激励下,江苏、浙江独立学院开始了大规模的"走出大城市,落户小县城"的迁校步伐。[④]

一是支持独立学院与地方政府合作。2009 年,浙江省《关于规范设置独立学院的若干意见》对全省独立学院验收工作提出"投资主体规范""剥离规范""迁建规范"三条路径。[⑤] 一批独立学院纷纷与周边县市合作,由经济发达的县级市提供土地、另择校址、新建校园。江苏省为了促进独立学院达标验收,鼓励支持独立学院从高校集中的南京等地外迁到高教资源相对匮乏的苏北苏中地区。《江苏省"十二五"教育发展规划》提出:"大力发展苏北地区高等教育,探索独立学院到苏中、苏北市县办学的多种形式,使每个省辖市至少拥有 1 所普通本科高校。"

① 王爱琦."浙江模式"独立学院的优势、困境与出路[J].中国高教研究,2015(7):1.
② 阚明坤,耿菊萍,雷承波.国有民办型独立学院转设的困境与对策[J].高校教育管理,2021,15(1):59-68.
③ 江苏省教育厅关于上报独立学院五年过渡期工作方案的报告[Z].苏教民〔2009〕12 号.
④ 阚明坤.独立学院"迁址办学"现象研究:基于江苏、浙江两省的实证调查[J].教育发展研究,2016,36(Z1):9-15.
⑤ 浙江省教育厅,财政厅,发改委.关于规范设置独立学院的若干意见[Z].浙教计〔2009〕181 号.

二是独立学院迁址办学发展趋好。在江苏、浙江政府部门的统筹规划和教育主管部门的支持指导下,一些高教资源短缺但经济社会发达、土地供应充裕的城市纷纷抛出橄榄枝,吸引独立学院"下嫁落户"。据统计,2008—2021年,江苏、浙江共有 30 所独立学院重新建设新校区,迁址到周边县市区办学。其中,江苏省有南京医科大学康达学院等 19 所独立学院从南京、常州、镇江等地外迁至连云港、无锡等地办学。浙江省有浙江工业大学之江学院等 11 所独立学院从杭州、宁波等中心城市搬迁至海宁、绍兴等县市区办学。迁址解决了独立学院的土地、校园,突破了学院发展的瓶颈,为学院的长远和可持续发展奠定了最基础的办学条件。[①]

(三)以广东、湖北为代表的综合推动模式

综合推动模式是指独立学院受政府、高校、社会资本三种权力的影响较为均衡,创办模式多种多样,既有国有资本投资举办,又有民营资本投资举办,还有公办高校自身举办。不同类型的独立学院有不同的运行模式,由多种力量推动发展。该模式在全国较为普遍。广东独立学院在校生人数最多,湖北独立学院的数量最多,两省独立学院受三股力量共同推动发展更为突出。

广东省独立学院起步较晚,大多数成立于 2003 年左右。广东 17 所独立学院按照出资方身份大致分为三类:一是民营企业与公办高校合作共同举办,该合作模式共有 12 所;二是由民营企业出资、地方政府无偿划拨土地、公办高校出资建设,如北京理工大学珠海学院;三是政府与公办高校合作举办,如电子科技大学中山学院。

湖北作为高教大省,高校资源丰富,教育需求旺盛。该省独立学院创办时间较早,2010 年高峰时,湖北有独立学院 32 所,无论是学校数量还是在校生人数都居全国第一。其创办模式多种多样:14 所由公办高校与民营企业合作举办,占 44%;16 所由举办高校通过校办企业或其他变通方式自身举办,占 50%,实际上是"校中校",其人事、财务等重大事项完全由举办高校决定;2 所由公办高校与地方政府或国有企业合作举办,占 6%。

不同于民营资本主导地区和国有资本主导地区,综合推动模式的广东、湖北基于三股力量的推动,独立学院的发展呈现出不同的特点。

一是支持独立学院扩大办学规模。广东省将独立学院作为普通高校管理,依法落实其办学主体地位并支持独立学院扩大规模。广东最高峰时有 17

---

① 徐绪卿.关于部分独立学院转设为地方公有民办普通高校的思考:以浙江省内生型独立学院转设为例[J].教育发展研究,2020,40(5):41-47.

所独立学院,在校生总数约占全省普通本科在校生总数的三分之一。吉林大学珠海学院 2013—2019 年每年招生人数均在 7000 以上,2020 年增加至近 8500 人,2021 年转设为珠海科技学院后,招生人数增至近 9000 人,在校生 30000 余人。湖北省政府 2013 年则出台了《关于进一步促进民办高等教育发展的意见》,要求落实独立学院的办学自主权,从土地供给、专业建设、招生计划、项目申请、财政资助等方面提供支持,稳步促进了独立学院的发展。

二是注重提高独立学院教学质量。广东省教育厅 2011 年发布《关于开展我省独立学院教学工作评估的通知》,对全省 17 所独立学院开展评审工作。经考评,全省 17 所独立学院均获得学士学位授予单位,只有部分学校的少数专业未能通过审查。2013 年,湖北省委高校工委、省教育厅印发《关于支持民办高校提高教育质量的若干意见》,支持包括独立学院在内的民办本科高校逐步扩大本科生招生规模。

三是推动独立学院向应用型高校转型。湖北、广东积极贯彻落实《教育部、国家发改委、财政部关于引导部分地方普通本科高校向应用型转变的指导意见》,推进包括独立学院在内的地方本科院校转型发展。湖北省先后开展两批遴选,共确定 23 所本科作为试点高校,包括武汉大学珞珈学院等 7 所独立学院。同样,广东省下发文件,明确全省大部分普通本科高校(含独立学院)通过学校整体转型,部分二级学院、部分学科专业转型的方式,向应用型高校转变,最终遴选出 14 所高校作为转型试点高校,其中包括 5 所独立学院。

二、独立学院的基本状况

独立学院自诞生以来,伴随高等教育大众化的发展步伐,办学规模不断扩大,尤其体现在学生规模、占地面积、专业规模上。据教育部全国教育事业发展统计公报,全国独立学院数量在 2006—2010 年间达到最高峰,2010 年全国独立学院数量达 323 所,占当时全国本科院校的 29.05%,独立学院成为我国高等教育的重要组成部分,是我国高等教育体系中一支不可或缺的生力军(详见图 2-1、图 2-2)。据教育部统计数据,截至 2022 年 9 月,全国还有独立学院 164 所,占全国 2756 所高等院校的 5.95%,占全国 1270 所本科院校的 12.91%。

(一)独立学院的学生规模不断扩大

独立学院诞生于高等教育大众化过程之中,招录率持续提高,学生规模不断扩大,生源地和招生录取类型更加多元,逐渐成为地方应用型人才培养的重要力量。根据统计,2004—2020 年,全国独立学院总共招生 1051.1851 万人,毕业生数达 771.4595 万人,详见表 2-2。如果加上 2021 年、2022 年的毕业生

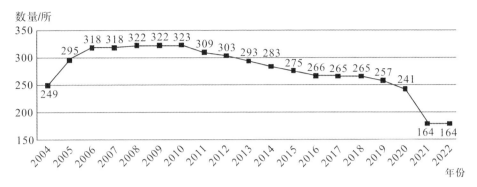

图 2-1　全国独立学院数量变化图

数据来源:教育部全国教育事业发展统计公报。

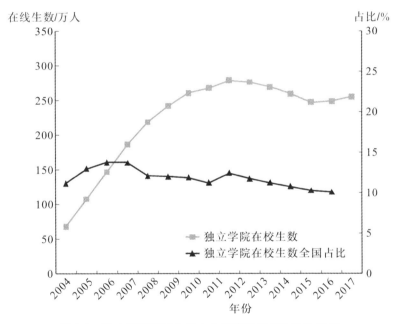

图 2-2　独立学院在校生数占全国高校在校生数比例图

数据来源:教育部全国教育事业发展统计公报、教育统计数据、国家统计局数据。

(以 2020 年 58.8479 万毕业生测算,2021 年、2022 年的毕业生大约共 100 万人),再加上独立学院创办之初 1998—2003 年期间招生人数,这意味着我国独立学院创建 20 余年,为经济社会培养了近 1000 万名应用型人才,这是一个庞大的数字。

表 2-2　　2004—2020 年全国独立学院毕业生数、招生数、在校生数统计表

年份	毕业生数/人	招生数/人	总在校生人数/人
2004	30998	306877	686659
2005	75223	441471	1071809
2006	142083	525647	1462708
2007	209838	589167	1861098
2008	330505	649911	2148640
2009	439078	687417	2379596
2010	514665	752982	2597420
2011	540805	744270	2669024
2012	583337	755159	2778982
2013	591872	687234	2753416
2014	624171	649625	2685793
2015	641176	631189	2589331
2016	630935	617469	2467391
2017	609594	618476	2484741
2018	599840	639905	2551126
2019	592994	633570	2552363
2020	588479	581482	2505230
总计	7714595	10511851	—

以江苏省为例,2018—2019 学年江苏省 25 所独立学院普通本科在校生 246105 人,规模占全省普通本科在校生数的 20% 以上,在校生规模最大的有 13986 人。其中,近半数学校在校生规模过万人。招生类型包括普通高考、普通"专转本"、"3+4"转段、五年一贯制高职"专转本"、对口单招等,专转本已成为高考外的主要招生来源;独立学院生源总体以江苏本省生源为主,平均约占一半,同时面向其他省(自治区、直辖市)招生。招生计划投放范围相对较广的独立学院在 30 个省(区、市)投放招生计划;投放相对少的独立学院也在 12 个省(区、市)投放招生计划;从招录情况与生源质量来看,多数独立学院的招生势头和投档分数线都呈上升之势,平均报到率超过 90%,半数以上独立学院报到率超过 95%。

(二)独立学院的占地面积有所增长

对照转设达标要求,独立学院积极改进办学条件,新建扩建校园,特别是

迁址办学的独立学院,建设了崭新的现代化大学校园,办学条件明显改善,教学设施焕然一新。南京工业大学浦江学院在迁址建设新校园后,教学辅助及行政用房面积达到 24 平方米/生。

未迁址的独立学院在学生规模持续扩大的同时,校园面积则更显捉襟见肘。如 2018—2019 学年,江苏省独立学院生均教学辅助及行政用房面积平均值为 14.961 平方米/生,仅 3 成以上独立学院的生均教学辅助及行政用房面积超过国家标准(16 平方米/生)。

(三)独立学院的专业设置不断优化

独立学院专业设置最初沿袭母体高校,以招生热、就业好的优势专业为主。伴随经济社会发展,独立学院基于市场需求积极调整专业设置,优化专业结构。

从 2018—2019 学年江苏省独立学院的专业学科布局和专业设置来看,独立学院涉及工学、理学、管理学、经济学、文学、法学、艺术学、教育学、医学、农学、历史学 11 个学科门类,各学校平均设有 6 个学科、33 个专业,共计 9 所学校专业数超过 40 个,5 所学校专业数超过 30 个,专业设置最多的学校设有 48 个专业,最少的设有 15 个专业;经管类和工科类专业在绝大多数独立学院均有开设,占有绝对地位;近 4 成学校的工学专业占比超过 50%,8 成学校的工学专业占比居本学校之首;管理学作为紧随其后的学科专业,分别有 2 所、16 所学校的专业占比居本学校第一、第二。

(四)独立学院的办学定位逐渐明晰

独立学院普遍为应用型的定位即培养应用型本科人才而非研究型人才或技工,其培养方案和课程体系以社会需求为导向、以应用能力培养为任务,强调专业性、实用性,方向区别于大多数母体研究型大学,定位更为明确清晰。

一是坚持应用型。应用型院校和应用型人才培养定位现已成为独立学院办学目标定位的普遍选择。关于应用型定位的具体表述,各独立学院存在一定差异,有对于应用型程度的追求,如高水平、有特色等;有对于应用型细分类别的界定,如应用技术型大学等;有对于特质的说明,如高素质、复合型、创新型、开放性等。

二是体现地方性。无论是为转设做准备,还是迁建办学,独立学院扎根地方办学、服务地方社会经济需求是转型发展的必然举措。通过针对性满足地方发展需求,打造专业集群、产业学院,深化了专业内涵和特色,体现出了较强的地方性特征。如吉林大学珠海学院与珠海市合作建有 59 个科研平台和 2 个具有独立法人的新型研发机构;与广东省海洋与渔业厅等政府部门合作,推动珠海海洋产业转型升级持续发展,提升科技服务社会能力。浙江农林大学暨阳学院迁址到诸暨后,与诸暨市政府合作共建诸暨发展研究院、陶朱商学院、大唐产学研基地、中国大唐袜艺学院等校地合作平台,实现了专业与企业、专业群与产业链的有机对接。

(五)独立学院的人才培养不断加强

从应用型、地方性的办学定位出发,独立学院坚持立德树人,在办学规模不断扩大的背景下,强化人才培养中心地位。

一是人才培养方案逐渐改进。独立学院在培养目标和规格上,结合地方及新兴产业需求,细分人才培养规格,面向市场需求调整设置专业或专业方向,明确实践应用及服务领域,进而对接行业、岗位需求;在人才培养方案中引入职业资格标准、行业产业标准,在培养过程中引入行业企业参与,强化应用能力培养;加大实践教学环节比重,创新教育评价方式,探索结果考核向过程考核、单一考核方式向多种考核方式的转变。如南京大学金陵学院自2011年起承担国家教育体制改革试点的"全面学分制改革"项目,借鉴南京大学"三三制"本科教学改革成功经验,在优质课程资源等方面共建共享,促进学生的个性化发展。

二是专业课程体系日趋合理。高等教育范式转型背景下,独立学院结合自身生源及体制机制灵活特点,开展以"学"为中心、以生为本的教育教学系统性改革,对接多元需求。如南京理工大学紫金学院自2015年起全面实施应用型人才培养改革,契合学生个性化发展需求,将培养过程分为大类培养、专业核心培养、分类培养三个阶段,结合学生本专业发展、跨专业发展、升学深造、报考公务员四条发展路径,改革培养模式;按照培养方案制订的七原则十规程,制订推行"应用能力+个性发展"人才培养方案,建设综合教育、专业教育、通识教育三大平台涵盖11个课程模块,构建"通专并重+多样发展"课程体系,被江苏省教育厅选取为民办高校内涵发展创新案例。

三是教学资源条件不断完善。经过多年积累,独立学院通过优化培养方案、增强选课环节,引入慕课资源丰富选修课程,建设实习实践基地、夯实实践训练,整体教学资源条件大为改善。从2018—2019学年江苏省独立学院开课门数来看,独立学院的教学资源条件已大幅提升。详见图2-3。

四是实践育人环节得到加强。独立学院基于应用型培养定位积极探索实践育人体系,参与虚拟仿真实验教学资源平台的建设与使用,建设实验教学中心,强化实习与实验教学,打通课内外、校内外培养体系,加强实践育人环节,提升学生实践应用能力,取得长足发展。如南京理工大学泰州科技学院实施

图 2-3 2018—2019 学年江苏省部分独立学院开课门数与选修课比例

数据来源:江苏省独立学院本科教学质量报告。

专业"画像—塑像—成像"的培养思路,构建了以项目驱动为主线,包含"基础训练—专业训练—工程训练—创新创业训练"四层次环环相扣、能力进阶的实践教学体系,实施"行业(技术)学院"、嵌入式(订单式)、"项目+工作室"、"双证书"、"双学历"等多元协同育人模式。

五是招生就业情况基本平稳。独立学院承担了高等教育扩招、应用型人才培养的重任,招生规模较大,广东、浙江、江苏等省份独立学院招生约占该省本科生总数的三分之一。广东部分独立学院每年招生达 7000 人左右。详见表 2-3。

表 2-3　广东省独立学院 2013—2015 年招生计划数一览表

序号	独立学院名称	2013 年	2014 年	2015 年	
		总计划数/人	总计划数/人	总录取数(大概数)/人	广东录取数(大概数)/人
1	北京师范大学珠海分校	6000	6132	6330	3771
2	北京理工大学珠海学院	6500	6690	7040	5282
3	吉林大学珠海学院	6900	7008	7715	5939
4	电子科技大学中山学院	4700	5000	5189	3849
5	华南理工大学广州学院	5300	5500	5898	5348
6	广州大学华软软件学院	3000	3800	4095	3995
7	中山大学南方学院	4500	4600	5029	4701
8	广东外语外贸大学南国商学院	2600	2500	2617	2443
9	广东财经大学华商学院	5600	5400	6312	5952
10	广东海洋大学寸金学院	5300	5389	5733	5065
11	华南农业大学珠江学院	3800	2800	3626	3444
12	广东技术师范学院天河学院	5000	3500	3002	2872
13	广东工业大学华立学院	5600	2693	3149	2784
14	广州大学松田学院	2800	2400	2914	2398
15	东莞理工学院城市学院	5000	4900	5597	5070
16	中山大学新华学院	4800	5326	6270	5933

数据来源:广东省普通高校招生计划。

　　毕业生就业质量是独立学院生存与发展的生命线。从 2018 届江苏省独立学院的学生毕业率、学位率来看,情况良好,与公办应用型本科高校大致相当。详见图 2-4。

　　独立学院通过构建招生、培养、就业三位一体机制,招就联动、就业前移、就业导向,将各专业毕业生就业情况作为每年招生专业投放和计划编制的依据,把就业指导服务贯穿人才培养全过程,全面提高毕业生就业竞争力。如广西大学行健文理学院每年举办多场专场招聘会和秋、冬、夏三季毕业生大型双向选择洽谈会;建立"1+4"就业信息发布平台,实现就业信息对应届毕业生"点对点"全覆盖;对建档立卡贫困家庭毕业生,实施"1+1"专项帮扶;荣获"广西普通高校毕业生就业创业工作突出单位"。《广东 2018 民办高等教育发展报告》显示,该省独立学院学生就业率、专业对口率都在平均水平之上,初次就

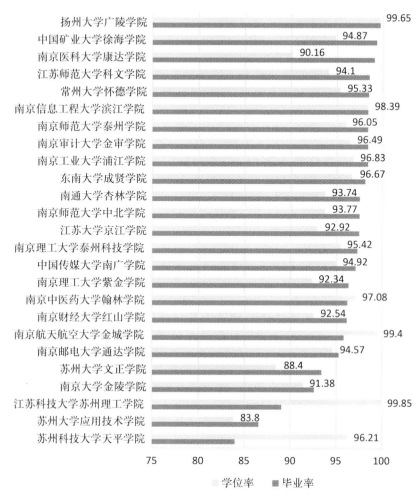

图 2-4 江苏省独立学院 2018 届学生毕业率、学位率情况（单位：%）

数据来源：江苏省独立学院毕业（生）就业质量报告。

业薪酬最高的吉林大学珠海学院的毕业生薪酬达 5096 元/月。

三、独立学院的教育教学

随着高等教育由外延扩张转向内涵建设，独立学院越发重视教学质量，强化教学建设与改革，提升了人才培养质量。

（一）学科专业建设特色化

独立学院依托母体高校资源，实施专业学科一体化策略，主动建立人才需求预测与专业设置动态调整机制,及时增设新专业,改造调整传统专业,专业学科布局趋于合理,结构持续优化。如中山大学新华学院面向区域设置 46 个专业,其听力与言语康复学、康复治疗学等 4 个专业是广东省独立学院中唯一开设的,公共管理学科和医学技术学科分获省级特色重点学科和省级重点培育学科。在制定"十三五""十四五"发展规划时,不少独立学院结合自身实际审视并规划调整了专业设置布局,对源自母体高校但已不适应新形势的专业进行淘汰、调整、改造;根据新业态、新产业需求,设置新专业。在 2018 年获批"数据科学与大数据技术"专业的 203 所高校中,21 所为独立学院。

部分独立学院入选国家级和省级重点专业、特色专业,有力促进了独立学院专业建设,提升了专业内涵和声誉。如中山大学南方学院会计学入选 2022 年国家一流本科专业建设点。北京理工大学珠海学院开设 61 个本科专业,继承母体高校理工特色、理工科专业的占 55.73%;优势和特色专业基本对接粤港澳大湾区重点发展的支柱产业,形成了工学类专业集成度高、专业体系与产业链关联度高、专业布局与珠三角主导产业吻合度高的应用型特色明显的专业体系。现有 8 个省级综合改革试点专业,1 个省级应用型人才培养示范专业,1 个省级战略性新兴产业特色专业,2 个省级特色专业,5 个通过 IEET 工程及科技教育认证专业。2019 年江苏高校一流本科专业申报评选向独立学院开放,获评的 501 个一流本科专业中有 22 所独立学院的 56 个专业,彰显独立学院学科专业实力不断增强。

(二)人才培养模式多样化

独立学院积极探索应用型人才培养模式,呈现出专业方向市场化、课程设置应用化、教学内容模块化、产学合作多元化等特点,人才培养模式更加多样、适切。"3+0.5+0.5""2.5+1.5""2+2""3+1"模式、行业学院模式、定制班模式、订单式培养模式、"1+X"证书项目等特色化方案、模式在独立学院广为使用,促进了应用型人才培养目标的实现和多方共赢。如华南理工大学广州学院通过合作项目造就、商圈定制、专院定制、班级冠名等方式探索了订单式人才培养模式,增设相关专业及方向并实施分阶段培养,为花都区定制培养涉外人才。

独立学院积极实施基于国际交流合作的联合培养模式,采取"2+2""4+1"等方式与国外高校联合培养学生。如苏州大学文正学院 2005 年率先成立国际合作交流处、2012 年成立国际交流学院,与全球 10 多个国际和地区 50 多所大学建立了友好合作关系,每年参与交流项目的学生达 300 多人。

(三)教育教学改革广泛化

独立学院加强教学管理,健全支持教育教学改革、教师教学发展的政策,如设置教育教学改革专项、教学奖励专项,对教师发展和培训予以经费支持等。独立学院教育教学实践、改革的研究已覆盖了育人各环节、各方面。在课程建设方面,线上线下混合、理实一体、参与式、互动式、探究式等不同教学理念、方法等被普遍运用;加强实践教学,实验、实践、实训的基地平台建设、模式、方法、运用等被广为重视。在各地教育教学改革立项、教师教学能力竞赛、教材项目、精品课程项目等评选中,独立学院已频频崭露头角,不乏突出成绩。

东南大学成贤学院推进学分制改革,不断加大转专业自由度,并设置辅修专业制度;对重要的基础课实行分级分层教学,为不同学业基础、不同发展取向的学生提供足够的发展空间;积极探索"做学结合""案例教学""项目驱动""现场教学"等多样化教学方法,对接社会需求。浙江工业大学之江学院以校园第三空间为依托,打造现代书院制;确定 80 门精品在线课程(优秀课程)建设项目;主编各类教材 93 部,其中省级重点教材 6 部,新形态教材 3 部;开设四年一贯制"职业规划与就业指导"课程,设立学生课外科技基金,开办创业实验班和"致知"精英班。

(四)教学质量管理专业化

在母体高校教学质量督导下,独立学院逐渐构建教学质量监测与保障体系,教学质量管理闭环基本形成,地方需求、用人单位需求、学生需求均被纳入质量追踪体系,作为循证改进的依据。

燕山大学里仁学院探索适应性分层教学模式,把师生更好地联系在一起,有效进行"双边教学",通过针对不同状况的学生因材施教,争取提升每个学生的成绩,进而大面积提高教学质量;通过分层次配备老中青教师梯队,实现教学全过程"以老带新",提高青年教师的教学质量,进而达到提高师资整体素质的效果。江苏大学京江学院建立督导团、质量监控委员会、教学委员会、质量管理办公室、教学质量科五大督教组织,紧扣课堂、实践、不及格率、毕业及学位授予率四个监控环节,构建了"常规评价+绩效评价+水平评价"三个评价方法,实施"教监委"监督制、教学管联动制、学生联络员制、院领导定期巡视制、辅导员随堂听课制、学生学习质量预警制、教学日志周报制等七大监控机制。

独立学院教学成果从无到有、不断累积,有的学校已取得突出成果,不乏国家级、省级教学成果奖等重要荣誉。2018 年,浙江大学城市学院参与的项目荣获国家教学成果奖一等奖。不少独立学院学生在技能认证、学科竞赛、实践创新、就业升学、社会实践等方面表现优异,有的甚至不逊色于公办院校,毕业生得到社会认可,各方满意度和社会口碑不断提升。

(五)创新创业教育持续化

独立学院紧扣区域经济发展需求现状,结合办学资源,把握办学定位,大力实施双创教育,提高学生就业创业能力,成绩斐然。

如云南大学滇池学院实施"4321工程"创新创业教育改革,即开展创新创业教育"四个融入",推进"三个合作",形成"两条路径",实现培养高素质应用型人才这一终极目标,在中国"互联网+"大学生创新创业大赛中斩获国家级、省级多项奖项,创业园建立以来孵化项目70余项、产值超过千余万元、带动500多名大学生就业。集美大学诚毅学院实施"开门办学"和"内孵外化"模式,率先引企入校,把工厂搬到校园,把课堂搬到企业,扩大创业孵化园规模,设立校外创业基地,为创业大学生提供政策、资金、技术等支持,创新创业成绩抢眼。四川大学锦城学院自2005年提出"三创教育",率先设置创业学分、将创业教育纳入必修课,打造"全覆盖、融合式、浸泡式、开放式"的"三创教育生态系统",相关课程获评省级精品资源共享课、创新创业教育示范课程、全国民办高校创新创业课程建设奖。

第三节　我国独立学院转设背景

独立学院凭借高起点办学优势得以快速崛起,满足了人民群众的多元化差异化教育需求,为我国高等教育跨越式发展作出了不可磨灭的贡献。但随着时间的推移,独立学院在办学过程中暴露出诸多问题。尽管中央政府及时给予宏观政策指导,但在社会经济转型、依法治教、高等教育内涵式发展背景下,独立学院的运作模式弊端、体制机制矛盾越发突出,推动独立学院转设势在必行。

一、独立学院是高等教育体制改革的历史性产物

作为一种新型办学样态,独立学院形成于我国高等教育发展的瓶颈时期。彼时,我国经济发展需求强劲,本科教育供求矛盾日趋尖锐,高等教育财政经费紧张,资源供给严重不足。20世纪90年代,公共教育支出占GDP比例非常低,从未超过2.5%,而同一时期OECD国家的平均水平则维持在5%左右。我国高等教育毛入学率非常低,1991年仅有3.5%,1997年只有9.1%。2005年至2007年,大多数发达国家已到达70%以上的高等教育毛入学率,而我国

仍停留在 20% 左右,显得较为落后。① 而从 1990 年到 1999 年,农村居民收入和城市居民收入也分别增长了约 2.2 倍和 2.9 倍,人民群众的需求非常旺盛,教育购买能力明显增强。王湛认为,"人均 GDP 到 1000 美元这个阶段,居民的消费需求和消费结构会发生变化。……老百姓希望自己的子女有机会接受高等教育"②。在此情形下,独立学院的兴起和发展具有突破我国高等教育瓶颈的重要意义。

第一,扩大高等教育资源供给。20 世纪末期,伴随着改革开放不断深化及社会主义市场经济的持续发展,我国职业市场对文凭门槛要求越来越高,技术革新使得岗位竞争加剧,劳动力人口为了提高在职业市场的地位,接受高等教育的愿望变得越发强烈。但由于当时民办高等教育才刚刚起步,全国高等学校数相对较少,高等教育资源供给不足,人民日益强烈的高等教育需求与高等教育资源供给间的矛盾日益突出。独立学院的兴起恰好满足了人们对高等教育的需求,起到扩大高等教育资源供给的作用。特别是一些跨区域兴办的独立学院,帮助本科教育资源薄弱的地区实现本科高校零的突破,区域高等教育资源布局结构得到有力改善,为促进高等教育大众化普及化作出了重要贡献。如图 2-5 所示,我国高等教育毛入学率快速攀升,其中独立学院功不可没。

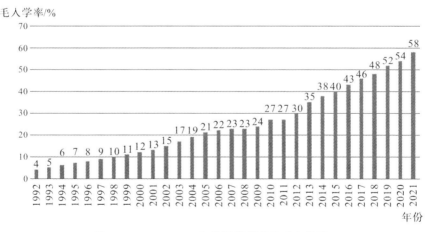

图 2-5 1992—2021 年我国高等教育毛入学率

数据来源:中国教育统计年鉴和教育部全国教育事业发展统计公报。

---

① 杨德广.独立学院是中国特色的新型民办高校[J].高等教育研究,2009,30(3):53-60.
② 龚放,范利群.高等教育改革"中层突破"的成功尝试:1996 年江苏高等教育率先扩大招生的政策分析[J].江苏高教,2013(4):1-7.

第二,缓解高等教育财政压力。1999年至2007年间,我国财政性教育经费占GDP比例一直处于低位,徘徊于2.79%～3.32%之间,距离《国家中长期教育改革和发展规划纲要(2010—2020年)》提出的4%的目标还有差距,不如同期世界其他国家4.4%的总平均水平,明显低于大部分发达国家的5%,远落后于26个发达国家的6%。[1] 公办高校主要依靠政府财政扶持,高等教育财政经费紧张问题日益凸显,这是当时世界各国普遍面临的一大难题,日本学者金子元久称这一现象为"高等教育的危机"。但是,由于独立学院兼具公办和民办两种优势,其不需要政府投入过多资金,在社会力量的支持下,学校的办学条件和经费得到了保障,同时也能基本确保办学质量,大大缓解了高等教育财政压力。

第三,激发高等教育系统活力。独立学院作为21世纪中国高等教育的一项重要制度创新,持续推动我国高等教育办学体制、投资体制、管理体制、人事分配体制和招生就业体制等改革,加速我国高等教育内部有序竞争,激发高等教育系统的生机与活力。在实践过程中,各地勇于开拓,大胆探索,不断突破"公办""民办"传统高等教育体制的局限,释放更大的潜能和优势,一些地区探索总结独立学院体制改革成功经验,为全国高校创新发展提供有益借鉴。

但是,随着时间的推移,独立学院在发展中暴露出一系列深层次问题,存在法人地位未落实、产权归属不清晰、办学条件不达标、师资结构不合理、内部治理不健全等问题,在一定程度上影响了教育公平和高等教育高质量发展。当独立学院办学规模和资产总额不断扩大时,举办者、管理者、办学者之间陆续爆发财产所有权、经营权、使用权、分配权等相关的权益纷争。《中国青年报》报道,一著名民办大学校长目睹了北京市丰台区一名,高考成绩只有200来分的学生,交3万元赞助费后被武汉某高校二级学院录取的事实,并且武汉某高校二级学院方面明确承诺会发本校文凭。某些二级学院的录取分数竟然低到不足200分,只要交3万元赞助费就可入学,他们成了民办高校最大的不公平竞争者![2] 许多真正的民办高校对此强烈反对,认为独立学院既无偿占有、享受公办学校资源,又在按民营机制收费,特别是以办理母校文凭的方式吸引生源,对民办高校来说无疑是一个重大打击。

---

[1] 王胜今,赵俊芳.我国高等教育大众化十年盘点与省思[J].高等教育研究,2009,30(4): 25-33.

[2] 中国民办教育的喜与忧:北京吉利大学启示录之三[EB/OL].(2013-10-24)[2022-10-17].http://zqb.cyol.com/content/2003-10/24/content_754435.htm.

二、独立学院转设是国家重要的政策设计

新制度经济学认为转轨实际是一系列制度变迁现象,制度变迁是一个从制度均衡到不均衡,再到均衡的不断演变的历史过程。制度创新、制度变迁是制度均衡不能维持的情况下发生的。从独立学院发展的历史来看,一项项制度创新交错进行,便构成了独立学院制度变迁。2006年9月,教育部印发《关于"十一五"期间普通高等学校设置工作的意见》,提出"独立学院视需要和条件按普通高等学校设置程序可以逐步转设为独立建制的民办普通高等学校",这是国家最早指明独立学院转设路径的文件。2008年2月,教育部颁布《独立学院设置与管理办法》(以下简称"26号令"),考虑到独立学院的复杂性和实际情况,国家对已设独立学院给予了5年的过渡期,并提出了"关、停、并、转"的规范发展路径。2009年2月,教育部办公厅下发《关于编报省级〈独立学院5年过渡期方案〉的通知》,要求省级教育行政管理部门提出每所独立学院具体的工作意见和进度。另外,教育部关于"十二五""十三五""十四五"期间普通高等学校设置工作的意见,明确每年都可以开展独立学院转设申报工作,并鼓励条件成熟的独立学院申请转设为独立设置的本科学校。

随着独立学院快速发展中暴露出的问题越来越多,独立学院遭遇制度合法性危机,具体体现在价值选择危机、公共性危机、程序性危机与有效性危机。[①] 2018年12月,教育部办公厅要求"坚持把独立学院转设摆在高校设置工作的首要位置,积极推动独立学院'能转快转、能转尽转'"。2020年5月,教育部办公厅印发《关于推进独立学院转设工作的实施方案》,明确规定,"把独立学院转设作为高校设置工作的重中之重,积极创造条件推动完成转设。到2020年末,各独立学院全部制定转设工作方案,同时推动一批独立学院实现转设。原则上,中央部门所属高校、部省合建高校举办的独立学院要率先完成转设,其他独立学院要尽早完成转设。"这宣告独立学院进入全面转设的新阶段,已经从需求诱致性制度变迁变为强制性制度变迁,由渐进式制度变迁变为突进式制度变迁。一般而言,由一个人或一群人在响应获利机会时自发地倡导、组织和实行的制度变迁称之为诱致性制度变迁;由国家或集团通过政策

---

① 彭华安.诞生与危机:独立学院制度运行的案例研究[M].上海:上海三联书店,2013: 191.

法令主导实施的制度变迁称之为强制性制度变迁。① 由此可见,独立学院的转设是国家教育行政部门实施依法治教,推动教育治理能力和治理水平现代化进程中的客观要求,也是理顺高等教育关系、调整高等教育布局、促进教育公平、建设高质量教育体系的重要举措。

三、独立学院转设是组织自身发展变迁的结果

独立学院作为一个组织生命体,是一个开放系统,需要在不断地变革和创新中求得生存与发展,也存在一定的生命周期。传统的组织创新理论认为,企业外部环境的变化是促使组织创新的主要因素,而企业生命周期理论从企业发展的整个过程出发,强调企业历史比外界环境更能决定企业的未来。马森·海尔瑞最早提出"企业生命周期"概念,认为企业的发展也符合生物学中的成长曲线,企业发展过程中会出现停滞(stagnation)、消亡(demise)等现象。1972年,哈佛大学教授哥德纳进一步指出,企业和人及其他生物一样也有一个生命周期,企业的消亡也并非不可避免,企业完全可以通过变革实现再生,从而开始一个新的生命周期。② 爱迪思将企业生命周期分为三个阶段十个时段。三个阶段分别为"成长阶段""再生与成熟阶段""老化阶段",其中成长阶段包括了孕育期、婴儿期、学步期三个时段;再生与成熟阶段包括了青春期、盛年期、稳定期三个时段;老化阶段则包括了"贵族期""官僚化早期""官僚期""死亡期"四个时段。③

从生命周期视角观察组织的发展演变,最早可以追溯到种群生态理论,将生物学研究中的达尔文进化论思想运用于组织研究。组织生命周期理论强调以生物学的类比方式解释组织的生长变化,借鉴该理论,可以把独立学院的发展历程分为四个阶段,即创办期(生成期)、发展期(成长期)、达标期(成熟期)、转设期(蜕变期)。独立学院经历了初创时代的诞生、成长阶段的发展、达标建设阶段的成熟完善,逐渐进入了转设期,其通过办学体制转变、契约关系终止、组织结构调整、资源要素重组,蜕变为一个完全独立设置的本科高等院校或者退出高等教育历史舞台。因此,独立学院转设的过程,亦是组织生命周期演变的过程。

① R.科斯,A.阿尔钦,D.诺斯.财产权利与制度变迁:产权学派与新制度学派译文集[M].上海:上海三联书店,1994:384.
② 徐操志,完颜绍华,许庆瑞.组织创新的生命周期观[J].科研管理,2001(6):44-49,8.
③ 薛求知,徐忠伟.企业生命周期理论:一个系统的解析[J].浙江社会科学,2005(5):192-197.

按照诺斯的制度变迁理论,制度变迁是制度的替代、转换与交易过程,它是一种效率更高的制度安排对另一种制度安排的变迁。制度经济学认为,获取潜在利益是制度变迁的基本原因。"如果预期的净收益超过预期的成本,一项制度安排就会被创新。只有当这一条件得到满足时,我们才可望发现在一个社会内改变现有制度和产权结构的企图。"①独立学院是在公办高校和社会力量受到利益驱动下进行的一项诱致性制度创新,长期以来,公办高校与企业合作方一直按照合约举办独立学院,这一组织按照既定惯性保持相对稳定。但是,《独立学院设置与管理办法》要求独立学院提升办学条件、扩大占地面积、明晰产权归属、完善合作协议、接受评估验收,这意味着独立学院的办学成本加大,交易成本增高,投资方预期收益降低。对于公办高校而言,随着教育财政拨款占 GDP 的 4%,生均拨款大幅提升,加上学费收入,此时再依靠举办独立学院来创收已不划算且不合时宜。对于投资方而言,维持现状则需要继续向母体高校支付学费收入的 10%～40%作为管理费,而失去公办高校品牌的损失可能接近甚至低于管理费。根据"成本—收益"分析,随着时间的推移,独立学院不断成长壮大,对母体高校的依附性逐渐减弱,"母体学校无形资产的价值,在独立学院办学初期最大,随着时间延长其价值作用逐渐变弱,母体高校的谈判影响力随之变小"②,企业投资方选择中止合作的可能性增大,独立学院走向独立,演变为面向社会、自主办学的主体成为可能。

四、独立学院转设是地方经济社会转型升级的需要

当今世界正在经历百年未有之大变局,新一轮科技革命和产业变革是影响大变局的重要变量。我国已转向高质量发展阶段,主要特征是从"数量追赶"转向"质量追赶",从"规模扩张"转向"结构升级",从"要素驱动"转向"创新驱动",从"分配失衡"转向"共同富裕",构建新发展格局,核心是"循环",打通生产、分配、流通、消费的堵点和梗阻,生产环节重在畅通创新链、产业链和供应链。③在新发展格局背景下,我国高等教育发展的外部环境、办学模式发生新的变化,大学与经济社会发展的关系进入新的调试期。大学是城市的名片,

① 戴维斯,诺斯.制度变迁的理论:概念与原因[M]//科斯,等.财产权利与制度变迁.上海:上海三联书店,1996:274.
② 于光辉.独立学院转设倾向的新制度经济学分析:基于三个案例的调查研究[J].教育发展研究,2015,35(5):41-48.
③ 王一鸣.百年大变局、高质量发展与构建新发展格局[J].管理世界,2020,36(12):1-13.

大学的发展与城市的兴盛相辅相成。遵循内在办学规律与外部社会发展趋势的双重逻辑,大学的发展历经纽曼式单一职能大学、洪堡式双职能大学、范海斯式三位一体大学、克尔式巨型大学四个阶段。[①] 无论是英国多科技术学院的诞生,还是德国应用技术大学的兴起,抑或美国赠地学院的发展,均表明高等教育结构变迁的一般规律是重心的下移,也就是不断涌现新型院校,这是教育对社会经济发展需求的回应。在全球化和本地化的进程中,高校和城市越发紧密联系在一起,高校被看作知识和创新的源泉、发展的引擎,区域和高校正在共同利益的基础上建立合作伙伴关系。[②]

当前,经济发展、科技创新、产业升级迫切需要大量掌握现代技术技能、支撑现代产业体系的应用技术型人才。实施创新驱动发展战略,解决"卡脖子"技术问题,打通从原始创新到产业应用的关键一环,都离不开具有扎实专业能力、工程实践能力、擅长解决企业一线问题的高素质应用型人才。我国高校毕业生就业难问题越发凸显,其重要根源在于就业的结构性矛盾,人才供给侧与市场需求侧不相匹配,人才培养同质化倾向严重,区域经济社会发展最为需要的应用型、复合型、技术技能型人才十分紧缺。教育对经济增长具有显著的正向影响,一方面来源于教育提升人力资本质量,对经济增长产生的直接效益,另一方面,提高消费水平和质量,扩大内需是教育拉动经济增长的重要中介机制。[③] 党中央、国务院大力引导部分地方普通本科高校转型发展,《教育部发展改革委财政部关于引导部分地方普通本科高校向应用型转变的指导意见》明确提出,推动转型发展高校把办学思路真正转到服务地方经济社会发展上来,转到产教融合校企合作上来,转到培养应用型、技术技能型人才上来,转到增强学生就业创业能力上来,全面提高学校服务区域经济社会发展和创新驱动发展的能力。

独立学院作为高等教育新的增长点,对于优化我国高等教育布局起到了积极的促进作用,改变了许多省份本科高校集中于省会城市的状况,使得许多地级市拥有本科高等院校。例如,江苏省 26 所独立学院有 15 所分布在徐州、南通、无锡、扬州等市;湖北许多独立学院分布在宜昌、荆州、孝感、襄阳等地级

① 史秋衡,季玟希.我国大学职能内涵嬗变的多维分析[J].高等教育研究,2021,42(4):21-26.
② 经济合作与发展组织.高等教育与区域:立足本地制胜全球[M].清华大学教育研究院译,北京:教育科学出版社,2012:11.
③ 闵维方,余继,吴嘉琦.教育在扩大内需拉动经济增长中的作用[J].教育研究,2021,42(5):12-22.

市;广东省不少独立学院分布在珠海、中山、湛江、东莞等市。独立学院自创办伊始,就定位于面向地方经济社会发展和市场需求,培养下得去、留得住、用得上的应用型人才,这一定位受到地方政府的欢迎和支持。独立学院转设为地方本科高校,可以有效填补一些非省会城市应用型本科高等院校的空白,扩大当地本科教育资源,提升城市知名度和综合竞争力,更好地紧扣地方产业结构和劳动力市场需求,为地方社会经济高质量发展提供更有力的人才支撑和智力支持。

第四节 我国独立学院转设进展

相对于我国高等教育的发展历史来说,独立学院的办学历史短、发展速度快,为我国高等教育和经济社会的发展作出了积极贡献,同时也为我国高等教育体制改革探索了一条新路径。我国高等教育已从大众化阶段步入普及化阶段,独立学院作为一种过渡形态的高等教育形式,其历史使命已经基本完成。[①]

一、独立学院转设的路径:逐渐趋于多元

我国独立学院转设的序幕开启最早源于 2006 年辽宁省政府向教育部提交申请,将沈阳师范大学渤海学院转设为辽宁财贸学院,2008 年 9 月,教育部正式发布《关于同意沈阳师范大学渤海学院转设为辽宁财贸学院的通知》。从 2008 年到 2021 年,教育部先后审批了 163 所独立学院转设为 159 所本科院校(其中,沈阳理工大学应用技术学院、沈阳农业大学科学技术学院 2 所独立学院联合转设为沈阳工学院;复旦大学太平洋金融学院、中国医科大学临床医药学院、辽宁石油化工大学顺华能源学院 3 所独立学院终止办学);2008 年 4 所转设,2009 年 1 所转设,2011 年 14 所转设,2012 年 6 所转设,2013 年 11 所转设(其中 2 所联合转设为 1 所),2014 年 8 所转设,2015 年 8 所转设,2016 年 9 所转设,2018 年 3 所转设,2019 年 6 所转设,2020 年 36 所转设(其中 2 所终止办学),2021 年 56 所转设。截至 2022 年 9 月,全国还有存量独立学院 141 所。

---

① 杨新春,张万红,张立鹏.独立学院转设的动因、困境及对策再探析:以江苏为例[J].中国高教研究,2021(4):20-27.

近年来,国家加快推动独立学院转设步伐,创新独立学院转设路径,包括转为民办普通本科高校、转为公办普通本科高校、转为公办本科层次职业学校、转为民办本科层次职业学校、终止办学。

（一）转设为民办普通本科高校

国家政策导向支持鼓励社会力量办学,独立学院的创办初衷就是为了发挥市场力量扩充高等教育资源,教育部 26 号令也支持独立学院转设为民办本科高校。由民营企业或个人投资举办的独立学院从一开始就做到了独立校园、独立教学、独立财务,公办高校大多数只投入了无形资产,产权结构比较清晰,因此投资企业与公办高校签订终止合作办学协议相对顺畅、水到渠成。截至 2022 年 9 月,全国共有 133 所独立学院转设为 132 所民办本科高校(其中沈阳理工大学应用技术学院、沈阳农业大学科学技术学院属于同一个社会投资方,两所独立学院合并转设为 1 所民办本科高校,是截至目前唯一的两所独立学院合并转设),占全国已转设独立学院的 81.60%,成为转设的主要方向(详见表 2-4)。

表 2-4　全国独立学院转设为民办普通本科高校一览表

序号	转设时间/年	转设数量/所	高校名称	
			转设前名称	转设后名称
1	2008	4	哈尔滨商业大学德强商务学院	哈尔滨德强商务学院（黑龙江财经学院）
2			沈阳师范大学渤海学院	辽宁财贸学院
3			东北大学东软信息学院	大连东软信息学院
4			吉林艺术学院动画学院	吉林动画学院
5	2009	1	东北大学大连艺术学院	大连艺术学院
6	2011	14	中南民族大学工商学院	武汉长江工商学院（后更名为武汉工商学院）
7			河南农业大学华豫学院	商丘学院
8			郑州大学升达经贸管理学院	郑州升达经贸管理学院
9			武汉大学东湖分校	武汉东湖学院
10			哈尔滨师范大学恒星学院	黑龙江外国语学院
11			哈尔滨工业大学华德应用技术学院	哈尔滨华德学院
12			黑龙江大学剑桥学院	哈尔滨剑桥学院
13			吉林建筑工程学院建筑装饰学院	长春建筑学院

续表

序号	转设时间/年	转设数量/所	高校名称	
			转设前名称	转设后名称
14	2011	14	华中师范大学汉口分校	汉口学院
15			中国海洋大学青岛学院	青岛工学院
16			大连交通大学信息工程学院	大连科技学院
17			江南大学太湖学院	无锡太湖学院
18			沈阳医学院何氏视觉科学学院	沈阳视觉医学院
19			武汉科技大学中南分校	武昌理工学院
20	2012	6	海南大学三亚学院	三亚学院
21			河南财经政法大学成功学院	郑州成功财经学院（后更名为郑州商学院）
22			哈尔滨商业大学广厦学院	哈尔滨广厦学院
23			哈尔滨理工大学远东学院	哈尔滨远东理工学院
24			武汉工业学院工商学院	武昌工学院
25			东北石油大学华瑞学院	哈尔滨石油学院
26	2013	11所转设为10所	成都理工大学广播影视学院	四川传媒学院
27			复旦大学上海视觉艺术学院	上海视觉艺术学院
28			沈阳大学科技工程学院	沈阳城市学院
29			西南大学育才学院	重庆人文科技学院
30			长春大学光华学院	长春光华学院
31			东北财经大学津桥商学院	大连财经学院
32			北京化工大学北方学院	燕京理工学院
33			沈阳建筑大学城市建设学院	沈阳城市建设学院
34			沈阳理工大学应用技术学院	沈阳工学院
35			沈阳农业大学科学技术学院	
36			吉林农业大学发展学院	长春科技学院
37	2014	8	四川师范大学文理学院	成都文理学院
38			华中科技大学文华学院	文华学院
39			吉林财经大学信息经济学院	长春财经学院
40			四川音乐学院绵阳艺术学院	四川文化艺术学院

续表

序号	转设时间/年	转设数量/所	高校名称	
			转设前名称	转设后名称
41	2014	8	中国地质大学江城学院	武汉工程科技学院
42			华南师范大学增城学院	广州商学院
43			渤海大学文理学院	辽宁理工学院
44			曲阜师范大学杏坛学院	齐鲁理工学院
45	2015	8	福州大学阳光学院	阳光学院
46			华侨大学厦门工学院	厦门工学院
47			东北农业大学成栋学院	黑龙江工商学院
48			中南财经政法大学武汉学院	武汉学院
49			四川师范大学成都学院	四川工商学院
50			湖北工业大学商贸学院	湖北商贸学院
51			华中科技大学武昌分校	武昌首义学院
52			华中农业大学楚天学院	武汉设计工程学院
53	2016	9	武汉大学珞珈学院	晴川学院
54			武汉理工大学华夏学院	武汉华夏理工学院
55			华中师范大学武汉传媒学院	武汉传媒学院
56			安阳师范学院人文管理学院	安阳学院
57			信阳师范学院华锐学院	信阳学院
58			安徽工程大学机电学院	安徽信息工程学院
59			河南理工大学万方科技学院	郑州工商学院
60			温州大学城市学院	温州商学院
61			沈阳化工大学科亚学院	沈阳科技学院
62	2018	3	中国地质大学长城学院	保定理工学院
63			河海大学文天学院	皖江工学院
64			福建师范大学闽南科技学院	闽南科技学院
65	2019	4	吉林建筑大学城建学院	吉林建筑科技学院
66			福建农林大学东方学院	福州工商学院
67			山东师范大学历山学院	潍坊理工学院
68			安徽工业大学工商学院	马鞍山学院

续表

序号	转设时间/年	转设数量/所	高校名称	
			转设前名称	转设后名称
69			安徽财经大学商学院	蚌埠工商学院
70			西安工业大学北方信息工程学院	西安工商学院
71			中国传媒大学南广学院	南京传媒学院
72			西北工业大学明德学院	西安明德理工学院
73			成都信息工程大学银杏酒店管理学院	成都银杏酒店管理学院
74			内蒙古师范大学鸿德学院	内蒙古鸿德文理学院
75			江汉大学文理学院	武汉文理学院
76			广西科技大学鹿山学院	柳州工学院
77			中原工学院信息商务学院	郑州经贸学院
78			湖南工商大学北津学院	湘潭理工学院
79			广东技术师范大学天河学院	广州理工学院
80			华东交通大学理工学院	南昌交通学院
81			重庆大学城市科技学院	重庆城市科技学院
82	2020	27	四川外国语大学重庆南方翻译学院	重庆外语外事学院
83			广州大学华软软件学院	广州软件学院
84			重庆邮电大学移通学院	重庆移通学院
85			安徽建筑大学城市建设学院	合肥城市学院
86			山西农业大学信息学院	晋中信息学院
87			东北师范大学人文学院	长春人文学院
88			重庆工商大学融智学院	重庆财经学院
89			广州大学松田学院	广州应用科学学院
90			重庆师范大学涉外商贸学院	重庆对外经贸学院
91			广东财经大学华商学院	广州华商学院
92			长春理工大学光电信息学院	长春电子科技学院
93			中山大学南方学院	广州南方学院
94			安徽农业大学经济技术学院	合肥经济学院
95			北京交通大学海滨学院	沧州交通学院

续表

序号	转设时间/年	转设数量/所	高校名称	
			转设前名称	转设后名称
96			中山大学新华学院	广州新华学院
97			广东海洋大学寸金学院	湛江科技学院
98			河南师范大学新联学院	中原科技学院
99			华南理工大学广州学院	广州城市理工学院
100			青岛理工大学琴岛学院	青岛城市学院
101			河南大学民生学院	河南开封科技传媒学院
102			云南师范大学文理学院	昆明文理学院
103			兰州财经大学陇桥学院	兰州工商学院
104			中北大学信息商务学院	山西晋中理工学院
105			江西科技师范大学理工学院	南昌应用技术师范学院
106			烟台大学文经学院	烟台理工学院
107			云南大学旅游文化学院	丽江文化旅游学院
108			兰州交通大学博文学院	兰州博文科技学院
109	2021	38	山东科技大学泰山科技学院	泰山科技学院
110			武汉科技大学城市学院	武汉城市学院
111			湖北民族大学科技学院	湖北恩施学院
112			天津体育学院运动与文化艺术学院	天津传媒学院
113			兰州理工大学技术工程学院	兰州信息科技学院
114			天津大学仁爱学院	天津仁爱学院
115			吉林大学珠海学院	珠海科技学院
116			贵州财经大学商务学院	贵州黔南经济学院
117			贵州民族大学人文科技学院	贵阳人文科技学院
118			桂林电子科技大学信息科技学院	桂林信息科技学院
119			广西师范大学漓江学院	桂林学院
120			桂林理工大学博文管理学院	南宁理工学院
121			四川大学锦城学院	成都锦城学院
122			西南科技大学城市学院	绵阳城市学院

续表

序号	转设时间/年	转设数量/所	高校名称	
			转设前名称	转设后名称
123			中国矿业大学银川学院	银川科技学院
124			北京电影学院现代创意媒体学院	青岛电影学院
125			河南科技学院新科学院	新乡工程学院
126			长江大学工程技术学院	荆州学院
127			广东工业大学华立学院	广州华立学院
128	2021	38	东莞理工学院城市学院	东莞城市学院
129			云南师范大学商学院	昆明城市学院
130			济南大学泉城学院	烟台科技学院
131			贵州大学科技学院	贵州黔南科技学院
132			贵州大学明德学院	贵阳信息科技学院
133			淮北师范大学信息学院	淮北理工学院

数据来源:教育部官方信息、各种公开出版物、独立学院官方网站资源。

(二)转设为公办普通本科高校

国有民办性质的独立学院发展起步早,"先发展后规范"特征明显,但是多数学校的土地、师资、图书、仪器等办学条件难以达到本科高校设置标准。国有民办性质的独立学院转设为公办本科高校具有体制、产权、经费等方面的天然优势,比较顺理成章。2019 年 6 月,经过教育部批准,新疆大学科学技术学院转设为新疆理工学院,填补了阿克苏高等教育的空白,提升了南疆高等教育内涵水平,补齐了新疆理工教育的短板,这是全国第一所由独立学院转设的公办本科高校。截至 2022 年 9 月,全国已有 17 所独立学院转设为公办本科高校(详见表 2-5)。

表 2-5 全国独立学院转设为公办普通本科高校一览表

序号	省(区、市)	转设前名称	转设后名称	转设年份
1		新疆大学科学技术学院	新疆理工学院	2019
2	新疆	新疆财经大学商务学院	新疆科技学院	2019
3		石河子大学科技学院	新疆政法学院	2021
4		新疆医科大学厚博学院	新疆第二医学院	2021

续表

序号	省(区、市)	转设前名称	转设后名称	转设年份
5	浙江	浙江大学宁波理工学院	浙大宁波理工学院	2020
6		浙江大学城市学院	浙江大学城市学院	2020
7		嘉兴学院南湖学院	嘉兴南湖学院	2020
8		温州大学瓯江学院	温州理工学院	2021
9		湖州师范学院求真学院	湖州学院	2021
10	江苏	苏州大学文正学院	苏州城市学院	2020
11		南京信息工程大学滨江学院	无锡学院	2021
12	江西	江西理工大学应用科学学院	赣南科技学院	2020
13		江西中医药大学科技学院	南昌医学院	2021
14		东华理工大学长江学院	赣东学院	2021
15	山东	中国石油大学胜利学院	山东石油化工学院	2021
16	山西	太原理工大学现代科技学院	山西工学院	2021
17		太原科技大学华科学院	山西科技学院	2021

数据来源:教育部官方信息、各种公开出版物、独立学院官方网站资源。

独立学院转设为公办高校数量较多的是浙江、新疆、江西,分别有 5、4、3 所;江苏、山西、山东三省也各有 2、2、1 所转设为公办高校。浙江省转设为公办高校的比例最高,最为集中,有 5 所转设为公办本科高校,分别是浙江大学宁波理工学院、浙江大学城市学院、嘉兴学院南湖学院、温州大学瓯江学院、湖州师范学院求真学院。浙江省独立学院以“公办民助”“国有民办”为主,大部分独立学院资产属性为国有,在 22 所独立学院中,16 所由母体学校举办,没有社会投资方;2 所由浙江大学分别与杭州市政府和宁波市政府合作举办;只有 4 所独立学院的合作方有社会资本参与,其中同济大学浙江学院由同济大学、嘉兴市教育投资公司、宏达控股公司举办,是典型的混合所有制办学。其次是新疆,有新疆大学科学技术学院、新疆财经大学商务学院、石河子大学科技学院、新疆医科大学厚博学院 4 所独立学院转设为公办本科高校。江西省有江西理工大学应用科学学院、江西中医药大学科技学院、东华理工大学长江学院 3 所独立学院转设为公办本科高校。江苏省和山西省各有 2 所独立学院转设为公办本科高校,山东有 1 所转设为公办本科高校。独立学院转设为地方公办本科高校,提升了高等教育与区域经济社会发展的契合度。

独立学院转设为公办高校并非易事,高等教育财政投入压力持续加大,涉及出资人产权归属、学科建设、事业编制、土地建筑、财政投入等问题,地方政府也会因财政支撑不足而担心和动摇。独立学院转设具有极高的政策依赖度,必须获得国资、财政、税务、土地等关键部门的配合,必须建立政府部门之间的沟通和协调机制。[1] 在新冠肺炎疫情等偶然因素和国际经济形势的影响下,我国经济下行、财政趋紧的压力较大,多数省区市财政难以负担公办型独立学院转设为公办高校后的财政资金。[2] 一些地级市(如苏州、绍兴等地)有多所公办型独立学院,若全部转设为公办高校,地方财政的压力会非常大。截至目前,转设为地方公办本科院校的独立学院仅占总数的5%。

(三)与高职院校合并转设为公办本科层次职业技术大学

独立学院转设为公办本科层次职业技术大学是一条创新路径,尚属于新生事物。教育部《关于加快独立学院转设工作的实施方案》首次提出"鼓励各地积极创新,可探索统筹省内高职高专教育资源合并转设,也可因地制宜提出其他形式合法合规的转设路径,经教育部同意后实施"。在这一政策鼓励下,独立学院开始探索与高职院校合并转设。

2020年12月,教育部批复同意整合山西大学商务学院、山西交通职业技术学院、山西建筑职业技术学院办学资源,设置山西工程科技职业大学,成为山西省第一所公办本科职业技术大学。2021年1月,教育部批复同意整合河北工业大学城市学院、承德石油高等专科学校办学资源,设置河北石油职业技术大学;同意整合华北电力大学科技学院、邢台职业技术学院办学资源,设置河北科技工程职业技术大学;同意整合河北科技大学理工学院、河北工业职业技术学院办学资源,设置河北工业职业技术大学。2021年6月,教育部批复同意整合广西大学行健文理学院、广西农业职业技术学院办学资源,设置广西农业职业技术大学。广西大学行健文理学院按"校中校"属性进行转设,统筹调配了广西大学部分涉农学科专业及教学仪器设备、师资等资源,与广西大学高层次农林学科错位发展,定位于服务"三农"发展,成为广西第一所公办本科职业技术大学,填补了广西没有本科层次农业院校的空白。2020年,为落实《国家职业教育改革实施方案》,教育部和甘肃省人民政府决定整省推进甘肃职业教育发展,《教育部甘肃省人民政府关于整省推进职业教育发展打造"技能甘肃"的意见》提出,"依法依规推进2~3所符合条件的独立学院单独转设或与省内优质高等职业院校合并组建为职业教育本科院校"。2021年6月,教育部批复同意整合兰州财经大学长青学院、兰州资源环境职业技术学院办

---

① 马伊里.合作困境的组织社会学分析[M].上海:上海人民出版社,2008:2.
② 王一涛,刘洪.公办型独立学院转设的困境、路径及对策建议[J].复旦教育论坛,2021,19(3):81-88.

学资源,设置兰州资源环境职业技术大学。9月,教育部批复同意整合西北师范大学知行学院、兰州石化职业技术学院、甘肃能源化工职业学院办学资源,设置兰州石化职业技术大学。两所独立学院与高职院校合并转设,填补了甘肃省职业技术教育本科的空白,实现了"中职—高职—本科"一体化职业教育办学模式,为甘肃省本科职业教育改革提供了试点。2021年,教育部批复同意整合贵州师范大学求是学院、贵阳护理职业学院办学资源,设置贵阳康养职业大学,是贵州省第一所全日制公办本科层次职业学校。

截至2022年9月,全国共有9所独立学院转设为公办本科层次职业学校,其中山西1所、河北3所、广西1所、甘肃2所、贵州1所、浙江1所。(详见表2-6)对于此类院校,教育部明确其属于独立设置的公办本科层次职业学校,要坚持职业教育办学定位,保持职业教育属性和特色,培养区域经济社会发展需要的高层次技术技能人才。

表 2-6 全国独立学院与高职合并转设为公办本科层次职业学校一览表

序号	省份	转设前名称	整合院校	转设后名称	转设年份
1	山西	山西大学商务学院	山西交通职业技术学院 山西建筑职业技术学院	山西工程科技职业大学	2020年
2	河北	河北工业大学城市学院	承德石油高等专科学校	河北石油职业技术大学	2021年
3		华北电力大学科技学院	邢台职业技术学院	河北科技工程职业技术大学	2021年
4		河北科技大学理工学院	河北工业职业技术学院	河北工业职业技术大学	2021年
5	广西	广西大学行健文理学院	广西农业职业技术学院	广西农业职业技术大学	2021年
6	甘肃	西北师范大学知行学院	兰州石化职业技术学院 甘肃能源化工职业学院	兰州石化职业技术大学	2021年
7		兰州财经大学长青学院	兰州资源环境职业技术学院	兰州资源环境职业技术大学	2021年
8	贵州	贵州师范大学求是学院	贵阳护理职业学院	贵阳康养职业大学	2021年
9	浙江	浙江海洋大学东海科学技术学院	浙江医药高等专科学校	浙江药科职业大学	2021年

数据来源:教育部官方信息、各种公开出版物、独立学院官方网站资源。

独立学院与高职院校合并转设模式是一大创新,有利于优化区域高等教育结构布局、有效扩大本科教育资源、促进高层次应用型和技术技能型人才培养。[1] 探索开展本科层次职业教育是《国家职业教育改革实施方案》的重要政策导向,有利于高职院校改进生源结构,提升办学层次规模,寻求发展突破。2021年,中共中央办公厅、国务院办公厅印发《关于推动现代职业教育高质量发展的意见》提出,到2025年,"职业本科教育招生规模不低于高等职业教育招生规模的10%,职业教育吸引力和培养质量显著提高",本科层次职业教育的春天已经到来。[2] 独立学院与高职院校合并转设为公办本科职业学校,优化了高等教育结构,壮大了本科教育资源,学校办学自主权更大,能够集中精力培养本科层次和技术技能型人才,适应经济社会需求,满足产教融合需要,促进地方产业转型升级。独立学院可以借助高职的办学土地、硬件,高职院校能够借助独立学院的品牌,从而实现双方优势互补,合并共赢。

独立学院与高职院校合并转设形式多样。其中,山西大学商务学院、河北工业大学城市学院、华北电力大学科技学院3所独立学院已撤销建制;另外6所独立学院目前与转设后的职业本科大学呈双主体模式,即各自独立存在,独立学院的办学理念、办学模式、办学地址、办学师资均保持不变,在校学生仍按照原有模式进行管理,学生毕业后属于母体高校校友。独立学院与高职院校合并转设时间尚短,其治理结构、体制机制、内涵建设存在一定的矛盾。独立学院办学模式如何与高职院校融合,独立学院与高职院校合并转设后能否迅速调整好学科与专业的关系、职业与应用的关系,如何开展本科职业教育,如何更好地培养高层次创新型复合型技术技能人才,这些问题仍需在实践中不断检验。[3] 同时,独立学院与职业学院合并转设为职业大学,涉及多方利益诉求问题,2021年6月上旬,浙江、江苏等地因独立学院与高职院校合并转设引发学生群体性事件,江苏省南京师范大学中北学院、南通大学杏林学院、江苏大学京江学院、南京中医药大学翰林学院、江苏师范大学科文学院终止与高职院校的合并转设工作,全国也暂停独立学院与职业院校合并转设工作。

---

[1] 钟秉林,景安磊.独立学院转设现状分析与转设后可持续发展路径探析[J].中国高教研究,2021(4):14-19.

[2] 祁占勇,齐跃丽.本科层次职业教育内涵建设的关键问题:"培养什么人"和"如何培养人"[J].当代职业教育,2022(3):13-20.

[3] 邢晖,郭静.职业本科教育的政策演变、实践探索与路径策略[J].国家教育行政学院学报,2021(5):33-41,86.

(四)转设为民办本科层次职业学校

2020年12月,教育部批复同意景德镇陶瓷大学科技艺术学院转设为景德镇艺术职业大学,是截至目前唯一一个独立学院转设为民办本科层次非营利性职业技术大学的案例。

景德镇艺术职业大学位于江西省景德镇市,当地政府将其列为国家陶瓷文化传承创新试验区建设的重要内容,其建设由景德镇市政府主导,景德镇市专门划拨土地、投入资金。举办者由独立学院时期的"佛山市华夏陶瓷博览城有限公司"变更为"景德镇陶瓷文化旅游发展有限责任公司",该公司为本地国有企业,投入60亿建设新校区。所以,景德镇艺术职业大学名为民办,实则国有,属于资产国有、机制民营的民办职业大学。景德镇艺术职业大学依托国企办学的背景和优势,人才培养定位于对接陶瓷文化、现代服务、智能制造等新兴产业,为景德镇国家陶瓷文化传承创新试验区提供高质量、高水平技术技能人才保障。

近年来,国家大力支持和鼓励职业教育发展,本科层次职业学校位于职业教育体系的塔尖,代表着办学层次明显跃升。但同时,仍然存在社会对职业本科教育认可度不高的现象。景德镇陶瓷大学科技艺术学院的转设路径,对于职业教育由政府单一投入转向社会多元参与,建设高水平职业本科大学,提升职业教育品质,服务区域文化与产业发展来说,是一项积极的尝试,成为独立学院转设为民办本科职业学校的先行者。

(五)终止办学

独立学院终止办学是指因办学条件不达标、举办方办学理念发生分歧、母体高校办学思路转换等原因,停止招生、妥善安置师生、取消独立学院建制的行为。一般采取两种模式:一种是直接停止办学,撤销建制;另一种是逐步减少招生,到最后一届学生毕业之后再完全停止办学,并入母体高校。详见表2-7。

由于办学条件难以达标,双方合作关系不畅等种种原因,独立学院在办学过程中,陆续出现停办现象。同济大学同科学院于2006年成立,2008年4月上海市教育委员会下发《关于同意同济大学同科学院2008年暂不招生的意见》,此后由于同科学院一直未达到规定的办学条件而未能恢复招生。2013年1月,上海市教育委员会下发《关于建议尽快办理同济大学同科学院终止办学相关手续的通知》。2014年1月,合作举办方同济科技公司减资退出持有的同济大学同科学院85%股权,同济大学同科学院逐步实现彻底终止办学。2008年4月,教育部以"办学条件不达标"为据,取消复旦大学太平洋金融学院从2008年起普通高等学历教育招生资格。2011年,根据《教育部关于撤销复旦大学太平洋金融学院建制的批复》,复旦大学太平洋金融学院停办。

教育部《实施方案》提出,已停止招生,或由于各种原因无法完成转设,或举办者主动提出且条件具备的,终止办学,撤销建制。2020 年 7 月,教育部批复同意撤销中国医科大学临床医药学院、辽宁石油化工大学顺华能源学院建制。2021 年 1 月,《教育部关于同意河北大学工商学院以终止办学方式实现转设的函》提出,同意河北大学工商学院自 2020 年起停止招生,以终止办学、逐步回归举办高校的方式实现转设。

当前有部分独立校园、异地办学、实力雄厚的独立学院有意愿回归母体高校,转设为公办高校的内部二级机构,包括校区、二级学院、研究院、研究生院等。例如,北京师范大学珠海分校从 2019 年起开始减少招生计划,2021 年停止招生,2024 年终止办学,转设为北京师范大学的珠海校区。南京大学金陵学院在 2020 年 9 月停止普通本科招生,2022 年 7 月迁址苏州办学,2023 年 7 月,2019 级学生毕业后终止办学,完成转设,学校融入南京大学苏州校区,校友工作纳入南京大学校友工作统筹规划。

也有部分办学条件不达标的独立学院,在经历多方努力和挣扎后,仍然无法完成转设,步入停止办学的局面。西安电子科技大学长安学院于 2004 年 5 月成立,当时国家对独立学院的办学条件要求较低。2008 年,教育部颁布第 26 号令,对独立学院的设置条件提出了较高的要求,如办学资产必须达到 3 亿元,校园面积不少于 500 亩,而长安学院与这些要求之间存在较大差距。长安学院于 2010 年停止招生,进行整改,并于 2015 年在陕西省富平县开工建设新校区。直到 2019 年,该学院已连续 7 年年检不合格,并于当年停止办学。这也是独立学院办学条件不达标矛盾的集中显露。目前,全国共有 21 所独立学院终止办学,详见表 2-7。

表 2-7　全国独立学院终止办学一览表

序号	省（区、市）	独立学院名称	成立时间	停止招生时间	终止办学时间
1	上海	复旦大学太平洋金融学院	2004 年	2008 年	2011 年
2	上海	同济大学同科学院	2006 年	2008 年	2014 年
3	广东	北京师范大学珠海分校	2001 年	2021 年	2024 年
4	浙江	同济大学浙江学院	2008 年	2021 年	待定
5	福建	华侨大学福建音乐学院	2000 年	2008 年	2008 年
6	天津	南开大学滨海学院	2004 年	2021 年	2021 年
7	天津	天津师范大学津沽学院	2005 年	2018 年	2021 年
8	天津	天津师范大学津沽学院	2005 年	2018 年	2021 年
9	江苏	南京大学金陵学院	1998 年	2020 年	2023 年

续表

序号	省 (区、市)	独立学院名称	成立时间	停止招生 时间	终止办学 时间
10	江苏	南京中医药大学翰林学院	2005 年	2020 年	2023 年
11	陕西	西安电子科技大学长安学院	2004 年	2010 年	2019 年
12	河北	河北大学工商学院	2001 年	2020 年	2020 年
13	辽宁	辽宁科技大学信息技术学院	2003 年	2012 年	2015 年
14	辽宁	辽宁石油化工大学顺华能源学院	2001 年	2013 年	2020 年
15	辽宁	沈阳航空航天大学北方科技学院	1999 年	2013 年	2016 年
16	辽宁	中国医科大学临床医药学院	2003 年	2012 年	2020 年
17	辽宁	沈阳工业大学工程学院	2004 年	2011 年	2014 年
18	山西	山西医科大学晋祠学院	2002 年	2020 年	2023 年
19	山西	山西财经大学华商学院	2002 年	2020 年	2023 年
20	青海	青海大学昆仑学院	2004 年	2020 年	2024 年
21	新疆	新疆农业大学科学技术学院	2002 年	2021 年	2021 年

数据来源:教育部官方信息、各种公开出版物、独立学院官方网站资源。

二、独立学院转设的区域分布:各地进展不一

从省域分布情况来看,在独立学院数量最多的 2010 年,湖北(31 所)、江苏(26 所)、辽宁(23 所)、浙江(22 所)四省独立学院数量最多,分别占当年全国 325 所独立学院总数的 10%、8%、7%、7%。(详见图 2-6)

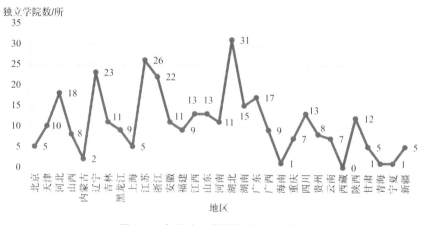

图 2-6　全国独立学院省域分布状况

数据来源:教育部历年全国普通高等学校名单。

根据对全国已转设独立学院的统计,地区之间存在很大差异。一是全部完成转设的区域。截至 2022 年 9 月,独立学院已全部完成转设的有:海南、甘肃、宁夏、新疆 4 个省(自治区),其中海南和宁夏只有 1 所独立学院,甘肃 5 所独立学院。

按照四大经济区划分,东北地区共有独立学院 42 所,占比最小(13%);东部地区 124 所,占全国独立学院总数的 38%;中部地区 89 所,占比 27%;西部地区 70 所,占比 22%。(详见图 2-7)

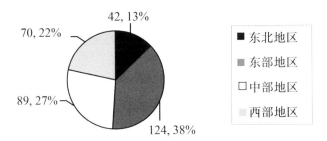

图 2-7 全国独立学院四大经济区分布图(单位:所)

独立学院转设进展较快、占比较高的区域。包括:河南、黑龙江、重庆、吉林、广东、山东 6 个省(自治区、直辖市),其转设比例均超过三分之二。其中,河南转设率 90.91%,黑龙江转设率 88.89%,重庆转设率 85.71%,这三个省(自治区、直辖市)均只剩 1 所独立学院未完成转设;吉林 11 所独立学院已有 8 所完成转设,占比 72.73%,广东 17 所独立学院已有 12 所完成转设,占比 70.59%,山东 13 所独立学院已有 9 所完成转设,占比 69.23%。这些区域推进力度较大,推进速度较快,是全国独立学院转设的先行区域。(详见表 2-8)

表 2-8 全国独立学院转设省域分布一览表

区域分布情况	省（自治区、直辖市）	已转设独立学院数量/所	已转设独立学院名称	独立学院总数/所	已转设独立学院占比/%
已完成转设的区域	海南	1	海南大学三亚学院	1	100
	甘肃	5	兰州财经大学陇桥学院 兰州交通大学博文学院 兰州理工大学技术工程学院 西北师范大学知行学院 兰州财经大学长青学院	5	100
	宁夏	1	中国矿业大学银川学院	1	100
	新疆	5	新疆大学科学技术学院 新疆财经大学商务学院 新疆医科大学厚博学院 石河子大学科技学院 新疆农业大学科学技术学院（终止办学）	5	100
转设进展较快的区域（超过三分之二）	河南	10	河南农业大学华豫学院 郑州大学升达经贸管理学院 河南财经政法大学成功学院 信阳师范学院华锐学院 河南理工大学万方科技学院 中原工学院信息商务学院 河南师范大学新联学院 安阳师范学院人文管理学院 河南大学民生学院 河南科技学院新科学院	11	90.91
	黑龙江	8	哈尔滨商业大学德强商务学院 东北农业大学成栋学院 哈尔滨师范大学恒星学院 东北石油大学华瑞学院 哈尔滨工业大学华德应用技术学院 黑龙江大学剑桥学院 哈尔滨商业大学广厦学院 哈尔滨理工大学远东学院	9	88.89
	重庆	6	西南大学育才学院 四川外国语大学重庆南方翻译学院 重庆工商大学融智学院 重庆师范大学涉外商贸学院 重庆邮电大学移通学院 重庆大学城市科技学院	7	85.71

续表

区域分布情况	省（自治区、直辖市）	已转设独立学院数量/所	已转设独立学院名称	独立学院总数/所	已转设独立学院占比/%
转设进展较快的区域（超过三分之二）	吉林	8	吉林艺术学院动画学院 吉林建筑工程学院建筑装饰学院 长春大学光华学院 吉林农业大学发展学院 吉林财经大学信息经济学院 吉林建筑大学城建学院 东北师范大学人文学院 长春理工大学光电信息学院	11	72.73
	广东	12	华南师范大学增城学院 广东技术师范大学天河学院 广州大学华软软件学院 广州大学松田学院 广东财经大学华商学院 中山大学南方学院 中山大学新华学院 广东海洋大学寸金学院 华南理工大学广州学院 吉林大学珠海学院 广东工业大学华立学院 东莞理工学院城市学院	17	70.59
	山东	9	中国海洋大学青岛学院 曲阜师范大学杏坛学院 山东师范大学历山学院 中国石油大学胜利学院 青岛理工大学琴岛学院 烟台大学文经学院 山东科技大学泰山科技学院 济南大学泉城学院 北京电影学院现代创意媒体学院	13	69.23

续表

区域分布情况	省(自治区、直辖市)	已转设独立学院数量/所	已转设独立学院名称	独立学院总数/所	已转设独立学院占比/%
转设稳步推进的区域	安徽	7	安徽工程大学机电学院 河海大学文天学院 安徽工业大学工商学院 安徽财经大学商学院 安徽建筑大学城市建设学院 安徽农业大学经济技术学院 淮北师范大学信息学院	11	63.64
	贵州	5	贵州财经大学商务学院 贵州民族大学人文科技学院 贵州师范大学求是学院 贵州大学科技学院 贵州大学明德学院	8	62.50
	山西	5	山西大学商务学院 太原理工大学现代科技学院 山西农业大学信息学院 中北大学信息商务学院 太原科技大学华科学院	8	62.50
	辽宁	14	沈阳师范大学渤海学院 东北大学东软信息学院 东北大学大连艺术学院 大连交通大学信息工程学院 沈阳医学院何氏视觉科学学院 沈阳大学科技工程学院 东北财经大学津桥商学院 沈阳建筑大学城市建设学院 沈阳理工大学应用技术学院 沈阳农业大学科学技术学院 渤海大学文理学院 沈阳化工大学科亚学院 中国医科大学临床医药学院(撤销) 辽宁石油化工大学顺华能源学院(撤销)	23	60.87

续表

区域分布情况	省(自治区、直辖市)	已转设独立学院数量/所	已转设独立学院名称	独立学院总数/所	已转设独立学院占比/%
转设稳步推进的区域	湖北	18	中南民族大学工商学院 武汉大学东湖分校 华中师范大学汉口分校 武汉科技大学中南分校 武汉工业学院工商学院 华中科技大学文华学院 中国地质大学江城学院 中南财经政法大学武汉学院 湖北工业大学商贸学院 华中科技大学武昌分校 华中农业大学楚天学院 武汉大学珞珈学院 武汉理工大学华夏学院 华中师范大学武汉传媒学院 江汉大学文理学院 武汉科技大学城市学院 湖北民族大学科技学院 长江大学工程技术学院	31	58.06
	广西	5	广西科技大学鹿山学院 桂林电子科技大学信息科学院 广西师范大学漓江学院 桂林理工大学博文管理学院 广西大学行健文理学院	9	55.56
	四川	7	成都理工大学广播影视学院 四川师范大学文理学院 四川音乐学院绵阳艺术学院 四川师范大学成都学院 成都信息工程大学银杏酒店管理学院 四川大学锦城学院 西南科技大学城市学院	13	53.85
	内蒙古	1	内蒙古师范大学鸿德学院	2	50

续表

区域分布情况	省（自治区、直辖市）	已转设独立学院数量/所	已转设独立学院名称	独立学院总数/所	已转设独立学院占比/%
转设稳步推进的区域	江西	6	江西理工大学应用科学学院 华东交通大学理工学院 景德镇陶瓷大学科技艺术学院 江西中医药大学科技学院 东华理工大学长江学院 江西科技师范大学理工学院	13	46.15
	福建	4	福州大学阳光学院 华侨大学厦门工学院 福建师范大学闽南科技学院 福建农林大学东方学院	9	44.44
	云南	3	云南师范大学文理学院 云南大学旅游文化学院 云南师范大学商学院	7	42.86
	上海	1	复旦大学上海视觉艺术学院	3	33.33
	河北	6	北京化工大学北方学院 中国地质大学长城学院 北京交通大学海滨学院 河北工业大学城市学院 华北电力大学科技学院 河北科技大学理工学院	18	33.33
转设缓慢推进的区域（低于三分之一）	浙江	7	温州大学城市学院 浙江大学宁波理工学院 浙江大学城市学院 嘉兴学院南湖学院 温州大学瓯江学院 湖州师范学院求真学院 浙江海洋大学东海科学技术学院	22	31.82
	天津	2	天津体育学院运动与文化艺术学院 天津大学仁爱学院	10	20
	陕西	2	西安工业大学北方信息工程学院 西北工业大学明德学院	12	16.67
	江苏	4	江南大学太湖学院 中国传媒大学南广学院 苏州大学文正学院 南京信息工程大学滨江学院	26	15.38

续表

区域分布情况	省(自治区、直辖市)	已转设独立学院数量/所	已转设独立学院名称	独立学院总数/所	已转设独立学院占比/%
转设缓慢推进的区域（低于三分之一）	湖南	1	湖南工商大学北津学院	15	6.67
	北京	0	教育部公布拟转设1所	5	0
	青海	0	——	1	0

注：以上统计数据时间截止到2022年4月，来自教育部官方公布信息、各种公开出版物、独立学院官方网站以及实地访谈考察。

独立学院转设进展平稳、正在推进的区域。包括：辽宁、湖北、广西、安徽、四川、山西、内蒙古、江西、福建、云南、贵州、河北、上海13个省(自治区、直辖市)，其转设比例位于中间位置，大于三分之一，低于三分之二。其中，辽宁省23所独立学院中有14所转设，占比60.87%；湖北省是全国独立学院数量最多的省份，31所独立学院中有18所转设，转设总数居全国第一，但是比例并不太高；河北省18所独立学院中有6所转设，上海市3所独立学院中有1所转设。

独立学院转设进展缓慢的区域。包括：浙江、天津、陕西、江苏、湖南、北京、青海7个省(自治区、直辖市)，其转设比例均低于三分之一，转设工作相对滞后。湖南15所独立学院中仅1所转设，占比最低，仅有6.67%；天津10所独立学院中2所转设，占比20%；陕西12所独立学院2所转设，占比16.67%。同时，作为独立学院大省和公有民办二级学院发祥地，浙江省22所独立学院中只有7所转设，江苏26所独立学院仅6所转设(含2所撤销建制)，江苏存量独立学院最多，高达20所，转设压力最大。江苏、浙江多数独立学院属于"国有民办"性质，公办高校不仅投入了无形资产，而且还投入了土地、校舍、实验设备等，地方政府也有较多投入，由于长期与母体高校处于依附关系，这类独立学院办学指标难以达到普通高等学校的设置条件。另外，北京尚无1所独立学院转设，在2021年教育部公布的拟转设名单中有1所独立学院拟转设。青海省只有1所独立学院青海大学昆仑学院，根据《教育部关于支持以青海大学昆仑学院转设为基础筹建一所理工类本科学校的函》要求，青海省政府2020年制定了《西宁大学筹建方案》，拟将青海大学昆仑学院转设为公立本科院校，定名西宁大学，并已将筹建西宁大学纳入《青海省国民经济和社会发展第十四个五年规划和二〇三五年远景目标纲要》。

三、独立学院转设的成效:发展基本平稳有序

从独立学院转设为本科高校后的整体发展态势、不同区域独立学院转设的成效、不同转设时间独立学院发展的成效三大方面,可以看出独立学院转设基本成效。

(一)全国独立学院总体转设成效

根据对已转设学校的调查显示,有 78.34% 的学校表示转设后发展更好,13.33% 的学校表示变化不大,只有 8.33% 的学校表示转设后发展不好。由独立学院转设的高校整体上取得了较好的发展成效,办学条件改善明显、人才培养质量有所提升、内部治理善治度显著提升,同时外部资源获取能力强化度也有所改善,社会声誉评价提高度也有所提升。根据对同一所公办高校举办的两所独立学院进行比较发现,譬如武汉科技大学城市学院和武汉科技大学中南分校(现转设为武昌理工学院),转设的学校在办学自主权、教师待遇、办学条件、发展势头方面都要优于未转设学校。[①]

独立学院转设为本科高校后,"冲破母体高校办学模式和学科专业的局限性,面向地方需求",[②]成为面向市场自主办学的主体,获得与普通公办高校同等办学地位,办学自主权得以落实。从发展态势上看,独立学院转设后整体发展呈上升趋势。独立学院转设后,虽然在一段时间内面临独立办学能力不足、社会声誉有所下降、评估检查考验增多等"阵痛",有的甚至遭遇生源质量下滑、教师流动频繁、教学质量保障乏力等困境,但是大多数独立学院转设后经过两三年短暂磨炼,逐渐站稳脚跟,由以前的"大树底下好乘凉"转向独自迎接市场风浪洗礼,学校发展呈上升趋势。

近年来,一批转设院校发展势头迅猛,在全国崭露头角,譬如,武汉学院部分专业在一本批次招生;上海视觉艺术学院设计专业进入 QS 全球前 100 名;大连东软信息学院、吉林动画学院等被评为教育部全国就业 50 强高校;三亚学院、浙江大学城市学院、浙大宁波理工学院获批硕士学位授予权;2021 年校友会中国民办大学排名中,前 10 名中有 6 所是转设高校。

---

① 阙明坤,王慧英,原珂.我国独立学院转设发展效果的实证研究[J].教育与经济,2019(4):52-59.

② 钟秉林,周海涛.独立学院发展再审视[J].教育研究,2019,40(4):83-90.

(二)不同区域独立学院转设成效

独立学院的转设与发展受到地方政策影响较多,由于各地政府对独立学院的认知态度、政策导向、制度供给的差异,导致不同区域之间独立学院转设的进展、数量、比例大相径庭。其中,东北地区独立学院转设时间最早,湖北省独立学院转设数量最多。

不同区域独立学院转设后的发展成效也有所不同。具体来说,各区域由独立学院转设的本科高校在人才培养质量、外部资源获取能力变化、总体转设成效上不存在差异,但在社会声誉评价变化、办学基本条件变化、内部治理水平变化方面存在显著的区域差异。其中,湖北省新转设高校的内部治理水平相对较高,这可能得益于《湖北省人民政府关于进一步促进民办高等教育发展的意见》等文件的出台,不断规范学校办学行为。东北地区新转设院校的社会声誉评价提升最大,这主要是独立学院转设后升至二本批次招生,政府在资金、政策、项目等方面予以支持。

从独立学院大省广东来看,广东省先后设立了 17 所独立学院,主要集中于广州市(11 所),占比 65%,其余位于珠海市(3 所)、中山市(1 所)、湛江市(1 所)和东莞市(1 所)。从举办高校来看,13 所由省内普通本科高校举办,4 所由省外"985"高校举办。从合作模式来看,除了 3 所由地方政府参与举办外,其余 14 所均由民营企业参与举办,被称为"外生型"的"广东模式"[①]。广东 12 所独立学院均转设为民办普通本科高校,剩余 5 所也已制订转设方案,转设进展较为顺利。为了满足独立学院转设条件,广东省独立学院大手笔建设新校区,湛江科技学院(原广东海洋大学寸金学院)全面启用新湖校区,该校区依山近海,占地 1600 余亩,教学科研条件相比原校区得到很大提升。广州应用科技学院(原广州大学松田学院)在 2021 年秋季学期启用肇庆校区,该校区总投资约 50 亿元,总占地面积 667854 平方米,可容纳 3 万名学生,学生学习和生活的软硬条件都得到实质性改善。从 2021 年高考广东民办高校投档情况来看,民办高校的投档最低分数线已经开始赶超公办高校了,排名靠前的民办高校,都是近两年完成转设的独立学院。珠海科技学院(原吉林大学珠海学院)录取分数线相较 2020 年提高 20 分左右,物理类最低投档分数排在全省第 35 位,广州城市理工学院(原华南理工大学广州学院)、广州南方学院(原中山大学南方学院)、广州新华学院(原中山大学新华学院)等学校的物理类最低投档

---

① 徐军伟.内生与外生:独立学院"浙江模式"与"广东模式"的比较与思考[J].教育发展研究,2010,30(Z2):108-111.

分数排名相比学校转设前的理科类排名都有所提升,最低投档线均较往年持续攀升。

从西部地区高等教育大省四川省来看,四川先后设立了13所独立学院,除了1所为国有民办型独立学院外,其余12所均为民营企业投资举办,产权结构清晰,起点普遍较高,办学水平相对较好。四川省独立学院转设稳步推进,截至2022年6月,已转设7所,占比53.85%,转设后挑战与机遇并存,困难与希望同在。部分学校在转设后使用新校名招生的当年,招生亮起红灯,录取分数线出现下滑,生源质量受到重创。但在经历短暂的阵痛期后,学校发展普遍呈稳步上升趋势,办学条件明显改善,土地、校舍面积、科研教学用房、师资、图书量、年进书量等系列指标均有提升。学校招生规模逐渐扩大,在校生规模均达到2万人左右,办学定位更加清晰,专业设置更具特色。例如,四川传媒学院(原成都理工大学广播影视学院)是四川省最先转设的独立学院,母体学校办学类型为理工类,而该学院为传媒类院校,转设后办学定位更加明晰,学院自身品牌得到提升。四川文化艺术学院(原四川音乐学院绵阳艺术学院)提出"培养社会需要的'品德优、基础宽、素质高、能力强、会创新'的应用型文化艺术人才"的办学目标,绵阳城市学院(原西南科技大学城市学院)提出"建设特色鲜明的应用技术型大学"的办学目标,定位与《国务院关于加快发展现代职业教育的决定》提出的"独立学院转设为独立设置高等学校时,鼓励其定位为应用技术类型高等学校"高度契合。

(三)不同转设时间独立学院发展成效不一

从转设进展来看,2011年有14所独立学院转设,2013年有10所转设,形成两次高峰,随后转设数量逐步减少,转设步伐趋缓,2020年、2021年再次形成转设高峰。独立学院转设的重要原因正在于举办者期望获得"合法性",化解身份认同危机,获取更大办学自主权。从转设时机上看,独立学院选择转设的时间根据各校办学条件、发展基础、合作关系、母体态度等因素而定,有的越早转设越好,有的则需完善条件后转设。

研究发现,独立学院转设时间在3年以内的民办本科高校在人才培养质量、社会声誉、外部资源获取能力、办学基本条件、内部治理水平变化以及整体转设成效方面,与转设3~5年、5~10年和10年以上的学校存在一定的差距,这更多可能是源于办学时间推移和办学历史积淀带来的学校自然发展变化。而转设3~5年和5~10年的高校仅在内部治理水平方面存在显著差异,转设较早的高校内部治理水平更高。这源于独立学院转设后,办学主体由多元走向单一,举办者之间利益博弈和冲突减少,普遍加强董事会、行政、党委班子建设,学校决策、执行、监督体制更为顺畅。因此,独立学院转设时间长短与高校发展成效无明显关联,仅就内部治理水平而言,独立学院呈现"早转设早受益""转设愈早受益愈多"之现象。[①]

独立学院转设后转换赛道,突破办学体制约束,其发展得到了地方政府大力支持,契合地方高教强省战略和区域经济社会发展的需要。浙江大学城市学院、浙大宁波理工学院是全国仅有的两所转设后在校名中保留了母体公办大学简称的院校。2020年杭州市委、市政府专门出台《关于支持浙江大学城市学院争创全国百强大学的若干意见》,全面支持学校"10年建百强"的历史跨越。杭州市加大资源配置力度,多方面全力支持浙江大学城市学院提升办学水平,在美丽杭州选择合适区块,谋划建设至少千亩的新校区,10年给予100亿元经费用于保障高水平学科建设和高质量发展。同时,母体高校也继续对新学校给予支持。根据《杭州市人民政府浙江大学关于全面支持浙江大学城市学院争创全国百强大学的合作协议》,浙江大学将把支持浙江大学城市学院创建全国百强大学纳入办学体系建设规划,延伸浙江大学优质办学资源,在学科建设、人才队伍、学生培养、创新平台等方面加大对浙江大学城市学院的重点扶持。对于转设后的浙大宁波理工学院,浙江大学委派中国科学院院士、半导体材料学家杨德仁任首任校长。在宁波市、浙江大学的支持下,浙大宁波理工学院以"省内一流,全国百强"为办学目标。许多独立学院转设后填补了当地公办应用型本科高校空白,优化了高等教育布局。例如,中国石油大学胜利学院转设为山东石油化工学院,结束了东营作为山东唯一没有公办本科城市的历史;南京信息工程大学滨江学院转设为无锡学院,结束了无锡没有自己举办的公办本科高校的历史,无锡市政府支持将其早日建成"无锡大学"。太原理工大学现代科技学院转设为山西工学院,有利于促进所在城市孝义市发展建设,孝义市是山西省县域经济的领头羊。

独立学院通过资金投入、体制改革和扩容增效等方式,实现平稳转设,得到了社会、家长和考生的认可,生源质量稳步提升。转设为公办的浙江大学城市学院、浙大宁波理工学院分数提升极为明显,2021年部分专业最低投档分数都分别在540分左右。高等教育大众化必然伴随着多样化,进而演化出与

---

① 阙明坤,王慧英,原珂.我国独立学院转设发展效果的实证研究[J].教育与经济,2019 (4):52-59.

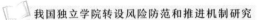

之相适应的结构分化。[①] 褪掉母体高校的光环,学校直面激烈的市场竞争,在新一轮洗牌之下必须依靠办学实力和特色赢得新的生存空间。根据对全国已转设独立学院的调查发现,从办学条件来看,基础设施相对完善,从转设效果来看,发展态势稳中趋好。[②]

---

① 阎凤桥.高等教育规模可持续扩张的制度保障:《二十世纪的高等教育:从精英到大众再到普及》读后感[J].高等教育研究,2011,32(9):3-13.
② 阙明坤.我国独立学院转设现状分析及对策研究[J].教育研究,2016,37(3):64-71.

第三章 独立学院转设风险的类型及成因

　　独立学院转设风险作为教育风险的一种可能性普遍存在,它不是既成事实,也非既定结果。当风险成为现实时,就可能导致独立学院转设的危机。总体上来看,虽然风险是负面的,不利于独立学院平稳转设与转设后的健康发展,但存在化险为夷的可能性。形塑风险认知可以在一定程度上防止危机发生,或者降低风险后果的危害程度。独立学院转设风险并不可怕,但识别独立学院转设风险的类型及成因尤为重要,这是防止转设风险转化为危机的关键。

第一节 独立学院转设风险的类型

　　2020 年教育部《实施方案》发布,要求独立学院尽早完成转设。独立学院转设进程加快伴随着巨大的、多样的、相互关联的风险,具有高度的不确定性和复杂性。根据转设风险的表现形式和特征,将独立学院转设风险分为 5 种类型:法律政策风险、社会稳定风险、教育教学风险、政治安全风险和财务资产风险。详见图 3-1。

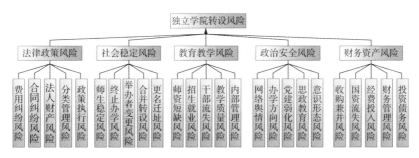

图 3-1 独立学院转设风险类型图

一、独立学院转设风险的类型

独立学院面广量大,不同院校办学类型各异、发展历史不同、合作主体多元,其转设存在不同的风险。

(一)法律政策风险

独立学院转设为普通高校,意味着投资方与举办高校终止合作关系,存在法律政策风险,具体包括费用纠纷风险、合同纠纷风险、法人财产风险、分类管理风险和政策执行风险。

1.费用纠纷风险

费用纠纷风险主要指转设时投资方或独立学院与母体高校之间关于"分手费"、补偿费的纠纷风险。独立学院转设的核心工作是与母体高校"脱钩",但实践中为了获得母体高校的支持,独立学院或投资方一般会向母体高校支付一笔费用,俗称"分手费"。这笔费用数额巨大,但又不得不付,使之成为独立学院"独立之路"上最后一道门槛,即便勉强跨越,也对学校独立之后的发展造成一定影响。根据各独立学校披露的信息,"分手费"在协议中一般以"补偿款""增值回报""结算款"等名义出现。由于独立学院创办之时政策法规尚不健全,合作办学协议难以穷尽所有事宜,因此大多数合同是不完全契约。从法律性质来看,如果母体高校在设立时将其投入资源评估作价、确定投入比例,即"资本化",则母体高校有权在独立学院转设、清算时分配剩余财产,即在此情况下,"分手费"属于分配剩余财产的性质,但金额应根据投入比例确定;反之,若母体高校在设立时未将投入资源资本化,而是按年度收取管理费,即"费用化",则未明确无形资产作价或占比,当转设时双方合作终止,除欠付管理费外,母体高校再收取"分手费"依据不足。

但在缺乏明确的政策限制情况下,独立学院转设"分手费"的"潜规则"做法已经成为业内惯例。这既不利于推进独立学院转设,也是有失公允的做法。当投资方或独立学院提出转设时,母体高校"狮子开口"、漫天要价的现象屡见不鲜,"分手费"动辄上亿,如云南大学滇池学院转设向母体高校支付2.8亿元补偿款。有些母体高校更是以转设审批或学生毕业证为筹码,迫使独立学院缴纳,而独立学院尚无公共财政"输血",办学多年已向母体校上缴高额"管理费",在转设时又需支付资产过户等相应税费,往往难以就"分手费"达成一致,从而引发费用纠纷风险,导致转设进程受阻。

2.合同纠纷风险

合同纠纷风险主要指独立学院合作办学协议终止时,各方对部分条款产生纠纷的风险。母体高校、投资方及独立学院对无形资产划分、资产增值、管理费的认识和利益诉求存在差异,利益博弈激烈,双方容易发生法律纠纷。譬如,2015 年 3 月,武汉科技大学与武昌理工学院(原武汉科技大学中南分校)、广信科教集团有限公司产生合同纠纷,武汉科技大学将武昌理工学院起诉至武汉市中级人民法院,诉请法院判决武昌理工学院支付逾期的管理费及违约金。在武汉科技大学中南分校转设为民办高校后,双方就合同中约定的收取管理费条款是否有效发生争执,未能协商一致。武昌理工学院、广信集团认为,双方签订协议中关于无形资产和管理费的约定条款违反国家法律禁止性(强制性)规定,应依法确认该部分合同条款无效;武汉科技大学则主张合同合法有效。

又如,北京工业大学耿丹学院在转设过程中也发生过激烈的合同纠纷。2004 年,北工大作为甲方、耿丹中心作为乙方签订了《合作共建协议书》,约定:甲方占学院 30% 股份;乙方占学院 70% 股份。2013 年 8 月,北工大作为甲方、耿丹中心作为乙方签订了《善后协议书》,其中规定:鉴于耿丹学院的公益属性,为支持教育事业发展,甲乙双方均放弃享有的持股比例和依据该比例对耿丹学院办学收益的分配权利。2013 年 8 月 28 日,北工大向北京市教委提交了《转设请示》,北京市教委依照程序将相关材料报送市政府,市政府未安排审议。北工大认为:第一,鉴于 2013 年耿丹学院未获教育部批准转设,《善后协议书》终止;2018 年耿丹学院重新申请转设,双方应重新启动向北京市教委提交转设申请,重新签订善后协议,而不应继续使用多年前向北京市教委提交的请示材料;双方均应继续执行原合作办学协议及其补充协议。2018 年,由于举办者双方北工大和耿丹中心就转设中的一些关键问题未达成一致意见,因此北京市教委告知双方达成一致意见后再正式报送申请材料。耿丹中心向一审法院起诉请求:判令北工大按照 2013 年 9 月 13 日《关于北京工业大学耿丹学院转设为独立建制的民办本科学校的请示》的内容,重新向北京市教育委员会提交耿丹学院转设为独立建制的民办本科学校的请示,并将 2013 年 8 月 6 日《善后协议书》作为前述请示文件的附件与前述请示文件一并提交,并在耿丹学院转设为独立建制的民办本科学校、需要北工大作为申请人盖章的报审材料上加盖公章。一审法院认为:本案争议焦点有二,第一,耿丹学院能否以 2013 年《善后协议书》为附件要求北工大向北京市教委再次提交请示;第二,北工大主张的条款无效是否能得到支持。2019 年,法院判定,2013 年

《善后协议书》有效。①

北京工业大学因与被上诉人北京耿丹教育发展中心合同纠纷一案,不服北京市朝阳区人民法院2019年判决,认为在双方尚未达成一致的情况下,法院不宜以判决形式强制北工大在申报材料上盖章。对此,北京市第三中级人民法院认为,《中华人民共和国民办教育促进法实施条例》规定,捐资举办的民办学校和出资人不要求取得合理回报的民办学校,依法享受与公办学校同等的税收及其他优惠政策。耿丹学院作为独立学院,系民办高等教育的重要组成部分,属于公益性事业。作为举办人的耿丹中心和北工大,可以要求取得合理回报,也可以不要求取得合理回报。而根据《耿丹学院章程》,北工大和耿丹中心共同承诺,不要求取得合理回报,坚持公益性办学。根据现有证据,北工大未举证证明上述协议书的内容损害了国家利益、社会公共利益或公序良俗。故北工大关于2008年合作协议和2013年《善后协议书》无效的上诉主张,缺乏依据,法院不予支持。2021年,北京市第三中级人民法院判决,驳回上诉,维持原判。②

事实上,类似案例并不鲜见,中南民族大学工商学院、中国传媒大学南广学院、北京邮电大学世纪学院等10多所独立学院在转设时均发生过合同法律纠纷,甚至对簿公堂。

3.法人财产风险

法人财产风险主要指转设过程中能否把资产过户到学校名下,依法落实法人财产权的风险。2006年,《国务院办公厅关于加强民办高校规范管理引导民办高等教育健康发展的通知》规定"民办高校要落实法人财产权,出资人按时、足额履行出资义务,投入学校的资产要经注册会计师验资并过户到学校名下,任何组织和个人不得截留、挪用或侵占"。从法制层面看,独立学院对举办者投入学校的资产、国有资产、受赠财产以及办学积累,享有法人财产权,这是独立学院独立自主、健康发展的重要保障。但在实践中,独立学院法人主体地位缺失,法人财产权难以落实,如有些社会力量举办方没有及时将投入学校的资产验资并过户到学校名下,对各类资产分别进行登记建账无法实现。此

---

① 北京耿丹教育发展中心与北京工业大学合同纠纷一审民事判决书—爱企查[EB/OL].（2021-04-30）［2022-10-09］. https://aiqicha. baidu. com/wenshu? wenshuId = d781c8adbae5cf6faa5ade0988a92dfc 768c88e9.

② 北京工业大学与北京耿丹教育发展中心合同纠纷二审民事判决书—爱企查[EB/OL].（2021-04-30）［2022-10-09］. https://aiqicha. baidu. com/wenshu? wenshuId = f3384969c9d274057e18afd547fb62837 f3a5471.

外,独立学院验资过户涉及国土、税务、财政等多个部门,教育行政部门协调困难。[①]

法人财产权落实与否是影响独立学院能否顺利转设的重要因素。独立学院的法人财产权利包括占有权、使用权、管理权、收益权、处分权等。在独立学院快速发展时期,一方面,国家层面的产权法律制度和政策体系尚不完善,有关方面对独立学院法人财产权的保护意识较为薄弱,再加上独立学院内部资产财务管理体系建设相对滞后,导致学校资产权属关系一直处于模糊不清的状态;另一方面,独立学院资产投入主体多元、类型要素多样、资产性质不清、权属关系复杂,在发展初期未能及时清晰界定不同投资主体对哪些资产应该享有何种权属关系,尤其是对合作期满后的土地、校舍债权债务、办学积累等权属,目前各地各校还缺乏明确的资产核算和处置规范,这就给转设前需要完成的资产确权工作带来极大挑战,同时也为落实学校法人财产权埋下了隐患。

4.分类管理风险

分类管理风险主要指独立学院若转设为民办本科高校,法人属性明确选择非营利性或营利性面临的风险。2016 年,全国人大常委会审议通过《关于修改〈中华人民共和国民办教育促进法〉的决定》,民办教育开启了营利性、非营利性分类管理新时代。此次分类管理改革牵涉全国各级各类民办学校,可谓影响深远,意义重大。此后,国务院相继出台了《国务院关于鼓励社会力量兴办教育促进民办教育健康发展的若干意见》《民办学校分类登记实施细则》《营利性民办学校监督管理实施细则》等文件。2021 年,历经多轮审议,社会各界翘首以盼的《民办教育促进法实施条例》修订颁布,民办教育分类管理法律体系基本宣告完成了顶层设计。

分类管理改革为独立学院转设增加了难题,营利性和非营利选择是一项重大而紧迫的任务。在分类管理的政策压力下,独立学院转设时要作出营利或非营利选择,这对于独立学院的投资方来说是一个不小的考验。更何况,独立学院转设工作本就十分复杂,不仅要准备转设材料清单、论证报告等申报材料,还要处理协商好与其他投资方的退出或合作协议。目前部分独立学院陷入了转设困境,正在为如何脱离母体高校而发愁;绝大多数独立学院都将精力放在转设工作上,权衡营利性和非营利性的利弊仍需等待各地分类管理政策的进一步明朗,这无疑会影响独立学院转设的进度。在部分省份,独立学院转

---

① 钟秉林,景安磊.独立学院转设现状分析与转设后可持续发展路径探析[J].中国高教研究,2021(4):14-19.

设必须选择非营利属性,影响以"投资回报"为目的的投资方的转设积极性。分类管理对于独立学院转设而言已经成为不容忽视的风险。

5.政策执行风险

政策执行风险主要指独立学院转设政策的相关主体在政策执行过程出现政策歧视、变通执行等风险。巴达克将公共政策的执行过程视为一种竞争式比赛,认为在这个过程中每个参赛者都会尽量追求自身利益的最大化,而公共政策理论学家也认为公共政策的实质是利益的博弈与划分,不同利益主体的利益驱动在一定程度上会造成公共政策执行的偏差。独立学院转设的利益相关者会基于自身利益执行政策,努力实现自身利益最大化。地方政府及教育主管部门对于独立学院持有不同的态度,可能会制定不同的政策。譬如,目前独立学院转设政策与本科职业教育政策存在不一致的地方,在校名、师资、隶属、体制、定位等方面缺乏明晰的政策规定,在转设过程中存在一定的风险。在当前加快推进独立学院转设背景下,各地政府纷纷出台政策响应,如广东省教育厅发布《关于开展〈广东省高等学校设置"十四五"规划〉编制工作的通知》,明确提出要积极稳妥推动独立学院转设,把独立学院转设作为高校设置工作的重要任务。而一旦成为政绩工程,部分转设困难地区政府在推进独立学院转设过程中可能出现急功近利的情况,易于引发政策执行风险。同样作为转设政策执行者的独立学院、母体高校和投资方等,与推动转设的相关政策之间存在博弈行为。尤其是地方政府部门对相关政策的执行或调适,会给独立学院转设带来一定的政策动荡,转设政策执行可能遭遇阻力或变通。

(二)社会稳定风险

独立学院未来发展走向事关数百万师生和广大校友的前途命运,教职工、学生、校友、家长均极为关注,因此转设还会存在一定的社会稳定风险。

1.师生稳定风险

师生稳定风险主要指学生平稳毕业、学位授予、权益保障,教师妥善安置、分流、权益保障方面的风险。虽然转设按照"老生老办法、新生新办法",但是,由于转设存在不够透明、解释工作不到位的现象,导致学生不明真相,容易产生疑虑和恐慌。2019年绍兴文理学院元培学院转设时,学生质疑转设改名将导致学费上涨、师资变差、影响考研,引发学生集会和不稳定事件。2021年南京信息工程大学滨江学院转设成为无锡学院,滨江学子对"高学费发旧证"方案表示不满,而邻省众多转设的独立学院依然发新证,如湖州学院(原湖州师范学院求真学院)、嘉兴南湖学院(原嘉兴学院南湖学院)、温州理工学院(原温州大学瓯江学院)三家学院完成转设后给老生颁发新证,且三家学院都是在

2020年5月《实施方案》颁布之后完成转设,引发学生对教育公平的质疑。

此外,独立学院转设后教师自身发展、福利待遇是否能得到保障,是教职工关注的重点,转设后发展的不确定性容易引发教职工的担忧。目前,独立学院转设教师安置方式主要包括以下三种:一是回归母体高校;二是留在转设后的新学校继续执教;三是转岗分流。为了规避潜在的教师稳定风险,独立学院转设教师安置方案制订应当充分考虑教师诉求。无论是转设为民办高校、公办高校,还是回归母体高校、终止办学,均涉及教职员工的切身利益,需要妥善安置好广大教职工,保护教师薪酬、社保、福利等合法权益,维持正常教学秩序和校园稳定。

2.终止办学风险

终止办学风险主要指独立学院停止招生、终止办学的风险。独立学院转设包括转成民办、公办和终止办学三种途径,在加快推进独立学院转设的方案出台后,独立学院转设就变成了一种必然趋势,不同省市都在积极推进转设。对照标准,独立学院在办学水平、师资力量、学科建设和教学建设等方面需要接受评估考察,不是每一所独立学院都能达到转设条件,没有满足转设标准和条件的独立学院会被终止办学。经过教育部的批准,终止办学的独立学院将逐步停止招生直至撤销建制。如2019年北京师范大学珠海分校开始逐步减少招生计划,于2021年停止招生,2024年7月终止办学,且全部并入北京师范大学珠海校区。在学校宣布终止办学时,学生、家长以及老师等都不理解,争议不断:部分学生出于“母校情节”难以接受就读学校被撤销;有的则担心学校撤销建制后会对就业、升迁产生不利影响。类似地,2020年河北大学工商学院、新疆农业大学科学技术学院、南京中医药大学翰林学院、南京大学金陵学院相继获批终止办学,尽管独立学院的原学历依然被承认,但依旧引发学生及家长担忧。对此,终止办学的独立学院需积极回应学生诉求,制订应对方案,妥善采取可行措施,消除师生疑虑,如南京大学金陵学院校友总会为金陵学院校友发放“南京大学校友卡”,通过缓解矛盾冲突避免终止办学带来的风险。

3.举办者变更风险

举办者变更意味着独立学院内部权力结构、治理结构将发生转变,存在一定的稳定风险。由于很多独立学院是由公办高校和学校基金会、校办企业举办,实际上属于“校中校”,其土地面积等不达标,这种类型的独立学院若要转设,首先要找到一个社会力量投资方,进而协商举办者变更。如2019年1月中教控股斥资2.52亿元收购济南大学泉城学院50.91％的举办权,2月中国新华教育集团支付首期3.05亿元资金并购南京财经大学红山学院。① 举办者或实际控制人的变更不仅存在"控制权私利"问题,而且变更后不同的管控模式会给独立学院发展带来新的办学风险,造成师生利益受损或产生新风险。一是举办者的"非公平关联交易"损害师生的利益,在日常交易中不排除存在一些举办者挪用学校办学经费的情况。二是教育集团化办学存在风险,一旦出现资金链断裂或遭遇政策突变时可能破产,造成下属独立学院运行不稳定和师生恐慌,引发社会不稳定事件。三是管理模式产生冲突,一些新举办者过于注重市场规律,忽视教育教学规律,按照企业模式更换学校原有领导班子成员,修改管理制度,插手人事安排,掌控财务大权,削减教学经费,这种行为导致与原来办学管理机制的冲突博弈,造成教职员工获得感降低,管理骨干和优秀教师大量流失,使学校丧失原有内生发展动力。

4.合并转设风险

合并转设风险主要指独立学院与高职院校整合资源、合并转设时的风险。2020年5月,教育部印发《实施方案》,其中针对"校中校"独立学院(没有社会合作方,仅由高校举办),提出"可探索统筹省内高职高专教育资源合并转设"。该举措在多省已经试行,如山西3所中专高职院校谋求与山西大学商务学院合并转设为省属公办本科高校;广西农业职业技术学院联合广西大学行健文理学院合并转设为本科职业大学,等等。对于渴望升本的高职院校而言,合并转设政策无异于雪中送炭,高职院校能够借助独立学院的品牌实现升格,而独立学院也可以借助高职院校的办学土地、硬件成功转设。

遗憾的是,独立学院联姻高职院校转设在实践层面遭遇了困境。2021年6月上旬,浙江、江苏等地因独立学院与高职院校合并转设引发学生群体性事件,部分独立学院学生反对联合高职院校转设,有学生把独立学院转设为本科职业技术大学描述为"本降专",也有学生担心职业本科的学历会影响到之后的升学、就业等,引发负面舆情并迅速扩散。其中,浙江工业大学之江学院和南京师范大学中北学院引发的不稳定事件受到全国关注。2021年6月5日,浙江省教育厅发公告暂停独立学院与高职的合并转设工作。6月6日,浙江工业大学、浙江师范大学、浙江工商大学、浙江财经大学、杭州电子科技大学5所高校均发布公告,所举办的独立学院不与高职院校合并转设为职业技术大学。6月7日晚,江苏省教育厅和山东省教育厅分别发布公告称将暂停省内独立学院与高职院校合并转设工作,截至目前,浙江、江苏、山东、江西4个省

① 刘亮军,王一涛.民办高校举办者变更:诱因、影响及规制[J].江苏高教,2021(2):71-77.

已全面暂停独立学院与职业院校合并转设工作。此外,独立学院与高职院校合并转设也存在体制机制问题,转设后的领导体制、管理机制、干部任免、教师编制、机构设置、经费拨款、收费标准等问题有待处理,可见在合并转设各个环节依然潜藏着风险。

5.更名迁址风险

更名迁址风险主要指独立学院新建校区、迁址办学、转设更名的风险。独立学院转设意味着摆脱母体高校"光环",重新更名,同时也存在为满足校园占地达标而被迫迁址的可能性。在独立学院转设过程中,"找下家"是最大的难题之一,一些独立学院面临无人接盘的窘境。"转设为民办高校,需要有人愿意出资购买。但在现行的经济大背景下,愿意将经费持续投入办学中的企业并不多。"某独立学院管理人员透露,学校曾经与一家大型企业进行了洽谈,然而,高达几亿的费用让企业望而却步。[①] 此外,在部分高校的转设过程中,也暴露出异地搬迁带来的尴尬:"异地"带来的问题不仅是教学成本和生活成本上的增加,部分已经安家落户的教师,在情感上也无法接受。某独立学院负责人表示,搬迁时曾有教师非常抗拒,宁可选择辞职,也不愿去新校区工作。浙江工业大学之江学院搬迁至绍兴柯桥区办学后,教师队伍中博士流失 23 名,副高以上职称教师流失了 40 多名,对教学工作带来了明显冲击,学院领导称之为"伤筋动骨"。[②] 2008—2016 年,全国约有 91 所独立学院已迁址办学或规划迁址办学,其中江苏、浙江、云南、贵州、辽宁、新疆、江西均有众多独立学院出现迁址办学。迁址办学等方式还可能导致办学理念缺失错位、师资队伍建设难题、生源获得性下降、"孤岛效应"、内部治理结构重建以及办学经费持续性问题,[③]独立学院外迁周边县城后,可能出现区域位置吸引力下降,交通、医疗、治安、周边环境等与搬迁之前相差悬殊,短期内学校品牌还未巩固,招生分数和生源质量受到一定冲击等问题,种种不确定因素加剧了办学风险。

(三)教育教学风险

独立学院转设的教育教学风险问题也尤其突出,具体表现为师资短缺、招生就业、干部流失、教学质量、内部管理等风险。

---

① 中国江苏网.独立学院"联姻"高职高专,未来将转设为"本科职业技术大学"? 最新进展来了[EB/OL].(2021-01-08)[2022-07-13].https://baijiahao.baidu.com/s? id=1688284042946689389&wfr=spider&for=pc.

② 阚明坤.独立学院"迁址办学"现象研究:基于江苏、浙江两省的实证调查[J].教育发展研究,2016,36(Z1):9-15.

③ 周国平,袁秀娟.独立学院迁址办学热的冷思考[J].高等教育研究,2017,38(6):65-76.

1.师资短缺风险

师资短缺风险主要指转设时和转设后自有专职教师队伍数量缺乏、结构不合理的风险。现有独立学院凭借母体高校的优质资源积累了较好的办学声誉,在校生规模普遍较大,但由于有母体高校师资力量的支持,对自有专任教师队伍建设的重视程度不够,如扬州大学广陵学院有2/3的教师都来自扬州大学,转设后这些教师全部回归母体高校,广陵学院的师资将严重短缺。在转设过程中受影响最大的主要是专职教师和兼职教师。过渡期结束后,专职教师视转设后的待遇、办学地点、办学性质、发展政策等作出判断,尤其是一些待遇偏低、重新选址办学的由民营企业或个人举办的本科高校,教师的流失率比较大。另外,转设后,学校的学科专业有所调整,相关专业教师也面临着继续择业的问题,工科类有教学经验的高级职称教师流失较为严重,这部分教师常常选择公办高校就职。

转设的不同路径也会引发师资短缺风险。一方面,独立学院转设为公办本科高校后,往往办学规模会扩大,招生的规模会增加,年度的招生计划也会增多,对师资队伍的规模、质量、结构的要求也更高,而且不能再借助母体高校的教师资源,对独立学院转设后的师资队伍建设形成不小的挑战。另一方面,独立学院转设为民办本科高校,教师心理存在一定落差,如浙江、江西、湖北等地均发生过公办型独立学院转设为民办高校的风险事件,[①]因此离职的教师也不在少数,势必会对转设后学校的教育教学工作开展产生不利影响。特别是学校后续发展对教师队伍要求越来越高,需要接受教育部本科教学合格评估,客观迫使学校加大教师引进和培养力度,建设一支以自有专任教师为主的师资队伍。

2.招生就业风险

招生就业风险主要指转设失去母体高校光环后招生和就业存在的风险。招生情况一直深受世人关注,这也是许多独立学院不敢选择脱离母体高校的顾虑之一。曾经有部分独立学院因转设导致当年招生遇冷,如中国海洋大学青岛学院转设后遭遇招生"滑铁卢",齐鲁理工学院文科投档人数仅为该校文科计划数的40%。[②] 从媒体披露情况看,太原科技大学华科学院转设为山西科技学院后使用新校名首次招生爆冷,招不满则降分录取,考生不到本科线仍

---

① 侯琮,王一涛.独立学院转设的症结研判和路径前瞻[J].浙江树人大学学报(人文社会科学),2021,21(5):25-33.

② 阙明坤.我国独立学院转设现状分析及对策研究[J].教育研究,2016,37(3):64-71.

然可以被录取;且该校是由独立学院转设为公办高校,学费几乎减半,新校名、新气象、新校园,可谓是"华丽变身",但招生结果却出人意料,仅招收了 1800 余名本科生。究其根源,一些家长之所以支持孩子上独立学院,不惜付出高额学费就是为了享受传统公办大学的资源,独立学院转设后与母体高校分道扬镳,在家长心目中的地位下降,学校招生从而受到影响。

同样,毕业生在就业市场上失去了母体大学的"牌子",可能会遭受潜在的歧视。新转设高校由于刚立足于高校之林,名不见经传,尚未形成较大的社会影响力,独立学院的毕业生在找工作时,往往会回避独立学院的身份,常以母体高校的名义来获得认同,转设后的毕业生则无法使用这种策略。尤其是当独立学院转设为本科职业大学后,由于社会环境中客观存在的对于民办教育、职业教育的歧视,用人单位往往将其与低学历、低层次画上等号,导致毕业生就业存在潜在的风险。

3.干部流失风险

干部流失风险主要指转设时部分管理干部回归母体高校导致干部队伍青黄不接的风险。许多独立学院管理干部由母体高校直接选派,有些担任二级学院院长,或者核心管理部门的领导,几乎都是独立学院的中坚力量,这类群体在独立学院转设后需回归母体高校,将对学校发展产生不利影响。如武汉大学东湖分校转设为武汉东湖学院后,几乎所有中层骨干回归武汉大学;桂林电子科技大学信息科技学院转设为桂林信息科技学院后,原桂林电子科技大学派驻的 15 人已有 8 人返回学校工作,原信息科技学院党委书记转任校长,书记及副书记等党务工作岗位空缺,在学校自有管理干部成长起来或者外部引进之前,领导层面存在一定的不确定因素,对后续的稳定和发展产生一定的风险。

由于事关编制与待遇,管理干部回归母体高校情有可原并已成常态。据调研,在广西师范大学漓江学院转设桂林学院后,广西师大派驻的干部(7 人,其中处级干部 4 人,科级与其他 3 人)绝大多数表达了回到广西师大继续工作的愿望。如果派驻的干部近期返回母体高校,桂林学院的校长、书记、分管学生工作的副书记、纪委书记、财务资产处处长等重要岗位就面临空缺,举办方目前并没有相关人才储备,相关校级领导的人选如何确定,如何产生等都无法预估。若全部换新人,势必对学校的运行和管理产生深远的影响。

4.教学质量风险

教学质量风险主要指转设后失去母体高校支持,教学质量缺乏保障的风险。很多独立学院虽然体制不够完善,学费昂贵,但是依靠母体的优质师资和教学条件,办学质量相对不错,再加上不少独立学院依托母体高校管理优势,积累了不少培养优秀人才的经验,已经得到社会各界的认可。在转设过程中和转设后,学校面临着退出公办高校光环、教师队伍数量不足、独自组织教育教学等问题,面对激烈市场竞争、迎接本科教学评估等挑战,教学质量不确定性增大。有的院校偏重于经济效益,办学经费投入严重不足,举办者权力更加集中,忽视教学质量和人才培养;有的院校一味追求扩大规模,师资力量跟不上,办学规模与办学质量失衡;有的管理部门疏于监管,对教学质量缺乏评估和督查,这都造成了办学质量风险。

独立学院教学质量风险与师资流失、举办者变更等因素密切相关。受转设后学校办学条件、办学经费限制,一些民营企业投资方对办学成本严格控制,学校预算经费下调幅度较大,某学校教学运行经费调减近50%,对学校正常的教育教学工作的开展影响较大。对于合并转设的职业本科大学而言,要求紧密对接地方经济发展需要,亟须调整学科专业结构,更涉及普通本科专业转化为职业本科专业、教师转型等问题,对教学质量形成一定的挑战。

5.内部管理风险

内部管理风险主要指转设后没有公办高校约束监督,可能出现内部治理结构失衡、日常管理失序的风险。转设前独立学院的领导班子有一部分来自举办高校,这些领导干部长期在高校工作,具有丰富的工作经验,转设后,这些领导干部在过渡期结束后基本返回母体高校。不同类型的新转设民办本科高校领导班子有不同的构成方式,举办方或多或少会派出一定数量的人员担任领导干部,是否符合高校校级领导的资质仍存疑。学校领导班子频繁更换,每个领导干部的工作背景、办学理念、对高等教育规律的认识等存在巨大差异,对学校今后的管理和发展将产生不利的影响。

就选聘公办高校退休领导干部和举办方派出领导干部两种方式而言,前者虽有丰富的高等教育管理经验,但却缺乏"民办"体制的运作经验,容易出现"水土不服",学校办得"不公不民";而后者往往缺乏高等教育管理的经验,更多采取企业化管理,成本意识较强,掌握经费使用和财务审批支出的实际权限,在一定程度上会影响工作开展。例如,某学校新举办者入驻之后,旋即缩减了50%的教学经费预算,并严格财务审批,降低校领导和二级部门的经费审批权限;某学校的举办方派驻执行董事一名,日常所有经费开支均由其审批,而为了节约成本,除了上级主管部门要求参加的会议和活动外,其他的学术交流、教改活动等该校基本不参加,严重制约了学科专业建设和教师成长发展。再如,某学校转设后使用学校公章和财务审批,在原有流程上增加了举办方人员的审批环节,凡是需要使用公章或超过1万元的支出就要走完全部流程,然而部分举办方领导不熟悉高校业务,审批时间漫长,导致行政管理效率低下。

(四)政治安全风险

政治安全风险主要包括舆情风险和转设为民办本科高校时可能会存在的党建弱化、思政教育、办学方向和意识形态风险。

1.网络舆情风险

网络舆情风险主要指网络舆论、新闻媒体可能导致独立学院转设陷入舆论旋涡的风险。风险社会理论认为,人类社会正普遍面临着一种前所未有的不确定性,在具有高度开放性的网络空间,这种不确定性及其背后隐藏的潜在风险更是不断积累,正如曼纽尔·卡斯特所言,"网络构建了我们社会的新形态"。[①] 网络社会在本质上就是一个风险社会,互联网便捷高速的传播特质放大了舆情风险发生的可能,容易形成催生社会失序的消极负面效应。就独立学院转设而言,涉及教育布局、高校设置、院校更名、依法治教、终止办学、师生权益、学位授予等敏感话题,社会各界极为关注。因此,推进独立学院转设工作必将触动媒体神经,一经网络媒体、自媒体放大,容易引发舆论关注。如以"独立学院转设"为关键词,对 2021 年 5 月 1 日至 2021 年 11 月 1 日互联网信息进行检索,发现全网信息量最高峰出现在 2021 年 6 月 1 日,当天共产生314960 篇相关讯息,独立学院转设舆情的发展趋势较为突出,师生、家长纷纷在网上发帖表达诉求。

一些新媒体为追求舆论的"轰动效应",热衷于将教育领域的改革事件不断"发酵""升级",以偏概全,夺人眼球。如在某独立学院与高职院校合并转设期间,有媒体用诸如"扣押""暴力殴打"等词汇,消极影响迅速扩散至全国,在一定程度上造成负面舆情升级。网络偏激言论和消极情绪宣泄可能会给独立学院转设工作造成一定的舆论压力,引发社会误解和家长学生担心,舆论风险随之增大,必须引起重视。

2.党建弱化风险

独立学院若转设为民办本科高校,潜藏党的领导和建设弱化的风险。由于转设后的民办本科高校建校时间短,实行董事会领导下的校长负责制,举办者的重视程度、思想认识对党建工作具有重要影响,有的学校存在"重业务轻党建"的倾向,容易出现党建弱化风险。许多年轻的党务工作者缺乏对党的基

---

① 舒刚.风险社会视域下高校网络舆情的治理机制创新[J].国家教育行政学院学报,2015
(9):33-38.

本知识的了解,有的思想政治敏锐性不强,有的政治理论水平有限,在开展党建工作的时候,往往缺乏主动性,要等到上级教育部门进行相关政策批准之后再执行。甚至有部分民办高校领导认为,学校是培养人才的场所,和党建工作关联不强。① 有的举办者开展工作时担心党委书记会影响其权力,进而导致党委书记只参与党建工作,不参与"三重一大",参与和监督的决策机会较少,从而产生缺位现象。此外,由于民办高校待遇福利大大低于公办高校,许多民办高校为追求利益最大化,减少机构人员配备,教师一岗多责,特别是专职党务人员匮乏,党支部书记待遇落实不到位,吸引力不强,大多数学术骨干不愿意做党务工作。② 一些民办高校办学经费捉襟见肘,党建和思政工作经费难以保障,往往出现经费缩水现象。③ 有的民办高校党建经费大打折扣,投入严重不足,在一定程度上造成党建弱化风险。

3.办学方向风险

独立学院若转设为民办本科高校,在坚持社会主义办学方向和公益性办学方面存在一定的风险挑战。公益性是教育的本质属性,也是民办高等教育的根本要求。国内外私立(民办)高等教育的发展经验表明,选择公益性的发展道路是私立(民办)高校可持续发展的重要保证,符合世界私立(民办)高等教育的发展趋势,世界高水平的私立高校都是秉持公益性的。④ 营利性资本运作往往带有短期性、灵活性的特征,其举办的学校容易受利润空间和经济效益驱使而影响办学方向。当前,受限于民办教育法律规制,民办高等教育行业越来越受到资本的青睐,逐利性资本大量涌入,这一定程度上会削弱高等教育的公益属性。学生培养并非一朝一夕的事情,教育发展需要稳定、可持续投入,而资本市场却追求短期、快速获利;个别民办高校被逐利性资本"裹挟",非理性追求融资,"快资本"与"慢教育"的矛盾比较突出。⑤ 一些民办高校一味

① 蔡锦山.高校党建工作科学化的问题及突破路径[J].教育理论与实践,2018,38(24):29-31.
② 覃文忠,沈艺,王瑞杰.高校院系党支部建设的突出问题与对策研究[J].思想理论教育,2017(11):74-77.
③ 阙明坤,辛怡,宣葵葵.民办高校党建变迁、挑战及对策[J].终身教育研究,2021,32(4):35-41.
④ 黄藤.秉守民办高等教育公益性的对策与实践[J].国家教育行政学院学报,2016(10):17-21.
⑤ 钟秉林,周海涛,景安磊,等.民办高校集团化办学的发展态势、利弊分析及治理路径[J].中国高教研究,2020(2):29-32,39.

迎合市场需求,追求低成本与高收益,忘记了教育发展的基本规律和基本价值,忽视、淡化了教育的公益性,导致教育自身价值有失平衡,教育的质量有所下降,教育的社会信度有所减低。短期来看,部分办学不规范的营利性民办高校可能会弱化高等教育公益性,可能对高等教育公平产生不良影响,带来新的挑战。

4.思政教育风险

独立学院若转设为民办本科高校,潜藏思想政治教育松懈的风险。思想政治教育对于引导学生树立正确的人生观、世界观、价值观,落实立德树人根本任务有着重要意义。但不同于公办高校,转设后民办高校的教育工作主要是在董事会的领导下由校长指挥进行的,董事长在学校中拥有绝对的领导权,而教师主要是从社会上招聘的人员。部分学校对思想政治教育的投入和保障不足,民办高校教育工作者思想政治教育工作的理念较为薄弱,思想政治教育意识不强。特别是在极为重要的思政课建设层面,民办高校存在教师数量不足、稳定性不强的问题。一些转设的民办高校对国家政策贯彻落实不到位、对思政课教师重视程度不够,师生比1∶350未达标,思政课教师工作量大、教学任务繁重、考核激励机制不完善的情况还一定程度存在。现有民办高校思政课教师队伍还存在学历结构、年龄结构、职称结构不合理等问题。同时,思政课教师综合素养有待进一步提升。新时代思政课教学对思政课教师提出了更高要求,民办高校思政课教师政治素养还不够强、理论素养还不深厚、业务能力还不够强,难以实现民办高校思政课建设的内涵式发展。[1] 独立学院转设为民办高校后需要进一步加强思政课建设,完善思想政治教育教师队伍建设,警惕防范思政教育风险。

5.意识形态风险

独立学院若转设为民办本科高校,隐藏意识形态领域的风险。转设后民办高校的生源质量与公办高校存在一定差距,部分学生辨别是非的能力有待加强,纷繁复杂的思想争锋易形成学生多元的价值判断和价值选择。当前,西方国家正凭借着强势的文化优势,以文化贸易为载体,潜移默化地将西方的价值理念和价值取向渗透进来。[2] 民办高校作为青年学子聚集的场所,往往是

---

[1] 阚明坤,孙艳艳.民办高校思政课建设现状、困境与对策[J].中国高等教育,2020(Z2):58-60.

[2] 张一,吴倩倩.民办高校主流意识形态话语权的当代境遇及提升路径[J].学校党建与思想教育,2018(21):27-29.

各类思潮相互激荡的中心地,是各种意识形态的聚集之地,由于党的领导和建设没有公办高校那么规范,学校的商业化、自由化氛围比较明显,良莠不齐的非马克思主义话语在民办高校大肆宣扬和传播,这对马克思主义在民办高校意识形态的主导地位造成了冲击,也使民办高校的主流意识形态话语权建设面临新的挑战。放任自由,任其在高校肆意传播与扩散,就会使广大师生的思想陷入混乱,极大削弱民办高校师生对马克思主义的认同度,动摇广大师生的共同理想和奋斗目标,在一定程度上弱化马克思主义在民办高校意识形态领域的话语权,马克思主义对师生的教化功能就难以充分发挥,最后可能导致马克思主义在民办高校意识形态领域"失语""失声"。

(五)财务资产风险

独立学院转设过程中可能会出现投资并购、协议终止、大笔金额财务支出等事宜,要时刻关注转设前后的财务资产风险。

1.收购兼并风险

收购兼并风险主要指独立学院转设时被上市教育集团收购兼并的风险。在政策驱动下,独立学院脱钩进程加快,潜在可并购的高校标的增多,遍布全国的独立学院俨然成为教育上市公司外延式扩张、大举发掘的"金矿"。

2016年《民促法》修订之后,独立学院并购热潮愈演愈烈,如民生教育相继收购云南大学滇池学院、河北工业大学城市学院,新华教育收购南京财经大学红山学院、昆明医科大学海源学院,中国春来教育集团8亿元收购苏州科技大学天平学院,中教控股10亿元收购四川外国语大学重庆南方翻译学院,等等。上市教育集团的收购兼并一方面促进了独立学院尽快合规转设,为独立学院转设后发展注入可观的办学资金,但另一方面也暗藏潜在风险,如税率、土地使用权、政府补贴、集团化办学方面的政策调整,随时增加额外的合规成本,一旦资金链出现危机或断裂导致集团破产乃至学校停办,将严重影响日常教学秩序。[1] 2018年8月,《民办教育促进法实施条例(修订草案)(送审稿)》公开征求时就曾导致港股上市教育集团股价断崖式下跌,其中涉及集团化办学规定。目前,教育领域治理重心在于限制资本的过度扩张,教育上市集团未来发展前景存在一定不确定性,其大肆收购兼并行为可能给转设后学校的日常办学运营埋下不稳定因素。

---

[1] 钟秉林,周海涛,景安磊,等.民办高校集团化办学的发展态势、利弊分析及治理路径[J].中国高教研究,2020(2):29-32,39.

2.国资流失风险

国资流失风险主要指转设时国有资产流失、学校法人资产流失的风险。公办高校投入的资产源于财政拨款和政策性收费,是国家资产的重要组成部分,转设资产分割过程中,如何遵照国家有关法律法规及时清查核实和产权登记,明晰产权关系,确保国有资产保值增值且不流失,加强财务管理,依法进行财务清算,存在一定的风险。

从产权属性和投资主体来看,我国独立学院大致可以分为国有民办型和民有民办型两种类型。国有民办型独立学院由国有企业或地方政府与母体高校联合举办,其无论回归母体高校还是转设成独立设置的普通公办本科高校,产权都归国家所有。而民有民办型独立学院是民营企业或个人与母体高校合作举办的独立学院,性质属于混合所有制,经过数年快速积累起来的庞大校产如何确定分割比例,多年积攒下来的无形资产如何评估,母体学校和企业的责权利怎么划分,是一个技术性的难题,也是涉及国有资产的大问题。教育部《独立学院设置与管理办法》明确提出公办高校投入的无形资产应依法作价,但是由于缺乏操作细则,现实中对母体高校的品牌价值衡量非常困难,而且事先并没有约定,重新作价是对原有利益分配的重大调整,不易被投资方接受。[①] 一些地区的独立学院公办色彩更浓,教学、管理几乎完全依赖于母校完成,当初的校园建设主要依赖政府的"交钥匙"工程,在资产清算和分割过程中发生国有资产流失问题。对此,地方政府部门要建立或委托专门的资产评估机构,清查核实产权登记,明晰产权关系,杜绝国资流失风险。

3.经费投入风险

经费投入风险主要指转设过程中和转设后办学经费持续稳定投入的风险。独立学院长期以来在母体高校荫庇下成长,既有母体高校一定的资源投入,同时也能对社会投资方形成有效监督,保障教学经费持续投入。独立学院若转设为社会投资方举办的民办普通本科学校,教学经费投入缺乏监督,容易出现"缺斤少两"的情况,存在一定风险。《教育部办公厅关于开展普通高等学校本科教学工作合格评估的通知》规定,普通本科高校有 3 届以本校名义招生的普通本科毕业生,或已有 5 届本科学校的毕业生,即需接受教育部本科教学合格评估。

教学经费投入是合格评估的重要组成部分,其中,教学日常运行支出需占经常性预算内教育事业费拨款与学费收入之和的比例大于等于 13%。生均

---

① 阙明坤.我国独立学院转设现状分析及对策研究[J].教育研究,2016,37(3):64-71.

年教学日常运行支出大于等于1200元人民币,且应随着教育事业经费的增长而逐步增长。[①] 但在实践中,民办本科高校克扣教学基本支出的情况时有发生,一些教师培训及科研项目不受重视,学生活动费、教学改革、科研业务费等难有经费保障。一些举办者在办学初期投入建校资金后,后期运营完全依赖学杂费"以学养学",办学经费筹措渠道十分单一。由于缺乏政府财政补助与社会捐赠,教学基础设施建设不够完善,日常教学经费投入具有不确定性。

4.财务管理风险

财务管理风险主要指转设过程中和转设后收入管理、支出管理、预算管理等财务规范管理的风险。由于独立学院产权制度先天不足,导致长期存在财务风险意识淡薄、会计核算不规范、财务管理缺乏有效监督等问题,容易造成财务损失或浪费。如某独立学院2008年花费7.3万元购买光纤通信设备,其中5.25万元以固定资产被记录在账,另外2.05万元的配套材料却未被记录。2009年该学院继续购买电梯、图书、家具等设施,共花费了170.25万元,但这些资金未记录在固定资产账中。[②] 不完整的资产核算导致管理人员无法准确得知固定资产的总量,从而无法对独立学院的发展进行合理规划。同时,我国许多独立学院在运行中由于考虑到成本问题,没有专门设置预算、内审等部门或岗位,财务人员相对来说也较少,日常的监督力量较弱,财务管理监督机制不健全,容易出现资金浪费甚至滋生腐败。例如,某独立学院教授以开假发票的方式骗取了341.8万元的科研经费;某院校的副校长非法收受现金353.4万元;某独立学院的原管理人员将经费转入自己公司贪污了572万元。[③] 转设后,学校应当健全财务管理制度,增强财务风险防范意识,避免财务管理风险事件发生。财会人员应提高业务水平和责任意识,对每笔支出认真审核,严格把关,杜绝不合理、不合规的支出。

5.投资债务风险

投资债务风险主要指转设为本科高校前后,学校投资和负债的风险。独立学院转设要花费大量的资金来建设校园,包括教学楼、行政楼等,由于社会

① 教育部关于开展普通高等学校本科教学工作合格评估的通知[EB/OL].(2012-01-10)[2022-08-21].http://www.moe.gov.cn/srcsite/A08/s7056/201802/t20180208_327138.html.

② 黄莉莉.基于审计视角下独立学院财务管理存在的问题及对策[J].财会学习,2018(27):134-135.

③ 欧阳珍元,杨兴乾.独立学院财务管理问题及对策研究[J].中国市场,2016(40):139-141.

举办方投入资金有限,学校可能选择向银行贷款来筹措相关建设资金,从而满足土地购买、校区扩大、设施建设以及教学仪器设备购买等需要。在向银行进行较大数额的贷款过程中,投资债务风险不易控制。如某独立学院为达到教育部规定的转设条件,于2018年启动第二校区建设工作,该校区累计投资约6.8亿元(银行贷款),加上原有举办双方对学校形成的债权,学校负债率较高,单靠学校的年度学费收入无法支撑日常运转及相关债务偿还,如无资金注入学校发展则存在一定的资金风险。

近年来,随着教育资本的急剧扩张,一些教育上市集团成为独立学院转设投资债务风险的爆发点。如某教育集团负面舆情发酵,有媒体爆出集团的创始人以及儿子在2020年的薪酬数额共计超过千万,集团旗下一所由独立学院转设的民办本科高校却存在拖欠兼职教师工资的问题。5年来该集团的流动负债净值飙升,从2018年的1.93亿元,飙升到2019年的9.5亿元,2020年继续飙升到13.82亿元;集团负债率也始终居高不下,2019年甚至达到了近90%,①为旗下独立学院转设或转设后学校发展埋下隐患。

第二节 独立学院转设风险的特征

风险社会的形成与现代化难以分离,而风险管理本身也成为现代社会中特定组织的一项专门任务。贝克将风险界定为"系统地处理现代化自身引致的危险和不安全感的方式";与贝克相似,卢曼同样认为风险不同于危险,后者多数是源自外部世界的威胁,而前者则是源自系统内部运行过程中积累下来的潜在威胁。就社会风险而言,其具有客观性、偶然性、可变性、不测性等特征。教育风险具有特殊性,主要体现在群体脆弱性、多重叠加性、成因隐匿性、同伴传递性、编辑模糊性。② 独立学院转设风险一方面是独立学院自身运行的结果,另一方面,作为广义的社会风险的一类,同样具有现代社会风险的诸

① 蓝鲸财经.这家民办大学债台高筑,董事会一家却领千万薪酬[EB/OL].(2021-03-02)[2022-08-21]. https://baijiahao.baidu.com/s? id = 1693084816322722225&wfr = spider&for=pc.
② 倪娟.教育风险治理通论[M].北京:中国社会科学出版社,2021:92-96.

多特征[①],独立学院转设风险主要具有以下特征。

一、转设风险的多源性和多样性

在技术力量的加持下,现代社会中的风险呈现多样化趋势,在环境、经济、技术、政治等多个社会领域中,风险以不同的面貌出现。独立学院转设风险从属于广义的教育领域风险,在这一领域中,资本、市场、技术等因素都会直接或间接地引发教育风险现象[②]。对于独立学院转设来说,由于独立学院是市场化背景下我国高等教育改革的产物,其转设过程涉及的主体包括举办高校、投资方、独立学院、各级政府、教职工、学生、校友,涉及的领域包括政治、经济、社会、文化、法律等,牵涉的党政部门包括教育、财政、发改、工商、人社、编办、税务、国资、公安、宣传、网信等,所以,其带来的风险不仅局限于转设学校及母体高校,不仅仅集中在教育领域,而且也将波及地方经济和社会的诸多方面,体现在对独立学院所在地政府和社会的影响、对学校师生家庭的影响上。

同时,由于独立学院办学模式的多样性、现代社会的风险多样性,由此带来的转设风险难以根据单一因果关系进行溯源,造成风险具有多源性特征。例如,由学生个体或学生家庭原因造成的特殊事件,以及地方政府推行教育政策,均有可能引发转设风险,然而,三者的处理方式有着极大差异。

二、转设风险的关联性和跨界性

相较传统社会,现代社会的风险关联性更强,基本不存在以孤立形式存在的风险,各类风险总是呈现相互关联、相互叠加的状态。社会中某一风险的爆发,容易引发其他多重风险的涟漪反应,从而让风险从某一特定领域迅速转移到其他领域,乃至整个社会。这意味着,一方面,发生在特定区域内的各类风险容易相关影响,诱发"并发症";另一方面,局域性的风险容易在更大范围内,乃至全球范围内触发连锁反应。作为高等教育重要组成部分的独立学院通常受到地方政府的重视,有的是地方政府出于优化高等教育布局目的而引进,因此,其处在两种相互交织的关系之中:与母体高校之间,独立学院以母体高校的资源优势和品牌优势作为自身发展的基础,从而形成紧密关联;与地方政府

---

① 倪娟.教育风险:整体安全视域下的教育研究新视角[J].上海教育科研,2019(5):23-28.
② 严仲连,闫琳琳.学前教育风险的生成机理与规避策略[J].教育科学,2022,38(3):76-82.

之间,独立学院获取地方的土地资源、财政资源和相关政策支持,在借助地方物质资源优势的同时,也为地方提升城市形象提供助力,从而与地方形成了共生关系。

由此,独立学院转设风险既与母体高校产生强相关,也与地方社会产生强相关。独立学院转设不仅关系到高等教育内部,包括双一流建设、高校设置、院校更名、合并升格、办学达标、师资建设、高教布局;还关系到高等教育外部,包括合同纠纷、权益保障、社会歧视、产业转型、土地供给、税费优惠、经济利益等。转设风险与社会中的各类风险产生叠加效应,在造成风险易发的同时,也加剧了风险爆发后造成的损失。

三、转设风险的不确定性和难以预测性

由于现代社会风险的多样性、关联性等特征,同时按照鲍曼的说法,现代社会是一个充满流动性的"液态社会"①。在这一状态下,风险不仅潜藏于社会运行的方方面面,而且具有高流动性,这意味着,社会风险的发生具有高度不确定性和难以预测性,"黑天鹅"事件是这类因高度不确定性导致风险爆发的典型代表。地方高校不仅是集聚人才的机构,同时也关联着地方政府、企业和其他组织,与地方社会的高度联通性,让其他社会领域的风险容易被转移至教育领域之中。

独立学院转设过程是一个综合性、系统性过程,牵涉面广,使得转设风险同样具有高度不确定性和难以预测性,其风险的诱发可能源自与学校自身无直接相关性的事件。例如,独立学院与高职院校合并转设的初衷在于优化高等教育结构和布局,为独立学院保障办学条件、为高职院校提供升格机遇,从而实现两类高校的双赢,促进应用型、技术技能型人才培养。然而,在实际操作中,合并转设被认为是独立学院自降身价,从本科院校降级为专科院校,这种风险与社会的普遍认知相关,而与独立学院本身并不构成直接关联。在这一背景下,多重矛盾叠加造成的转设风险让学校难以单方面防范风险,且风险一旦形成,则极易引发多点爆发,发生蔓延扩散,增加风险处理难度。

---

① 齐格蒙特·鲍曼.流动的现代性[M].欧阳景根,译.北京:中国人民大学出版社,2018:1.

第三节　独立学院转设风险的成因

风险的产生源于事物内部与外部各种因素此消彼长的冲突。众所周知，我国独立学院规范转设不仅是一次重大利益调整，更是利益相关者基于自身利益诉求两两之间或多者之间多维度、多层次的利益博弈。由于利益相关者在转设问题上意见不一、立场不一、认识不一、利益诉求不一，导致我国独立学院转设存在诸多风险。"优质资源的不充分及其配置的不均衡决定着教育风险存在的必然性、客观性。"[1]尽管独立学院办学主体、办学模式、办学类型不尽相同，但是转设风险成因都内嵌于社会结构、功能、制度、文化之中。从目前来看，我国独立学院转设风险成因主要有以下五个方面。

一、独立学院制度供给与制度需求存在落差

教育政策碎片化主要是指"原本完整、系统、协调的政策内容和目标，由于承担教育政策制定职能区域组织与地方政府之间缺少有效沟通与协调，导致教育政策条款和规则在制定时出现混乱甚至冲突，严重影响教育政策整体效用发挥"。[2] 教育政策的碎片化具有两面性：一方面教育政策碎片化有利于地方政府因地制宜，从实际出发解决相关问题，能很好地调动地方政府制定和执行政策的积极性，增加同级地方政府之间的竞争。但另一方面可能出现教育政策执行目标冲突、教育政策执行成本增加、各部门"信息壁垒"等问题，从而致使教育政策的公信力下降。

一是教育政策制定碎片化。"教育政策制定有一个基本的程序和过程，即教育政策制定需要经过教育政策问题的认定、教育政策议程的设立、教育政策决定和教育政策表达与合法化等几个阶段。"[3]独立学院规范转设和民办教育分类管理改革是我国全面深化教育领域综合改革的重大战略，也是推进我国高等教育内涵式发展的重要举措。按照当前民办教育分类管理改革的基本思路，独立学院也属于改革的对象。然而，由于相关行政部门在制定政策时缺乏

---

① 倪娟.教育领域风险点：类型、后果、成因与防范[J].教育发展研究,2020,40(9):2.
② 雷承波.我国独立学院转设风险分析与因应之策[J].教育与职业,2021(7):26.
③ 黄忠敬.我国教育政策制定过程之探讨[J].教育理论与实践,2007(5):21.

统筹安排和系统构建,导致我国独立学院规范转设游离于民办教育分类管理改革体系之外,造成独立学院转设政策碎片化。根据现有民办教育分类管理改革政策,无论是《民促法》,还是《国务院关于鼓励社会力量兴办教育促进民办教育健康发展的若干意见》,更遑论地方配套政策,几乎都没有涉及独立学院分类管理的问题。仅仅在《民办教育促进法实施条例》第七条中从宏观层面规定了公办学校参与举办的民办学校不能直接登记为营利性学校。但对于独立学院如何选,怎么分类等核心问题几乎未涉及。而在《实施方案》中尽管提及独立学院如何转、何时转、怎么转等问题,但是对转设后独立学院如何分类却又缺乏明确导向,导致我国独立学院转设与民办教育分类管理改革不衔接。这就导致那些明确了最后分类截止日期的部分省、直辖市的独立学院,极有可能还没有完成转设,所在省、直辖市分类管理的选择时间节点已经截止,意味着失去了办学属性选择的机会,只能登记为非营利性,这显然有失公平、公正、公允,也不是我国民办教育分类管理改革的初衷。各领域改革"各吹各的号、各唱各的调",让很多举办者无所适从。

二是教育政策执行碎片化。地方政府作为国家政策执行机构,是政策有效实施和执行的基础和关键。美国政策学者艾利森曾指出:"在实现政策目标的过程中,方案确定的功能只占10%,而其余的90%取决于有效的执行。"[①]然而,政策在执行过程中,大数地方政府还秉承着"经济人"的有限理性和"以自我利益"为中心的思想,甚至采取地方保护主义,这些非理性化的表现使得政府政策执行产生碎片化。[②] 以教育用地为例,按照现有的教育政策设计,独立学院转设后用于扩大办学规模的教学用地,地方政府可以划拨形式提供。然而,土地出让金不仅是地方政府维系地方财政收支平衡的重要杠杆,也是地方政府实现引起高层关注的"地方政绩"的重要手段。根据2008年6月国土资源部公布《城乡建设用地增减挂钩试点管理办法》第十六条规定:"项目区建新地块要按照国家供地政策和节约集约用地要求供地和用地……按照同类土地等价交换的原则,合理进行土地调整、互换和补偿。"也就是说,在学校取得教学用地土地使用权后,不仅需要地方政府缴纳补偿、安置等费用,还需要地方政府用同类土地进行补充,才能确保"国家18亿亩耕地红线不能碰"。这就要求地方政府必须协同国土、发改委、住建、财政、规划等行政部门再次进行土地征收、拆迁、安置、赔偿等大量工作,甚至还可能"退林还耕",大大增加了各

---

① 刁田丁.政策学[M].北京:中国统计出版社,2000:22.

② 周伟.区域公共问题与区域行政创新[J].理论探索,2012(1):119.

行政部门义务的事项。在"无利可图"的情况下,"任何一个'理性经济人'都可能会基于追求自身利益最大化的需要而出现转嫁风险、逃避义务甚至坑蒙拐骗、违法乱纪等情况"。①

三是教育政策监管碎片化。"有效的监督是政策得以顺利实施的重要保证。"②在独立学院转设过程中,一些地方教育行政部门却当"甩手掌柜",对上级政策照搬照抄,机械简单地"照章办事",而对于独立学院转设过程中出现的"分手费"纷争、教学用地紧张等核心问题,要么避而不谈,要么敷衍了事。全国只有极少数省份制定省级层面独立学院转设具体实施办法,其余省份明显缺少政策供给。再加之现有督导人员的专业性和能力水平不高,在政策执行监督的过程中普遍存在着"弱监""虚监""漏监"的现象,特别是自上而下的监督不到位,往往上级只是发一个文件,做一些规定,就没有后位跟踪监督,导致一些地方政府部门即使出台对应配套政策,俨然也变成了形形色色的花架子,造成了独立学院转设政策监管的碎片化。

二、独立学院不完全契约滋生机会主义

根据科斯所创立的交易费用理论,企业本质上是一种契约关系。不完全契约的思想源于科斯1937年的经典论文《企业的性质》,他指出:"由于预测方面的困难,有关物品或劳务供给的契约期限越长,实现的可能性就越小,因此买方也就越不愿意明确规定对方该干什么。"③不完全契约理论认为,契约是资源流转方式的一种制度安排,它规定了交易当事人之间的各种关系,或限定了当事人各方的权利与义务。一旦签订,无需进行修改和重新协商。哈特通过不完全契约理论发展了科斯、威廉姆森等人的企业理论,系统科学地回答了为何企业契约是不完全的。哈特认为主要有三个原因:第一,在一个复杂而不可预测的世界中,人们几乎不可能对未来可能发生的所有情况或事件作出预测;第二,即使人们能够对未来作出提前预测,缔约各方也很难将这些情况或事件写进契约中,因为很难找到一种令缔约各方都满意的共同语言去描述;第三,即使缔约各方可以将对未来情况或事件的预测写进契约中,当出现契约纠

① 雷承波.我国独立学院转设风险分析与因应之策[J].教育与职业,2021,983(7):26-33.
② 丁煌.监督"虚脱":妨碍政策有效执行的重要因素[J].武汉大学学报(哲学社会科学版),2002(2):209.
③ COASE R.The nature of the firm[J].Economica,1937(4):386-405.

纷时,诸如法院之类的外部权威机构也很难对缔约各方约定的条款加以证实。[①] 现实中的契约多是"不完全的",契约的不完全将导致事前的最优契约失效。[②] 审视当下我国独立学院,由于人的有限理性选择,信息不对称滋生机会主义行为,无形资产作价不确定性,导致独立学院创办之初签订的契约"不完全"。

一是人有限理性选择。在独立学院成立之初,为了减少在长期合作办学过程中出现的行为风险,有效维护投资方和母体高校双方切身利益,投资方和母体高校往往是借助契约对双方未来的行为作出约束和规范。但由于人的有限理性,外部环境的不确定性,既不能在事前把所有与独立学院相关的内容全部写入合作举办独立学院的契约条款之中,也不能对独立学院未来发展方向和路径作出预判,"更无法在政策中为各种或然事件的发生提前确定相应的对策并计算出契约事后的最佳效用"[③]。相反,可能因为人的疏忽大意而未对相关事宜权责进行明确,导致契约不完全而引发纠纷。根据 2019 年最高人民法院颁布的《民事案件案由规定》所列的四级共计 300 余项案由,"合作办学协议纠纷"隶属于第四级第九十项"保证合同纠纷",属于平等主体民事争议范畴。也就是说,按照现有的民办教育制度框架,教育部门对"合作办学协议纠纷"是没有管辖权的。一旦母体高校与举办者因转设利益纷争无法达成共识时,只能向法院寻求公力救济。尽管公力救济具有专门性、权威性、公正性等优点,但是其程序复杂、时间成本高却成为公力救济之"殇"。根据《中华人民共和国民事诉讼法》第一百四十九条规定:"人民法院适用普通程序审理的案件,应当在立案之日起六个月内审结。有特殊情况需要延长的,由本院院长批准,可以延长六个月;还需要延长的,报请上级人民法院批准。"可见,公力救济诉讼时间过长、程序过于复杂,显然不利于当前我国独立学院"能转尽转、能转快转"。

二是信息不对称滋生机会主义行为。按照不完全契约理论,当契约不完全时,只有资产的所有者才对资产拥有支配权,这种支配权的确定是之前科斯交易成本理论无法解决的重要问题,哈特等人将这种支配权称为"剩余控制权",从而取代了传统契约理论中所说的"剩余索取权",这是一个开创性的贡

① 倪娟.奥利弗·哈特对不完全契约理论的贡献:2016 年度诺贝尔经济学奖得主学术贡献评介[J].经济学动态,2016(10):98-107.
② 李鹏.新公共管理及应用[M].北京:社会科学文献出版社,2004:256.
③ 王清涛.公费师范生违约风险及其治理:基于不完全契约理论的分析[J].教育发展研究,2019,39(Z2):124.

献。^①用哈特的话说就是:"资产所有权与剩余控制权相伴相生,所有者有权以任何方式使用资产,而不必与以前的合同、习惯或任何法律保持一致。"^②这也是不完全契约理论分析框架的核心问题。在独立学院成立初期,尽管办学的主体比较多元化,但是产权还是比较明晰的。一般来说,母体高校拥有全部无形资产产权,投资方占有有形资产产权。我国独立学院办学规模和资产总值不断扩大,积累的资产由几千万元增至数亿元,可是,在契约中,很多母体高校却只规定在契约期间的利润分配,而对契约结束后独立学院增值财产归属只字不提,导致增值财产处于悬置的公共领域。根据《民促法》和相关政策法规,独立学院转设时资产必须过户到学校名下,落实法人财产权。一旦独立学院成为真正意义上独立的法人,处于悬置公共领域状态的增值资产将自动过户到独立学院。然而,从教育部 2020 年同意转设成为普通本科民办高校的名单来看,尽管已转设的高校都在办学章程中注明了非营利性性质,但这仅仅是选择,并未在民政部门完成分类等级,不具备法律效力。在当前民办高校董事会"形式化"、董事长"一言堂"大量存在的背景下,一些具有机会主义倾向的投资举办者可能刻意隐藏自己的真实想法,利用"制度变迁的时滞"和"事后信息不对称",通过修订学校章程再将学校登记为营利性民办高校。

三是无形资产作价不确定性。根据《独立学院设置与管理办法》第十三条规定:"普通高等学校投入办学的无形资产,应当依法作价。"但是从具体办学实践来看,大多数独立学院创办之初签订的契约中只规定举办高校收取一定的管理费,并没有将与办学有关的无形资产计入独立学院的总投入中,也没有进行成本核算,也未明确无形资产所占比例。再加之没有科学计量方法,无形资产难以作价,第三方机构和会计师事务所对于无形资产评估差异较大,从而在"分手"时,导致一些母体高校与投资方在无形资产划分的认识和利益诉求上存在重大差异,发生了激烈的争吵,甚至走上了法律程序。

三、独立学院办学条件难以达到转设标准

独立学院的土地、建筑面积、图书、师资等办学条件与本科高校设置标准存在明显差距,是诱发转设风险的重要原因之一。

一是自有产权土地不足。许多独立学院使用的是以母体高校名义取得的

---

① 倪娟.奥利弗·哈特对不完全契约理论的贡献:2016 年度诺贝尔经济学奖得主学术贡献评介[J].经济学动态,2016(10):98-107.

② Hart O. Bargaining and strikes[J]. Quarterly journal of economics,1989,104(1):25-43.

房屋、校舍、校园,其属于国有资产,无法落户到独立学院名下,否则国有资产流失。部分独立学院缺少具有产权的土地和校舍,教学行政用房面积不足,很多学院不同程度存在勉强运行等现象。江苏省独立学院中,10 多所独立学院采取公办高校与下属教育基金会、校友会、校办企业的联合形式创办,许多学校曾经是依托母体高校办学条件的"校中校"。校园占地面积 500 亩以上的指标是独立学院转设的必备条件,高额土地价格成为独立学院转设的最大掣肘因素,在一些寸土寸金的地区获得学校所需的土地绝非易事。

二是自有教师队伍严重短缺。国有民办型独立学院在办学过程中的一大优势是共享母体高校教师资源,但是对照转设标准中师生比 1∶18 的要求,这一优势就变为了短板。国有民办型独立学院教师队伍人员构成多元,包括自有专任教师、母体聘任教师、短期兼职教师等多种类型,普遍存在自有专任教师数量不足,生师比不达标。民办型独立学院自主招聘的教师在编制身份、养老保险待遇及社会身份认可度等方面较之母体高校教师而言存在很大差异,同工不同酬,导致教师队伍凝聚力不够、内部矛盾冲突较多,难以吸引和留住高层次人才。

三是仪器设备、图书条件薄弱。许多独立学院硬件条件难以达标,特别是国有民办型独立学院走的是"依附发展"之路,在人、财、物等方面依附于母体高校,缺乏人事决定权和财务支配权,教学资源严重不足,教学仪器设备和图书资料匮乏,专业实验室、实训实验室短缺等。特别是医药类独立学院,转设推进尤为缓慢,根据《普通高等学校设置暂行条例》规定,医学院校至少应当有一所附属医院和适应需要的教学医院。如转设成公办高校,需要政府买单,投入大;转设为民办高校,需要接手企业有足够实力,且学院多与母体高校功能重合,一般三甲医院也不会交给实力不强的民办高校进行临床实习。因此当前很大部分医药类独立学院面临转设困境。

四是办学资金不充裕。独立学院转设普通民办本科高校,不仅需要缴纳"高昂"的"分手费",而且还需要进一步完善硬件设施设备,加强自有教师队伍建设。这对于资金本来就捉襟见肘的独立学院来说,无疑是雪上加霜。经测算,现有独立学院资产过户税费大约占资产总值的 2%～3%,不少学校过户费用可能在 2000 万元左右,这增加了转设的成本,使转设雪上加霜。独立学院投资方已经投入大量资金,其资产由"左兜"掏向"右兜",还须上缴高额税费,投资方认为不够合理,办学各方在资金财务方面会产生分歧,极易诱发风险。

129

四、独立学院利益相关者博弈激烈

法国哲学家爱尔维修曾说:"利益在世界上是一个强有力的巫师,它在一切生灵的眼前改变一切事物的形式。"[①]独立学院作为兼具社会效益与经济效益双重目标的一种典型利益相关者组织,其必然涉及诸多利益相关者。这些利益相关者之间的博弈在"面对一定的环境条件,在一定的约束条件下,依靠所掌握的信息,同时或先后,一次或多次,从各自可能的行为或策略集合中进行选择并实施,各自从中取得相应收益"[②]。

高等教育机构是一个典型的利益相关者组织,权力与利益是它的基础,合作伙伴关系是它的基本架构。如何满足利益相关者的利益要求和期望,保持与利益相关者的良好互动关系,直接关系到高等教育组织的可持续发展。独立学院的利益相关者包括中央政府、地方政府、举办高校、社会投资方、教职工、学生、家长、校友,等等。独立学院作为一个混合型组织,其利益博弈更加激烈。[③] 参照彭华安等学者相关研究成果,独立学院转设利益相关者博弈见图3-2。

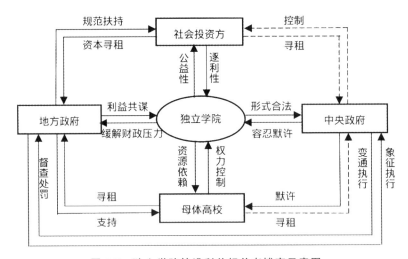

图3-2 独立学院转设利益相关者博弈示意图

---

① 北京大学哲学系外国哲学教研室.十八世纪德国哲学[M].北京:商务印书馆,1979:460.

② 阚海宝.独立学院转设政策的执行与偏差[M].北京:人民出版社,2017:51.

③ 徐军伟.独立与依附:内生型独立学院的两难选择[J].教育发展研究,2013,33(5):24.

一是地方政府的财政机会主义。在独立学院转设过程中,地方政府的财政机会主义主要表现为推卸扶持责任。地方政府是地方国家行政机关,是国家行政管理的重要代理人,在教育政策的推进中起着承上启下的作用。然而,由于地方政府的自利倾向、财政机会主义,影响和阻扰民办教育和独立学院政策的执行。新制度经济学认为,政府是一种提供保护和公正收取税金作为回报的组织,税赋是其主要的财政收入来源。而我国政府组织却与西方国家大相径庭,除了税赋收入外,还有专营收入。这就从本质上决定了政府组织不仅仅是一个纵向依赖的行政组织,而且还是一个追求"自利性"的"经济人"。正如法国行政学家夏尔·德巴什所言,行政机构"如果决策与它所期望的东西不相符合或在它看来是无法实施时,他将反对这种毫无活力的东西或者试图改变既定措施的内容"①。众所周知,我国国家财政性教育经费主要由中央与地方政府承担。但是,由于中央与地方政府的事权界限不够清晰,导致地方政府在财政支出时出现了收入相互挤占、支出相互推诿的财政机会主义行为。尤其是1994年分税制改革形成了强中央、弱地方的财权格局后,地方政府一方面需要完成中央政府规定的各项任务,另一方面又要实现引起高层关注的"地方政绩"。在GDP导向的政绩考核和财政机会主义驱动下,地方政府更愿将有限的资源投入"短、平、快"的项目,而对于见效慢的教育事业,往往持观望态度。政府鼓励或默许公办高校举办独立学院,往往是出于缓解政府财政压力的考虑,特别是中西部省份政府拿不出足够经费支持公办高校发展和扩大本科教育资源,公办高校举办独立学院可以反哺母体高校发展建设,将收入用于改善办学条件、偿还新校区建设贷款等。有公办高校知情者说:"不创办独立学院,母体学校都难以活下去。"独立学院转设意味着诞生一批地方公办高校,公办母体高校也不能再从独立学院获得回报,省级财政需要支付更多财政经费,承担原来独立学院市场化收费节省的政府财政支出。

二是母体高校不愿转设。许多母体高校举办独立学院的初衷就是为了提高母体高校经济收益,改善母体高校办学条件,提高母体高校教师待遇,尤其在一些偏远省份,财政投入不足,母体高校经费压力巨大,独立学院更是公办高校创收源泉。例如,三峡大学新校区建设产生欠债,由三峡大学、宜昌市政府及宜昌教育实业开发总公司在2000年合作举办三峡大学科技学院,每年返回母体高校资金约1亿元,极大缓解了三峡大学发展的困难。贵州省独立学

① 夏尔·德巴什.行政科学[M].葛智强、施雪华,译.上海:上海译文出版社,2000:113.

院办学初期的目的也是为解决公办高校经费不足的问题。贵州财经学院商务学院创办初期招收的省外生源占 60％以上，每年交母体高校 7000 万至 1 亿元。"没有独立学院，贵州的高等教育还要落后 20 年。"①在独立学院转设的趋势之下，大多数母体高校并不想独立学院过早剥离，希望继续从独立学院拿到可观的经济效益，不愿意独立学院转设后发展成为自己的竞争对手，因此其对独立学院的转设采取了观望态度。

三是合作举办方追求利益最大化。母体高校与投资方合作举办独立学院，在合作办学之初是一种相互依存的关系，这在一定程度上符合双方的需要，也促进了独立学院的发展。但随着合作举办方在土地、校舍、师资队伍、管理队伍等方面投入的增多，其对母体高校的依赖程度降低，为了追求自身利益最大化、节省交易成本，合办方想要摆脱母体高校的控制，不愿支付高昂的费用。

四是教师对转设存在顾虑。独立学院的教师许多是由母体高校配备或者"师出"母体高校，出自对母体高校的深厚情谊和品牌认同才来到母体高校举办的独立学院任教，习惯了独立学院办学模式。转设后，教师的社会身份、教学方式、福利待遇等方面都将面临不确定性。"一些专业教师也担心失去母体高校的教学资源尤其是师资、实验条件等方面的支持，办学在短期内出现不稳定的情况。"②因此，教师内心对于独立学院转设存在一定程度的顾虑、恐慌和抗拒。

五是学生对转设表示担忧。学生层面的诉求表现为在校生和校友两个利益主体，在校生关注点是在学期间的权利和资源保证，校友则关注学校的美誉度以及与原有母体学校的链接。其一，担忧新转设后学籍变化带来影响。学生们担心毕业后学信网上的信息会更改，进而影响以后的考公、升学、求职等，如公务员考试、研究生考试、考证等考试进入报名系统时，毕业院校无法选择；因学校转设，考研录取会产生歧视，就业可能遭遇偏见，难度加大；报考公务员、事业单位，因原来熟悉的老师不在学校，从而影响政审。其二，希望保证既有的学习条件。在校生首要诉求是保证学习生活的稳定，希望入学时独立学院招生信息上的所有资源得以维系，包括：在学期间不因转设而降低办学质量，不能"缩水"或"降格"；毕业文凭、学信网上的学校信息必须和招生前保持一致；毕业后的考研、考公、就业、发展等不因学校转设而受到影响。其三，希

---

① 李剑平."校中校"：独立学院规范发展最难啃骨头[N].中国青年报，2014-04-30(6).
② 徐军伟.独立与依附：内生型独立学院的两难选择[J].教育发展研究，2013,33(5):24.

望维护学校的社会美誉度。独立学院一方面缓解了我国高等教育发展不平衡、不充分之间矛盾,另一方面也满足了部分学生家长花高价学费读名牌大学的"虚荣心"。高水平大学创办的独立学院的学生特别抵触学院与职业院校合并,担心合并转设后原有文凭学历贬值,社会美誉度急剧下降。部分学生对终止办学产生极大担忧,觉得失去了母校的归属感;有的学生及家长恐惧转设后转公、转民的发展前景不明,担心学校是否能够稳定办学。他们希望维持学校的社会美誉度,甚至希望借助转设而摆脱独立学院"三本"身份而成为母体学校的一部,分享"政策红利"。尽管独立学院转设后,国家要求是"老生老办法、新生新办法"的原则发放毕业证、学位证书,但是一部分学生却担心学院转设后社会认可度降低,对自己未来发展不利。在良性互动不畅的情况下,极易引发社会事件,如 2019 年 12 月 23 日,绍兴文理学院元培学院学生集体抵制学校转设。其四,希望保持与母体学校的链接。独立学院学生在入学前之所以愿意支付高额的学费,很大程度上是看中了母体学校的社会声誉。转设后意味着独立学院和母体学校彻底脱钩,那毕业后是否还可以维持母体学校校友的身份,是否还可以享有校友的资源?是否在毕业 10 年、20 年后还能回到母校?校友的待遇和功能是否一致?他们希望尽快出一些具体的实质性举措。

五、社会合法性制约着公众对民办教育和职业教育的认可

德国著名社会理论家阿克塞尔·霍耐特(Axel Honneth)认为,"社会生活的再生产服从于相互承认的律令,只有当主体学会从互动伙伴的规范视角把自己看作是社会的接受者时,他们才能确立一种实践的自我关系"[1]。承认是社会认同及品牌主体性形成的必要条件。一个品牌镶嵌在特定社会结构中,其承认过程受到源于政治、经济、文化以及社会环境等诸多因素的影响与制约。

中国经济在计划经济向市场经济转型的过程中,绝对的公有制度和完全的私有制度可能都不是最适合这个时代的,只有戴着"红帽子"的民办大学,最适合中国的政治形态、意识形态和百姓的文化心理。[2] 经过十多年的破冰实践,我国独立学院品牌价值得到了社会的初步"承认",这种"承认"不仅反映在高校共同体内部的同行承认、高校共同体之间的他者承认、高校共同体外部的

---

[1] 阿克塞尔·霍耐特.为承认而斗争[M].胡继华,译.上海:上海人民出版社,2005:100.

[2] 甘德安,肖静.独立学院之命运[M].武汉:武汉出版社,2012:46.

社会承认,如"公众满意·中国十大名牌独立学院""新浪教育盛典·中国十大品牌独立学院""中国最具影响力独立学院 20 强"等等,更是深深扎根于全体师生员工的文化认同和价值观念之中。对于新型组织形态的独立学院办学模式来说,必须获得高校、考生及家长与投资者在内的利益相关者的认可,才能获得合法性,而符合文化传统与获得共同利益是独立学院制度获得社会合法性的基础。怀疑、否定职业教育与普通民办高校,认定只有国家办的大学才是"正宗",国家办的大学才可信任,这一社会历史传统作为一种深层结构与社会心理,依然发挥着持久的作用。①

"校中校"型独立学院转设遭到利益相关主体的强烈抵制,学生和家长基本立场是"公办普本,拒绝职本"。独立学院利益相关主体这种违背常理的选择表明,其对职业高等教育的质量认知并非受政策文件和学者观点的影响,而是受到了高等教育质量民间立场的影响。② 合并转设为我国独立学院转设和职业院校升本提供了互惠性的机遇,但在推进过程中却受到重重钳制,尤其是民众的阻抗。新制度经济学理论中正式规则与非正式规则的二分法能够为研究政府意志与民众阻抗间的互动提供分析框架。③

根据 2020 年教育部办公厅印发的《高等学校命名暂行办法》〔教发厅(2020)6 号〕第五条第二款规定:"(高等学校名称中使用地域字段)原则上不得冠以学校所在城市以外的地域名;省级人民政府举办的学校可以使用省域命名,其他学校确需使用省域命名的,由省级人民政府统筹把关,但须在名称中明确学校所在地",第九条规定:"由独立学院转设的独立设置的学校,名称中不得包含原举办学校名称及简称。"这将对转设后的高校命名产生重大冲击。尤其是要求在校名中明确学校所在地,很可能引起社会不"承认"的风险,这主要基于当今中国"以名取校"的定势思维。独立学院转设后,不仅要求"降格"为学院,而且还要求在新校名前强加一个"刺眼"的城市名,这对于那些偏隅三、四线城市的独立学院而言,改名后很可能被误认成一个专科层次的市属级普通民办学校,不仅大大降低了学校的档次,而且还可能严重影响其在生源市场的竞争。这就可能导致一部分未转设和打算转设的独立学院举办者千方

① 彭华安.诞生与危机:独立学院制度运行的案例研究[M].上海:上海三联书店,2013:181.
② 张应强.高等教育质量民间立场与高质量高等教育体系建设[J].江苏高教,2021(11):1-11.
③ 陈鹏,刘铖.合并转设背景下本科职业教育推进的民众阻抗及其消解:基于新制度经济学的民众舆情分析[J].教育研究,2022,43(6):112-123.

百计想办法向热门大城市搬迁或者在热门大城市设置分校,以傍上热门大城市这张"黄金名片",谋求一个好的校名。

第四节　独立学院转设风险的评价

推动独立学院转设是我国高等教育改革的重大任务,从目前转设情况来看,独立学院转设还面临着诸多风险。根据专家访谈和文献梳理,本研究从法律政策风险、社会稳定风险、教育教学风险、政治安全风险、财务资产风险等五个维度选取了指标,构建了独立学院转设风险防范评价指标体系,用模糊综合评价法评估国有民办型独立学院和民有民办型独立学院的转设风险水平。研究结果显示,目前两类独立学院转设风险水平均为中风险。

一、独立学院转设风险评价指标体系

根据科学合理性、综合全面性原则,在结合前人研究和多位专家意见的基础上,从法律政策风险指标、社会稳定风险指标、教育教学风险指标、政治安全风险指标、财务资产风险指标等五个维度选取了 25 个有代表性的指标构建了独立学院转设风险评价指标体系,如表 3-1 所示。

表 3-1　独立学院转设风险评价指标体系

目标层	准则层	指标层	内涵
S 独立学院转设风险评价	A 法律政策风险	A₁ 费用纠纷风险	转设时投资方与举办高校之间关于"分手费"、补偿费的纠纷风险
		A₂ 合同纠纷风险	独立学院合作办学协议终止时,各方对部分条款产生纠纷的风险
		A₃ 法人财产风险	转设过程中把资产过户到学校名下,落实法人财产权的风险
		A₄ 分类管理风险	转设为民办本科高校时,章程明确选择非营利性或营利性的风险
		A₅ 政策执行风险	地方政府对转设政策有不同认识,政策执行过程的政策歧视、变通执行等风险

续表

目标层	准则层	指标层	内涵
S 独立学院转设风险评价	B 社会稳定风险	B₁ 师生稳定风险	教师妥善安置、分流、权益保障,学生平稳毕业、学位授予、权益保障方面的风险
		B₂ 终止办学风险	独立学院停止招生、退出舞台、终止办学的风险
		B₃ 举办者变更风险	独立学院转设时被教育集团收购、举办者变更的风险
		B₄ 合并转设风险	独立学院与高职院校整合资源、合并转设时的风险
		B₅ 更名迁址风险	独立学院迁址办学、新建校区、转设更名的风险
	C 教育教学风险	C₁ 师资短缺风险	转设时和转设后自有专职教师队伍数量缺乏、结构不合理的风险
		C₂ 招生就业风险	转设失去母体高校光环后招生和就业的风险
		C₃ 干部流失风险	转设时部分管理干部回归母体高校的风险
		C₄ 教学质量风险	转设后失去公办高校支持,教学质量缺乏保障的风险
		C₅ 内部管理风险	转设后没有公办高校约束监督,内部治理结构失衡、日常管理失序的风险
	D 政治安全风险	D₁ 网络舆情风险	网络舆论、新闻媒体可能导致独立学院转设陷入舆论旋涡的风险
		D₂ 办学方向风险	若转设为民办本科高校,社会主义办学方向和政治导向存在一定的风险
		D₃ 党建弱化风险	若转设为民办本科高校,潜藏党的领导和建设弱化的风险
		D₄ 思政教育风险	若转设为民办本科高校,潜藏思想政治教育松懈的风险
		D₅ 意识形态风险	若转设为民办本科高校,隐藏意识形态领域的风险
	E 财务资产风险	E₁ 收购兼并风险	独立学院转设时被上市教育集团收购兼并的风险
		E₂ 国资流失风险	转设时国有资产流失、学校法人资产流失的风险
		E₃ 经费投入风险	转设过程中和转设后办学经费持续稳定投入的风险
		E₄ 财务管理风险	转设过程中和转设后收入管理、支出管理、预算管理等财务规范管理的风险
		E₅ 投资债务风险	转设为民办本科高校后,学校投资和负债的风险

二、独立学院转设风险评价指标权重

在评价独立学院转设风险时,指标体系中各评价指标权重不仅直接影响评价结果的真实性和可靠性,而且直接影响着独立学院转设风险的评价质量。因此,评价指标的准确性和一致性,是进行权重分配的重要原因。

本研究采用调查问卷法和德尔菲法,运用 T. L. satty 教授提出的"1～9标度方法"建立独立学院转设风险评价的判断矩阵,并且运用 yaahp 软件计算得到各评价指标的权重。

(一)确定评价对象因素集

评价因素是独立学院转设风险评价指标的集合。独立学院转设风险评价指标分为 2 个层次,即:

S={A,B,C,D,E};
A={A1,A2,A3,A4,A5},
B={B1,B2,B3,B4,B5},
C={C1,C2,C3,C4,C5},
D={D1,D2,D3,D4,D5},
E={E1,E2,E3,E4,E5}。

其中,S 代表目标层,即独立学院转设风险评价;A、B、C、D、E 代表准则层,分别表示法律政策风险、社会稳定风险、教育教学风险、政治安全风险和财务资产风险;每个准则层集合里包含 5 个指标,25 个指标构成了指标层。

(二)构建判断矩阵

主要采用调查问卷法和德尔菲法。首先,根据层次分析法(AHP)的形式设计调查问卷,调查方法是在同一层次对影响因素的重要性进行两两比较。其次,邀请独立学院领域专家 20 人填写调查问卷,为了尽量减少专家在打分时的主观误差,利用德尔菲法,对第一次的调查结果进行整理、归纳、统计之后再以匿名的形式反馈给一些专家,专家对比其他专家的结果修改自己的判断,重复反馈和征询工作,几轮之后,得到一致的意见。最后,将数据导入 yaahp 软件进行分析,修正指标权重,得到判断矩阵。

$$S=\begin{vmatrix} 1 & 2 & 5 & 1 & 3 \\ 1/2 & 1 & 5 & 3 & 5 \\ 1/5 & 1/5 & 1 & 1/5 & 1/3 \\ 1 & 1/3 & 5 & 1 & 1 \\ 1/3 & 1/5 & 3 & 1 & 1 \end{vmatrix} \text{(1)} \quad A=\begin{vmatrix} 1 & 1/4 & 1/7 & 1/6 & 3 \\ 4 & 1 & 1 & 3 & 7 \\ 7 & 1 & 1 & 3 & 5 \\ 6 & 1/3 & 1/3 & 1 & 3 \\ 1/3 & 1/7 & 1/5 & 1/3 & 1 \end{vmatrix} \text{(2)}$$

$$B=\begin{vmatrix} 1 & 3 & 3 & 2 & 7 \\ 1/3 & 1 & 2 & 1 & 4 \\ 1/3 & 1/2 & 1 & 1/3 & 1 \\ 1/2 & 1 & 3 & 1 & 1 \\ 1/7 & 1/4 & 1 & 1 & 1 \end{vmatrix}(3)\qquad B=\begin{vmatrix} 1 & 3 & 5 & 1/9 & 1/5 \\ 1/3 & 1 & 3 & 1/9 & 1/9 \\ 1/5 & 1/3 & 1 & 1/9 & 1/9 \\ 9 & 9 & 1 & 1 & 1 \\ 5 & 9 & 9 & 1 & 1 \end{vmatrix}(4)$$

$$D=\begin{vmatrix} 1 & 1/4 & 1/6 & 1/4 & 1/5 \\ 4 & 1 & 1 & 4 & 1 \\ 6 & 1 & 1 & 5 & 5 \\ 4 & 1/4 & 1/5 & 1 & 1 \\ 5 & 1 & 1/5 & 1 & 1 \end{vmatrix}(5)\qquad E=\begin{vmatrix} 1 & 1/6 & 3 & 1/3 & 1/3 \\ 6 & 1 & 5 & 1 & 3 \\ 1/3 & 1/5 & 1 & 1/5 & 1/5 \\ 3 & 1 & 5 & 1 & 2 \\ 3 & 1/3 & 5 & 1/2 & 1 \end{vmatrix}(6)$$

（三）计算指标的权重系数

计算指标的权重系数主要是由建立在判断矩阵的基础上，假设判断矩阵为 A，利用 $AW=\lambda_{max}W$ 求解出 λ_{max} 所对应的特征向量 W，归一化处理后得到同一层次中相应指标对上一层次某个指标的相对重要性系数。本文主要采用经典解法，即特征根，步骤如下：

①利用公式 $M_i=\prod\limits_{j=1}^{n}a_{ij}(i=1,2,3,\cdots n)$ 计算判断矩阵 A 每一行元素的积；

②利用公式 $W=\sqrt[n]{M_1}$ 计算各行 M_1 的 n 次方根；

③归一化向量 $W=(W_1,W_2,\cdots,W_n)^T$，并由公式 $\omega_i=W_i/\sum\limits_{j=1}^{n}W_i$ 得到 ω_i，即为指标的权重系数值。

（四）一致性检验

由于人们对于同种事物有不同认知，加上评价对象本身具有一定的复杂性，专家在打分中可能会存在重要性判断的矛盾，为了使结果更加科学可靠，需要对打分结果进行一致性检验。用一致性检验指标 C.I. 和 R.I. 来判断矩阵 A 的偏离程度，主要分为四步：

①求判断矩阵的最大特征根 λ_{max}，公式：

$$\lambda_{max}=\frac{1}{n}\sum_{j=1}^{n}\frac{(AW)_i}{\omega_i}$$

②利用公式计算一致性评价指标 C.I.，公式：

$$C.I.=\frac{\lambda_{max}-n}{n-1}$$

其中，λ_{max} 为判断矩阵的最大特征根，n 为判断矩阵的阶数。

③计算一致性比率 C.R.。由上述公式可以看出，C.I.值的大小与矩阵阶数有很大关系，为了使不同阶数的矩阵均能适用，则引入指标 R.I.（平均随机一致性指标），表 3-2 展示的即为 1～12 阶数的判断矩阵对应的平均随机一致性指标。

表 3-2 判断矩阵所对应的 R.I.

n	1	2	3	4	5	6	7	8	9	10	11	12
R.I.	0	0	0.52	0.89	1.12	1.26	1.36	1.41	1.46	1.49	1.52	1.54

判断矩阵的一致性指标 C.I.与平均随机一致性标准值 R.I.的比值即求得随机一致性比率 C.R.，C.R.=C.I./R.I.。当 C.R.<0.1 时，表示判断矩阵具有满意的一致性；反之，不具有一致性，进而调整矩阵直至符合一致性检验。

④最后求得评价指标体系中各层次指标对总目标的权重系数。

以一级指标层 S 为例，W=[0.3241,0.3389,0.0467,0.1780,0.1123]T，最大特征根 λ_{max} =5.3999，检验其一致性，计算 C.I.以及 C.R.：

$$C.I. = \frac{\lambda_{max} - n}{n-1} = \frac{5.3999 - 5}{5-1} = 0.99975$$

$$C.R. = \frac{C.I.}{C.R.} = \frac{0.099975}{1.12} = 0.08926 < 0.1$$

同理，WA=[0.0695,0.3415,0.3629,0.1796,0.0464]T，λ_{max} =5.4057，C.R.=0.0906；

WB=[0.4346,0.2018,0.0919,0.1820,0.0897]T，λ_{max} =5.3094，C.R.=0.0691；

WC=[0.0964,0.0488,0.0293,0.4488,0.3766]T，λ_{max} =5.3392，C.R.=0.0757；

WD=[0.0444,0.2698,0.4210,0.1096,0.1552]T，λ_{max} =5.4181，C.R.=0.0933；

WE=[0.0873,0.3829,0.0479,0.2973,0.1845]T，λ_{max} =5.2162，C.R.=0.0483。

经计算，所有指标层的 C.R.都小于 0.1，这意味着判断矩阵具有较强的一致性，所有指标判断矩阵通过了一致性检验，说明权重值是有效的。

三、独立学校转设风险的模糊综合评价

一级指标层 S 权重系数分别乘以对应的二级指标层 A、B、C、D、E 的权重

系数即可得到相对应的合成权重,权重越高,表明该指标的重要性程度越高,如表 3-3 所示。

表 3-3 独立学院转设风险评价因子权重

目标层	准则层	指标层	权重	合成权重
S 独立学院转设风险评价	A 法律政策风险	A₁ 费用纠纷风险	0.0695	0.0225
		A₂ 合同纠纷风险	0.3415	0.1107
		A₃ 法人财产风险	0.3629	0.1176
		A₄ 分类管理风险	0.1796	0.0582
		A₅ 政策执行风险	0.0464	0.0150
	B 社会稳定风险	B₁ 师生稳定风险	0.4346	0.1473
		B₂ 终止办学风险	0.2018	0.0684
		B₃ 举办者变更风险	0.0919	0.0311
		B₄ 合并转设风险	0.1820	0.0617
		B₅ 更名迁址风险	0.0897	0.0304
	C 教育教学风险	C₁ 师资短缺风险	0.0964	0.0045
		C₂ 招生就业风险	0.0488	0.0023
		C₃ 干部流失风险	0.0293	0.0014
		C₄ 教学质量风险	0.4488	0.0210
		C₅ 内部管理风险	0.3766	0.0176
S 独立学院转设风险评价	D 政治安全风险	D₁ 网络舆情风险	0.0444	0.0079
		D₂ 办学方向风险	0.2698	0.0480
		D₃ 党建弱化风险	0.4210	0.0749
		D₄ 思政教育风险	0.1096	0.0195
		D₅ 意识形态风险	0.1552	0.0276
	E 财务资产风险	E₁ 收购兼并风险	0.0873	0.0098
		E₂ 国资流失风险	0.3829	0.0430
		E₃ 经费投入风险	0.0479	0.0054
		E₄ 财务管理风险	0.2973	0.0334
		E₅ 投资债务风险	0.1845	0.0207

根据调查结果可以发现,在五类风险中,社会稳定风险权重最高,为 33.89%,最主要体现在师生稳定、终止办学以及合并转设方面,尤需引起关

注:法律政策风险次之,占比为 32.40%,法人财产和合同纠纷风险需受重视;政治安全风险和财务资产风险占比分别为 17.80% 和 11.23%,其中党建弱化以及国资流失的风险较高,这主要是出于对独立学院转设为民办高校的担忧;风险权重最低的是教育教学风险,为 4.68%,这主要源于教育质量和人才培养具有周期性、滞后性、隐蔽性,其风险一时往往不易显现。

为了更好地评估独立学院转设风险,根据独立学院合办方的不同、产权属性的差异,将我国独立学院分为两类,分别是国有民办型独立学院和民有民办型独立学院。[①] 国有民办型独立学院是由公办高校与地方政府、国有企业、教育基金会等其他公有力量合作举办的独立学院,这一类型在独立学院群体中占据较大比例,如北京师范大学珠海分校、宁波大学科学技术学院、南京大学金陵学院等。民有民办型独立学院由公立高校和民营企业或个人合作举办,该类型符合国家利用非财政经费举办独立学院的初衷,如国融远景投资有限公司和首都师范大学合作创办的首都师范大学科德学院,由成都国腾实业集团和高校合作创办的电子科技大学成都学院,民生教育集团有限公司与云南大学合作举办的云南大学滇池学院等。

本研究邀请独立学院研究领域的权威学者以及独立学院院长各 7 人对所研究的二级指标因素进行评分,评分方式采用三级评分法,即"低风险(1分)、中风险(3分)、高风险(5分)",然后基于前面计算出的各项指标的权重结果,从法律政策风险、社会稳定风险、教育教学风险、政治安全风险和财务资产风险 5 个维度对独立学院转设风险作出较准确的评价,具体结果见表 3-4。

表 3-4　各类型独立学院转设风险综合评价结果

目标层	准则层	指标层	合成权重	国有民办型		民有民办型	
				专家评分	评价得分	专家评分	评价得分
S 独立学院转设风险评价	A 法律政策风险	A₁ 费用纠纷风险	0.0225	3.0	0.068	2.4	0.054
		A₂ 合同纠纷风险	0.1107	3.0	0.332	2.7	0.299
		A₃ 法人财产风险	0.1176	3.3	0.388	3.0	0.353
		A₄ 分类管理风险	0.0582	3.0	0.175	2.1	0.122
		A₅ 政策执行风险	0.0150	3.5	0.053	1.6	0.024

---

① 杨德广.独立学院是中国特色的新型民办高校[J].高等教育研究,2009,30(3):56-60.

续表

目标层	准则层	指标层	合成权重	国有民办型		民有民办型	
				专家评分	评价得分	专家评分	评价得分
S 独立学院转设风险评价	B 社会稳定风险	B_1 师生稳定风险	0.1473	3.5	0.516	2.7	0.398
		B_2 终止办学风险	0.0684	2.8	0.192	1.9	0.130
		B_3 举办者变更风险	0.0311	2.0	0.062	3.0	0.093
		B_4 合并转设风险	0.0617	3.5	0.216	1.9	0.117
		B_5 更名迁址风险	0.0304	2.0	0.061	2.7	0.082
	C 教育教学风险	C_1 师资短缺风险	0.0045	4.0	0.018	3.0	0.014
		C_2 招生就业风险	0.0023	2.8	0.006	3.3	0.008
		C_3 干部流失风险	0.0014	4.0	0.006	2.4	0.003
		C_4 教学质量风险	0.0210	2.5	0.053	3.0	0.063
		C_5 内部管理风险	0.0176	3.0	0.053	3.3	0.058
	D 政治安全风险	D_1 网络舆情风险	0.0079	3.3	0.026	2.1	0.017
		D_2 办学方向风险	0.0480	2.0	0.096	1.9	0.091
		D_3 党建弱化风险	0.0749	2.3	0.172	2.1	0.157
		D_4 思政教育风险	0.0195	1.8	0.035	1.6	0.031
		D_5 意识形态风险	0.0276	1.8	0.050	1.3	0.036
	E 财务资产风险	E_1 收购兼并风险	0.0098	3.3	0.032	2.7	0.026
		E_2 国资流失风险	0.0430	2.3	0.099	1.6	0.069
		E_3 经费投入风险	0.0054	2.5	0.014	3.3	0.018
		E_4 财务管理风险	0.0334	1.5	0.050	3.6	0.120
		E_5 投资债务风险	0.0207	2.5	0.052	3.0	0.062
合计得分			—	—	2.825	—	2.445

　　研究结果显示,整体上国有民办型独立学院转设风险略高于民有民办型独立学院。[①] 从评价结果来看,国有民办型独立学院和民有民办型独立学院的转设风险评分分别为 2.825 和 2.445,都低于 3 分(中风险),但前者略高于后者,该结论与现实情况基本匹配。国有民办型独立学院由于党政领导班子

---

① 阙明坤."十四五"时期稳妥推进独立学院转设的思考:基于教育风险防范的视角[J].河北师范大学学报(教育科学版),2022,24(5):67-76.

由公办高校任命,学院所有资产和办学积累归国家所有,资产过户困难,转设难度较大,若完全转设为公办高校,地方财政难以承担,因此,这类独立学院究竟是转为公办,还是转为民办或者停办,具有不确定性,面临的风险相对更高。民有民办型独立学院则由于资产性质较为清晰,转设为民办高校水到渠成,发展路径较为明确,故而面临的风险反倒较国有民办型独立学院略低一些。

就国有民办型独立学院而言,专家评分认为风险较高的主要是在师资短缺、干部流失、师生稳定、合并转设等方面,国有民办型独立学院长期以来紧密共享和依赖于母体高校教师资源,很多领导干部都是由母体高校领导兼任,而转设政策要求独立学院需要建立自有专任教师队伍,不能再依附母体高校教师、校舍、设备等资源,这就形成了师资短缺和干部流失等风险。此外,合并转设也是国有民办型独立学院转设面临的一大难题,江苏、浙江等地曾出现独立学院因准备与高职院校合并转设为本科职业技术大学而引起学生、家长不满,引发网络舆情。

就民有民办型独立学院而言,专家评分认为风险较高的主要是财务管理、经费投入、内部管理、招生就业等方面。民有民办型独立学院具有公私合作的混合所有制性质,在转设为民办高校的过程中会出现一系列社会力量办学面临的风险,其中,围绕转设"分手费"、产权分割、资产界定,投资方与公办高校会产生利益博弈。例如,云南省某独立学院被上市教育公司收购,根据合作协议,最终确定该独立学院转设后向举办高校支付 2.8 亿元补偿款。部分独立学院因未达成一致,出现诉诸司法的现象。同时,民有民办型独立学院在内部管理、教育质量等方面也存在风险。调研中发现,广西某独立学院的民营投资方与举办高校正在就转设问题进行洽谈,"分手费"等问题尚未谈拢,学校土地、校舍、师资等办学条件距离教育部要求还有较大差距,投资方一直严格控制成本,被教育厅处罚减少 20% 招生计划。

值得说明的是,尽管研究发现国有民办型独立学院转设风险略高于民有民办型独立学院,但这只是一种整体上的评判和测度,并不代表任何一所国有民办型独立学院转设风险就都高于任何一所民有民办型独立学院。鉴于我国独立学院校情各异,千差万别,不同的独立学院都有着不同的举办模式、办学历史,因此,其转设风险也是不尽相同。譬如,现实中,有的国有民办型独立学院转设较为顺畅,风险较小,明显低于一般民有民办型独立学院转设风险,故要具体情况具体分析,不能一概而论。

第四章　独立学院转设风险
防范体系

　　"凡事预则立,不预则废。"正确认识和把握防范化解重大风险是我国的一项重要战略部署。党中央以防范化解重大风险为着力点,逐步推进社会治理体系和治理能力现代化,促进了社会风险防范意识提升,各个领域的风险治理能力显著增强。习近平总书记在省部级主要领导干部坚持底线思维着力防范化解重大风险专题研讨班上强调,"坚持底线思维,增强忧患意识,提高防控能力,着力防范化解重大风险,保持经济持续健康发展和社会大局稳定"①。伴随独立学院转设进程的不断加快,转设所引发的风险问题日益凸显,如何防范化解独立学院转设风险逐渐成为科学推进独立学院转设工作的关键。党和国家对社会领域重大风险的决策部署及干预指导,为独立学院开展转设风险防范提供了根本遵循。

　　社会领域重大风险防范在国际社会上已经形成多种概念样态,如欧洲风险治理理事会(Federation of European Risk Management Association)的风险治理标准、澳大利亚/新西兰的 AS/NZS4360 风险治理标准、英国标准协会(BSI)的风险治理指南、国际标准化组织的 ISO 31000 风险治理框架等。② 各概念样态下的风险防范体系大致包含从风险识别到风险控制等多个阶段性过程,独立学院转设风险防范遵循了类似的逻辑单元和程式,涵盖了风险识别、风险评估、风险预警、风险应对四项核心举措。

---

① 习近平.习近平谈治国理政:第三卷[M].北京:外文出版社,2020:219.
② 朱正威,刘泽照,张小明.国际风险治理:理论、模态与趋势[J].中国行政管理,2014(4):95-101.

第一节 独立学院转设风险识别

独立学院转设风险识别是风险防范的基础和前提,是为防范转设风险事件发生而事先运用各种方法手段对风险因素进行系统辨识和鉴别的动态过程,要界定好识别的主体与客体,综合运用定性与定量分析方法,科学有效地识别转设过程中的潜在风险。独立学院转设风险识别的基本框架如图 4-1 所示。

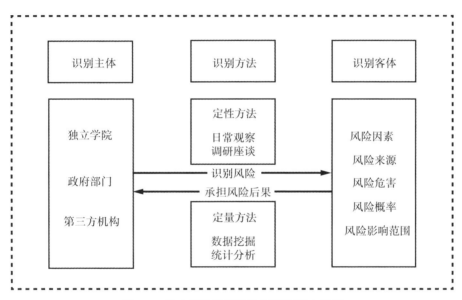

图 4-1　独立学院转设风险识别的基本框架

一、明确风险识别主体

独立学院转设是一项系统性工程,其风险问题存在层次性与多样性,风险识别主体也应从多层次考虑,以满足特定区域、不同学校风险识别的实际需要。作为独立学院风险识别主体,应该能够或者至少有条件接触并了解识别对象及识别内容的基本情况,以保证风险识别的可靠性和有效性。根据这些要求,结合机构设置、职能配置和实际运作的相关情况,独立学院转设风险识别主体应该包括以下三个层面。

(一)一线识别主体：独立学院

独立学院作为一个独立的法人组织,是转设政策的执行者,承担着转设带来的各种风险,应当成为转设风险识别的一线主体。独立学院转设涉及多方利益主体,根据相关利益主体的影响力与重要程度、利益相关者获取控制权的大小与利益相关程度的多少以及他们参与治理意愿和能力等维度,可以划分出独立学院管理层、母体高校、政府、投资者等重要利益相关者和教师、学生、学生家长、社区人员等次要利益相关者。[①] 其中,独立学院的决策管理人员是能够影响独立学院转设目标实现并具有风险识别动力的群体,其他利益相关者如母体高校、投资者、教职工、学生等由于缺乏正向激励或足够的智识,通常有限参与独立学院转设风险识别活动。从风险危害来看,独立学院转设风险因高等教育系统间的相互关联而具有快速传播的特性,一旦触发则会引发连锁反应,带来的损失也将是巨大的。譬如2021年6月独立学院与高职院校合并转设引发的负面舆情,后期逐步扩散至全国,乃至影响了独立学院转设整体进程。

独立学院转设风险的系统性、复杂性对风险识别主体的专业能力提出较高要求,包括基本的风险分析能力,能够预设风险后果,把握由一系列触发事件向系统性风险转化的弹性空间以及蔓延的渠道和环节,等等。由于专业程度高,独立学院或母体高校通常将转设风险识别工作交由专门的校内智库或舆情监测部门处理。校内发展规划处、高教研究所、政策研究室等智库部门在技术层面发挥作用,主要借助科学理论,运用恰当的分析手段,调查、识别、测评,确认独立学院转设的风险源,并对独立学院转设风险源进行定性分析,处理海量数据和一些技术性问题;党委宣传部、网络中心等舆情监测部门起到信息库作用,其既与师生有着直接的接触和互动,又具有一定的协调和督办功能,能够通过职能活动直接识别出潜在的转设风险,将发现、收集的转设风险信息向决策层反映,特别是在舆情风险的识别过程中发挥着重要的作用。

(二)权威识别主体：政府部门

政府教育行政部门作为独立学院的主管方,是独立学院转设主要政策的制定者与实践推动者,同时也是独立学院转设风险识别的权威主体。政府部门对独立学院转设风险的识别与指导对于独立学院转设风险防范至关重要。

在国家层面,教育部发展规划司高校设置处、民办教育管理处等职能部门通过政策供给方式规范独立学院转设行为,监测独立学院转设过程中存在的

---

① 原珂.利益相关者视域下独立学院转设策略探究[J].理论探索,2018(5):85-94.

潜在风险,在推动独立学院转设风险识别中发挥了主要领导作用。全国高等学校设置评议委员会(简称"高评委")作为教育部直属的决策咨询机构,汇聚了一批原则性强、业务精湛的高等教育领域专家学者,为独立学院转设提供了专业的决策咨询服务,相关调查、分析和统计预测对于识别宏观的独立学院转设风险具有举足轻重的意义。根据《全国高等学校设置评议委员会工作细则》,"高评委"有义务接受教育部委托,对现有独立学院的转设方案进行评议,并向教育部提供决策咨询意见。在审核文件和实地调查环节,"高评委"对独立学院转设工作具有一定的风险识别功能。按照工作流程,评议委员会办公室可在文件齐备的基础上组织专家组,对独立学院转设申报材料进行研究,开展现场实地考察。专家组在研究申报材料和实地考察的基础上,可对有转设风险的独立学院给予暂缓转设处理。

在省级层面,教育行政主管部门与独立学院的互动具有突出的个别化、分散化特征,与转设利益相关者有着直接的联系,对本区域独立学院转设舆情及其风险因素有着最为直观和深切的了解;对于识别独立学院转设风险,特别是个体性风险和群体性风险,发挥着基础性的主体作用。在教育部办公厅《实施方案》指导下,各地教育主管部门积极调研独立学院转设的利益相关者,充分听取、全面收集师生和各方意见,包括合理和不合理、现实和潜在的诉求等,密切关注媒体舆论导向,以及公开报道过的同类项目风险情况。在调查基础上,针对利益相关者不理解、不认同、不满意、不支持的方面,日后可能引发不稳定事件的情形,查找分析可能引发社会稳定风险的因素,对拟转设独立学院详细审查并列举潜在风险清单,促进独立学院平稳转设。

此外,教育领域之外的其他部门,如宣传、公安、国安、民政、财政、人社、税务等,根据职能优势,对于监测识别独立学院转设风险,正发挥着越来越突出的作用。

(三)外协识别主体:第三方机构

第三方机构作为独立学院转设风险的又一重要识别主体,具有独立性、专业性、公正性等突出特点,能有效避免政府部门在宏观上识别转设风险的不足,对防范独立学院转设风险、提升政府行政绩效、促进服务型政府建设,具有积极的推动作用。与"高评委"等机构不同,第三方机构的一个鲜明特征是它们不从属于政府部门,具有较高的独立性,可以对独立学院转设风险及其影响因素进行相对独立的鉴别,因而可能更具客观性和专业性。人民网舆情数据中心副主任、舆情监测室秘书长祝华新指出,政府部门内部虽然也设有研究室之类的决策咨询机构,"但这些机构的独立研究功能正在退化,有时候更多变成对现有党政文件或领导人意志的一种诠释"。① 近年来表现活跃且影响力与日俱增的民间调查系统,有望在独立学院转设风险防范中成为新的"船头瞭望者"。独立学院转设工作事关社会稳定大局、影响深远,这就要求相关机构必须具备专业资质、丰富的风险案例信息储备、合理的人员构成以及专业的技术手段,并已在社会风险防范领域取得了显著成果和优势。根据转设流程,独立学院转设需要进行社会风险评估,第三方机构正发挥重要作用。在选择第三方机构调研转设风险时,独立学院应当与属地有关部门共同协商,遴选有资质、有条件、有责任心的机构,要求第三方机构压实责任并与学校、政府部门长期沟通,为顺利推进独立学院转设风险识别工作发挥外协主体作用。

识别主体的多层性和多元化,对于独立学院转设风险识别既是优势,也是挑战。如果不能建立起一套有效的联动机制,形成一个有机的统一系统,其优势将很难发挥出来。因此,在独立学院、政府部门、第三方机构识别转设风险基础上,设立由政府主导的,专门和统一的风险信息管理中心,非常有益且必要。

二、明晰风险识别客体

独立学院转设风险识别的过程是一个主体之于客体的过程,主要是对风险来源、风险危害、风险概率的识别。如表 4-1 所示,本研究回顾独立学院转设风险事件,分析典型案例的风险来源、风险危害、风险概率,增强对风险识别客体的直观认识,并在此基础上探索识别独立学院转设风险客体的有效路径。

表 4-1 独立学院转设风险事件与风险识别客体一览表

风险事件	风险来源	风险危害	风险概率	风险影响范围
独立学院合并升格事件	独立学院、学生	负面反响强烈	相对较低	从单个学校波及全国
独立学院招生受贿事件	教师	学校声誉受损	相对较高	校内舆情小范围传播
独立学院合同纠纷事件	母体高校	无法完成转设	相对较高	多个实体单位受影响
独立学院违规办学事件	母体高校、投资公司	被迫撤销清算	相对较低	受社会各界广泛关注

---

① 祝华新.舆情监测:真实民意的"船头瞭望者"[J].同舟共进,2015(5):29-31.

(一)风险来源

识别风险来源(risk source)是独立学院转设风险识别过程中的首要环节。风险来源指可能引发风险的源头性因素,如物质的风险来源(火)、社会的风险来源(暴乱)和经济的风险来源(通货膨胀)。[①] 独立学院转设的风险主要源于政策法规、各类组织或群体,在特定条件下,学生、教师,母体高校、投资公司乃至整个社会都可能成为独立学院转设风险的来源。

一是源于政策法规。包括独立学院转设政策存在的可能性变动,以及相关主体的政策执行准确与否。以政府命令和法律形式引入和实行的"自上而下"的制度变迁,存在着变动的可能性。关于转设逻辑、时间节点、路径等任何政策要素的变动都将构成转设风险。新出台的转设政策在询问、交谈和互动的过程中,参与传播的媒介逐渐多样化,相关信息不断分岔和转译,准确性也越来越低。面对复杂的政策环境,如果权威机构不能及时、准确领悟政策意图,便难以取得良好的执行效果。

二是源于师生诉求。师生诉求是独立学院转设常见的风险来源。在一些案例中,屡屡出现师生诉求,特别是学生诉求的异化现象,对独立学院转设程序造成重大冲击。如独立学院合并升格事件中部分学生基于错误判断,无理要求停止合并转设,并肆意传播相关的错误信息,导致全国独立学院合并转设进程暂缓,事实上构成了转设的风险来源。

三是源于其他组织。母体高校、投资公司等组织与独立学院利益相关,相关组织潜在的利益需求对独立学院转设形成干扰,同样构成了独立学院转设的风险来源。总之,独立学院转设识别一定要提前分析风险发生的可能来源,充分评估转设决策下各利益相关群体的可能行为,从源头上切断风险发生的可能,否则风险事件一旦成为既定事实,届时处置工作压力巨大。

(二)风险危害

识别风险危害(risk hazards)是独立学院转设风险识别的关键。在诸多风险案例中,转设风险造成的不利后果是直接且明显的,主要包括影响社会的和谐稳定、造成直接经济损失、损害学校形象声誉等。例如,某独立学院与高职院校合并转设本科职业技术大学事件遭受广泛而猛烈的批评,最终导致全国范围内合并转设叫停,不仅影响高等院校的社会声誉,浪费大量人力、财力成本,而且酿成政府信任风险,给地方政府公信力造成损害。在某独立学院合

---

① C.小阿瑟·威廉斯.风险管理与保险[M].马从辉,刘国翰,译.北京:经济科学出版社,2000.

同纠纷事件中,母体大学与独立学院就善后事宜发生分歧,导致母体大学拒绝配合独立学院办理转设报批手续,学院转设进程无限延期。该事件虽未造成全国性影响,但对于独立学院发展极为不利。在转设风险识别过程中要警惕合同纠纷,避免对转设工作造成影响。整体来看,独立学院转设风险危害具有系统性、多变性特点,单个风险时常会蔓延并加重危害程度,风险危害识别是否全面、深刻,直接影响风险决策质量,进而影响整个风险管理的效果。在独立学院转设风险危害识别过程中,要预先采用危险性分析(PHA),剖析风险发生的原因,从大体上识别与转设有关的主要风险危害,从而做到针对性预防。

(三)风险概率

风险概率(risk probability)是风险识别的重要关注点之一,要深入考虑风险发生的可能性。风险识别就是要在独立学院转设风险发生前,分析转设诱致各类风险的可能性,找出诱致各类风险的具体因素,以便提前对因素进行控制,化解风险。总的来说,获取某一领域风险的概率可用以下方法:利用数据资料计算理论的或先验的概率;利用已有文献资料了解之前这种事件发生的概率;由专家基于公众对风险事件发生概率的主观认识来打分获取。由于我国独立学院转设没有这些长期积累的风险数据库支撑,相关风险发生的概率只能由专家进行经验判断。风险识别专家需要初步把握转设风险类型,对风险后果有全面的估计,并在掌握相关信息基础上,判断相应风险发生的可能性。

在实践中,风险概率通常与风险危害呈负相关,过高的危害性会在一定程度上迫使风险主体提高警惕,采取一切必要措施防止风险发生。由此可见,风险危害越大则风险发生可能性越低,反之则风险发生可能性越高。独立学院合并转设事件、某独立学院违规办学受教育主管部门通报,造成了较大社会影响,这些风险事件影响大但发生概率相对较低。某独立学院招生受贿事件、某独立学院合同纠纷事件造成的不良影响相对较轻,有些仅在独立学院内部传播,相关事件发生的频率则相对较高。根据中国裁判文书网数据,截至2022年9月,与独立学院相关的案件共计149例,其中合同纠纷达到123例,超过总案例数的八成,且大部分案例均与独立学院转设相关,有些对独立学院转设进程或生源产生不利影响。对此,风险识别主体要深入挖掘影响独立学院转设的各种致险因素,综合利益相关者的意见,努力识别出那些关键的、不确定性高的因素,构建未来可能的风险情景,这样才能为独立学院转设提供更加全面、立体的背景信息,更好地指导实践,降低风险发生的可能性。

三、确定风险识别方法

风险识别的基本步骤和主要注意事项,一般要求对全部可能的风险源和风险危害进行调查,但是具体情况视不同领域或风险性质而有所不同。就独立学院而言,转设风险识别呈现出全方位特征,比如从确认风险的存在、建立初步风险清单,到确定风险事件、推测风险后果、进行风险分类、制定风险预测图表、建立风险目录摘要,等等。贝利斯等人指出,优秀的风险识别者能够对各种风险进行清晰描述:产生不确定性的外部环境、这些不确定性的具体结果、与风险项目相关的其他因素。[①] 独立学院转设风险识别者要清晰地描述风险,其不仅要具备丰富的"想象力",还要能够科学客观分析问题,精细化的识别内容在某种程度上决定了风险识别方法的多样性和专业性。

在我国教育领域,风险识别通常采取定量和定性相结合的分析方式进行,加强定量分析增加客观性,同时考虑文化和社会心理这些教育风险的形成因素,突出教育风险的定性分析。[②] 两类方法在独立学院转设风险识别的实际应用中有着本质差别,具体表现以下三个方面:

一是分析程序。定性分析主要以揭示独立学院转设风险衍变过程与内在联系、转设利益相关者的主观认知及对行为的意义进行诠释与理论建构为目标;定量分析旨在识别独立学院转设风险的区域分布、结构、趋势和相关特征,进而揭示变量间的关系,验证已有理论假设。

二是分析策略。定性分析强调"扩简为繁",把独立学院转设风险事件放回具体的情境、时空背景、社会互动中去观察、研究、理解和诠释,以谋求对独立学院转设风险的真正认识;定量分析强调"化繁为简",力求采取"裁剪""删节""修整""简化"等手段,从纷繁复杂的转设风险中提炼出关键的"变量"加以分析。

三是分析工具。定性分析将风险识别主体自身作为分析工具,通过"亲身参与""耳闻目睹""设身处地""实地体验""移情理解",寻求对独立学院转设风险的本质理解;定量分析借助数理统计分析、SPSS、SAS 等专门的统计分析软件以及问卷、量表等标准化、高信度的分析工具,对转设所涉群体进行抽样、测

---

① 克莱尔·贝利斯,约翰·谢波德,理查德·莱昂.精算管理控制系统[M].王晓军,吴岚,赵桂芹,译.北京:中国人民大学出版社,2006:75.

② 倪娟.从"教育之制"到"教育之治":"公民同招"政策要义及实施风险防范[J].中国教育学刊,2020(12):30-34,57.

量、统计和分析,以求得对风险事件总体特征、相互关系、普遍规律的客观性、精确性和可复制性的结论。

美国学者德尔伯特·C.米勒等人认为,"定量方法与定性方法不是回答同一问题的不同方法,相反,这两种方法构造不同的途径来回答不同类型的问题"。[①] 我国独立学院转设涉及的因素杂、层次多、人群广、范围大,单纯用某一类或某一种方法进行风险识别,既不现实也不科学。特别是考虑到独立学院转设风险识别主体在知识背景、工作情境、具体对象、客观需要等方面存在较大差异,比较务实的做法是,让不同的识别主体根据其在独立学院转设风险识别系统中扮演的不同角色及其面临的不同客体和情境,采取不同的识别方法,并使这些方法在整个独立学院转设风险识别的系统中相互配合、相得益彰。

根据独立学院转设风险识别的实际特点和大数据时代的技术条件,在方法上可以分为定性和定量两大类。其中定性方法包括日常观察法、工作接触法、人员访谈法、专题座谈法和主题调研法等;定量方法可以考虑采用问卷调查法、统计分析法、数据挖掘技术和大数据处理技术等。两类性质不同的方法在独立学院转设风险识别中的功能与作用,如表 4-2 所示。

表 4-2 独立学院转设风险识别过程不同方法的功能区分

方法性质	方法名称	方法功能
定性方法	日常观察法	通过贴近观察和直接接触,了解利益相关者对独立学院转设信息的获取情况与获取渠道,分析所涉及群体对独立学院转设的认知状况与态度倾向,获取独立学院转设潜在风险因素的第一手信息,并进行初步甄别
	工作接触法	
	人员访谈法	
	专题座谈法	
	主题调研法	
定量方法	问卷调查法	通过问卷调查和统计分析,了解样本范围群体对地方转设的认知情况,对转设所涉群体进行抽样、测量、统计,总结风险事件的总体特征、相互关系和普遍规律,分析潜在风险的可能性
	统计分析法	
	数据挖掘技术	利用数据挖掘和大数据处理技术对网络舆论和社会舆论进行追踪和分析,获取社会层面公众对独立学院转设的认知状况与情感倾向等相关信息,并进行初步判断
	大数据处理技术	

① 德尔伯特·C.米勒,内尔·J.萨尔金德.研究设计与社会测量导引[M].风笑天,邹宇春,邓希泉,等译.重庆:重庆大学出版社,2004:164.

在独立学院转设风险识别过程中,针对不同的主体和客体,结合不同的方法,加以分解和重新组合,使之适配相应主体和客体的情境与特性。在具体方法的选择上,可作如下区分:作为一线识别主体,独立学院与利益相关者沟通密切,较为适用的方法是,通过日常观察、工作接触等定性方法对独立学院转设风险作最直接的识别。对于教育主管部门等贴近转设利益相关者而又具有领导力的权威识别主体,适合采用人员访谈、专题座谈和主题调研等定性方法识别独立学院转设风险,必要时可以采用问卷调查和统计分析作为补充,并在此基础上实行定性与定量的初步结合。对于统计部门和网监系统,适合采用大范围的问卷调查、数理统计分析和数据挖掘、大数据处理等技术,对群体性、社会性独立学院转设风险进行识别。对于专业性较强的第三方机构来说,应当采用定性与定量并重的方式,结合主题调研、问卷调查、数理统计等方法,辅之以必要的访谈、座谈和调研,对独立学院转设风险进行甄别。

第二节　独立学院转设风险评估

独立学院转设风险评估是在作出转设决策、实施和处理方案之前,对可能影响独立学院稳定的重大问题进行合法性、合理性、可行性和可控性的调查、预测和评估,以促进转设决策、实施和处理方案的完善,防范、减少和消除转设实施过程中的风险,确保转设平稳推进。独立学院转设风险评估的基本框架如图 4-2 所示。

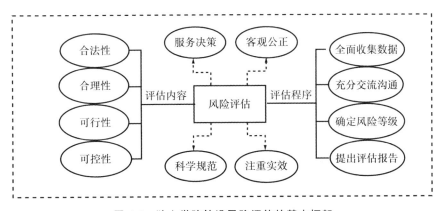

图 4-2　独立学院转设风险评估的基本框架

一、风险评估的内容

根据中共中央办公厅、国务院办公厅《关于建立健全重大决策社会稳定风险评估机制的指导意见(试行)》《国家发展改革委重大固定资产投资项目社会稳定风险评估暂行办法》等文件规定,在教育、医疗、劳动保障等领域开展的重大决策事项都要进行社会稳定风险评估。独立学院转设需通过合法性、合理性、可行性、可控性评估,实现维稳关口前移,确保改革顺利进行。

其一,合法性。国家推动独立学院转设具有充足的法律政策依据。2008年教育部颁布《独立学院设置与管理办法》明确规定,符合本科高校设置标准的可申请转设。依据教育部《关于"十三五"时期普通高等学校设置工作的意见》文件精神,教育部发展规划司《关于做好 2019 年度本科学校设置工作的通知》再次提出,2019 年度本科学校设置工作以独立学院转设为主,独立学院转设事项不受数量限制,成熟一所、申报一所。2020 年教育部《实施方案》拉开全面转设的大幕。目前,各地政府根据《教育部关于"十四五"时期高等学校设置工作的意见》,要求省内未完成转设任务的独立学院,不受数量限制,应全部纳入规划,按照已明确的转设路径,平稳有序、好中快进地推动转设工作。在风险评估工作中,应重点考察独立学院转设是否在不断健全的政策框架下有序进行,是否与国家及地方政策相抵触,是否兼具形式和实质上的合法性,是否具有合同纠纷、财产纠纷等,是否严格按照程序完成前置审查审批,从而避免产生法律风险。

其二,合理性。作为一种改革尝试和创举,独立学院作出了不可磨灭的历史贡献,但发展至今也暴露出诸多问题,甚至诱发社会不稳定因素。如校中校模式引发母体高校学生对其稀释教学资源、破坏教育公平的反感;因教学质量、生活设施难以保证导致不少独立学院的学生投诉;因毕业证与母体学校脱钩而引发了不良事件等。因此,独立学院逐渐长大放飞是历史的必然,转设决策符合高校发展的规律,具有合理性和正当性。在执行层面,应评估独立学院是否合理执行了中央及地方的转设决策,是否采取了必要、适当措施和手段,是否做到了程序透明、民主参与,是否充分保障了师生的个人权益和长远发展,是否得到绝大多数师生的理解和支持。

其三,可行性。独立学院转设受到不同区域、不同学校的条件制约,不同模式的独立学院转设路径不尽相同,需要充分评估独立学院转设方案的可行性。目前,独立学院转设主要包括"转为民办""转为公办""终止办学"三种路径。江浙一带"国有民办型"独立学院由于国资背景和公办色彩浓厚,相关利益主体对民营企业办学的认可度较低,转设公办面临财政压力,难以作出合适的路径选择,这也是独立学院转设的难点所在。因此,要评估独立学院转设是否有具体、翔实的方案和完善的配套措施,是否符合本地经济社会发展总体水平,是否组织开展了前期宣传解释工作,是否有科学依据,是否考虑到时间空间、人力物力财力等制约因素,是否会给其他地方、其他行业、其他群众带来负面影响等,通过科学严谨周密论证,保障独立学院转设的可行性。

其四,可控性。随着各省转设工作推进,各种纠纷不断出现,风险的可能性和严重性更加不确定,风险控制的难度增加。独立学院与高职院校合并转设事件之所以逐步升级,矛盾不断激化最终失控,主要原因是未能做好风险防控应急预案,根本在于学校面对重大风险的控制力缺失。山西、河北等省部分独立学院同样推动与高职院校合并转设,却未引发不稳定事件,可见,转设成功关键在于风险的控制程度。要深入评估独立学院转设是否存在可能引发风险事件的苗头、倾向,是否会给社会稳定带来重大的冲击,是否会引发负面舆论、炒作以及其他影响社会稳定的问题,对可能出现的转设风险是否有相应的应急处置预案、预测预警措施,宣传解释和舆论引导措施是否有效等。

二、风险评估的原则

开展独立学院转设风险评估,应遵守服务决策、客观公正、科学规范、注重实效的原则,不断完善体制机制,规范方法流程,加强制度保障,提高评估能力。

第一,服务决策。党的十八大以来,以习近平同志为核心的党中央围绕防范化解重大风险发表了一系列重要论述,从国家战略高度强调社会重大风险防范的必要性和紧迫性。习近平总书记在省部级主要领导干部坚持底线思维着力防范化解重大风险专题研讨班开班式上强调:"要完善风险防控机制,建立健全风险研判机制、决策风险评估机制、风险防控协同机制、风险防控责任机制,主动加强协调配合,坚持一级抓一级、层层抓落实。"[①]风险评估是风险防控机制的重要一环,近年来各地区各有关部门认真贯彻中央精神,结合各自实际,以关系人民群众切身利益的重大工程项目建设、重大政策制定等决策事项为重点,积极探索开展社会稳定风险评估工作,取得明显成效,积累了一些经验。在独立学院转设风险评估过程中,要围绕国家和区域经济社

---

① 习近平.习近平谈治国理政:第三卷[M].北京:外文出版社,2020:223.

会发展大局,以对党和人民高度负责的态度,认真开展转设风险评估,把困难估计得更充分一些,把风险思考得更深入一些,注重堵漏洞、强弱项,下好先手棋、打好主动仗,有效防范各类转设风险,确保评估工作取得良好成效。

第二,客观公正。独立学院转设风险评估牵涉甚广,对内外部环境考量及转设材料的评估要做到客观公正。法律、政策等外部风险的评估以国家政策法规为准,财务、质量等内部风险的评估则以内部控制为重点。由于经费及人员配置的局限性,独立学院更需要系统性设计风险评估程序,对转设主要环节涉及风险进行标准化和客观性评价,加强校院两级风险评估,从招生、教学、学生事务、就业等主要环节进行系统性风险评估设计,增强评估的准确性,重点对关键性风险与损失幅度较大风险进行评测。坚持实事求是,严格遵守相关法规制度,评估客体提供客观真实、完整详细的数据资料,评估机构以实际情况为基础,在政府部门监督下独立完成评估工作,通过系统深入分析得出客观公正的评估结论,确保评估公信力。

第三,科学规范。独立学院转设风险评估的失误可能带来不可估量的损失,要求评估人员必须具有科学精神及高度负责的态度,确保评估程序的科学规范。一是完善评估主体产生机制。可以考虑政府统一采购程序或公开招投标程序,二者都可以形成政策制定实施者、政策受益者、政策评估主体、政府公共资源交易中心或招投标公司四方制约机制,提高评估主体产生的科学性。二是加大信息公开监督力度。要进一步完善监督机制,充分发挥权力机关监督、司法监督和政府行政监督的功能。例如,2021 年 3 月,甘肃社稳项目评估咨询有限公司发布《兰州财经大学长青学院转设事项社会稳定风险评估公示》,征求意见内容包括该事项实施可能在社会经济发展、师生权益保障等方面产生的影响以及其他意见建议。三是重视师生民主参与。建立学校与师生之间的沟通互动机制,通过座谈、单独访谈等渠道和方式,了解师生对转设政策的意见和期望,同时在互动中积极表达学校的观点、看法和意愿。注意全面调查与重点核查相结合,定量分析与定性分析相结合,经验总结与科学预测相结合,以保证评估结论的科学性和正确性。

第四,注重实效。独立学院转设风险会随着政策环境和办学环境的变化而发生变化。如部分学校举办者变更、迁址办学、招生缩减,学校的转设风险也随之发生新变化;国家对独立学院转设的政策变化,可能导致处于转设进程中的独立学院产生新的风险;高等教育办学市场的新变化也会造成学校的变化,独立学院的转设风险具有不确定性和变动性。因此,转设风险评估工作要讲实效,突出问题导向,认真查找政策实施中的突出问题,努力提出专业化、建设性、切实管用的对策建议,通过评估促进有关部门改进工作,积极应对复杂的办学风险,做好超前分析研判,防患于未然。

三、风险评估的程序

独立学院转设风险评估是由全面收集数据、充分交流沟通、确立风险等级及提出评估报告构成的一个完整过程。

(一)全面收集数据

数据是评估分析环节的重要客观依据,大数据分析的动态化特点能满足独立学院风险评估的现实需要。独立学院转设风险评估首先要采集数据信息,广泛收集意见建议,深入了解真实情况。通过问卷调查、实地调研、察访核验、舆情跟踪、座谈交流和专家咨询等方式进行信息收集,运用成本收益分析、对比分析、对象评定、回归分析、绩效评价、案例研究、动态规划等评估方法,以翔实数据和充分论据为基础,我们可以对独立学院转设情况进行全面、客观、系统、深入的综合分析。

一是独立学院转设决策相关利益主体的意见收集、汇总。围绕投资方、母体高校、师生、政府对转设是否满意、是否有改进意见等方面,进行大数据收集,确保样本数据来源的广泛性。利用大数据分析、甄别热点问题,对其进行重点收集,提高针对性。

二是赋值打分。独立学院转设风险评估需要对收集到的数据信息进行赋值打分,赋值打分环节需要集合转设决策的相关各方,如政府部门、专家学者、相关利益主体代表等。赋值内容需要结合不同区域、不同院校特点划分出相应的风险类型,并按照风险因素种类再进行细化分层。指标需要精准地赋值打分,依据相关数据信息,按照给定的风险计算公式进行计算。

三是在决策效果不佳时,需要进行二次评估或事后评估。在这一环节,数据要及时更新,尤其是对反对意见的收集,赋分内容和标准也要进行适当调整。[①] 总之,数据对于独立学院转设风险评估至关重要,从现实情况来看,对数据的收集和分析仍然以传统的经验方式为主,如专题座谈、调查问卷、实地走访等,数据的多样化和全面性无法得到保证。对此,应充分利用互联网信息技术,增强数据全面性,提高独立学院转设风险评估结果的准确度。

(二)充分交流沟通

充分的交流沟通是独立学院转设风险评估的重要环节,贯穿于风险评估

---

① 宋湘琦.行政决策风险评估的预见性与可持续性研究[J].人民论坛,2020(23):74-75.

过程。在这一过程中,各主体之间不仅传递风险信息,还传递包括各个主体对风险事件的关注和态度,发表相应的意见以及作出相应的反应,并发布官方机构等在风险管理方面的所制定的法律法规和实施的相应措施等信息。风险社会放大框架(SARF)认为,信息系统和反应系统决定了风险性质及其重要程度,"风险事件与心理的、社会的、制度的和文化的过程之间的相互作用,会增强或减弱个体或群体的风险感知度和相关的风险行为模式以及继而产生的次级的社会或经济后果,也有可能增加或减少风险本身。"①英国人类学家道格拉斯和威尔德韦斯强调,"在当代社会,风险实际上并没有增多,也没有加剧,相反仅仅是被察觉、被意识的风险增多和加剧了"。② 进行交流沟通的目的是交换风险信息,校正评估主体风险感知偏差,强化评估主体对风险的科学认知,减少各种非理性决策的发生。

美国认知心理学家斯洛维奇认为,"个体的风险认知对于客观风险的主观态度和知觉,具有强烈的主观性特征"。③ 在独立学院转设风险评估中,由于教职工、学生、家长感知的风险水平与实际的风险水平之间存在一定偏差,对风险信息进行多视角、全方位评估判断,及时有效进行交流沟通至关重要。应当基于不同利益相关者风险认知的差异,建立政府、公众、专家或政策制定者之间的风险沟通平台,构建利益相关者之间的良性互动风险交流机制,为独立学院转设风险评估提供一个共同的对话基础。根据实际情况,定期交换转设法律和政策依据、转设方案、转设可能产生的影响等方面的意见,通过充分的信息交流,掌握独立学院转设风险动向。在充分交流沟通基础上,分门别类梳理各方意见和情况,对转设方案的合法性、合理性、可行性和风险可控性进行全面深入研究。

(三)确定风险等级

根据数据分析及交流论证情况,按照转设决策实施后可能对社会稳定造成的影响程度确定风险等级。风险等级分为高风险、中风险、低风险 3 类:大部分师生和举办者有意见、反应特别强烈,可能引发大规模群体性事件的,为高风险;部分师生和举办者有意见、反应强烈,可能引发矛盾冲突的,为中风

① RENN O,BURNS W J,KASPERSON J X,et al. The Social Amplification of risk:theoretical foundations and empirical applications[J].Journal of social issues,1992,48(4).
② DOUGLAS M,WILDAVSKY A. Risk and culture:an essay on the selection of technological and environmental dangers[M].Berkeley,CA:University of California Press,1982.
③ 曹峰,邵东珂,李贺楼,等.我国社会稳定风险治理的评估框架与方法:基于社会生态系统的"环境—行为"视角[J].经济社会体制比较,2014(4):184-200.

险；多数师生和举办者理解支持但少部分人有意见的，为低风险。《中央办公厅、国务院办公厅关于建立健全重大决策社会稳定风险评估机制的指导意见（试行）》明确，"风险等级的具体划分标准由各地区有关部门予以明确，各地区要制定风险等级评定标准，规范风险等级评定方法，科学评定风险等级，为正确决策提供客观依据"。省级政府可以根据实际研究制定本地区独立学院转设风险评估等级的具体评定标准。确定风险等级评定标准时，要把利益相关群体和社会反映作为主要参考因素，综合考虑是否可能引发大规模群体性事件、是否可能引发重大网络舆情等情况。

独立学院转设风险等级的确定主要是对转设风险出现的可能性、严重性和可检测性进行打分，详见表 4-3，确定风险指数 RPN＝出现的可能性 * 结果严重性 * 风险的可识别性，风险级别：得分小于 2 分为低风险（S），2～3 分为中等风险（M），大于 3 分为高风险（L），2 分以下为合理可接受风险。[①] 通过前期的风险调查和风险识别，结合风险可能发生阶段（前期、实施、运营），我们可以判断独立学院在师生权益、网络舆情、资产流失、财务管理、教学质量、校园稳定、意识形态、终止办学等方面的风险等级。

表 4-3　独立学院转设风险等级确定标准表

评分	风险出现的可能性	结果的严重性	风险的可识别性
5	几乎不可避免	会导致巨大损失，出现法规风险	风险不易发现或危害已经爆发后必须专项检查才能发现
4	经常会出现	会出现较大损失，出现不良信誉	内审、排查时才能发现
3	偶尔会出现	会出现较小损失，造成不良影响	日常检查就能发现
2	非常少出现	会出现微小损失，不会造成不良影响	能很快发现
1	基本不可能出现	几乎不产生损失	能及时发现

（四）提出评估报告

独立学院转设风险评估报告，是专业评估人员根据独立学院提供的转设材料，通过对转设工作的全面调查、综合分析和科学判断，确定转设是否可行的书面说明。它是独立学院主管部门决定转设与否的重要依据，是政府等利

---

① 朱正威，刘泽照，张小明.国际风险治理：理论、模态与趋势［J］.中国行政管理，2014（4）：95-101.

益相关实体向独立学院提供转设保障的有力凭证,也是转设实施过程中必需的咨询证明。一般由教育主管部门或者独立学院授权委托第三方专业咨询公司来实施转设评估并出具转设风险评估报告。

评估报告应当包括:转设基本情况、评估事项、评估方法和评估过程,各方意见及其采纳情况,转设可能引发的各类风险,风险评估结论和对策建议,风险防范和化解措施以及应急处置预案等内容。

根据有关方面的意见和建议,还需要进一步完善评估报告,评估报告由评估主体主要负责人签字后报送评估委托方,需要多级党政机关决策的要逐级上报,并抄送决策实施部门和政法、综治、维稳、法制、信访等有关部门。根据第三方风险评估结论,独立学院要会同有关方面部署预防化解风险方案,针对不同层面的风险采取相应有效措施,协同推进风险预防化解工作。

第三节　独立学院转设风险预警

风险预警是风险治理的关键阶段,其目的在于警示危机发生的可能,并在预警的基础上采取有针对性的措施,尽可能避免或减少危机事件发生。[1] 独立学院转设风险预警既针对尚未发生或即将发生的事件,也包括对风险事件发生初期的警示,根据转设风险事件的发生、发展规律和特点,在事件发生之前或早期发出警报,以便及时作出反应,预防或减少事件的损害。

一、风险预警的意义

在独立学院转设过程中,建立健全风险预警机制,能够有效预防转设风险发生,管控风险危害程度。

(一)预防风险发生

预警的制度功能在事先预防,力求防患于未然,这是社会风险领域长期历史经验的凝结。独立学院转设风险事件不仅会损害独立学院和师生权益,也可能冲击社会和经济发展,如能在事先预防其发生,代价将远远小于事后去控制和补救,特别是像南京师范大学中北学院合并转设这样的重大事件,及时预

---

① 张良.风险治理视角下城市风险事件预警响应框架构建研究[J].华东理工大学学报(社会科学版),2020,35(3):112-125.

警至关重要。独立学院转设风险防范有"黄金期":在转设风险以零星个案或小范围集聚发生的初始阶段,及时采取应急处置等措施即能扼制事态进一步恶化,这个时间窗口一旦错过,原本有效的应对手段就可能变得无效;当风险波及人数呈指数级剧增之后,作出有效应对的难度和成本也将随之剧增。正是基于此认识,《中华人民共和国突发事件应对法》《中央办公厅、国务院办公厅关于建立健全重大决策社会稳定风险评估机制的指导意见(试行)》《教育部办公厅关于推动民办教育规范发展防范化解重大风险的通知》等文件都明确规定了风险"预防为主"的原则。

教育领域的风险预防,长期以来更偏损害预防,对预警机制重视不够。损害预防指对可预见的未来损害,事先防范重于事后补救,强调的是运用既有知识和经验,提前采取措施以避免或控制未来将要发生的损害。[①] 从实践来看,2019年教育部部署开展民办学校规范办学防范化解风险专项行动,重点检查各级各类民办学校(包括独立学院)党建工作、举办者资质、财务管理、校园安全管理、教职工管理、政府有关部门履职等情况,行动以"边查边改、以查促改"为主线,要求各地教育行政部门对照排查发现的问题,及时研判存在的风险隐患,有针对性提出应对举措,对摸排出的重大问题、薄弱环节和监管漏洞,逐项分析成因,制定完善制度,建立风险防范机制,基本上属于损害预防意义上的风险预防。风险预警则更强调,根据当下并不充分的知识和信息,即使不能完全确定,也最好及时采取防范措施以避免或降低风险,奉行"安全好过后悔"(better safe than sorry)的原则,属于一种提前性质的风险预防。[②] 近年来,教育部多次发布国外留学预警、校外培训预警,为独立学院预警提供了有益启示。在独立学院转设过程中,主管部门应当建立健全突发事件预警制度,及时捕捉到转设危机将要发生的征兆信息,当转设风险即将发生或发生的可能性增大时予以预警,要坚持发布各地区独立学院转设"预警公告",达到预防、规避、阻止危机发生的目的。

(二)管控危害程度

预警机制有助于降低独立学院转设风险的危害程度,避免造成大规模的社会冲突和舆情危机。风险治理理论认为,如果不能消除公共危机的发生,那么就要对即将发生的公共危机进行风险识别、确认和测评,及时采取危机监

---

① 王艺,王克平,郭小芳,等."互联网+"思维下的小微企业风险识别与竞争情报预警研究[J].情报杂志,2021,40(9):81-87.

② 金自宁.风险视角下的突发公共卫生事件预警制度[J].当代法学,2020,34(3):64-74.

测、预警、预控等预警措施,以期获得公众的支持和理解,降低甚至消除公共危机对社会和经济发展所造成的影响。① 因此,通过风险预警系统对独立学院转设风险进行分析,进而采取必要的控制和管理行动,能够起到管控风险危害程度、降低转设负面影响的作用。

《中华人民共和国突发事件应对法》规定,建立健全突发事件预警制度,在宣布进入预警期后,县级以上地方各级人民政府应当针对即将发生的突发事件的特点和可能造成的危害,及时向社会发布有关采取特定措施避免或者减轻危害的建议、劝告,控制或者限制容易导致危害扩大的活动。在独立学院转设风险发生阶段,要通过预警系统的信息发布和传播机制,及时向社会公布和传播有关转设危机处理和控制的结果,满足公众对独立学院转设相关信息的需求,以期获得理解,共同维护社会秩序,将转设危机造成的损失降到最小。转设危机的事后处理阶段需要有效指挥和调度,而有效指挥和调度必须以正确的决策为前提,独立学院转设预警系统中所包括的危机信息数据库、危机决策支持系统、信息管理系统等可以为转设危机的事后处理提供信息、决策等的支持,为转设危机的扩散控制、信息发布、校园秩序的恢复以及善后处理等各项管理活动提供信息支持,使善后处理的各项决策更加及时和准确,最大限度地减少转设危机对社会和经济发展以及公众心理的影响。

二、风险预警的机制

独立学院转设风险预警机制涉及预警主体、预警范围、预警效力三个层面。预警主体主要包括主管独立学院的地方行政部门、母体高校以及独立学院内部机构,预警范围涉及负有监管职能的地方政府部门及受事件影响的目标人群,预警一经发出即意味着赋责和授权。

(一)预警主体

是否发出以及发出何种级别的预警,应立基于相关专业人员的技术评估。如我国《突发事件应对法》第四十三条规定,可预警的自然灾害、事故灾难和公共卫生等突发事件"即将发生或者发生的可能性增大"时,发出预警。这里的"即将发生或发生的可能性增大",显然离不开专业判断,需要由专业人员运用其专业知识完成。

但是,独立学院转设风险预警发布的法定主体,即由谁组织专家评估并最

---

① 张广利.当代西方风险社会理论研究[M].上海:华东理工大学出版社,2019:107.

终作出发出预警的决定，我国教育领域并无明确规定。究其原因，《教育法》《高等教育法》《民促法》等上位法中"风险预警"法条缺乏，教育部《实施方案》《关于"十四五"时期高等学校设置工作的意见》中仍然缺乏相关条款。从法理上来看，高等教育领域的风险防控机制重心在评估和事后追责，对于存在风险诱因的事项一般在行政审批环节予以否决，或是在风险事件发生后进行问责，以此化解风险。由于预警机制不健全，预警主体缺位，以至于独立学院转设风险发生时很难快速响应，往往造成风险扩散和危害程度恶化的情况。在公共卫生领域的突发事件中，风险预警由国务院行政部门和省级政府发出，或是由县级以上各级地方政府发布，譬如"新冠肺炎"疫情，需要由疫情发生地的卫生部门发出风险预警。而独立学院作为一类实体，其转设风险由实体引发，根据风险类型和危害程度的不同，预警主体既有主管独立学院的地方行政部门，还包括母体高校、独立学院内部设置的预警机构。各预警主体应当确定职责范围，合理分工，以保证发生预警迟延的重大失误时，各主体之间能够尽快作出调整，予以统一。

（二）预警范围

独立学院转设风险预警发出的范围，应包括负有监管职能的地方政府部门及受事件影响的目标人群。

首先，独立学院转设风险预警应发送到负有教育事业管理法定职责的政府机关和单位。主要包括地方教育局和省级教育部门，视风险类型也会涉及发改委、财政、民政、住建、公安、编办等相关部门。这些政府机关和单位可能各自在职责范围内掌握一些零碎、局部的相关信息，但独立学院转设风险事件的有效应对要求这些部门和机构打破常规状态下的分工壁垒，进入统一协调行动的响应状态。

其次，独立学院转设风险预警应当及时、准确地向师生及社会公众发出。这一要求的正当性源于：预测中的风险一旦现实化，师生及社会公众是不利后果的最终承担者，这些利益相关群体对独立学院转设风险事件可能发生的预测信息有知情权。在独立学院转设过程中，当涉及政策调整、招生就业、债务危机等情形时，向公众发出预警，可以促使其采取相关措施，降低利益受损的风险。同时，发出预警也向公众变相解释了相关问题，能够防止部分自媒体歪曲事实，在一定程度上避免舆情发酵和恶化。换言之，向公众发出预警，本身就有控制风险蔓延的效果。正是在这个意义上，公开就是为了更好地防范风险。

最后，由于没有明文规定，独立学院转设风险预警发出机关可以裁量决定是否向公众发出预警。在实践中,决策者通常顾虑事件公开会对学校发展产生不利影响。这些顾虑本身可以理解。但是,一些独立学院和转设高校爆发的欠薪、招生等事件已经清楚表明,当公众知情是控制转设风险蔓延的必要条件时,如果决策者因为种种顾虑而隐瞒,最终铺天盖地的负面舆情必将使学校付出更大的代价。至于师生可能因预警而产生的不安甚至恐慌,则完全可以通过良好的风险信息沟通而消除。

(三)预警效力

对法定的预警响应主体而言,预警发出同时意味着赋责和授权。一方面,接到预警的行政部门和机构,应当对照"谁主管谁负责,谁运行谁负责"的原则,及时按相关预案,采取相应的预防、控制措施。如本着"防患于未然"的精神,基于对突发事件未来发展的预测而展开防备工作,包括但不限于师生心理疏导、妥善安置学生、暂缓独立学院转设、撤销管理人员管理权限、人力资源调配(专家)及讲座培训等;不及时采取必要的预防控制措施可能构成未完全履责的渎职行为。另一方面,以将预测中突发事件扼制在萌芽状态为目标的预防控制措施,有不少内容涉及对网络信息传播的限制,如在独立学院转设过程中,曾出现针对转设事项进行讨论、评论形成网上敏感的舆论热点,出现一定规模炒作的信息安全事件,为防止事态进一步扩大,有关部门采取了"控评"的做法,一律删除与事态相关的所有信息载体,属于"法无授权不可为"法律保留范围,突发事件防控部门在采取这些措施时,需要符合狭义法律所规定的适用条件和范围。《中华人民共和国网络安全法》第五十八条规定,因维护国家安全和社会公共秩序,处置重大突发社会安全事件的需要,可以在特定区域对网络通信采取限制等临时措施,前提是须经过国务院决定或者批准。

三、风险预警的流程

针对"风险—危机—损害"演化链条的独立学院转设风险预警,可以划分为预测监测、预报预警、预警响应和应急处置四个环节。独立学院转设风险预警流程如图 4-3 所示。

(一)预测监测

重大风险往往会经历一个孕育生成、发展演变、升级失控的过程,构成重大风险的发展曲线和演化轨迹。很多重大风险事件的发生,都是量的积累的结果。海因里希法则(Heinrich's Law)认为:每起严重事故的背后,必然有 29

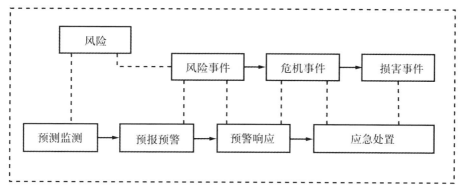

图 4-3 独立学院转设风险预警流程图

次轻微事故、300 起未遂先兆及 1000 起事故隐患。[①]"聪者听于无声,明者见于未形。"在独立学院转设风险动态发展的过程中,必须实时监测风险的态势,有针对性地采取防控措施,做到抓早、抓小、抓苗头,斩断"风险—危机—损害"的发展链条。

独立学院转设风险的预测监测以信息为基石。如相关信息不能顺畅地输入预警系统之内,再好的机制设计都会成为无源之水。我国《突发事件应对法》第三十七条规定,"县级以上地方各级人民政府应当建立或者确定本地区统一的突发事件信息系统,汇集、储存、分析、传输有关突发事件的信息,并与上级人民政府及其有关部门、下级人民政府及其有关部门、专业机构和监测网点的突发事件信息系统实现互联互通,加强跨部门、跨地区的信息交流与情报合作"。根据独立学院转设风险类型和危害程度大小,各预警主体应当广泛收集、加工、处理、存储转设风险信息,形成转设风险信息案例库。该案例库要包含以往独立学院转设风险事件的成因、类型、处理方法等详细内容。同时,还要对收集的大量、无序的转设风险信息进行分类、加工整理,使其成为能够对独立学院转设风险进行预测、预警的较为全面、真实、有用的信息,并将这些信息转化为一些简单、直观的信号或指标,为预警系统发挥功用做好准备。

(二)预报预警

如果说预测监测环节是以信息整合为基础,那么预报预警则以信息传播为基础,预警信号的广为传播不仅对风险状况的预判起到行动"指令"的作用,

---

① 钟开斌.重大风险防范化解能力:一个过程性框架[J].中国行政管理,2019(12):127-
132.

而且促使公众"一致行动"效果的产生。① 独立学院转设风险的预报预警环节主要包括两部分内容:第一,预警信息沟通。根据转设风险类型,不同的预警主体在预警信号形成和发布过程中,需要与行政主管部门或运行主体进行沟通和会商,确保预警信号的精准性,在预警信号形成过程中,只有得到行政主管部门的确认,才能更主动地转入预警响应。第二,预警信息传播。借助各种现代信息化手段,向独立学院转设利益相关群体发布风险事件预警和提醒,邀请专家进行解读,引导相关群体采取符合理性的行为,警惕和防止各类损害事件、次生事件的发生。

值得强调的是,目前有的组织和个人随意发布预警,夸大事实,进行炒作,事实上破坏了预警的效力和权威性。② 对此,国家互联网信息办公室发布《网络安全威胁信息发布管理办法(征求意见稿)》,规定相关组织和个人可通过风险提示、威胁情报等方式提醒公众加强风险防范,标题中不得采用"预警"字样。独立学院转设风险预警信息发布应当审时度势,择时采用授权发布、散发新闻稿、组织报道、接受记者采访、举行新闻发布会等方式进行。

(三)预警响应

从预警信号的发出到切实有效阻止危机事件,在逻辑上还要落实一个有效响应风险预警信号并采取应对措施阻隔风险转化成危机事件的关键阶段,这个阶段可称之为"预警响应"。③ 在科学精准预警的前提下,行政主管部门迅速确定风险事件可能引发危机事件和损害事件的风险点,进行全面有力的检查排查,这是避免风险事件给独立学院转设及社会稳定造成实际损害的关键,也是对独立学院转设风险事件进行有效防控的体现。一方面,教育等执法部门组织人力进行精准性、目标式的检查,开展薄弱环节持续巡查工作,并联动独立学院管理部门进行自查,通过集体座谈、对话沟通等方式及时解决相关问题;另一方面,对转设风险隐患进行全面排查,并对发现的隐患进行分析研判,根据隐患大小和程度不同,采取相应的整改措施,最大限度地消除风险隐患。

① 张良.风险治理视角下城市风险事件预警响应框架构建研究[J].华东理工大学学报(社会科学版),2020,35(3):112-125.
② 网信办.发布网络安全威胁信息标题中不得含预警字样[EB/OL].(2019-11-20)[2022-08-22].https://baijiahao.baidu.com/s? id=1650697304651682292&.Afr=spider&.for=pc.
③ 张良.风险治理视角下城市风险事件预警响应框架构建研究[J].华东理工大学学报(社会科学版),2020,35(3):112-125.

(四)应急处置

由于独立学院转设风险事件具有突发性的特点,必须做好"最坏"的打算,做好应急准备工作,一旦出现风险事件则迅速投入处置,把实际损害降到最低。应急处置是独立学院转设风险预警的最终环节,与前期的预警响应紧密连接,既包括对危机事件的处理,也涉及对风险事实导致损害的处置,以结果论的观点来看,良好的结果是风险预警的价值旨归。风险处置策略在理论上包括风险保留、风险规避、风险减缓、风险转移等。根据独立学院转设风险的复杂程度,国家层面、省级层面、市级层面和独立学院应启动事先制定的应急预案,采取组织指挥、信息报告、先期处置、保障调动等一系列措施,各单位要厘清责任,制定责任清单,形成完整的责任链条和齐抓共管的责任格局,同时培养担当精神,推动相关部门和人员落实责任、果断处置,防止转设风险升级失控。

第四节　独立学院转设风险应对

科学防范和化解独立学院转设风险是全面推进独立学院转设必须直面的重要课题,面对突发和潜在的风险,应从制度、能力、价值三个维度构建独立学院转设风险应对策略。

一、制度之维:防范独立学院转设风险的制度支撑

面对各种突发的、难以预料的风险,习近平总书记特别强调,"运用制度威力应对风险挑战的冲击"。[①] 制度本身就包含着对抗风险的意蕴,恰当的制度有助于降低复杂系统中的协调成本,有助于限制并可能消除人们之间的冲突,还有助于保护个人的自由领域。

(一)健全风险防范领导制度

防范和化解独立学院转设风险,坚持党的领导是一项根本原则。要坚持

---

① 中共中央关于坚持和完善中国特色社会主义制度推进国家治理体系和治理能力现代化若干重大问题的决定[N].人民日报,2019-11-06(1).

党对国家安全工作的绝对领导,实施更为有力的统领和协调。[①] 正因为始终坚持党的领导,中国才能成功应对一系列重大风险挑战,这是经由实践总结出一条重要经验。党的领导对于独立学院转设风险防范具有基础性意义。一是保证独立学院党委在重大事项决策、监督、执行各环节有效发挥作用,确保党的领导在独立学院落地生根,学校党委应督促董事会和校行政班子依法治教、规范管理,参与"三重一大"事项讨论决策,对学校财务、招生收费、组织人事、党风廉政等方面进行监督,消除转设过程中的风险隐患。二是保证基层党组织在独立学院转设工作中发挥引导作用,要积极借助学生、教师党支部开展转设思想工作,消除师生关于独立学院转设的困惑,服从国家和学校的决策。要优选配强优化党组织书记队伍,切实做好党组织书记的遴选工作,提升基层党支部带头人的思想觉悟,提升思想引领的质量和水平,将独立学院转设的正确信息传达给师生。

(二)强化风险防范法治保障

法治是一种由政府支持的制度系统,法治塑造制度,所有的社会问题最终都是法律问题。党的十九届四中全会强调,"各级党和国家机关以及领导干部要带头尊法学法守法用法,提高运用法治思维和法治方式深化改革、推动发展、化解矛盾、维护稳定、应对风险的能力"。运用法治思维应对独立学院转设风险,需以法治体系加以保障。一是加快立法。加强教育风险法治建设,完善教育风险防范法律法规,出台教育风险防范专项文件,研制教育风险识别、评估、预警专门办法,为独立学院转设风险防范提供法律政策依据。二是创新执法。加快建立教育综合执法机制,对独立学院违法违规行为开展综合执法,做好独立学院转设督察工作,将随机走访、随机抽查、随机调研和暗访相结合,提高检查的实效性。三是严格守法。围绕独立学院转设工作加强法治教育,积极组织学校举办者、管理人员参加法治专题培训班,利用社会关注度高的个案来普及法律常识,促进独立学院举办者、办学者知法、懂法、守法、用法。四是公正司法。司法机关严格遵守法定的方式、方法、顺序及步骤,加强前期审查工作,对独立学院内外部法律纠纷的类型进行公平合理的判断,合理划分司法审查和学校自治的边界,探索专业裁量。

(三)完善风险防范的各项具体制度

制度是一个多结构要素,有效应对各类型的独立学院转设风险,除了整体

---

① 中共中央党史和文献研究院.习近平关于防范风险挑战、应对突发事件论述摘编[M].
北京:中央文献出版社,2020:195.

的结构性制度,还需要完善各种交叉连接的具体制度。一是完善风险研判制度。要及时、全面收集独立学院转设风险信息,深入分析风险来源,识别风险和研判风险形势,锚定风险点,形成风险台账和案例库。二是完善风险评估制度。根据对独立学院转设潜在风险的调查,召开专家座谈会议,预测风险趋势,评估风险可能产生的影响。根据风险评估和判断的情况,确定风险等级,启动应急预防和控制工作计划,落实应急预防和控制措施,并将评估情况通报给各相关单位,督促各单位部署预防和消除风险的准备工作,着力预防和化解风险的初期影响。三是建立紧急决策指挥制度。母体高校和独立学院应设置专门的转设工作领导小组,处理转设过程中遇到的各种问题,预防转设可能导致的舆情风险和办学危机,在转设风险事件发生后,相关责任部门干部、教职工负责处理事务、安抚情绪、稳定局面,明确责任分工,避免危机扩散。

二、能力之维:防范独立学院转设风险的能力建设

加强能力建设是在独立学院转设风险不确定性中追求确定性的最可靠方式。面对各种可能的突发风险,独立学院要全面提升综合防范能力,以能力建设筑牢风险防线。

(一)提高预防预警能力

预防预警是防范化解独立学院转设风险最经济、最有效的措施。第一,要有忧患意识,坚持问题导向,树立底线思维。"增强忧患意识,做到居安思危,是我们治党治国必须始终坚持的一个重大原则。"[①]忧患意识本质是一种对复杂自然和复杂社会的警惕心理,也就是对复杂性和不确定性的一种敬畏。在转设进程加快的背景下,独立学院转设风险频发,继合并转设事件造成不良社会影响之后,部分学院在处理"老生"学费和毕业证问题上又引发社会热议,招致负面舆论,实际上就是缺乏忧患意识,丧失对转设问题复杂性和不确定性的敬畏,严重阻碍了预警能力提升。第二,要善于用科技赋能,提高风险预警能力。大数据、人工智能等技术快速发展有助于精准监测独立学院转设风险,基于大数据技术应用提高预警能力,能够获取全方位的数据信息,便捷开展有效的统计分析,可以全面构建风险分析框架。大数据能做到可视化、个性化,以APP的形式发布,为防范独立学院转设风险提供科学决策。

---

① 中共中央党史和文献研究院.习近平关于防范风险挑战、应对突发事件论述摘编[M].北京:中央文献出版社,2020:14.

(二)提升应急管理能力

当独立学院转设风险不可避免发生时,应急管理能力对于防范和化解风险至关重要。第一,提高专业治理能力。防范和化解独立学院转设风险的失误和无效,往往跟领导干部的综合治理能力不足有关。现代知识、专业分科越来越细致,但是风险的发生并不是根据知识的分科来发生的。作为领导干部,也许在某一领域是行家里手,但越是居于高级别的职位,对于综合性的专业治理能力要求越高。第二,提高应急决策能力。赫伯特·西蒙(Herbert Simon)提出"管理就是决策",在应对和处置突发事件的过程中,决策更是处于绝对的核心地位。独立学院转设风险处置的决策者需要具备危机意识和完善的知识结构,以及丰富的经验与智慧,在转设风险发生时及时掌握和发布信息,有效安抚和疏导师生员工及社会公众,快速作出善后处置决策以化解事件的消极影响。第三,提高风险信息收集与处置能力。危机事件发生后,一般的处理程序是:调查情况、制定对策、采取行动、评价总结、重塑形象等。[①] 而贯彻整个程序的中心环节是风险信息的收集与处理。独立学院需要树立安全防范意识,监测风险发生和演化情况,及时收集信息、快速分析、控制事态,为进一步制定对策、开展工作提供依据。值得强调的是,要从多渠道收集与处置信息,信息的收集要包括管理者、教职工、家长、学生、校友对学校的看法以及建议。

(三)提高舆论引导能力

在独立学院转设风险发生后,必然引发公众的关注和讨论,甚至引发大规模的舆论。对于公众舆论,既需要客观面对,又要进行正确引导,更要确保利益相关群体的知情权,及时向相关群体公开信息,避免负面舆论升级。实践表明,在转设风险发生后,及时有效获取信息是利益相关群体的本能和必然需求,也是实现自我防护、防止自身利益受损的前提和基础。要提升官方媒体对公众舆论有效引导能力。官方媒体具有多种社会功能,既要为满足社会信息需求提供公共服务,又对社会舆论、社会意识和社会行为具有重要的塑造、引导和控制作用。在独立学院风险防范工作中,官方媒体要加强公众舆论引导工作,占据主动、把握主导、壮大网上正能量;也要为转设政策积极发声,做好政策解读工作,努力营造良好的网上舆论氛围。

---

① 郭德侠,楚江亭.学校管理:风险社会的视角[J].首都师范大学学报(社会科学版),2013
(3):123-128.

三、价值之维:防范独立学院转设风险的价值引领

防范独立学院转设风险的行动是一个包含规则和价值的集合体,其中价值具有引领性意义。防范独立学院转设风险的核心价值主要包括如下三个方面。

(一)以师生为中心

以师生为中心是防范独立学院转设风险的核心价值理念。首先,以师生为中心体现为坚持将师生利益放在首位。独立学院转设的任何风险都与师生利益相关,在处置风险时应该充分考虑对师生权益造成的影响,要站在师生的角度想问题,把潜在的风险隐患当成事故来对待。各地实践表明,凡是规避风险、平稳转设的独立学院,都将师生利益放在第一位。其次,以师生为中心体现在要依靠师生。提高风险化解能力,要调动一切积极因素,在师生中获取化解风险的力量。在独立学院"联姻"高职院校合并转设风波中,有学生在学校"贴吧""超话""微博"发帖,理性解读独立学院转设政策,分析合并转设的合理合法性,驳斥非理性的抗议行为及一些不合理诉求,维护了学校声誉,得到包括学校教师在内的广泛响应。正是由于师生不间断地为独立学院与转设政策发声,才逐渐消弭了由风波招致的负面舆论。同时,以师生为中心体现在保障师生参与决策权。《实施方案》明确要求,独立学院董事会(理事会)在作出转设决定前,应征得独立学院党组织同意,充分听取师生代表意见,适时召开专题座谈会和教职工代表大会,确保科学民主决策。师生参与独立学院转设决策能够有效防范风险。

(二)以合作促善治

善治的本质特征就在于它是政府与公民对公共生活的合作管理,是政治国家与公民社会的一种新颖关系,是两者的最佳状态。善治表示国家与社会或者说政府与公民之间的良好合作。[①] 合作是防范和化解独立学院转设风险的基本价值理念,本质是多元主体的共同行动,其目的在于实现独立学院的善治。具体来说,一是加强为各管理部门间的协同合作。独立学院转设风险防范各个环节需要多部门合作,但由于不同部门对独立学院转设政策存在认知差异,往往导致协调性不足,正如西蒙所言,"不同部门的人员对事物的认识是大不相同的;由于职业训练、经历和职责分工的差别,他们的关注焦点并不一

---

① 俞可平.合作与善治[M].北京:社会科学文献出版社,2000:7.

致,往往重视其中的某些现象而忽略另外一些"。① 尤其是对独立学院转设的交叉点、结合部出现的风险,往往由于管理边界模糊、职责不清、责任交叉,不同部门、不同层级、不同岗位之间容易推诿扯皮,导致风险管控不力,最终造成严重后果。政府部门、母体高校、企业投资方、独立学院需坚持上下联动、各负其责、主动作为,协同推进独立学院转设工作。二是重视政府和独立学院的协同合作。为了防范独立学院转设风险,要建立政府和独立学院网络安全信息共享机制,把独立学院掌握的大量网络安全信息用起来,独立学院要树立"协同治理"理念,加强与政府合作,形成各方齐抓共管、协同配合的风险防控格局。三是要加强独立学院间的协同合作。尽管不同地区独立学院转设存在差异,但在风险防范机制方面也有其共性,应当建立健全跨学校、跨地区协调合作机制,推动不同独立学院就转设工作开展全方位交流合作。尤其是面临转设困境的独立学院,更需要主动学习,与其他独立学院密切交流、通力合作,积极寻求成功转设经验,以"他山之石"推动平稳转设。

(三)以保障促发展

独立学院转设作为一项重大的强制性制度变迁,需要健全基于政府和独立学院的保障机制。第一,政府要提供政策保障。中央和地方层面的政策变迁对独立学院产生影响,政策中存在的抵牾、模糊等问题可能造成举办高校与投资方"分手费"法律纠纷、营利非营利分类选择等风险。加快构建政策保障体系,各地政府应深入调研,了解独立学院转设过程中的实际困难、投资方的实际需求。根据独立学院举办模式、合同签订、各方共识、办学基础,在调研的基础上考虑分类、分步骤实施,科学划定转设时间表。同时,根据属地原则,由各地根据本地独立学院的办学实际确定转设进程,避免"一刀切"。对于各利益主体间诸如无形资产及其增值部分因初始设立时没有明确细则难以达成一致意见的,政府可出面协调,凝聚共识。第二,学校要提供组织保障。独立学院应健全转设工作领导小组,细化责任分工,完善风险防范预案,处理转设过程中遇到的各种问题,预防转设可能导致的舆情风险和办学危机。要根据独立学院的资产结构,构建完善的法人治理结构。健全学院章程,董事会、校行政和党委合理分工,健全各项制度,厘清各自职责。董事会成员除了学院代表、母体院校和地方政府的代表以外,还应该有教职工代表。健全董事会议事规则,使董事会正常运行,更好地担当学院发展决策的大任。

---

① 赫伯特·西蒙.基于实践的微观经济学[M].孙涤,译.上海:格致出版社,2009:73.

第五章　独立学院转设风险防范的案例分析

　　独立学院转设是关系到新时代高等教育高质量发展的重要问题,政府高度重视并陆续颁行一系列政策措施推进独立学院应转尽转。不同独立学院的发展形态迥异,转设的路径也应该是多元的,以满足不同发展现状的独立学院的转设需求。[①] 独立学院不论是转设成公办院校,还是民办院校,抑或终止办学,均存在一定的风险。在对独立学院转设存在的风险及其防范进行学理研究的基础上,本章聚焦独立学院转设风险防范的具体案例,从独立学院办学简介、案例基本情况、点评分析三个方面深入剖析不同案例所呈现的风险。在深入走访调研独立学院后,选择了 H 学院、W 学院、C 学院、N 大学 Z 学院和 B 大学 D 分校五所具有典型性的案例学校开展风险防范分析,力求通过案例分析,与独立学院转设风险防范的学理分析交相辉映,从现实视角观照我国独立学院转设进程中存在的风险及其防范策略。

第一节　H 学院——举办方多次变更

　　H 学院是从独立学院转设而成的一所民办本科高校。转设之前和转设后,学校产权在多次转让、交易和买卖中不断转换,由此造成学校举办方多次变更,引发抢夺财务章、罢免党委书记等一系列风险和不良后果。H 学院及其举办者在风险防范过程中并未采取积极有效的措施,以致风险不断扩大,造成不可挽回的损失。

[①] 阙海宝,陈志琼.独立学院转设产权及利益关系分析:基于公共政策的执行博弈理论模式[J].现代教育管理,2020(3):5.

一、H 学院办学简介

H 学院始建于 2000 年,是由民营企业投资举办的民办专修学院,2001 年与 S 大学合作办学,更名为 S 大学 H 学院。2003 年,终止与 S 大学合作,开始与 Y 大学合作,易名为 Y 大学 H 学院。同年,经教育部确认为独立学院。2012 年教育部批准该独立学院转设为民办普通本科高等学校,更名为"H 学院"。学校占地面积近 50 万平方米;建筑面积 20 多万平方米;拥有功能齐全的教学科研场所、体育运动场馆、创新创业孵化基地、学术报告厅等教学基础设施。学校拥有纸质图书近百万册,电子图书近 200 万册,电子期刊 50 多万册。教学楼之间万兆光纤连接,出口带宽达 14Gbps,保障了教学科研需求。

学校现有在校生近 8000 人。设有财经、信息、艺术等 8 个二级学院,20 个本科专业,涵盖管理学、经济学、工学、理学、文学、艺术学、教育学等 7 个学科门类,形成了以管理学为主,经济学、管理学、工学、文学、理学、艺术学、教育等多学科协调发展的专业格局。学校现有专任教师 400 多人,其中:具有硕博学位的教师比例 85%;具有副高级及以上专业技术职务的教师比例 46%;自有专任教师比例 65%。

学校大力拓展校企合作,发挥学校和行业企业两个育人主体的作用,坚持走产教融合、协同育人之路。各专业群成立了由专家、学者、政府和企业人员参与的专业建设指导委员会,参与指导人才培养全过程,共同制订人才培养方案,编写校本特色教材,指导毕业实习和毕业论文,参与教学管理、教学改革,支持毕业生就业等。合作企业积极支持师资队伍建设,接受教师到企业实践锻炼并倾心指导,提高教师的实践教学能力。充分发挥学校专业教师的研究专长和理论优势,鼓励教师主动参与合作企业课题研讨、技术攻关、新产品开发中,提供技术支持,取得了初步成效。

学校重视国际合作,先后与美国、英国、法国等国众多知名高校或科研机构建立了长期合作关系,学习借鉴国外先进办学经验。经过 20 年余的建设,学校办学规模有了较大发展,办学质量稳步提升,社会服务能力逐步增强,得到上级主管部门、地方政府和专家的肯定,社会声誉明显提高。尤其是近几年,学校先后获得"教学质量过硬、学生家长满意学校"、央广网"2020 年度品牌知名度民办高校"、腾讯教育"2020 年度实力标杆民办高校"等一系列荣誉称号。

二、案例基本情况

从独立学院转设后，由于举办方多次变更，学校频繁易主，H学院发展出现严重问题，面临巨大的风险挑战，给学校和师生发展带来诸多不利。

(一)风险产生缘由

H学院由一所独立学院转设为民办普通本科高等学校，自2000年创建成立以来至今短短20余年间5次变更举办方，学校六易其主，先后有1公司、2公司、3公司、4公司、5公司、6公司接手成为举办方。学校最初的投资举办方是1公司，后变更为其下属企业2公司，这是第一次举办方变更。2008年9月，3公司以1.93亿元的价格，从2公司手中购买了H学院80%举办权。由此，学校的举办方从2公司变更为3公司。这是第二次举办方变更。2014年2月，因3公司无法偿还4公司的2亿元借款，北京市第一中级人民法院裁定，对3公司持有的H学院80%举办权进行拍卖。4公司以2.24亿元的价格竞得。2014年7月，教育部批复同意H学院80%举办权由3公司变更为4公司持有。这是第三次举办方变更。2014年9月，由于4公司的业务与教育无关，故4公司的母公司基于"由专业的人做专业的事"的考虑，申请将4公司持有的H学院80%举办权内部调整到5公司名下，并获得了有关部门的支持。2015年1月，教育部批复同意H学院80%举办权由4公司变更为5公司，这是第四次举办方变更。2015年2月，5公司的两个股东与6公司签订股权转让协议，以2.6亿元价格将5公司100%的股权（含H学院80%举办权）转让给6公司。这是第五次举办方变更。

(二)H学院举办方多次变更引发的风险及其后果

1.学校产权一团乱麻

H学院举办方多次变更过程中，由于股权转让、债务转换、资产拍卖、抵押质押等纠缠不清，加之多次变更所适应的法律各异，不同法律条文之间衔接不清，规定含糊，导致H学院产权极其混乱。关联投资主体和举办方存在债权和债务纠纷，难以短时间内厘清，各种风险不断累积，给学校发展造成了严重不良影响。例如，6公司之所以热衷收购股权，而非通过举办权转让占有学校，是在钻法律的空子，打国家政策的"擦边球"。股权买卖按照公司法进行，法律规范完善、对接审批简易，而举办权转让则要按照《民促法》，涉及部门多，审批程序复杂。2015年，H学院所在省教育厅召开专家论证会，认定在股权转让后，虽然形式上5公司仍为H学院的举办方，但实际上举办方权益已经全部转给了6公司，因此建议教育主管部门按照举办者变更程序予以审查。

不过,最终教育部的答复是,5公司身份没有发生变更,而是公司内部的股东股权转让,"其行为受现行民商法律调整,民办教育促进法并无相关要求"。尽管教育部两次批复,举办权由3公司变更为4公司,由4公司调整为5公司,获得举办权的公司应当到教育和民政部门办理举办人、法定代表人证件和印鉴变更手续。但6公司对外使用的证件、印鉴、法定代表人名章,仍然是3公司的证件印鉴。因此,学校管理方坚持要求,在办理手续备案之前,拒绝6公司进驻学校。由此引发了抢夺财务章、罢免党委书记和院长事件,造成严重不良社会影响。

2.办学持续性和稳定性受到冲击

稳定的投资者和举办方是确保民办高校持续、稳定、健康发展的前提和基础。投资者和举办方的频繁变更对学校的办学理念、教育教学质量、人才培养规格和办学声誉等均产生不良影响。投资主体的不稳定可能引发资金链断裂,维系学校发展的可持续性资金无法及时足额到位,将直接影响学校的前途和命运。H学院20余年间5次变更举办方,多次买卖和交易让H学院先后经历了6个投资主体。其中,4公司之前从未涉足教育领域,对举办学校毫无经验和兴趣,只是因债务原因被动接手H学院。另一些所谓"专门从事教育领域投资"的举办方,很大程度上是想把教育当作资本运作的工具,借助教育这块风水宝地大发资本横财,也并非完全出自公益目的办教育。资本逻辑主导下,举办方为了集团或企业的利益,出现违背教育规律、贯彻党的教育方针不力的行为。因此,学校的办学定位、办学理念、人才培养质量、师资队伍发展等深受举办方频繁变更的冲击,严重影响了学校的可持续性、稳定性和健康发展。

3.学校内部管理混乱失序

每一次举办方的变更,都会造成学校管理层的变动,学校董事会、校领导等人员也会发生较大变动,对学校的顶层设计和日常管理产生不良影响。首先,学校高层管理混乱。多个举办方都想按照自己的意愿组建学校领导班子,把自己公司的核心人员安排在学校重要位置。由此,引发领导层的频繁更迭。已经辞职的理事会成员为争夺产权和财产召开临时理事会,决定免去前任执行校长一切行政职务,引起多方不满。其次,财务管理混乱。多个举办方因利益纠葛,都想将学校的财务大权独揽手中,学校财务处和财务公章、印鉴、证照等成为各方争夺的焦点。据H学院财务处一名前负责人表示,6公司在杭州银行中关村支行开设了学校账户。2015年,6公司要求学校财务处将7000万转到该账户上,遭到学校拒绝和阻止,于是公司组织50多人翻墙进校,让开锁公司打开学校办公室的保险柜,抢走了学校财务印章证照。再次,学校基建和后勤管理混乱。有的投资人私自占用学校教育用地,开发商品房,搞房地产牟取私利。最后,教育教学管理混乱。2015年,H学院在开展大学生就业辅导课程教学时,要求学生售卖面膜和大米,业绩销量和成绩捆绑。这种把人才培养、课堂教学、学生成绩同资本挂钩的做法,严重违背教育教学规范,玷污了教书育人的神圣性和纯洁性,损害了学生的正当利益,造成严重的不良影响。

三、案例点评分析

H学院在短短几年之内,从一所快速发展的独立学院,变成一所问题丛生、风险频发的"焦点"院校。究其原因,举办方多次变更,让学校处于极度不稳定的状态,从而阻碍了学校的可持续发展,教训发人深省。

(一)基本评析

伴随经济领域改革开放的不断深入推进,教育领域改革步伐大大加快,涉及高等教育事业发展的领导体制、办学体制、管理体制、人事制度等重大领域改革不断向纵深推进。社会主义初级阶段的基本国情决定了这一时期的基本经济制度是以公有制为主体,多种所有制经济共同发展。多种所有制成为社会主义市场经济的平等主体和重要补充。适应社会主义市场经济发展,支持和鼓励各种非公有制经济健康发展的大背景,催生和助推了教育领域的市场化改革。[①]《民促法》出台后,大量资本相继涌入教育领域,尤其是一些集团公司借助雄厚的资本优势,打着国家法律和政策的"擦边球",通过大肆收购、并购、买卖、股权转让等资本运作方式涉足教育事业,特别是民办教育和独立学院领域。[②] H学院的转设之路恰恰反映了这一现象及其背后的资本逻辑,令人瞠目结舌。

H学院最初通过与当地公办高校合作办学,成为一所独立学院。经过十几年快速发展,H学院取得了一定的成绩,培养了一大批应用型技术技能人才,为当地经济社会发展作出了贡献。2012年经教育部批准,H学院脱离母体高校,转设为民办普通本科高等学校。然而,转设后的H学院发展之路充满荆棘,前后又经历3次举办方变更,加上转设前的2次举办方变更,共经历

---

① 赵宏斌.教育收益与风险的国际比较及对我国的启示[J].比较教育研究,2004(8):44-49.

② 倪娟,王澍,高慧珠,沈健.我国教育风险研究现状与展望[J].教育研究与实验,2018(4):31-36.

了 6 个投资主体入主该校。举办方多次变更成为 H 学院办学过程及其转设后的最大特点,也是导致 H 学院办学风险不断、麻烦不断的关键原因。学校几经转卖,已经连 H 学院自己的老师和学生都不知道自己的"老板"是谁。对于转设后学校举办方多次变更可能引发的各种风险,H 学院并没有采取积极的态度和有效的措施加以应对,以至于错过风险防范最佳时机,放任风险野蛮生长,最终造成不可挽回的损失和严重的不良后果。媒体曾公开揭露该校办学乱象。

（二）启示反思

H 学院作为一所由独立学院转设而来的民办本科高校,由于举办方多次变更,学校陷入了发展困境,给我国独立学院转设之路蒙上了一层阴影。这一案例背后折射出来的问题不可谓不严重,需要引起各方高度重视,认真总结经验,吸取教训,妥善应对。

1.加强民办院校举办者变更相关法律法规建设

依法治教、依法办学、依法治校是推进全面依法治国的重要内容。因此,加强独立学院转设法治建设,是防范化解独立学院转设风险的有效途径和方式。就目前来看,个别法律法规条文在内容规定上仍存在"不明不白"之处,为某些行为的产生留下了法律空子。例如,2013 年的《民促法》第五十一条规定:民办学校"出资人可以从办学结余中取得合理回报。取得合理回报的具体办法由国务院规定"。但在具体实践操作中,教育主管部门对出资人要求取得合理回报缺乏明晰的规定。作为逐利的企业,如果无法获取合理回报,就会通过办学的政策优惠、关联交易等获得利润。其中,借用教育用地违规开发房地产,对于民办学校来说并不少见。海南某民办高校曾在校园违规开发商品楼十余栋,涉及金额超过 20 亿元,引发社会关注;还有一些集团把学校买过来,对其加以全面包装和提升,再将学校整体出让以获取利益。因此,应当落实新修订的《民促法》及其实施条例,进一步明晰民办学校举办者变更细则,特别要健全独立学院转设政策体系,加强涉及学校产权买卖、转让、拍卖、抵债等问题的法律建设,用法律武器保障和规范独立学院顺利转设,并保持平稳过渡,维护举办方、学校、师生合法权益。

2.加强对独立学院投资方的政策引导和规制

我国独立学院转设面临政策模糊的问题。国家针对独立学院转设出台一系列政策,支持独立学院"一校一策""能转快转,能转尽转"。但实际情况是,相关政策在地方政府和相关学校落地时存在模糊不清甚至"难产"的问题,难以有效推动当地独立学院转设。大多数地方政府和举办独立学院的公办高校并未针对独立学院转设出台具体操作方案与实施细则,造成独立学院在应对转设过程中的各种重大问题时十分被动。因此,教育主管部门可联合有关部门,出台政策,进一步加强对独立学院投资方的指导、监管和规范。对缺乏相应资质、贯彻党的教育方针不彻底不全面、假借投资教育大肆谋取私利的投资主体,依法依规加以清除和规范。加强党对独立学院转设工作的全面领导,把独立学院转设中可能由举办方变更引发的各种风险防范工作关口前移,掌握事态发展的主动权和主导权,牢牢掌握党对独立学院教学管理的领导权和话语权。

第二节 W 学院——"分手费"引发纠纷

W 学院是 A 大学 Z 学院转设而来的一所民办本科高校。学校在与母体高校 A 大学脱离过程中,因为"分手费"问题引发一系列纠纷,以致双方对簿公堂,最终只能通过法院二审得以解决。推动独立学院转设,涉及清算双方合作期间的投入和效益,"分手费"成为各方关注的焦点。然而,"不菲的'分手费'使得独立学院面临办学成本陡增,并引发多方利益冲突,产生法律纠纷"。[①] 独立学院转设过程中如何处理好同母体高校的关系,特别是妥善处理"分手费"问题,是风险防范的重点。

一、W 学院办学简介

W 学院前身为中部某省 1997 年创办的一所专修学院。1999 年,该专修学院与 A 大学合作创办"A 大学高等职业技术学院",主要实施高等职业技术教育。2004 年,学校被教育部批准为独立学院。2011 年 5 月,教育部批准该独立学院转设为民办高校即 W 学院。同年 5 月,W 学院正式成立,并撤销原独立学院建制。转设后的 W 学院是一所涵盖理学、工学、艺术学等多学科的全日制民办普通本科高校。

学校占地面积 80 余万平方米,建筑面积 40 余万平方米,设有人工智能学院等 10 个二级学院,开设 60 个本、专科专业。现有全日制本(专)科生、硕士

---

① 阙明坤,郑育琛.我国独立学院转设法律纠纷探微:基于三个典型案例文本的分析[J].教育发展研究,2021(5):36.

研究生、国际学生 20000 余人。学校重视师资队伍建设和人才引进工作,现有教师近千人。其中,博士 250 人,高级职称教师占比 50％,硕士、博士教师合计占比 84％,博士教师占比 25％,双师双能型教师占专业教师的 40％。享受国务院政府特殊津贴专家 20 人,外籍专家教授 23 人。

学校目前建有专业实验室 169 个,功能涉及各学科门类,拥有工业机器人实验室、VR 技术实验室、3D 打印实验室、大数据实验室、网络安全实验室、物联网技术实验室、无人机低空遥感实验室、离子色谱实验室、生物信息实验室、摄影棚、空中乘务实训仓等一大批科技实验室。图书馆建筑面积 3.6 万平方米,纸质藏书 172 万册,电子图书 222.4 万册,中外文电子资源数据库 109 个。

学校建有实验教学中心、创新创业中心、学术交流中心、大学生服务中心、大学生活动中心、教师公寓、3D 影院、标准化学生公寓、国家标准体育运动场、俱乐部、健身中心、金融服务网点、医院、超市等。建有稳定的实习实训基地 203 个。学校通过教育部本科教学工作合格评估,并拥有多个领先项目,如全国同类高校中率先设有海外校区、省同类高校中率先拥有研究生工作站、省同类高校中率先联合培养硕士研究生等。

二、案例基本情况

2001 年 1 月 9 日,A 大学与 G 集团签订《关于举办 A 大学 Z 分校的协议》《补充协议》,约定 A 大学 Z 分校每年按实际应缴学费的 30％向 A 大学缴纳管理费,并于当年 12 月份之前缴清。2005 年 5 月 13 日,双方通过签订《补充协议》,约定 A 大学 Z 分校缴纳管理费的比例调整为 22％,付款期限为当年 12 月 31 日前。2010 年 7 月 28 日,A 大学与 A 大学 Z 分校签订《关于 A 大学 Z 分校转设过渡期有关问题的谅解备忘录》,关于无形资产问题依据国家有关法律法规及举办方和投资方签署的办学协议,通过友好协商妥善解决。双方约定过渡期内管理费每年按实际应缴学费的 20％按时足额缴纳,逾期不缴纳的按中国人民银行公布的同期活期存款利率支付利息。

2010 年 11 月 2 日,A 大学与 G 集团、A 大学 Z 分校签订《关于 A 大学 Z 分校转设协议》,约定:一是由 G 集团向 A 大学支付人民币 4000 万元作为 A 大学无形资产投资及其增值的回报。该款项分两次由 G 集团主动支付给 A 大学:第一次支付人民币 2000 万元,自教育部批准转设之日起 10 日内支付;第二次支付人民币 2000 万元,于教育部批准转设之日起一年内支付。二是关于 A 大学 Z 分校向 A 大学缴纳管理费问题。A 大学 Z 分校在教育部批准转设前和批准转设后至以 A 大学 Z 分校转设前名义招收学生应届毕业止,A 大学 Z 分校或者 G 集团每年按以 A 大学 Z 分校转设前名义招收的全部在校学生实际应缴学费的 20％，于当年 12 月 20 日前主动向 A 大学足额缴纳。过渡阶段指自教育部批准 A 大学 Z 分校转设之日起至以 A 大学 Z 分校转设前名义招收学生应届毕业止。

协议规定，第一，A 大学 Z 分校转设获得教育部批准并更改学校名称之日起，即以新校名运行，由 G 集团、A 大学 Z 分校承担全部管理责任，A 大学退出新学校的管理，A 大学自 A 大学 Z 分校以原校名招收学生毕业后 15 日内收回全部"A 大学 Z 分校"名义刻制的印章。第二，A 大学除对以原校名招收学生毕业文凭审核加盖印章和对相关教学科研等工作给予必要支持帮助以外，不再承担其他责任。第三，G 集团、A 大学 Z 分校承诺在教育部正式批准转设并以新校名运行之日起，不再使用与 A 大学登记、注册的有关名称（含商标），对与 A 大学有关的标志及建筑等在一周内予以拆除。"A 大学 Z 分校"名称按规定注销，注销后任何一方均不得使用。如协议执行中与国家政策有冲突，按国家政策执行。同时约定，如 G 集团、A 大学 Z 分校迟延付款，应按中国人民银行公布的同期贷款利率支付利息，并按每天千分之三支付违约金。

2010 年 12 月 8 日，A 大学与 G 集团、A 大学 Z 分校又签订《A 大学 Z 分校转设补充协议》，一致同意由 A 大学 Z 分校和转设后的新学院向 A 大学支付人民币 4000 万元作为 A 大学无形资产投资及其增值的回报。该款项分两次由 A 大学 Z 分校和转设后的新学院主动支付给 A 大学，支付方式按原学院执行。2011 年 1 月 11 日，A 大学与 G 集团、A 大学 Z 分校再次签订《终止合作办学协议书》，约定由 A 大学 Z 分校向 A 大学支付人民币 4000 万元作为 A 大学无形资产投资及其增值的回报。该款项分两次由 A 大学 Z 分校主动支付给 A 大学：第一次支付人民币 2000 万元，自教育部批准转设之日起 10 日内支付；第二次支付人民币 2000 万元，于教育部批准转设之日起一年内支付。G 集团、A 大学 Z 分校对 A 大学承担连带清偿责任。

2011 年 5 月 4 日，教育部批准 A 大学 Z 分校正式转设为民办高校即 W 学院。双方各自均按协议履行，履行协议至 2013 年 5 月 9 日，A 大学致函 W 学院，提出：根据协议，W 校以"A 大学 Z 分校"名义招收的 2010 级学生 2429 人，按其学费收入的 20％上缴，应于 2013 年 12 月 20 日前支付 2013 年管理费 534.38 万元，W 学院校长承诺上缴，函请 W 校尽快履行承诺。W 学院于 2014 年 5 月 14 日对 A 大学回复《关于支付管理费的复函》称，依据协议，约定 W 校在独立学院转设为独立设置的民办普通高校时，A 校以无形资产增值名义向 W 校收取"无形资产投资及其增值回报"4000 万元人民币和转设前招收的学生应缴学费的20%,同时约定"如本协议执行中与国家政策有冲突,按国家政策执行"。协议签订后,为转设前在校学生能够顺利拿到 A 校盖章的毕业证,W 校在办学经费十分困难的情况下按 A 校要求分期支付了 4000 万元,现 A 校来函要求 W 校支付 534.38 万元,有悖于《民促法》第三十六条规定,有悖于《某省人民政府关于进一步促进民办普通高等教育发展的若干意见》规定的"举办高校在独立学院转设为独立设置的民办普通高校时,不得以无形资产增值名义向独立学院收取费用,不应支付此款"。A 大学于 2014 年 5 月 16 日复函称,W 校 2013 年应支付 A 校的 534.38 万元是管理费,不是无形资产增值费;2013 年 12 月 17 日的《某省人民政府关于进一步促进民办普通高等教育发展的若干意见》对此前已经转设成功的独立学院没有溯及力和约束力,协议中收取管理费与该文件不存在冲突,希望 W 校尽快全面履行协议。双方各持己见,未能协商一致,A 大学遂拿起法律武器维护自身的利益。

三、案例点评分析

W 学院在与母体高校 A 大学结束合作,走上独立学院转设之路时,因"分手费"问题,与母体高校闹得不欢而散。涉事三方在"分手费"问题上未能通过友好协商达成一致,最终对簿公堂,引发独立学院转设的舆情事件。该案例造成的后果值得深入思考。

(一)基本评析

W 学院与母体高校 A 大学合作办学 13 年中,双方始终坚持互惠互利、友好协商的原则共同促进独立学院发展。母体高校 A 大学以学校名称、办学声誉、教育教学管理、人才培养等无形资产投资及其增值获取正当权益,即管理费。独立学院与投资合作方借助母体高校 A 大学上述无形资产提高自身办学水平、教育教学质量、招生数量等,相应给付母体高校管理费。W 学院转设后,与母体高校 A 大学因管理费支付问题产生分歧,双方各执一端,最终对簿公堂。经过法院二审最终判定 W 学院与投资合作方共同支付母体高校 A 大学相应管理费。针对法院判例文本中管理费性质和合理回报两大焦点问题,以独立学院、母体高校、投资方的诉求作为分析维度,本研究可以得出以下几点认识。

1.合理回报的掩饰性弱化了司法对独立学院的救济功能

"合理回报"最早出现在 2002 年全国人大常委会颁布的《民促法》,即"民办学校在扣除办学成本、预留发展基金以及按照国家有关规定提取其他的必需费用后,出资人可以从办学结余中取得合理回报。取得合理回报的具体办法由国务院规定"。该条款赋予了独立学院出资人取得合理回报的权利。2004年,国务院颁布《民办教育促进法实施条例》,但是该条例对于合理回报的提取程序、额度规定较为模糊,难以操作,导致政策设计迟迟难以落地。由于法律滞后于独立学院的发展,政策对"合理回报"中的回报幅度、回报如何分配等问题没有明确界定。因此,"合理回报"的出现固然吸引投资方的投资,但相关规定的不明确为后来纠纷的产生埋下了隐患。

2.管理费的模糊性带来独立学院办学收益的不恰当分割

母体高校是否可以收取管理费、如何收取等问题界定不明,独立学院所依附的母体高校往往采用较为模糊的"管理费"来获取利益,有意无意掩饰所谓的"合理回报",以规避可能产生的道德风险。管理费的模糊性成为独立学院转设纠纷的第二个焦点问题。案例中的母体高校之所以能够胜诉,主要在于法院对管理费进行基于司法解释权范围内的认定和判决。法院认为,母体高校以固定资产的方式对独立学院进行了投资,管理费约定系双方的真实意思表示,应按照自愿、公平、等价有偿的原则履约。

3.公办高校参与办学潜藏国有资产流失风险

独立学院的转设意味着对原有的利益格局进行重新调整,转设的风险不是单向的,对于公办高校而言,风险主要体现在国有资产的流失。独立学院发展之初,母体高校主要利用学校名称、知识产权、管理资源、教育教学资源等参与办学。这部分的对价一般体现在独立学院向母体高校支付一定比例的管理费中,也就是说管理费实际上包含着三类:一是母体高校的硬件设备资源,即在开展教育教学、行政管理及其他相关活动中所需承担的资源损耗等,如仪器设备、图书馆和实验室资源等。二是母体高校的管理经验、规章制度、教学资源等软资源,即旨在确保独立学院教育质量、提高教育水平的师资队伍和教学管理资源,如制定发展规划、招生计划、输送师资和管理人员、提供教育教学指导等。三是为吸引考生并提升独立学院社会美誉度使用母体高校校名冠名权等无形资产。[①] 第一种和第二种投入属于保障独立学院运营的基本费用,是维持其正常功能的必备要素。第三类无形资产实际上是附着于投资方的有形资产上,由于无形资产的无形性和依附性,不容易分割开来,母体高校对独立学院进行其办学所需的固定资产和相应管理服务投入的同时,也让渡了历经数十年积累形成的"名校"这一宝贵的无形资产和商标特许权。不管哪种形式的投入,由于公办高校的资产源于财政拨款和政策性收费,是国家资产的重要

---

① 宋刚,高年.论独立学院管理费的性质[J].中国高教研究,2018(9):64-68.

组成部分,因此从性质上看,这部分投入应属于国有资产的范畴。案例中 W 学院转设脱离母体高校时,如果不支付品牌使用费就一转了之,将严重损害公办高校的合法权益,也间接造成国有资产的流失,因此转设中也潜藏着公办高校国有资产的流失风险。

(二)启示反思

W 学院转设法律纠纷案例说明,司法纠纷是独立学院转设过程中矛盾的外化表现,这种纠纷背后隐藏着更为深刻的矛盾。

1.教育公益性与资本逐利性存在冲突

W 学院转设产生法律纠纷的焦点在于母体高校获得"合理回报"的合理合法性,双方围绕这一问题展开博弈。我国独立学院的建立和兴起源于政府为缓解高等教育投入不足而鼓励社会力量办学,其创办模式不同于西方国家的捐资办学,本质是投资办学。调查显示,80%的独立学院由房地产企业投资举办,尽管教育行业本身是公益性行业,但是国情的差异性和政策导向使得民营企业投资的独立学院从创办之初就兼具教育的公益性和资本的逐利性。独立学院作为一种特殊的复杂性混合型社会组织,兼具教育性、学术性、公共性、产业性等多重属性。独立学院所具有的多重属性造成与独立学院相关的民办高等教育政策的特殊性,也带来独立学院发展中存在的种种障碍:一方面,属性的多元化常常成为各利益主体博弈时不同利益方各执一词的有力武器;另一方面,对这一问题的认知模糊带来法律判决中的难以操作,在司法实践中,法院的判决往往依从合同所约束的契约精神,而忽略了独立学院产生的特殊性以及其内蕴多重属性所带来的矛盾,这种判决不能不说也隐藏着对资本产业性和教育公益性认知的模糊。

2.政策法规迟滞于独立学院发展实践

面对独立学院的异军突起,我国理论界和政策部门有些措手不及,突出的表现便是理论和政策的出台迟滞于独立学院的发展现实。特别是随着独立学院发展出现的新情况、新问题,理论界的前瞻性研究不足,政策的权威性不高,相关法律效力等级低,难以发挥对独立学院发展的指导作用,使得身置多重困境中的独立学院无所适从。《独立学院设置与管理办法》虽然对独立学院的办学进行了规范,但仅仅是部门规章,没有上升到法律层面,一旦涉及实质性问题,往往无法产生约束性作用。涉及独立学院的法律法规在实践中主要存在两大问题:一是缺乏可操作的细则。国家正积极推进独立学院转设为普通本科高校,但是,民办教育政策体系和省级实施方案不够健全,例如,母体高校能否继续向独立学院收取品牌资源费或管理费,无形资产如何评估,目前缺乏相关权威规定。二是政策法规与历史事实存在冲突之处。独立学院发展过程中法律政策的滞后性甚至政策文本语焉不详等问题,使得独立学院转设面对纠纷判决缺乏有效的法律制度依据,并给多方利益主体的不理性博弈留下空间,独立学院与母体高校的诉讼焦点背后实际是政策的盲区和法律空白点的博弈。

3.拓展教育救济渠道

独立学院脱离母体高校支付给母体高校的"分手费",是投资方和母体高校在独立学院成立之初为了维护双方切身利益而借助契约作出的一种约定,其存在的初衷主要是通过契约交易,对双方未来的行动作出承诺和规范。根据《民法典》规定,独立学院使用了母体高校品牌,利用了母体高校教师资源,脱离母体高校时索取"分手费",是"合理合情合法"的。但是,从现实情况看,高额的"分手费"以及独立学院在办学过程中已经向母体高校支付的"管理费"已经成为独立学院进一步发展的重要制约力量,甚至成为其难以承受之重,这也是独立学院和母体高校产生纠纷对簿公堂的直接原因。政府应鼓励不同利益主体之间的协商对话,探寻适切的解决之道,营造良好的权利救济氛围,化解独立学院转设纠纷的多重矛盾焦点,或许可以弥补单纯依赖司法救济的缺陷,从而更好促进独立学院平稳转设。

4.厘清管理费性质

独立学院与母体高校之间的经费纠纷,实质是双方不完全契约下的利益再分配产生冲突的产物,其不仅仅是一个经济上的财务核算问题,更是一个关系双方利益合法性的法律问题。[①] 因此,应结合实际情况,从法律和制度层面进一步明确厘清独立学院的管理费性质,实现管理费的合法性重塑,才能化解办学风险、有效解决合作纠纷。关于独立学院向挂靠高校支付的"管理费"的性质认定,可归纳为两种情形:一是独立学院的办学成本;二是其办学收益。如果是办学成本,该项管理费就应该直接支付,而不论独立学院当年度是否有办学盈余;如果是办学收益,则应对独立学院的成本收益进行核算后从其当年的办学盈余中支付,若没有盈余则不能支付。在实践中可以按照上述两种情形来认定管理费的性质。政府部门在完善独立学院相关政策时,需对"分手费"作出相关规定,从法律源头消除争议,既要确保国有资产不流失,又要保护独立学院举办者、师生的合法权益。

---

① 张忠家,汪发元.独立学院向民办高校转变的危机及防范对策[J].现代教育管理,2012
(3):50-53.

第三节 C学院——转设为公办高校后收费及发证引发争议

C学院是L大学J学院转设而来的一所公办本科高校。学校在与母体高校L大学脱离关系并成功转设后,没有及时有效地处理好相关利益主体的关系,在收费和学位授予问题上处置不当,损害了多方利益主体的权益,引发不满,造成非理性群体事件。由此可见,独立学院转设为公办本科高校后,并非一帆风顺、皆是坦途。倘若对一些关键问题处理不当,忽视利益相关者的诉求,同样会引发各种风险。其中,有的风险不仅是隐性的,而且潜伏期较长,需要相当长一段时间才会显现。因此,已经或即将选择转设公办的独立学院,同样要高度警惕,妥善处理利益相关者的关系,增强抵御各种风险考验的意识和能力。

一、C学院办学简介

C学院是一所经教育部批准,由东部沿海地区某省人民政府管理、某市人民政府举办、L大学支持办学的公办普通本科高校,其前身为创建于2002年的L大学J学院(独立学院)。2018年,该院从省会城市搬迁至某经济发达地市级办学,当地政府给予大力支持。2021年2月,教育部批准同意L大学J学院(独立学院)转设为C学院。学校坚持社会主义办学方向,秉承"笃行以生为本、厚植大学精神"的办学理念,聚天下英才育之。学校地理位置优越,风景优美,校园占地面积1000亩,建筑总面积35万平方米,是一所现代化的智慧校园、人文校园和低碳校园。学校现有在校生11000人。

学校重视师资队伍建设,现有专任教师572人,高级职称教师占比41.2%,博士化率达48.9%。其中,专业课教师中具有高级职称或博士学位的超过72%。专任教师中有国家级特聘专家、省特聘教授、省高层次人才、省中青年学术带头人、省双创博士等高层次人才近70人次。学校契合地方经济社会发展需求,设有物联网工程学院、电子信息工程学院等15个教学单位,6个联合培养硕士点,47个本科专业,覆盖理学、工学、文学、管理学、经济学、法学、艺术等7大学科门类。物联网工程专业入选国家级一流本科专业建设点,金融工程、电子信息工程、自动化等专业入选省高校一流本科专业建设点。

学校注重科学研究,不断提升科研水平,承担国家级、省部级、市厅级及横向课题等科研项目258项;发表高质量科研论文1000多篇。学校持续深化产教融合,建有百余个实习实训基地,与90余家大型企事业单位签订人才培养合作协议,建有华为ICT学院、网络空间安全实训基地等7个产教融合实体。学校以"技能型、精英型、国际化"人才培养为导向,构建特色鲜明的人才培养体系。近三年,在挑战杯、"互联网+"等国家级和省级创新创业及学科竞赛中获奖500多项。学校毕业生报考硕士研究生的上线率达20%、录取率达15%,考研升学率稳居同类院校前列。众多优秀学子被北京大学、南京大学等"双一流"高校录取。学校与美国、英国等多国高校及港澳台地区高校签署合作协议,部分优秀学子被加利福尼亚大学、谢菲尔德大学、悉尼大学等国外著名高校录取攻读研究生。

二、案例基本情况

L大学J学院选择了由独立学院转设为公办本科院校的发展道路,这一选择原本可以成为独立学院转设的样板,也可以助推学校快速发展。但是,学院转设后,在老生毕业证发放、老生学费收取和招生宣传等环节处理不当,引发系列风险,亟须全面反思,及时吸取教训,促进学校高质量发展。

(一)风险产生缘由

1.新学校颁发"旧证"

独立学院转设后,应实行"新人新办法、老人老办法",给新入学的学生颁发新学校的毕业证和学位证。C学院由独立学院转设为一所公办普通本科高校,按照教育部规定对以L大学J学院名义招生的学生,仍然授予L大学J学院的毕业证和学位证。这部分老生认为自己应当被授予新学校即C学院的毕业证和学位证,而学校坚持按照规定授予L大学J学院的毕业证和学位证,老生认为学校做法有失公平,没有做到一视同仁,损害了学生的利益。

2.新学校仍收取高学费

C学院完成转设后,主办方由原来的母体高校L大学变为地方政府,老生认为,转设成功后作为公办高校再收取高额的学费并不合适。因为独立学院转设要求必须和母体高校切断联系,所以母体高校L大学的很多老师被召回。许多本身是奔着母体高校L大学优质师资来的学生们表示,不少校内老生专业选修课没有着落。在L大学老师退回母体高校后,学校没能聘请到相关专业合适的老师,老生认为,总体教学资源相比转设前存在下降现象,在学校不能保障教学资源的前提下依旧缴纳高额的学费并不合理。很多C学院的老生和家长都表示,在无法享受高质量教育的情况下却依然要缴纳高额学费,实属不应该。

3.招生过程中存在虚假宣传

很多学生反映,他们是听信了学校所谓的转设宣传,即"发 C 学院的毕业证和学位证,收公办高校的学费"才来的。这当中很多学生完全可以去一个还不错的二本公办学校。C 学院招生形势火爆,在各省投档线暴涨,已经超过不少公办二本学校,部分外省最低投档线甚至超一本线好几分。老生们认为,C 学院的成功转设,完全是依赖老生的成绩。如果不是 L 大学 J 学院全体学生的辛勤努力,也就不会有之后成功转设的 C 学院,更不会有 C 学院的火爆招生形势。然而 C 学院转设成功后,学校就将自己一脚踢开,过河拆桥,不降学费也不发新证,自己花大价钱就拿一个已经取消编制的学校的毕业证。老生们的抗议使得 C 学院新生、老生、学校三方之间矛盾不断。学校不降学费不发新证,老生认为自己受到欺骗。高分进来的新生们却不以为然,讥讽老生,一时间网络上议论纷纷、争鸣不断。

4.当地政府不愿承担老生的财政拨款

普通公办学校如果只依靠学费和住宿费,加经营收入,连维持基本生存都不够。C 学院所在省规定,该省公办大学生生均拨款是 12000 元。很显然,以 L 大学 J 学院名义招收的学生拿不到这个 12000 元的生均拨款。地方政府没有义务也不想为原独立学院的老生们承担这部分财政拨款。以 L 大学 J 学院招收的老生没有政府财政拨款,学校也就得不到这笔财政拨款,自然不可能为老生降学费。

5.新学校的教学质量下降,治理能力相对较弱

在地方政府的大力支持下,转设后的 C 学院搬入新校区办学,加大了办学资源投入。在很多老师和管理人员被 L 大学召回后,C 学院招聘了一部分新的教师和管理人员,但教学和管理能力相对欠缺,总体办学资源、教学质量相比原来明显下降,治理能力相对较弱。

(二)风险产生的后果

C 学院由独立学院转设为公办应用型本科高校后,在学费、毕业证书等方面发生舆情,产生不稳定事件,带来一些不良影响。

1.损害了部分学生的利益

部分老生以其他独立学院转公后颁发新证为由,提出让 C 学院颁发新的毕业证和学位证,且按照公办学校的收费标准缴纳学费。但是,老生的这两项诉求均未得到满意答复,老生认为,既没有享受到原母体高校优质师资和办学

资源,又要缴纳高额学费,对此,老生表示强烈不满,集体抗议,造成学校不稳定事件。很多学生通过网络发帖表示,"不少院内老生专业选修课没有着落,学校没能聘请到相关专业合适的老师。这种情况下,总体教学资源是否与原主办方办学质量相同?""转设后老生非但没有享受公办红利,甚至丧失了以前L大学的福利,还要被学校抛弃!"。还有部分学生家长通过人民网地方领导留言板给领导写信,反映C学院在处理老生毕业证书的问题上不合法不合规,要求充分考虑学生的利益。此外,L大学J学院部分人员在招生过程中不够严谨,存在虚假宣传和承诺,欺骗了报考该校的学生,引发学生不满。很多学生纷纷在学院微博下留言:"学校之前拿着C学院的名号招生,这不是虚假宣传吗?"

2.损害了学院的办学声誉

由于在颁发"双证"、收取学费、诚信招生、稳定队伍、保障教学、后勤服务等方面处置不力,频繁出现问题,引发负面社会舆论,C学院一段时间内被推向了独立学院转设的风口浪尖。C学院成功转设公办高校后,并没有像很多人想象的那样发展顺利,而是连发多起网络舆情,引发多方利益相关者不满,对C学院办学治校、人才培养和教育教学管理等造成不良影响。据不完全统计,该段时间内,新浪微博中涉及C学院的负面舆情多达近千条。很多学生纷纷发帖,抱怨学校的基础建设、后勤服务等条件差。

3.增加地方政府财政负担

C学院成功转设后,举办方变更为地方人民政府。由于以L大学J学院(独立学院)名义招进来的学生无法得到政府财政拨款,若想满足老生降学费的要求,当地政府就要自行掏腰包承担老生的生均拨款,这对于地方政府而言是一笔很大的财政负担。舆情发生后,当地政府和学校做了相关工作,承诺增加老生奖学金名额和金额。事件迟迟未得到回应和解决,部分学生通过网络发帖,攻击当地政府和教育主管部门,导致地方政府和教育管理部门名誉受损。

三、案例点评分析

C学院的转设之路,表明独立学院转设工作涉及多方利益主体。利益相关者存在博弈和竞争。如何回应多元主体的利益关切,妥善处理政府、学校、师生之间的关系,保持利益相关者之间的良性关系,成为极其重要的问题。这就需要构建利益共同体,让政府、学校和师生等利益相关者求同存异,寻求最大公约数。

(一)基本评析

L 大学 J 学院转设为公办高校 C 学院,这样的转设过程本应该是皆大欢喜,但是由于一些问题处理不当,风险防范意识和能力不足,学校一度成为网络舆情和社会舆论关注的焦点,造成一系列不良影响。案例中涉及老生的诉求无非就是两点:降学费和发新证。首先,降学费这一条就目前而言很难实现,因为 C 学院前身是独立学院,无法获得政府 12000 元的生均财政拨款。只有地方政府愿意承担这部分拨款才会降学费,但这几乎不可能。其次,颁发新证也存在很大困难。C 学院所在省份因为之前独立学院合并转设导致学生不满一事就比较保守,如果该省开了这个头颁发新证,那么国家推行的"老人老办法、新人新办法"就失去效力,直接影响独立学院后续转设的进程。最后,就 C 学院本身而言,在风险防范问题上做得也不好。C 学院没有权利决定是否发新证和降学费,但是,之前招生季 L 大学 J 学院的招生宣传曾有工作人员承诺可以降学费,存在虚假宣传。不能降学费就应该发文讲明白为什么不能降,不能发新证就讲明白为什么不能发,应坚持实事求是。

(二)启示反思

针对 C 学院在转设后面临的风险和风险防范存在的问题,需要精准发力,加强风险管控。

1.独立学院要妥善处理多元主体利益关系

独立学院的转设过程"涉及产权、师资、利益分配等诸多因素,不同办学主体之间存在的利益差异也决定了转设并非易事"。[①] 为实现深入推进独立学院转设工作,需要妥善协调各方利益关系。由于不同利益相关者的诉求不同,因此,制定与执行相关教育政策法规,需要对这些利益相关者的个性化诉求进行充分考虑,有效拓展和畅通利益表达渠道。推动新时代独立学院转设,协调利益关系,需要以学院公益性为基础,对各个利益相关者的利益关系进行平衡,实现规范化管理。[②] 要争取多方共同参与,保障多方平等协商的权利,积极建设一体化利益协调机制,在利益关系动态发展中寻找平衡点。深入研究国家政策精神,根据自身实际,制订切实可行的独立学院转设和过渡期方案。同时,独立学院董事会(理事会)在作出转设决定前,应征得独立学院党组织同意,充分听取师生代表意见,召开教职工代表大会和学生代表大会,确保科学民主决策。在转设成功后,学校仍要高度重视、充分考虑学生、家长、教师、社

---

① 张琦英,朱跃.独立学院的发展特征与方向[J].教育评论,2021(6):76.

② 阙海宝,罗昆.独立学院转设的困境及其出路[J].教育发展研究,2015,35(5):49-53.

会力量的利益诉求,兼顾多方利益,构建有效的利益表达机制、问题解决机制和风险防范机制,推动转设后的平稳过渡和可持续发展。

2.独立学院转设后要加快高质量发展

作为我国高等教育事业的生力军,独立学院无论是转为公办还是转为民办,都应该有清晰的办学理念,克服原有办学体制存在的弊端,更加注重高质量发展和内涵建设,不断提升人才培养质量,创建新的特色发展品牌。要以转设为契机,明确办学目标、办学特色和办学定位等,"强化'质量工程',深化教育教学改革,充分发挥灵活高效的机制优势,加强校企合作、产学研结合"。[①]要进一步明确自己的新使命、新任务,支撑地方战略性支柱产业发展。作为应用型高校,应从适应新发展理念、努力培养担当民族复兴大任的时代新人的高度出发,把办学思路真正转到服务地方经济社会发展和培养高素质应用型技术技能人才上来,对接地方重大产业链、创新链和人才链,探索应用型人才培养的特色之路,赢得学生和家长的认可。

第四节　N大学Z学院——与高职院校合并转设产生不稳定性事件

N大学Z学院在转设过程中,选择了一条与高职院校合并转设为一所本科职业技术大学的路子,结果遭到该校学生的强烈不满和激烈反对,以致酿成严重的非理性群体性事件,引发一系列风险。"万般皆下品,唯有读书高"的传统观念和知识分子情怀,让很多家庭尤其是边远地区、农村地区和贫困地区的家庭,把改变自身命运的机会压在子女读书求学之上。即使不能考入名校,能到一所名校举办的独立学院读书也未尝不可,但是到一所职业技术类高校读书,很多家庭是难以接受的。虽然国家再三发文强调,职业本科与其他类型本科具有同等效力和含金量,但是很多家长与学生包括社会其他群体对此解释并不买账。长期以来形成的对"职业""技术"类学校的严重偏见让大家望而却步,职业技术大学的认可度在短期内难有改观。N大学Z学院在转设过程中,出现的群体性事件影响极大,导致N大学Z学院转设之路被迫叫停,各种风险错综复杂、相互叠加,引发各方高度关注。

---

① 全秋萍.独立学院转设的实践与思索[J].中国高等教育,2012(12):24.

一、N大学Z学院办学简介

N大学Z学院是经教育部批准，由N大学与下辖教育基金会举办的独立学院。Z学院坐落于东部沿海地区某省。Z学院自1999年建立以来，秉承百年老校——N大学优良的办学传统和先进的教育理念，依托N大学的优质教学资源，独立组织教学，是N大学本科生培养的有机组成部分。Z学院的学生与N大学其他院（部）的学生共享学校的图书资料、实验设施、体育场馆、学生公寓等教学资源。从2009届毕业生起，发放N大学Z学院文凭；达到学位授予条件的，授予N大学学士学位。为满足办学条件达标要求，Z学院迁址到另一地级市下属的县级市办学，地方政府给予较大支持，实行交钥匙工程，拥有了独立的新校园。Z学院现有文、理、工、管理、艺术等多个学科，设有人文与社会科学系、经济与管理系等9个教学系部，拥有34个专业。学院现有在校生4500人，占地面积约1200亩，其中教学用房17583平方米，包括语音室、计算机机房、电子实验室、计算机综合实验室、通信实验室等教学、实验用房2900平方米。此外，还有学生公寓46000平方米，素质教育楼、食堂等8600平方米。

计划与N大学Z学院合并的J职业技术学院同样坐落在该地区，其前身可追溯到创办于20世纪50年代的ZS学校，是新中国成立后某省独立创办得较早的商业类学校，后经多次院校合并成为目前的J职业技术学院。学校全日制在校生1.5万余人，教职工900余人；设有工商管理学院等13个教学机构，共42个专业（含"3+2""3+3"项目），覆盖管理学、经济学、工学等学科门类，拥有校内外实训实践基地389个。学校全面推进大学文化建设，大力弘扬传承优秀传统文化、革命文化和社会主义先进文化，积极打造特色专业文化，为"三全"育人和事业发展提供坚强保障。办学60多年来，学校累计为社会培养输送10万余名高素质、高技能、应用型人才，赢得各界广泛好评。

二、案例基本情况

N大学Z学院在独立学院转设的过程中，选择与高职院校合并，是对独立学院转设路径的有益探索。但是，本可以两全其美的转设之路，却因学生、家长和社会对"职业本科"的认可度较低而不了了之，对学校发展和独立学院转设造成极大的影响。

（一）风险产生缘由

根据2021年3月中旬东部地区某省教育厅颁布的文件显示，N大学Z学院将与 J 职业技术学院合并转设为一所公办本科职业技术大学。这样的转设模式原本是一个不错的选择。一方面,从国家发展战略来看,为适应工业 4.0、中国制造 2025、数字经济等对高素质、复合型、专业化人才队伍的需求,党和国家及时提出构建现代职业教育体系,推动职业教育高质量发展,培养大批高素质、应用型、技术型、技能型人才和大国工匠的决策部署。另一方面,从满足人民对优质高等教育的需求,推动教育公平正义的层面而言,推动专科层次职业技术院校向职业本科学校升格也非常必要。但是,情况并非想象中的这般容易。由于长期以来社会各界对职业教育和职业院校带有偏见,家长和学生不愿意选择就读职业学校,不甘于只拿到一所职业技术学校的毕业证书,由此引发了 N 大学 Z 学院与 J 职业技术学院合并转设风波。

2021 年 6 月,N 大学 Z 学院部分学生因对该校与高职院校合并转设工作不满,在校内长时间聚集,并将前来做解释说明工作的学院院长王某(58 岁)非法扣留,限制其人身自由达 30 多个小时。在省教育厅和 N 大学分别发布暂停该校与高职院校合并转设工作和终止 Z 学院与高职院校合并转设工作的公告,并现场宣读解释后,少数学生仍不听劝阻继续阻止王某离开。公安机关多次向这部分学生喊话警告,开展法律宣传,但遭到一些极端学生的围攻谩骂,阻碍执法。为维护校园秩序和被困人员人身安全,公安机关依法采取必要措施将被困人员带离,后立即送至医院救治,事件得以暂时平息。

(二)事件引发的风险及其后果

N 大学 Z 学院在与 J 职业技术学院合并转设过程中,由于缺乏风险防范意识和能力,引发学生极端事件,造成严重后果,社会影响极大。具体表现在以下几个方面。

1.对独立学院转设工作造成极大冲击

独立学院转设工作启动以来,党和国家高度重视,多方调研,陆续颁行相关政策,高位推动独立学院转设工作,促进独立学院实现转型发展、组织变革。国家提出的独立学院转设路径主要有三种,即转设为公办学校、转设为民办学校和终止办学。其中,独立学院与高职院校合并转设为公办本科职业技术大学是符合国家发展战略和社会发展需求的。但是,N 大学 Z 学院在与 J 职业技术学院合并转设过程中,由于缺少风险防范意识,思想政治教育不够,应对突发事件能力不足、处置不当,加之对独立学院转设过程中存在的意识形态安全缺乏敏感性,引发学生不满和极端行为,酿成大规模群体性事件,造成恶劣影响,给原本可以推行的独立学院转设可行性路径平添了极大障碍和风险,以致被迫暂停合并转设工作。

2.影响了学校声誉和后续发展

N大学Z学院对合并转设一事可能引发的风险及其带来的后果估计不足,研判不力,事发后又没有采取及时有效的措施安抚情绪激动的学生,平息事态,以致事态不断扩大,一发不可收拾,最终由警方强势介入才得以解决。这一学生群体事件引发的舆情将N大学Z学院推向独立学院转设的风口浪尖,一时之间成为媒体和社会各界关注和热议的焦点。该事件严重影响了N大学Z学院的办学声誉和社会认可度,对学校的办学理念、招生就业、教育教学等产生严重冲击,学校元气受到损耗,不利于学校后续可持续发展。

3.对校领导和部分学生造成伤害

N大学Z学院学生对学校同J职业技术学院合并转设成为一所本科职业技术大学一事极为不满,大批学生在校内聚集,采取非理性手段将年近六旬的校长王某非法扣留多达30多个小时,对王某的身心健康造成极大影响,以至于警方强制将其带离后立即送医院救治。大部分参与聚集的学生不论是主观故意还是盲目跟从,不仅扰乱了学校的正常教学秩序,而且不利于自身的健康成长。对于那些阻碍警方正常执法、围攻、谩骂执法人员的学生,面临不同程度的处罚。这对于尚未涉世的大学生而言会产生极为不利的影响,给个人发展和成长留下污点。

三、案例点评分析

积极探索职业本科发展之路,推动新时代职业教育高质量发展,是党和国家解决新时代职业教育发展不平衡、不充分问题的重要举措。如何从理念、政策、实践等多个方面入手,提高社会各界对职业本科的认可度、接受度,需要反复尝试,不断摸索。

(一)基本评析

"职业本科"作为一个新生事物,目前在教育领域和社会群体中的认可度并不高。这主要是20世纪90年代实行社会主义市场经济以来,中专不再吃香,社会对"职业""技术"类学校存有严重的偏见。很多家长、学生和社会人士一看校名中含有"职业""技术"等类字样,就会对这所学校产生不好的第一印象,并且很难短期内扭转。谈"职业"色变的根深蒂固的传统观念,让职业本科这个新生事物发展面临很严峻的挑战。伴随高等教育迈入普及化,我国进入文凭社会,高学历人群并不稀缺。本科学历已经远远不能满足人们对学历的追求,普通本科都不被看好,更何况是"职业本科"。"职业本科"当前面临认可度较低的问题。这一问题解决不好,不仅会影响独立学院转设之路,而且会影响中国教育事业的发展前景。

N大学Z学院的合并转设之路非常坎坷。有关方面过于乐观地估计了社会、家庭和学生对于职业本科的认可度,以致合并转设方案出台后,遭到学生强烈反对和集体抗议,引发学生群体事件,产生严重不良影响,给独立学院转设工作带来不小的麻烦。因此,独立学院要本着相互尊重、平等协商的原则,"依法依规处理各方矛盾,对母体高校提供补偿或奖励,降低母体高校对转设的阻力。密切关注师生的思想动态,在转设方案中妥善安置在校师生,防止冲突事件发生"。[①]

部分地方政府、主管部门、公办大学和独立学院工作不担当、不作为,指导不力,工作简单粗放,不够精细、不够暖心,解释不透,思想引导工作不足。对合并转设缺乏充分的风险评估,对于转设风险的研判、识别、预警不够充分。由于没有以学生为中心,好政策没有用好,信息不够公开,与青年大学生缺乏深入沟通交流,听取学生意见不充分,导致广大学生不明事情真相,校方与学生在转设过程中矛盾不断升级,风险逐渐增大。对于广大学生误解很深的问题缺乏及时回应、耐心解释,包括:学信网上的个人信息问题;校友权益保障问题;职业技术大学的性质问题。还有不少不明真相的学生表示,老师告知他们职业本科毕业生不能考研,在考研、考公务员中要遭遇歧视对待。从舆情应对来看,独立学院管理者媒介素养不足,舆情应对处置能力欠缺,既缺乏对舆情发生发展规律的科学认识,也缺乏对师生需求的深入了解,加上与重大敏感时间节点重叠,在舆情应对中造成次生舆情。

由此可见,独立学院转设问题引发的风险绝非小事,已经上升到国家安全、意识形态的高度,要从维护国家安全的战略全局出发,警惕和防范独立学院转设过程中已经产生和有可能产生的各种风险。

(二)启示反思

教育部文件提出可探索统筹省高职高专教育资源合并转设,方案比较符合国家发展战略和高等教育。无奈社会、家庭和学生长期"歧视"和"厌恶"职业教育,对职业本科这一新生事物难以接受,最终在爆发学生与学校大规模冲突的非理性群体性事件后,政府部门被迫暂停独立学院与高职院校合并转设为职业技术本科大学一事。这一转设风波和由此引发的各种风险,需引起各方高度关注和深刻反思,力求为新时代独立学院顺利转设提供更加科学合理

[①] 郑雅萍,周婷,陶佳苹.独立学院转设:必要性、困境及路径设计[J].教育理论与实践,2019(36):9.

的路径和参考。

1.社会对本科职教认识不够,合并转设需慎重

当前,随着中等收入群体的扩大,阶层固化焦虑感同步增加,"教育内卷"愈演愈烈,催生教育焦虑。随着文凭主义的泛滥,优势社会群体需要诉诸一定的手段才能维持自身的社会地位不变,而大学的文凭、学历则提供了在各类职业中划分出掌握知识的权威或者低等级人员的可能性。

受"学而优则仕"传统观念影响,人们心中始终抱着陈旧的求学观、择业观、成才观,社会对技能型人才、职业技术教育心存偏见,导致职业教育处境冷清,在整个教育体系中处于劣势,低人一等,沦为"二等公民",被视为"落榜者的教育"。在公众意识里,只有考不上大学、考不上好大学,才会去接受职业教育。社会对职业教育普遍存在歧视,"重普教、轻职教"的观念根深蒂固,职业教育被异化为中下社会阶层、基层体力劳动者的"标签"。这样的歧视性认知,与当下国家全力推进职业教育的氛围格格不入,但是"冰冻三尺非一日之寒",这种境况的改变还需时日。

正是在这种文化氛围和现实背景下,独立学院与高职院校合并转设为本科职业技术大学,成为引发学生对未来发展空间受限、社会阶层固化、上升渠道受阻焦虑的导火索。特别是国有民办型独立学院与母体高校间关系紧密,塑造了学生身份认同,学生们往往自认为与"双一流"大学有着血缘关系,身份优于一般应用型本科或者高职院校,转设导致身份认同失调,认为是"降格为职业大学",引发了学生的过激反应。

因此,需要审慎探索独立学院与高职院校的合并转设。《实施方案》中提到的"合并转设",是指独立学院整合优质的高职学校或高等专科学校成为本科层次职业学校。这原本是具有重大创新意义的制度设计,有益于双方发展,如山西、河北等省独立学院与高职院校的合并转设目前平稳有序,发展势头良好,并未出现不稳定事件。可见要在做好严谨论证和风险防范的前提下,审慎稳步探索,但是必须基于两所院校的理念契合、完全自愿、平等协商、优势互补、师生认同。同时,认真落实全国职业教育大会精神,走出职业教育思想认识"怪圈",落实《本科层次职业学校设置标准(试行)》《本科层次职业教育专业设置管理办法(试行)》,扩大专业设置等办学自主权,支持本科职业大学"办优、办特、办精",真正办成社会尊重、同行认可、学生向往、家长满意的高水平大学。

2.完善国有民办型独立学院转设政策

独立学院主要分为国有民办型和民有民办型两种类型。全国共有68所国有民办型"校中校"独立学院,占独立学院总数的28.57%。2021年爆发群体事件的独立学院,均是国有民办型独立学院。不同地区、不同类型独立学院均存在较大差异,要尊重历史、实事求是,充分考虑不同类型独立学院的特点,给予差别化规范,分类指导,不能脱离实际采取"一刀切"。类似浙江、江苏的"国有民办型"独立学院,是转设的最大"拦路虎",在遵循教育部《实施方案》的原则下,可采取5种方案推进转设:一是转设为公办大学校区,借鉴北京师范大学珠海分校转设为北京师范大学珠海校区的相关经验,将国有民办型独立学院转设为异地校区。二是转设为普通公办本科高校。国有民办型独立学院资产属于国有性质,产权较为清晰,可以寻求地方政府的支持,在公共财政许可的情况下,转设为省属或市属公办普通本科高校,如新疆大学科学技术学院转设为新疆理工学院。三是暂停招生、撤销建制,并入母体高校。参照南京大学金陵学院做法,终止办学决定征得学院党组织及师生代表同意,在尊重各利益相关方的权益诉求前提下,妥善安置未毕业学生,以纳入母体高校编制、转岗、人事代理等方式安置教职工,校友统一纳入母体高校管理,保障校友权益,增强学生认同,确保正常教学秩序和校园稳定。四是探索转设为基金会、国企举办或无举办者的公有民办本科高校。国有民办型独立学院可以探索与教育基金会、国企、政府成立的教育投资公司合作,转设为公有民办本科高校,实行自主办学、自主管理、坚持公益、社会所有、教育家办学模式。基金会举办模式类似西湖大学,国企举办模式类似茅台学院,无举办者办学模式类似于浙江万里学院。五是慎重探索独立学院与高职院校合并转设,已经完成合并转设的学校需提高风险防范意识。

3.健全独立学院转设风险防范领导机制

加强独立学院转设统一领导和宏观指导,将风险防范工作纳入独立学院转设工作的统一范畴,建立健全独立学院转设风险防范领导体系,成立国家、省级、市级三级领导小组。一是国家层面,教育主管部门进一步加强对独立学院转设的宏观指导,发挥民办教育工作部际联席会议作用,协调解决转设难点问题。二是省级层面,各省成立教育厅、工商局、发改委、财政厅、公安厅、安全厅、司法厅、国资委等部门参与的独立学院转设领导小组,妥善处置风险事件,为转设工作提供有力保障。三是市级层面,各独立学院所在地级市成立地方政府、举办高校、投资方、独立学院负责人参与的风险防范领导小组。各地在出台落实独立学院转设具体政策时,应尽量考虑周全,针对独立学院转设为民办高校、转设为公办高校、回归母体高校、终止办学等多种路径,制定具有前瞻性、操作性、吸引力、含金量的政策,降低政策风险。

第五节　B大学D分校——"三本变一本" 引发师生争议

B大学D分校在转设中,选择了一条终止办学的路子,即独立学院整体并入母体高校中,原独立学院建制在过渡期后彻底注销。这样的转设结果,让原来的三本批次招生的独立学院秒变为一流水平的重点大学,实现了由"三本"向"一本"的华丽转身与成功逆袭。这样的转设结果对大多数独立学院来说可谓是"天上掉馅儿饼"。但是,这样一条被多方看好的独立学院转设路径,仍然引发了社会舆情,产生了不稳定性因素和风险。

一、B大学D分校办学简介

B大学D分校是教育部2003年批准设立、由B大学和华南地区H市人民政府合作举办、进行本科层次教育的独立学院,前身是2001年创办的B大学H市教育园区。D分校的教学组织和管理由B大学负责。B大学高度重视D分校的教育质量和办学水平,派出经验丰富的管理干部,负责分校的行政和教育教学管理工作。D分校依托母体高校B大学的优质学科资源和办学声誉,着眼于经济发展和社会需求,致力于培养具有宽厚人文、科学素养和学科专业知识的应用型专门人才。

B大学D分校有在校生2.5万人,占地5000余亩,总规划建筑面积74万平方米。目前,已完成建筑面积53余万平方米,投资总额37.13亿元。学校拥有专业实验室72个,实验室的仪器设备18637台,总价值9837.35万余元。学校图书馆总建筑面积2.9万平方米,馆藏中外文纸质图书130余万册,电子图书78万种,中外文报刊1600余种,中外文数据库33种,设6个印刷型文献阅览室,1个多媒体阅览室,5个普通研讨室,1个试听研讨室,16个休闲学术研讨区,设有3700个阅览座位,为师生的学术研究和学习研讨提供了良好的环境。

B大学D分校设有文学院、教育学院、管理学院等15个二级教学机构,涵盖8大学科门类的72个本科专业,形成了以经济类、管理类及工科类等应用型学科为主体,教育类学科为特色,文学、艺术等传统学科协调发展的综合性学科布局。学校目前自有教师953人,其中,85%以上具有硕士学位,35%以上具有博士学位;高级职称比例占 48％,其中正高级职称占 24％;35 岁以下的专任教师占 53％;高学历、高职称和年富力强的中青年教师成为教学队伍的主要力量。学校外籍教师比例约 12％,也达到了较高比例。该校生源质量较高,2018 年,录取的省外一本线上学生比例达 60％。

二、案例基本情况

该独立学院在转设为母体大学校区过程中,出现网络舆情和不稳定事件。

(一)风险产生缘由

2019 年 6 月中旬,B 大学发布关于新校区建设和 D 分校转设的相关说明,该说明阐述的总体原则得到了教育部同意。具体内容包括:

第一,D 分校逐步实现转型升级,在与 B 大学 D 校区并行的过渡期(以下简称"过渡期")结束后,整体并入 B 大学 D 校区。B 大学 D 分校经过十几年的建设与发展,取得显著的办学成就。但是,在高等教育内涵式发展的大背景下,各高校都在加大办学投入、加强学科建设、吸引优质师资、提升教师教学科研能力,B 大学 D 分校面对的竞争日益激烈,存在着持续发展的困难和压力。同时,按照国家政策,B 大学 D 分校作为独立学院,正面临转设的任务——或者回归母体 B 大学,或者彻底脱离母体变成完全独立的高校。推进 B 大学 D 分校转型升级,建设 B 大学 D 校区是必然趋势。B 大学 D 校区开始招生后,D 分校逐年调减招生计划,2021 年停止招生,2024 年终止办学。

第二,过渡期间,B 大学 D 分校学生按照入学时对应的招生代码及校名,颁发毕业证和学位证。《中华人民共和国高等教育法》第二十条规定:"接受高等学历教育的学生,由所在高等学校或者经批准承担研究生教育任务的科学研究机构根据其修业年限、学业成绩等,按照国家有关规定,发给相应的学历证书或者其他学业证书。"《普通高等学校学生管理规定》第三十四条规定:"学校应当严格按照招生时确定的办学类型和学习形式,以及学生招生录取时填报的个人信息,填写、颁发学历证书、学位证书及其他学业证书。"《中华人民共和国教育法》第八十二条规定:"学校或者其他教育机构违反本法规定,颁发学位证书、学历证书或者其他学业证书的,由教育行政部门或者其他有关行政部门宣布证书无效,责令收回或者予以没收。"按照这些法律法规,B 大学 D 分校招收学生的学历证书和学位证书由 B 大学 D 分校颁发,相关证件依法长期有效。

第三,过渡期结束后,B 大学 D 分校的权利和义务由 B 大学 D 校区完成全部承接。B 大学 D 分校终止办学后,其所承担的服务保障将由 B 大学 D 校区承接。诸如学生所关心的考研、出国、就业、考公务员等证明材料问题,B大学将设相关机构提供服务保障,与B大学D分校实现无缝衔接,不会出现服务空白期。B大学D分校校友作为B大学校友的重要组成部分,将继续共享B大学改革发展的成果。

第四,B大学D校区建设有利于B大学D分校人才培养质量的保障与提升,为B大学D分校学生的成长和深造提供更好的条件。学校出台了《B大学D分校人才培养质量保障计划》,其中提到,设立优质教师授课基金,支持学院(部)聘请校外高水平师资来校开设课程;设立教授讲座基金,聘请海内外专家学者来校讲座。B大学D分校充分利用B大学优质教育教学资源,统筹安排B大学优秀教师承担D分校的部分教学任务;共享B大学图书资源和各类数字资源;依托实验课程和探究学习项目等,实现D分校学生共享B大学D校区所建设的实验室资源。

(二)事件引发的风险及其后果

B大学D分校的转设之路看似平坦,被称为"三本"秒变"985"大学,但是,其中暗藏风险,以致引发校内师生的波动和网络舆情,具体表现在以下几个方面。

1.B大学D分校在过渡期易产生不稳定因素

B大学D校区是B大学的有机组成部分,将与B大学同水平、同标准办学。B大学D分校作为由B大学和当地政府合作举办的独立学院,与前者在办学类型、办学定位、人才培养目标等方面都存在不同。B大学D分校转型升级为B大学D校区,不是简单的更名,需要在类型转换、学科建设、师资队伍、办学条件等方面进行提升,所以整体并入B大学D校区需要一定时间。在这一段过渡时期内,B大学D分校的转型发展对广大教职工提出崭新的更高要求,这对B大学D分校来说是一个不小的挑战,一些长期积累的隐性风险极有可能在此时触发,为学校发展带来不稳定因素。

2.B大学D分校与新建的B大学D校区容易出现身份混淆

B大学D分校与B大学D校区只有一字之差,但学校性质、层次、水平等却有着天壤之别。B大学D分校致力于培养高素质应用型人才,B大学D校区则要培养面向未来的"四有"好教师和研究型拔尖创新人才,校区与校本部是同质等效的,独立学院时期与大学校区在人才培养模式、课程体系、就业去向等方面均存在较大差异。然而,如果不能及时、准确地向学生讲解清楚两个学校之间的差别,那么,很多学生就会陷入误区,混淆彼此,不利于学生的全面发展和个性化发展。另外,B大学D分校终止办学后,该校毕业生会产生失去母校的顾虑和伤感,在校生会对自己以后就业、择业、考公、考研等产生忧虑,并且担心自己的学籍和毕业会受到影响,学校在转设过渡期内,自己的合法权益会陷入无人问津的"两不管"境地等。

3.B大学D分校原有师资安置分流面临挑战

B大学D分校是一所以培养高素质应用型技术技能人才为目标的独立学院。该校自有教师大多是按照培养应用型人才的标准配备的。师资队伍的整体素质、类型与"双一流"重点高校师资之间存在较大差距和区别。转设之后,B大学D分校自有的近千名教师能否整建制转入新学校?教职员工担忧学校如何妥善安置和有效分流,保证合法权益,顺利度过转型期。这对B大学D分校、B大学D校区、B大学和当地政府都提出了挑战。

三、案例点评分析

(一)基本评析

B大学D分校的转设结果是令许多独立学院十分羡慕的,在与母体高校B大学协商一致后,B大学D分校成功并入母体高校,成为与母体高校办学层次、办学类型、办学水平和标准相同的重点大学。这让B大学D分校实现了由独立学院向"双一流"重点高校跃升的重大转折。学校的发展前景十分乐观,为独立学院转设树立了标杆。但是,理性审视其转设之路,并非一帆风顺毫无波澜,仍然引发诸如融入新校后相互排斥、学校转型发展面临挑战、学生担心失去母校会影响未来发展、大批教师无法得到及时妥善安置与分流等社会舆情和风险。由此可见,独立学院回归母体高校看似风平浪静,其内部仍然存在诸多风险。只不过有的风险可能是显而易见的,而有的风险可能是隐性的,不仅在呈现方式上具有隐蔽性,而且在爆发时间上同样具有很长的潜伏期。这些隐性风险更需要引起各方的重视,特别是举办方要着眼长远,"加强规划,保障转设后高校的可持续发展。明确转设后高校的远景使命和发展规划,增强师生认同感和凝聚力"。[①]

(二)启示反思

B大学D分校的转设风波提醒尚未转设的独立学院,不论选择什么样的转设路径,独立学院都应做好风险预警和防范,提高抵御风险和应对风险的意识和能力。

---

① 王一涛,刘洪.公办型独立学院转设的困境、路径及对策建议[J].复旦教育论坛,2021(3):87.

1.及时转变办学理念

独立学院终止办学,整建制并入母体高校后,要及时转变办学理念,以更高的标准推动学校发展。由于母体高校已走过很长时间的发展之路,所以其"办学理念是经过艰苦的探索后而形成的符合自身发展的"。① 因此,独立学院要尽快转变先前应用型培养定位和附属公办高校的办学理念,以适应母体高校的整体事业发展格局。母体高校要充分尊重独立学院多年发展取得的成绩、优良传统和文化积淀等,让独立学院的奋斗历史和优良传统可以在母体高校中得以传承和发扬。双方办学理念在相互认同的基础上,实现有机融通,向更高水平、更高层次的方向发展。

2.确保人才培养质量

独立学院整建制并入母体高校后,要及时加强在校生的思想政治教育工作,帮助学生调整心态,科学合理规划学业,圆满度过大学生活。学校要鼓励并推动独立学院与母体高校学生交流融合发展,一同成长为符合新时代要求的具有开放包容品格的优秀人才。对以独立学院名义招收的学生,学校要重点做好学费收缴、"双证"发放、学籍管理、课程教学、校友联络等学生关心的焦点问题的解释说明工作,避免引起误会和纠纷。

3.妥善安置教职工

教育大计,教师为本。以生为本、以师立校是学校可持续发展和社会安全稳定的重要保证。独立学院转设高校"要根据转设后的学校发展目标定位和办学理念,将教师队伍建设作为学校转设后的重点工作"。② 妥善安置教职工是独立学院终止办学,回归母体高校后必须解决好的一个问题。独立学院、母体高校、地方政府、教职工四方要围绕独立学院教职工安置问题组建利益共同体,成立教职工安置工作领导小组,建立工作机制、保障机制和监督机制,坚持以教职工利益为中心,发挥各方吸纳接收教职工的优势,真正做到不让一个教职工因独立学院转设下岗。

① 邓光平,覃文杰.独立学院脱离母体高校的路径依赖及其破解[J].高等教育评论,2015(1):141.

② 钟秉林,景安磊.独立学院转设现状分析与转设后可持续发展路径探析[J].中国高教研究,2021(4):18.

第六章 推进独立学院转设的保障机制

未来一段时间,独立学院转设仍然是高校设置工作的重要任务。《教育部关于"十四五"时期高等教育设置工作的意见》明确提出"积极稳妥推进独立学院转设"。坚持"一校一策",平稳有序推动独立学院转设,需要从政府统筹、领导管理、多元分流、法律救济、退出补偿等五个方面构建独立学院转设保障机制。

第一节 完善统筹协调机制

在全面推进独立学院转设的背景下,独立学院转设已经成为一项强制性制度变迁,制度变迁的过程是自上而下的,变迁的结果是存量调整,因此遇到的压力和阻力会更大。政府是社会公共利益的代表,具有协调社会关系的重要职能,推进独立学院转设,需要更好发挥政府宏观调控职能,推动有为政府和有效市场结合,让"看不见的手"和"看得见的手"优势互补、相得益彰。

一、加强中央层面的顶层设计指导

第一,加强独立学院转设的程序合法性审查。独立学院的转设必须遵循"程序正当"原则,提升转设程序的合规性。国务院颁布的《全面推进依法行政实施纲要》第五条规定了"程序正当"原则:"行政机关实施行政管理,除涉及国家秘密和依法受到保护的商业秘密、个人隐私的外,应当公开,注意听取公民、法人和其他组织的意见;要严格遵循法定程序,依法保障行政管理相对人、利害关系人的知情权、参与权和救济权。"教育部《实施方案》第七条第一款"规范转设程序"明确了独立学院转设的程序,包括:"按照民办教育促进法等有关规定,履行财务清算程序,修订完善章程,经独立学院董事会(理事会)同意后,向省级教育行政部门提出申请,并经过省内专家审核、公示等环节,由省级人民政府报教育部审批。已经变更举办者或实际控制人、但未按规定履行举办者变更核准程序的独立学院,须依法依规完成举办者变更手续后再行转设。终止办学的独立学院,须进行财务清算和财产清偿,优先安置未毕业学生和保障教职工的合法权益。"因此,独立学院转设的最基本程序为:独立学院发起—省级地方政府同意—教育部批准。其最大的特点是始于独立学院,终于教育部,是一项需要逐级报批的程序。此外,根据教育部文件,中央部门所属高校举办的独立学院转设方案须商省级教育行政部门并报教育部同意后实施。可见"商省级教育行政部门"是中央部门所属高校举办的独立学院转设的特别程序。现实中,部分独立学院出现转设未经过董事会表决,未充分听取师生代表意见和召开教职工代表大会,未经过省级政府批准,就由母体高校确定独立学院转设路径的现象,不符合程序规范。独立学院转设工作涉及师生的根本利益,国家层面应依法加强监督,及时纠正违反法定程序的独立学院转设行为,有序推进独立学院转设工作合规进行。

第二,加大独立学院转设政策倾斜力度。根据《教育部发展规划司关于上报独立学院规范工作进展的通知》,独立学院转设的达标要求详见表6-1。对由独立学院成功转设、发展前景良好的学校给予适当的政策倾斜,引导和激发未转设学院的内驱力,实现早转早受益。要加大推进国有民办型独立学院转设力度。对办学质量高、特色明显的独立学院适时适度放宽转设条件要求,先完成转设,设置两年完善办学条件过渡期,过渡期结束后按办学条件重新核定招生规模。

表6-1　独立学院达标要求

办学条件	办学规模	
	≤5000人的高校	＞5000人的高校
校园占地	执行设置标准:学院名下土地合计500亩、生均占地60平方米/生	执行合格指标(平方米/生):综合、师范、民族、语文、财经、政法54,理工、农、林、医学59,体育、艺术88
校舍及教学行政用房	执行设置标准:学校名下的校舍15万平方米。生均校舍30平方米。生均教学行政用房(平方米/生):理、工、农、林、医20,人文、社科、管理15,艺术、体育30	执行合格指标:其中,生均教学行政用房(平方米/生):综合、师范、民族14,理工、农、林、医学16,语文、财经、政法9,体育22,艺术18

续表

办学条件	办学规模	
	≤5000 人的高校	＞5000 人的高校
教师	执行设置标准：专任教师总数不少于 280 人，其中，具有研究生学历的比例 30%，具有副高以上职称的比例 30%，正教授至少 10 人。各门公共必修课、专业基础必修课至少 2 名副高以上职称的教师，各门专业必修课至少 1 名副高以上职称的教师，每个专业至少 1 名正高职称的专业教师。生师比 18。兼任教师比例小于 1/4	执行合格指标：具有研究生学历的比例 30%，生师比：综合、师范、民族、理工、农、林、语文、财经、政法 18，医学 16，体育、艺术 11；按不低于 1∶200 的师生比配备辅导员，每个班级配备 1 名班主任
教学仪器设备	执行设置标准（元/生）：理、工、农、医、师范 5000，人文、社科 3000，体育、艺术 4000	执行合格指标（元/生）：综合、师范、民族、理工、农、林、医学 5000，语文、财经、政法 3000，体育、艺术 4000
图书	执行设置标准（册/生）：理、工、农、医 80，人文、社科、师范 100，体育、艺术 80	执行合格指标（册/生）：综合、师范、民族、语文、财经、政法 100，理工、农、林、医学、艺术 80，体育 70

注：1.设置标准指《普通本科学校设置暂行规定》。
　　2.合格指标指《普通高等学校基本办学条件指标（试行）》。

第三，加强对独立学院转设后发展的指导。独立学院转设为普通高校后之所以整体发展趋好，主要是由于办学自主权更大、不用再上缴管理费、体制机制更加顺畅、举办者动力更足等多种因素。但是，独立学院转设后面临更为激烈的市场竞争，对此，也需要政府合理引导。一方面，应科学定位，推动向应用型本科高校转型。随着新的知识生产模式出现，知识生产、扩散更加注重应用情境，应用型高校成为重要高等教育类型。根据教育部、国家发改委、财政部《关于引导部分地方普通本科高校向应用型转变的指导意见》，独立学院转设为应用型普通本科高校后，应加强校企合作、产教融合，提高应用型人才培养水平和服务地方经济社会发展的能力，坚定不移地走应用型大学之路。政府部门应在发展规划、师资建设、项目申报、专业建设、研究生教育等方面予以支持。目前，已有一批转设高校成为转型发展试点院校。另一方面，应依法办学，审慎选择非营利性或营利性。我国民办学校面临营利性与非营利性分类管理，这为转设高校提出了新要求新挑战，学校性质不能再模糊不清、灰色运行，必须泾渭分明，作出选择。要么转设为非营利性民办本科高校，在民政或编制部门登记，享受公办高校同等法律待遇；要么选择转设为营利性民办本科高校,在工商部门登记,合法获取投资收益。当前,一大批上市教育集团争相收购独立学院,转让变更频繁。据不完全统计,仅仅在 2019 年 2 月至 7 月期间,我国教育集团交易并购独立学院累计金额高达 34.86 亿元。对此,政府要在财政资金、土地供应、税收优惠、学费收取等方面予以差别化扶持,同时在举办者变更、财务审计、信息公开、年度检查、第三方评估等方面加强监管。

二、发挥省级政府的统筹协调作用

当前,独立学院转设工作已进入"深水区"和"攻坚区",亟须省级政府主动作为、锐意进取、有的放矢、聚焦重点、精雕细琢,绘制出精湛细腻的配套政策"工笔画"。《实施方案》明确提出"将独立学院转设情况纳入省级人民政府履行教育职责评价"。从"碎片化"向"跨部门协作"的转化是政府部门间运行机制变迁的基本方向,也是政府部门间协调机制建构的总方向,但这个变迁过程并非自然推进。[①] 独立学院转设工作是一项极为复杂的系统工程,必须在省级人民政府的统筹协调下,构建跨部门协作机制,充分调度财政、税务、人社等诸多部门,打破制度壁垒,形成改革合力。

鉴于当前我国独立学院转设进程中遇到重重困难,呈现出较大的地域差异,要充分发挥省级政府行政部门的作用。行政机关的设置往往以科层制为中心,这种制度一旦确立,便总是运用其权力维护其地位,而不是促进变迁和革新。我国民办教育是生长在公立教育体制之外的新生事物,民办教育政策制定和落实的有效性,在一定意义上取决于多个政府部门之间的配合程度,并且受到既有规则能否及时作出调整的影响。

推进独立学院转设工作需要构建跨部门协作机制,强化多部门合作与协调,成立由省政府牵头的由省教育厅、省编办、省发改委、省财政厅、省人社厅等部门组成的独立学院转设工作领导小组,合理确定独立学院发展目标、发展步骤、政策措施,彻底打通独立学院转设"最后一公里"。当前,上海、浙江等省区市已经按照国务院办公厅《民办教育工作部际联席会议制度》的精神,建立民办教育工作联席会议制度。浙江省在省政府领导下,成立全省推进独立学院转设联席会议并下设办公室。发挥"民办教育工作联席会议制度"作用,形成资源力量整合、权责划分清晰、政策快速联动的行政体系。通过"高位推动",统筹解决国有民办型独立学院转设工作中的土地使用、资产过户、税费、

---

① 张翔.中国政府部门间协调机制研究[D].天津:南开大学,2013.

补偿费等难题,对率先推进转设的母体高校给予政策扶持等。应当在合理用地、税收优惠、师资队伍建设、收费自主权、转设倾斜支持等方面作出积极探索。

在独立学院转设过程中,要落实税费优惠政策。政府依法保障独立学院用电、用水、用气、用热与公办学校相同的价格政策,独立学院依法依规享受与公办高校同等的税收、建设规划及其他优惠政策。借鉴重庆、上海、黑龙江等省区市做法,独立学院出资者为落实独立学院法人财产权将土地房屋等资产以原值过户到学校名下时,按规定享受税费优惠政策。企业、个人和社会组织向符合条件的独立学院的捐赠支出,按现行法规、政策等,准予在计算其应纳税所得额时扣除。母体高校在独立学院转设时不得以无形资产增值的名义收取高额"分手费"。

省级政府应依照《实施方案》中"对按期完成转设的举办高校和转设后独立设置的学校,在招生计划、项目申报、专业设置等方面给予倾斜支持"之规定,因地制宜,对已经转设的举办高校和转设后的民办高校予以倾斜支持的制度探索。例如,一些省份对在 2020 年申请并按期完成转设的独立学院,给予200 人的 2021 年招生指标奖励。在收费方面,可以适当扩大学校收费自主权。独立学院和转设高校要树立完全成本理念,规范成本核算。允许独立学院和独立学院转设高校根据办学条件、专业特色、办学质量、社会需求、生均培养成本、家庭承受能力等因素,遵循市场调节、优质优价原则,一定范围内自主制定具体学费标准,报省物价、教育主管部门备案后由学校公示执行。依照现行《民促法》的规定,营利性普通民办本科高校收费项目和标准则实行"市场调节价",由学校自主决定。

三、加大地方层面的政策支持力度

第一,保障合理用地需求。针对独立学院校园占地面积普遍不足的情况,各地应将独立学院新增建设用地统一纳入土地使用总体规划和年度新增用地计划,鼓励优先盘活使用现有建设用地。独立学院转设时,登记为非营利性民办高校的独立学院享受公办高校同等政策,以划拨等方式给予用地优惠;登记为营利性民办高校的按照国家相应的政策供给土地。省级人民政府和地方政府可以根据《民办教育促进法实施条例》相关规定,结合当地教育用地实际情况,创新供地方式,大力盘活一些适合办学的闲置楼宇、厂房、淘汰的校舍等存量建设用地。通过"腾笼换鸟"等举措优先租借给民办高校使用,大大提高了低效土地资源的利用率,也有效促进我国民办高等教育的发展。例如,日本在二战后将大量闲置的义务教育学校校舍低价租赁给私立高校,推动建立发达的私立高等教育系统。[①]

第二,支持师资队伍建设。独立学院转设工作应与师资建设齐头并进,保证教学质量,保障学生权益。各地方政府应从教师"天然公务性质"出发,积极探索符合本地区最低民办高校教师工资指导线,按照试点省份的经验,可设定为地区同类公办学校教师工资总额的70%,学校所在地相对偏远的,最低工资指导线可在此标准基础上适当提高。[②] 应落实独立学院教师在职称评审、人才支持项目、评先评优、业务培训等方面与其他普通高校教师享受同等待遇。鼓励公办高校派遣教师、管理人员到独立学院任教或任职,经所在高校同意,人员身份和档案关系不变。独立学院要依法为教职工缴纳社会保险,登记为事业单位的独立学院教职工可参加事业单位养老、医疗、工伤、失业等社会保险。地方政府可以通过设立事业单位专项编制、享受公办学校人才引进待遇等方式,支持独立学院引进高层次人才。同时,支持独立学院通过建立企业年金制度、购买补充商业保险等办法吸引和稳定优秀人才,适当给予一定补贴,提高教师队伍整体素质。目前,有的城市试点对距退休时间较短的专职教师加速年金积累,将年金制度的建立与落实情况作为拨付民办教育专项资金的重要因素之一。

第二节　完善领导管理体制

独立学院转设工作必须坚持上下联动,在地方政府的统筹协调下,省级教育行政部门、举办高校、社会举办方、独立学院各司其职,协同推进。省级教育行政部门要充分发挥领导作用,将独立学院转设优先纳入本省高校设置规划,研究制订独立学院转设总体方案。举办高校要切实担负起推动转设的责任,积极与有关方面进行协商,制订转设方案,明确转设目标,提出转设路径。社会举办方要切实加大投入和建设力度,对照设置标准完善办学条件,保障日常办学运行经费,依法落实独立学院法人财产权,为转设奠定基础。独立学院要

① 刘永林,周海涛.统筹破解民办高校用地用房的制度性瓶颈[J].复旦教育论坛,2019,17 (2):30.
② 贾建国.我国民办教育发展的制度非均衡分析[J].教育学术月刊,2012(10):36-39.

着力补齐短板,完善内部治理,加强教师队伍建设,注重人才培养质量,保障转设过程中日常教学有序进行,并严格按照转设方案,积极配合举办高校和社会举办方做好各项转设工作。推进独立学院改革发展,必须完善独立学院领导管理体制,落实独立学院的办学主体地位,加强对独立学院的规范管理和指导,依法保障独立学院办学自主权。

一、健全政府管理机制

长期以来,独立学院缺乏自主办学能力,难以脱离母体高校独立发展的一个重要原因就是领导管理体制不够健全,无法享受普通高校同等待遇。省级行政部门要理顺国有民办型独立学院领导体制、明晰办学性质、落实办学主体地位,确保其享受与普通公办本科高校同等法律地位,拥有申报各类教学科研项目、参加会议、评奖评优的资格,增强其综合办学实力。[①] 实践反复表明,凡是独立学院转设进展较快的区域,均与政府的有力政策支持密切相关。在此基础上,国有民办型独立学院可以探索成立由地方党委政府、教育主管部门、投资方、举办高校、独立学院参与的国有民办型独立学院转设工作领导小组,负责统筹整体转设工作,日常工作由领导小组办公室负责。各独立学院在转设工作领导小组统一领导下,按照转设工作实施方案的要求,全面开展教育教学和转设准备工作。根据转设总体安排,各独立学院要制定年度目标任务、明确进度、落实到位,确保如期完成。

省级教育行政部门要加强对独立学院的规范管理,领导推动本地区独立学院转设工作。近年来,浙江、江苏等先后出台支持独立学院规范发展的政策文件,启动独立学院规范设置省级验收工作,加强对独立学院的督查和年检,明确独立学院所在地政府要把促进独立学院发展作为本级政府的重要职责,积极支持独立学院发展与各项建设。两省文件均规定对完成规范设置省级验收的独立学院,参照民办普通本科高校,纳入统一管理。浙江省《关于支持独立学院发展的若干意见》明确独立学院"原则上以母体高校隶属关系为依据确定管理归属,即独立学院随母体高校分别对应由省教育厅主管或由设区市人民政府主管,省外高校在浙江省举办的独立学院由学校所在地设区市人民政府主管"。江苏省《关于加快推进独立学院规范发展的意见》则在落实独立学院平等办学地位方面进一步明确,"在发展规划、教学改革与建设、学科专业建

---

① 阚明坤,耿菊萍,雷承波.国有民办型独立学院转设的困境与对策[J].高校教育管理,2021,15(1):59-68.

设、科学研究、教学科研成果奖励、科技平台建设、人才培养工程、评奖评优、接收文件、参加会议等方面与普通本科院校享受同等待遇"。两省文件均表示"政府部门安排的学科专业等竞争性项目对独立学院完全开放"。

《山西省教育厅关于加快推进独立学院转设的通知》规定,有关举办高校要将独立学院转设列为"三重一大"事项,集体决策;严格履行有关程序,防范国有资产流失侵占;依法合规签订转设协议,明晰各方权利责任;同步提出风险防范工作预案,加强对舆情、法律、财务等方面的风险研判与评估。

二、强化母体高校指导机制

母体高校对于独立学院的规范办学和健康运行具有重要作用。独立学院与母体高校应依法建立良性互动机制。

一是转设前办学指导。独立学院与母体高校应通过协议方式明确相关责任和利益关系,母体高校应按照合作办学协议和国家有关规定参与决策独立学院改革发展重大事宜,帮助独立学院建立健全内部治理结构,支持帮助独立学院发展。母体高校要充分落实独立学院的人事权、管理权、考核权、财务权,改变由母体高校任命管理干部、包揽一切、越俎代庖的局面,适当放手让其茁壮成长。独立学院要依法做好资产清算,根据财务审计报告明晰母体高校、投资方的投入数,理清独立学院总资产、净资产、固定资产、债权、债务、学费收入、国家资助、社会捐赠等数额。

二是加强转设过渡期指导。过渡期间,学校会拥有两类不同入学身份的学生,对此,母体高校需要按照过渡期办学协议,重点对独立学院转设过渡期间的教学和管理工作予以指导,特别是对新学校的人才培养方案完善、学科专业建设、师资队伍建设加以指导和支持。

三是转设后给予指导。独立学院是公办高校"资源溢出"的产物,对母体高校具有高度依赖性,这既是其优势所在,也是短板。在转设后一段时间内,新转设学校在管理人员、师资队伍、学科建设等方面还会依赖母体高校的继续扶持。母体高校要树立大局意识和责任意识,"送上马、扶一程",不能"一转了之",要对转设后的高校进行帮扶,建立新的平等合作伙伴关系。母体高校可继续选派部分领导干部、学科带头人、教师参与转设后高校的管理和教学工作,保障其教育教学水平,助推其高质量发展。① 如浙江大学宁波理工学院转

---

① 阙明坤,耿菊萍,雷永波.国有民办型独立学院转设的困境与对策[J].高校教育管理,
2021,15(1):59-68.

设为浙大宁波理工学院后,浙江大学委派院士担任新学校的校长。又如浙江大学城市学院转设为浙江大学城市学院后,杭州市政府与浙江大学签订全面支持浙江大学城市学院建设全国百强大学的协议,浙江大学加大在学科、人才队伍、科研平台等方面的重点扶持力度。面对转设后的不确定性,母体高校的继续支持可为转设院校的长远发展打下坚实基础。

三、完善内部治理机制

各独立学院应当在举办高校党委统一领导下,成立举办高校、投资方、独立学院负责人参与的转设工作领导小组。独立学院要遵守国家法律法规,落实国家政策精神,在母体高校的指导下加强现代大学制度建设,依法完善学校办学章程,全面加强党的建设,依法设立董事会和监事会,规范其成员构成、议事规则和运行程序,落实董事会领导下的校长负责制,完善学术委员会、教代会、学代会等制度,推进教授治学、民主管理。

完善独立学院章程,落实章程作为校内"根本大法"的地位。在章程中进一步明确学校的内部治理结构和组织框架,明确各层次职能权力边界,通过章程将学校的办学理念、思路、目标等制度化、法定化。章程修订后,以章程为准则,全面清理学校的各项规章制度,在全校普遍开展章程教育,真正做到"用制度管人、按规章办事"。按照"党委领导、董事会决策、校长执行、监事会监督、教授治学、民主管理"的现代大学制度要求,完善学校决策机构、监督机构、管理机构,建立科学合理的内部治理体系。独立学院要健全董事会和监事会制度,董事会和监事会成员依据学校章程规定的权限和程序共同参与学校的办学和管理。董事会应当优化人员构成,由举办者或者其代表、校长、党组织负责人、教职工代表等共同组成。社会力量投资方要将出资用于办学的土地、校舍、其他资产尽快、足额过户到独立学院名下,依法落实独立学院法人财产权,积极为加快转设创造条件。建立健全监事会制度,监事会中应当有党组织领导班子成员,探索实行独立董事、监事制度,真正发挥监事会的监督作用。严格实行董事会领导下的院长负责制,依法保障院长独立行使职权;强化党组织对学校重要决策实施的监督,建立健全党组织与学校董事会、监事会日常沟通协商制度,完善董事会、党委会、党政联席会议事规则,建立健全董事会、行政班子、党委三方成员"双向进入""交叉任职"机制,形成决策、行政、监督保证各司其事又相互制约的格局;完善学术委员会议事规则,理清学术权力、行政权力的关系,明确权力边界,为学术自由、学术民主、教师主导地位等提供制度保障;完善教代会、学代会等会议制度,进一步积极探索动员师生员工参与学校民主管理、民主监督,提升学校治理能力现代化水平。

四、健全质量保障机制

独立学院在转设前和转设后,均应以教育部《普通本科学校设置暂行规定》为据,进一步完善办学条件,加强内涵建设,健全人才培养质量保障体系。

一是完善外部质量保障体系。落实《教育部办公厅关于印发〈民办高等学校年度检查指标体系(试行)〉的通知》(教发厅函〔2020〕35 号)精神,加强独立学院办学行为监管,强化年度检查和督导制度。年检的内容包括:党建与思想政治工作、办学条件、学校法人治理、办学行为、资产和财务管理、师生权益保障等,先由学校自查,然后省级教育行政部门采取材料审查、个别谈话、查阅档案资料、现场检查、委托审计等形式进行核查,检查结果向社会公布,并将结果作为政策扶持和规范管理的重要依据。健全财务专项审计制度,每个会计年度结束时,由具有资质、信誉良好的会计师事务所,对学校年度会计报表进行审计并出具审计报告,作为年检结论的重要依据。

2021 年 1 月,教育部办公厅出台《关于加强对转设学校进行过渡期管理和检查的通知》,决定对适度放宽生均条件后获得转设通过的独立学院设定两年过渡期,过渡期内由省级教育行政部门负责督促指导学校在现有招生规模不增加的情况下,落实各项承诺,加大办学投入,进一步完善办学条件,确保各项指标达到相应高校设置标准。过渡期结束后,教育部将对学校进行考核,按照相应高校设置标准,重新核算办学条件,确定办学规模。该文件出台为独立学院转设后改善办学条件、提高人才培养质量,提供了有力支撑。借鉴江苏省开展的独立学院专业建设抽检和专业建设评估工作,各地应建立完善专业建设综合评估制度,开展面向民办高校的专业建设综合评估工作,并将评估结果向社会公布,构建教学质量动态监测及评估体系。定期发布民办高校本科教学质量报告、毕业生就业质量报告等,完善市场机制,引入社会监督,敦促独立学院转设后重视人才培养质量。探索建立政府部门、专家学者、高校师生、行业企业、用人单位、学生家长和社会中介组织等多方参与的民办高等教育质量分类评价机制,评估结果向社会公布。

二是完善内部质量保障体系。独立学院大都依托母体专业优势,立足自身基础,依据地方经济社会发展需求,构建紧密对接行业产业链的专业体系,探索特色突出的应用型人才培养模式,培养实践能力强的一线应用型人才。独立学院要积极应对市场挑战,以教学质量的持续改进和提高为目标,以科学的质量标准为依据,以教学信息采集和反馈机制建设为基础,建立各环节教学质量标准并严格执行,坚持考核评估与监督检查相结合,学校、教师和学生共同参与,努力构建具有学校自身特色的内部质量保障机制和质量监控体系。立足地方应用型本科院校办学定位,培养服务地方经济社会发展的应用型人才,构建完善应用型人才培养质量保障体系,走以质量提升为核心的内涵式发展道路。

建立完善的内部质量保障机制,要高度重视质量保障组织机构建设,构建学校、学院、系部三级纵向质保组织体系,强化质量管理队伍建设,配备专人负责质量保障专项工作。学校要完善各部门把关各教学环节的质量标准,强化主动作为的责任意识,加强相关部门协调配合,与质量管理部门形成横向合力,有效落实质量保障各项措施。教学质量监控与保障体系是一个相对封闭的循环,是循序渐进的优化过程。学校要形成自上而下的质量保障合力,共建全员参与、全程管理的质量保障机制,完善符合学校特色的教学管理规章制度,强化教学质量监控,加强各环节过程性质量监控,重点监控实践教学过程等薄弱环节;加强信息收集、分析及反馈;加强评价与评估,围绕"学生中心"设置教师评教、学生评学指标体系,以客观科学的评价达到"以评促教、以评促学"的目的。

第三节　健全多元分流机制

我国独立学院创办历史不一、办学模式各异、举办形式多样,转设工作需要因地制宜、一校一策。各省(自治区、直辖市)应当根据国家层面相关法规政策,结合各地独立学院办学实际,以"有利于鼓励社会力量兴办教育、有利于实现高等教育内涵发展、有利于促进教育公平"为目标,按照"能转尽转、能转快转"的工作思路,结合不同区域、不同类型、不同模式的独立学院实际情况,探索适宜的多元分流转设路径。

一、转设为民办普通本科高校

从产权归属和投资主体来看,我国独立学院大致可以分为国有民办型和民有民办型两类①。公办高校独自或结合其他公有力量举办的公办型独立学院为国有民办型独立学院;公办高校与私有力量合作举办的民办型独立学院为民有民办型独立学院②。鉴于民有民办型独立学院通常较为独立,合作举办方是民营企业或个人,在产权、管理等方面能够相对容易地与母体学校划清界限,因此,转设为独立设置的民办普通本科高校无疑是其最佳选项。此前已完成转设的独立学院绝大多数为民有民办型独立学院,且大多转设为独立设置的民办普通本科高校。2020年《实施方案》出台以后,民有民办型独立学院转设为民办普通本科高校仍是主流和大趋势。《实施方案》规定,办学协议完善,办学主体间权利义务划分清晰,办学条件达到本科高校设置标准的独立学院,可转设为独立设置的民办普通本科高校。有研究认为,转设为民办普通本科高校将会对独立学院的发展造成巨大影响,失去了母体高校的品牌效应和办学资源,独立学院将在招生、办学等方面遭遇重大的打击,甚至陷入迷惘与徘徊的发展困局。③ 但事实上,部分独立学院转设民办普通本科高校后,在人才培养、内部治理、办学条件等方面发生了显著变化,整体发展呈现积极态势。

当然,将部分独立学院转设为独立设置的民办普通本科高校,对师生来说都有一个转变过程,甚至可能动摇学校稳定。"绍兴文理学院元培学院转设为民办院校因引发大量学生的投诉而暂缓"的案例就是一个证明。④ 独立学院在转设过程中需要畅通信息渠道,充分听取教师和学生意见,确保利益相关群体合法权益得到保障,使得学校平稳过渡。

对于在转设前已经具有一定办学特色,在办学实践上对母体高校依附性较低、与民营举办者关系密切,在特定行业内有一定影响力的独立学院来说,转设民办普通本科高校可以继续凸显自身"行业优势",重点建设一批具有行业特色的学科专业群,着力为特定行业及其相关产业提供服务。例如辽宁何氏医学院依托举办方,发展眼科医学类专业;南京传媒学院发展影视传媒类专业。

---

① 阙明坤,耿菊萍,雷承波.国有民办型独立学院转设的困境与对策[J].高校教育管理, 2021,15(1):59-68.
② 徐军伟.独立学院"浙江模式"的探索与思考[J].中国高教研究,2021(8):77-78.
③ 李家新,李玲玲.独立学院"转设"民办高校:形势、现状与前景[J].现代教育管理,2016 (4):48-52.
④ 徐绪卿.关于部分独立学院转设为地方公有民办普通高校的思考:以浙江省内生型独立学院转设为例[J].教育发展研究,2020,40(5):41-47.

二、转设为公办普通本科高校

国有民办型独立学院的资产属国家所有,由于资产权属的特殊性,与民有民办型独立学院相比,其转设面临诸多资产划分、多方利益博弈等诸多困难及障碍。在转设过程中涉及国有资产处置问题,必须严格执行有关规定,防止国有资产流失。《实施方案》规定,无社会举办方或社会举办方拟退出举办、地方政府有条件承接举办的,鼓励转设为独立设置的公办普通本科高校。所在市或县政府财政许可的情况下,要充分调动市县政府参与积极性,将国有民办型独立学院转设为市县属公办本科高校。例如,办学点在财政实力雄厚且本科高校较少的市级的独立学院,可鼓励转设为市属公办本科高校;办学点在全国百强县的独立学院,可鼓励转设为县办本科高校。以独立学院为基础,转设为原有独立学院校名或者另命名的公办普通本科高校,有利于得到师生认可,有助于学校办学传统的继承。在转设为公办普通本科高校过程中,要做好顶层设计,鼓励错位发展、特色建构,反对千篇一律,突出一校一特色、一校一品牌;防止转设过程中片面“求高、求大、求全”,鼓励学校办出精品、办出特色;可进一步孵化独立学院原有的优势专业和特色学科,增强应用性、强化实践性,将优势做强、特色做亮。[①] 国有民办型高校转设成公办本科院校后,应当加强内涵建设,紧密结合地方发展需要,逐步成为地方高等教育资源的亮丽名片,如新疆理工学院填补了南疆的高等教育空白。

三、转设为公办大学校区(回归母体高校)

独立学院转设为公办大学校区(回归母体高校)也是一条可选路径。主要由母体高校投入创办的国有民办型独立学院直接转设为公办大学校区相对容易操作,社会投资方或地方政府合作创办的独立学院要回归母体高校最难的是进行各相关方的资产评估和产权分割工作,需要母体高校和政府给予其一定的利益补偿。[②] 借鉴北京师范大学珠海分校转设为北京师范大学珠海校区的相关经验,符合条件的国有民办型独立学院可以转设为公办大学异地校区。例如,将南京师范大学中北学院转设为南京师范大学丹阳校区。回归母体高

---

① 田一聚.论我国独立学院的高质量转设[J].高校教育管理,2022,16(2):92-99.

② 查永军,居萌.独立学院转型发展中的利益博弈与制度设计[J].黑龙江高教研究,2020,38(5):25-29.

校转设为校区意味着原独立学院撤销建制、终止办学,通过逐渐缩减独立学院性质招生规模、增加招收与本校同质生源、举办研究生教育等方式,实现平稳有序过渡。可参照南京大学金陵学院做法,终止办学决定征得学院党组织及师生代表同意,在尊重各利益相关方权益诉求前提下,妥善安置未毕业学生,教职工安置实行聘用制和事业编制并举,以纳入母体高校编制、转岗、人事代理等方式安置教职工,校友统一纳入母体高校管理,保障校友权益,增强学生认同,确保正常教学秩序和校园稳定。

在转设公办大学异地校区过程中,母体高校应合理配置办学资源,科学治理异地校区,促进多校区一体化融合发展。要结合国家和地方的整体布局规划,综合考虑地方发展需求,合理规划异地校区定位,避免转设后的公办大学校区成为原校区的简单分解、复制。要通过统一办学理念、办学目标、办学标准,在不同校区接续母体高校的历史传统并发扬共有的大学文化,利用现代信息技术加强一体化管理,不断优化已有的办学格局,建立校区和母体高校间的资源共享机制,确保转设后的异地校区和母体高校人才培养质量标准一致,同时保持办学特色。

四、转设为本科职业技术大学

《实施方案》明确提出,鼓励各地积极创新,可探索统筹省内高职高专教育资源合并转设,也可因地制宜提出其他形式合法合规的转设路径。在《实施方案》颁布后,各地区纷纷探索独立学院与高职院校合并转设为本科职业技术大学,积极推动全国本科职业教育改革。值得关注的是,与独立学院合并转设的职业院校大多属于省内综合实力较强的高职院校,部分职业院校双师型教师比例高。独立学院与高职院校合并转设为本科职业技术大学是一项制度创新,这一路径有力调整地方高等教育资源合理布局,服务地方经济和社会发展,培养更多高素质技术技能人才。

鉴于独立学院与高职院校合并转设风险的前车之鉴,应当慎重推动独立学院转设为本科职业大学。考虑到政策的延续性和权威性,以及职业本科教育的改革发展,教育行政部门对于这条路径不宜"一刀切"禁止。目前河北、广西等地仍有独立学院与高职院校合并转设的愿望,在推进过程中必须推动信息公开,只有在广大师生真实了解、真正认同、真心拥护的前提下,才可启动转设。在转设本科职业技术大学的过程中,要健全风险防范机制,吸收师生呼声建议,严格按重大行政决策程序的要求,建立从酝酿、决策到实施全过程的风险评估机制,随时关注广大师生的思想动态,了解相关诉求,制定配套政策。

加强转设学校的思想政治工作,统筹考虑各方利益,要多听取了解师生的想法和诉求,依法依规办事。加快建立师生利益诉求协调与保障机制,吸纳师生代表参与,做到凡转设,必先制订、宣讲 3 个方案:即《独立学院转设方案》《风险防范方案》《师生权益保障和安置分流方案》,让广大师生真心拥护。转设本科职业大学过程要做到公开、公正、透明,广泛征求教职工意见,通过教职工代表大会、党政联席会等形式予以确定。要建立专门的沟通反馈平台,收集、查摆转设中师生的焦点问题、痛点难题,并有效给予反馈,消除师生的恐慌心理,对于无理要求必须及时坚决反对。

五、转设为"基金会办学"模式

《实施方案》指出,无社会举办方的独立学院可由地方政府设立教育投资公司、教育基金会或国有企业作为举办者办学。当前,厦门大嘉庚学院、宁波大学科技学院等一批国有民办型或"校中校"独立学院正在探索实行"基金会办学"模式,但是囿于政策缺失、经验缺乏、管理缺位,教育主管部门、举办高校、社会各界对这一新型转设模式还缺乏认识,导致困难重重。

"基金会办学"即由基金会作为高校的"举办者",行使高校所有者的权利,包括校长任免、资金调配、财产处置等。在具体管理模式上,由依法成立的教育基金会按照章程规定,对学校的运行和发展进行有效的监督管理。基金会接受全社会的教育捐赠,采取"基金会办学"模式的学校既不属于政府,也不属于企业,而是属于全社会,是一种新型"全民所有制"的表现形式。基金会的成员既不是高校的"股东",也不拥有高校财产的"股份",与企业举办的民办高校的"股东"完全不同,不得从办学中获取"回报"。实行基金会办学的高校,按照《实施方案》的要求,自然地成为非营利性民办普通高校。基金会章程清楚地予以明确,高校办学不以营利为目的,而是完全意义上的社会公益性办学。

国际上许多著名的私立大学如哈佛大学、斯坦福大学等,国内的西湖大学、福耀科技大学,均采取基金会办学模式。实践证明,这是一种不同于家族管理、企业管理、公办学校的办学模式,完全行之有效,可以建设一流大学。独立学院转设为"基金会办学"模式高校是一种具有开创性的转设模式,能够彰显办学公益性,吸引社会资本捐赠,在内部管理运行上拥有自主的空间。

作为一种全新的高校办学模式和独立学院转设模式,基金会办学模式目前尚处于探索之中。需要相应配套政策支持,明确国有民办型或"校中校"独立学院按"基金会办学"转设的具体要求、基本程序、实施办法,对转设工作给予进一步的政策指导。省级政府要为独立学院转设为"基金会举办的非营利性普通高校"提供帮助,在土地、税收、师资、经费等方面予以支持。严格按照《基金管理条例》拟定基金会章程、高校章程,明确新转设学校的非营利属性,及决策机构、执行机构、监督机构的管理权限和人员任职条件,明确规定基金会接受登记管理机关和业务主管单位的业务指导和监督管理,确保基金会依法依规管理高校。

第四节　健全法律救济机制

"权利的赋予与权利的救济如同车之两轮、鸟之两翼,二者同等重要。"[①]独立学院弥补公办高等教育资源不足的同时,也是受到利益驱动进行的一项诱致性制度创新[②]。独立学院转设与分类管理、清产核资、资产过户、协议终止等事项交织,这是利益相关者之间的一次利益划分与博弈。在利益面前,任何一个"理性经济人"都可能会追求自身利益最大化而违法乱纪[③]。因此,独立学院转设过程中,必须健全法律救济机制,以防止各方合法利益受到侵害。

一、母体高校和投资者双方权益保障

独立学院是市场的产物,大多数公办高校与社会投资方对于举办独立学院都有一定的利益诉求。譬如,四川外国语学院和四川德瑞企业发展公司2004年合作创办四川外国语学院成都学院,合作协议明确规定:"以国家计划招生3000人规模计算,学费收入扣除不超过40%的学校运行成本后,按照四川外国语学院占35%、德瑞占65%的比例进行利润分配。而超出此规模的人数,按四川外国语学院占15%、德瑞占85%的比例进行分配。"数据显示,2007年底和2008年底,四川外国语学院成都学院经审计的扣除税项及非经常项目前后的净溢利分别为人民币3203.9万元和5193.4万元,而对应期间该学院经审计的资产净值达到人民币10775.7万元和15969.1万元,净资产收益率达到

---

①　张俊浩.民法学原理[M].北京:中国政法大学出版社,1997:35.

②　阚明坤.我国独立学院转设现状分析及对策研究[J].教育研究,2016(3):64-71.

③　雷承波.分类管理制度视域下独立学院现实困境分析与破解之道[J].教育与职业,2020(7):23-33.

29.7％和32.5％,业内人士评价投资收益水平较高①。

我国大多数公办高校创办独立学院的初衷是为了创造经济收益、改善办学条件和提高教师待遇。在独立学院转设大背景下,一些公办高校并不想与独立学院过早剥离,放弃巨额"管理费"收益,而独立学院又必须与母体高校切割脐带,才能明确法人身份。大多数独立学院与母体高校最初合作协议中,只规定合作期间利润分配比例,没有议定合作期满后的财产归属。然而,随着独立学院不断发展壮大,资产总值远超学校成立初期的数额,增值资产的归属成为二者切割的最大分歧。因此,举办高校要求投资方和独立学院支付一笔高额"分手费",以补偿办学期间母体高校在校名品牌、师资队伍等方面的支持。例如,2020年9月,云南大学、滇池公司、滇池学院三方已签署同意转设协议,原合作办学协议终止,滇池学院(转设后学院)向云南大学支付补偿款人民币2.8亿元。2021年1月,广东工业大学、华立投资及华立学院订立《广东工业大学华立学院转设过渡期合作协议》。华立投资及华立学院分三期向广东工业大学支付补偿费共计人民币1.6亿元,过渡期后华立学院不再向广东工业大学继续支付17％的管理费。在利益切割过程中,公办高校与投资方在无形资产划分、资产增值部分的认识和利益诉求存在差异,利益博弈激烈,双方极易发生法律纠纷,例如中南民族大学工商学院、武汉科技大学中南分校、中国传媒大学南广学院、北京邮电大学世纪学院、北京工业大学耿丹学院在转设过程中均发生过合同法律纠纷。

根据《中华人民共和国民法典》第五百七十七条规定:"当事人一方不履行合同义务或者履行合同义务不符合约定的,应当承担继续履行、采取补救措施或者赔偿损失等违约责任。"独立学院使用母体高校品牌,利用母体高校教师资源,转设时母体高校索取"分手费",有一定合理性。但是,现实中高额的"分手费"以及独立学院在办学过程中已经向母体高校支付的"管理费"已成为独立学院进一步发展的重要制约力量②。各省、自治区、直辖市应积极探索地方政策,有力推动独立学院转设。例如,江苏省《关于加快推进独立学院规范发展的意见》规定:"母体高校在独立学院转设时不得以无形资产增值名义向独立学院收取费用。"

① 袁玉立.川外成都学院获战略注资2.6亿元高校教育资产试叩上市大门[N].证券日报,2009-06-11(B02).
② 阙明坤,郑育琛.我国独立学院转设法律纠纷探微:基于三个典型案例文本的分析[J].教育发展研究,2021,41(5):33-44.

二、教师权益保障

独立学院选择不同转设路径,其教师发展面临的问题也不尽相同。独立学院转设过程中,教师主要面临就业岗位、福利待遇、工作环境、考核压力四个方面的问题。

一是就业岗位。在上述五条独立学院转设路径中,转设为公办普通本科高校、公办大学校区(回归母体高校)、本科职业大学三条转设路径对教师就业岗位比较有利,或将解决部分教师事业编制问题。转设为独立设置民办普通本科高校,也能基本保障教师的就业岗位。然而,一些迁址办学的独立学院部分教师将面临重新寻找就业岗位的境况,如南京大学金陵学院达到博士学位的教师继续参与南京大学苏州校区教学,不具有博士学位的教师则转岗,若教师不愿意接受新转的岗位,将会面临重新就业;桂林理工大学博文管理学院转设为南宁理工学院后,实行桂林、南宁两校区办学,两校区距离较远,约5小时车程,一些不愿意转换工作城市的教师将面临重新寻找工作的问题。

二是福利待遇。无论独立学院选择何种转设路径,都必须切实保障教师的福利待遇。访谈发现,部分独立学院转设为民办普通本科高校后,为维持教师队伍稳定,积极作出薪酬制度改革,个别学校教师工资平均涨幅25%。转设为普通公办本科高校,教师福利待遇基本能得到保障,但终止办学的独立学院,需要合理设定教师安置过渡期,妥善解决教师寻找新的工作岗位期间面临的生活难题,保障教师的基本待遇。

三是工作环境。不管独立学院转为公办,还是转为民办,教师的工作环境或多或少面临变化。转为民办普通本科高校的独立学院,失去母体光环后,加入民办高校的竞争队伍,随着生源数量的减少,其招生将受到一定的影响。例如,2021年8月,全国民办高校招生出现"大面积缺档,多轮降分征集志愿"现象,个别学校甚至经过多轮降分后,生源仍然不足。对于民办高校专职教师,如果招生人数严重萎缩,教学工作量难以保障,将面临重新择业。与公办专科职业院校合并转设为本科职业技术大学后,教师工作环境变化较大。职业技术大学和独立学院的教学方式存在较大差别,教师需要重新规划自身职业发展路径,补齐短板,努力适应职业技术大学教师的标准和要求。

三、学生权益保障

独立学院转设对学生学籍变化、文凭贬值、求职深造、校友权益等方面产生影响。

一是学籍变化。独立学院转设为公办或民办，都会对原有学校名称作出变更，终止办学的独立学院及其学校名称将逐步退出历史舞台。面对这一问题，学生和家长对独立学院转设后的学籍变化表示担忧，尤其担心因为学校名称变更或终止办学而导致学信网个人学籍信息无法查询。2021 年 6 月，湖南省教育厅出台《关于我省独立学院转设有关问题的说明》，明确提出：转设前"以独立学院名义所招收的学生在学信网上的个人信息与转设前一致，且可查询、可追溯"。

二是文凭贬值。虽然独立学院学费是公办高校 2～3 倍，但在一定程度上满足了部分家长和学生花高价学费读重点大学的愿望。独立学院转设后，"名校光环"褪去，学生和家长都觉得文凭有所贬值，特别是并入公办专科职业院校转设为本科职业技术大学的独立学院的部分学生和家长不愿意接受与高职院校合并，甚至产生不满情绪。尽管我国经济社会发展需要大批高素质的职业技能型人才，但学生对"职业"院校认可度较低。学生宁可不要"大学"，也不愿意选择"职业"院校。

三是求职深造。独立学院创办之初，严重依赖母体公办高校的教学师资。随着办学年限的增长，独立学院逐步培养了一批自有师资和专任教师，母体高校师资逐步减少；转设后，逐渐与母体高校脱钩，母体高校派出的学校管理者和师资也将回归母体高校。对于独立学院学生来说，与以往相比，脱钩后报考母体高校研究生的优势逐渐丧失。此外，学生和家长认为，转设后独立学院学生就业竞争力下降。中山大学南方学院转设后改名为广州南方学院后，一名毕业生接受媒体采访时提及："更名不会改变本科学历，但会影响招聘竞争力。"

四是校友权益。潘懋元先生曾说过："校友是大学办学业绩的标尺，是学校最可贵的潜在资源。"[①]选择转设为公办大学校区（回归母体高校）、终止办学的独立学院，妥善安置校友是学生权益保障的重要工作。例如，南京大学金陵学院 2020 年停止普通本科招生，转型提升后于 2022 年全面融入南京大学苏州校区。南京大学将依照"身份永久、精神永续、校友永恒"理念，全心全力全方位地保障金陵学院校友权益，校友会为每一位校友制作并发放"南京大学校友卡"，让校友在两城四校区均可享受校友权益。一些省份明确，独立学院毕业生的校友关系归属独立学院原举办高校。

---

① 孙学龙.论大学校友[J].法学教育研究，2015(2)：339.

第五节　建立退出补偿机制

独立学院退出是市场经济体制下一种正常的社会现象,也是社会发展的一种必然趋势。独立学院是在一定历史背景下产生的办学模式,其存续和发展与外部形势变化及其自身条件完善有着直接关系。依照《实施方案》规定,终止办学、撤销建制的独立学院,应妥善建立退出和补偿机制。

一、建立退出机制

实现独立学院健康可持续发展是独立学院转设的动因[①]。随着民办高校不断显现的办学质量不佳、生源危机、债务风险等问题,迫切要求建立民办高校退出机制[②]。《中国民办本科教育质量报告(2016)》显示,民办本科院校的生均教育事业收入仅为 1.09 万元,远低于公办新建本科院校的 1.45 万元,经费投入不足影响办学质量的提升。当前,"生源危机"已成为不可回避的现实问题。生源减少直接导致高校招生困难,各地普遍无法完成招生计划,尤其是专科学校,甚至出现"零投档"现象。然而,人口出生率持续走低,短期内无力提升生源潜力。民办高校资产负债现象凸显。教育部对 396 所民办高校资产负债情况摸底,发现校均负债 0.98 亿元,52 所院校债务余额超过了 2 亿元,32 所院校资产负债率大于 80%,其中 12 所院校超过 100%[③]。

《实施方案》对独立学院终止办学作出规定,已停止招生,或由于各种原因无法完成转设,或举办者主动提出且条件具备的,终止办学,撤销建制。也就是说,针对条件薄弱,由于各种原因无法达到评估验收与转设标准或者举办者主动提出终止办学且条件具备的独立学院,应在地方政府及相关部门允许的条件下,探索其合理有序的退出机制;通过回归母体高校、合并至其他高校等

① 夏百川.基于政府规制视域的独立学院转设研究[J].云南师范大学学报(哲学社会科学版),2021,292(5):113-122.

② 王燕,申探明.建立我国高校退出制度的逻辑依据、法律规范及其路径选择[J].重庆大学学报(社会科学版),2020,26(1):222-235.

③ 曾辉.辰林教育:高就业率但负债累累的民办教育集团[EB/OL].(2018-10-09)[2019-03-31].https://www.zhitongcaijing.com/content/detail/155683.html.

形式,逐年减少招生,直至终止办学,撤销建制,退出独立学院的历史舞台。这也是贯彻落实中央关于社会组织"培育发展与监督管理并重"精神的重要举措,是维护民办高校登记管理秩序的必然要求,是增强民办高校活力的重要推力,是促进民办高校健康有序发展的有效途径。

独立学院退出的法定途径可分为主动申请注销登记和登记管理机关依法对独立学院撤销登记两种。前者以北京师范大学珠海分校向北京师范大学珠海校区转设为代表,是独立学院通过回归母体高校实现主动退出的一种形式;后者以复旦大学太平洋金融学院被教育部撤销建制为代表,该校从 2008 年起因"办学条件不达标"被取消了普通高等学历教育招生资格,于 2011 年被教育部正式撤销建制,属于独立学院被动退出、终止办学。

从退出时间来看,可将独立学院退出路径分为转设前退出和转设后退出。转设前退出是指独立学院由于办学条件、合作协议、利益博弈、举办者不愿意转设等多种原因无法完成转设而直接终止办学。转设后退出是指独立学院完成转设为普通民办本科高校或公办高校后,由于民办学校自己要求终止、无实际招生和办学行为、资不抵债无法继续办学等原因而被迫终止。2021 年新修订的《民办教育促进法实施条例》对民办学校的终止作出明确规定:"民办学校自己要求终止的,应当提前 6 个月发布拟终止公告,依法依章程制定终止方案。""民办学校无实际招生、办学行为的,办学许可证到期后自然废止,由审批机关予以公告。民办学校自行组织清算后,向登记机关办理注销登记。""对于因资不抵债无法继续办学而被终止的民办学校,应当向人民法院申请破产清算。"

在独立学院退出过程中,一是做好国有资产核清工作,及时清查核实和产权登记,明晰产权关系,确保国有资产保值不流失。二是妥善安置在校师生,保护师生的合法权益;做好校友工作,减小因学校停办造成的群众反映和不良社会影响。退出过渡期结束后,独立学院的权利和义务由母体高校完成全部承接,清算和安置方案报审批机关确认后实施。三是依照独立学院办学性质作出剩余财产处置。鉴于我国独立学院投资主体多元化特征,"要充分尊重举办者的历史贡献以及我国民办学校的特殊性,特别对新政实施前的举办者,其补偿奖励要给予必要的政策倾斜"[①]。在综合考虑投资举办者初始出资额、取得合理回报的情况以及办学收益等因素的情况下,对转设为营利性民办普通

---

① 张利国,石猛.新政背景下民办学校退出机制的反思与重构[J].中国教育学刊,2018(8):16.

本科高校,清偿后剩余资产依照《公司法》处理。对转设为非营利性民办普通本科高校,依照现行《民促法》第五十九条规定,清偿后剩余财产继续用于其他非营利性学校办学,按照剩余财产和学校历年来积累财产的一定比例作为奖励投资举办者,充分调动举办者的积极性。

二、建立奖补机制

现行《民促法》尚未对民办学校退出时的补偿作出明确规定,但 2016 年《国务院关于鼓励社会力量兴办教育促进民办教育健康发展的若干意见》(以下简称《若干意见》)对此作出补充完善。《若干意见》明确:"选择登记为非营利性民办学校的,终止时,民办学校的财产依法清偿后有剩余的,按照国家有关规定给予出资者相应的补偿或者奖励,其余财产继续用于其他非营利性学校办学;选择登记为营利性民办学校的,应当进行财务清算,依法明确财产权属,终止时,民办学校的财产依法清偿后有剩余的,依照《中华人民共和国公司法》有关规定处理。"也就是说,转设前登记为"民办非企"的非营利性独立学院以及独立学院转设为非营利性普通民办本科高校在终止办学时,均可获得补偿和奖励。

同时,《若干意见》把具体奖励和补偿办法授权各省(自治区、直辖市)制定。各地方政府应尽快出台补偿奖励举办者的办法,并明确补偿与奖励比例。补偿与奖励比例既要综合考虑举办者的初始出资额、取得合理回报的情况以及办学收益等因素,又要遵循动态发展的原则,把学校历年来积累发展的财产纳入;同时还要兼顾无形的人力资本投入,"终止办学后可将学校剩余资产的 15%～20% 作为对举办者的补偿或奖励"。[1] 全国有温州、上海、北京等地区的地方细则中明确奖励和补偿机制。例如,温州市综合考虑举办者原始出资和 2017 年 8 月 31 日前投入的后续资产、已取得的合理回报以及办学效益等因素,若政府已出台相关规定或与民办高校有约定且仍然具有法律效力的,遵从其约定;若没有约定,民办学校原始出资和经认可的历年累计出资归举办者所有,清偿后的剩余资产仍有结余的,按不低于学校结余资产的 20% 给予奖励。

---

① 王一涛,徐绪卿,宋斌,等.非营利性民办学校举办者权益的合理保护[J].中国教育学刊,2017(3):9-13.

第七章 国外高等教育办学模式对我国独立学院转设的镜鉴

随着独立学院转设的稳步推进,我国高等教育系统发生结构性调整,介于公办和民办之间"半公半民"的独立学院,转设后不再拥有母体大学的品牌效应带来的优势,其如何提高自身的存在价值,解决同质化问题,仍是不能忽视的问题,其关键在于完成"价值体现"的转变,即完成从"基本价值的体现"到"核心价值的体现"。根据社会发展需要以及高等教育发展状况,决定独立学院能否顺势而变并持续发展的关键,在于其是否能够实现基本价值和核心价值。独立学院的"基本价值体现"即:作为我国高等教育机构的一员,是否可以在增加高等教育入学机会上有所贡献。"核心价值体现"即:较于其他类型高等教育机构,转设后的学校是否能提供具有特色的、差异性的教育服务。

纵观国外经验发现,印度的附属学院、日本的私立大学、德国的应用科学大学以及美国大学异地多校区办学经验在制度创新、经营模式、人才培养上与我国独立学院及转设高校有异曲同工之妙,有着体制机制上的相似之处。借鉴国际高等教育办学模式,对探讨独立学院转设及其可持续发展具有积极意义。

第一节 印度附属学院办学模式镜鉴

印度的高等教育系统由印度政府控制的政府(公立)大学、学院和各个协会控制的其他私立大学、学院组成。公立和私立大学均由大学教育资助委员会(University Grants Commission,UGC)控制。印度附属学院是指挂靠在大学并由大学组织考试、颁发学位的学院,这类学院往往被称为附属学院,与大学学院相对应。具有附属学院的大学往往被称为"附属学院"或"纳附大学",

与单一大学相对应①。附属高校虽隶属于政府管辖范围内的高校,但在管理方面是独立的,以形成自己的学术结构。但是,这些附属学院没有授予学位的自主权②。以上特点可以看出,印度附属学院的办学模式与我国独立学院成立初期的状态十分相似。基于此,借鉴印度附属学院的形成渊源及发展经验,或许可为我国独立学院的后续发展提供有意义的国际对照。

一、印度附属学院形成渊源

1757 年,印度和英国爆发了普拉西大战,印度战败,逐步沦为英殖民地,英国在对印度进行殖民统治的过程中,于 18 世纪末到 19 世纪 50 年代,为其创立了现代高等教育。1857 年,印度最先成立三所大学,即加尔各答大学、孟买大学和马德拉斯大学。这三所大学自身不进行教学,只是接纳本地区或邻近地区的高等教育机构为自己的附属学院③。没有新的组织结构,仅移植了当时英国伦敦大学的模式,在印度被称为"大学附属制"或"纳附大学制"。大学附属制是指一所大学接纳本地区的规模较小的高等教育机构作为自己的附属学院,由大学制定附属学院的教学计划与教学大纲,指定教科书并组织考试,颁发学位的制度。这类依附在大学的学院被称为附属学院,具有附属学院的大学则被称为"附属型大学"。④ 和伦敦大学一样,印度的"附属学院"由大学本部及院系和大量的附属学院(affiliated college)组成,其大学本部主要从事研究生教育,而附属学院主要承担本科生教育⑤。印度的附属学院是印度高等教育的主要形式,容纳了全印大约 90% 的高校在校生,只有少数为公立,绝大部分(大约 80%)为私立。私立附属学院由慈善团体、个人或组织建立,并由私人信托、社团、其他个人团体进行管理和提供资金,同时政府也提供部分补助金。

二、附属学院转型发展现状

印度附属学院制度历经 160 多年,大大促进了印度高等教育快速发展,满

① 季诚钧.印度大学附属制对我国独立学院的启示[J].教育研究,2007(7):50-54.

② KEERTHANA R. Top Autonomous Colleges in India [EB/OL].(2021-12-18)[2022-07-20]. https://www.getmyuni.com/autonomous-colleges-in-india/h/411.

③ 曲恒昌.独具特色的印度大学附属制及其改革[J].比较教育研究,2002(8):27-30.

④ 王文礼.印度附属学院自治面临的挑战及路径选择[J].高教发展与评估,2017,33(1):88-96,129-130.

⑤ 曲恒昌.独具特色的印度大学附属制及其改革[J].比较教育研究,2002(8):27-30.

足了民众对高等教育的迫切需求,但也出现了一些问题。一方面,一所纳附大学下面的附属学院数量过多,最多的有 700 多所;另一方面,附属学院缺乏学术、管理、财务的自主权,一直在低水平徘徊不前,印度解决这一问题的举措是授予某些质量较高的附属学院以自治地位,转型为"自治学院"。

自治学院通常被大学教育资助委员会(UGC)称为学术独立学院。他们在管理方面是独立的,拥有符合该领域未来发展标准的课程、教学大纲、考试、入学及日常操作等学术结构。这些自治学院隶属于官立大学,但具有学术独立性,可以创建课程和日常运营,与非自治学院具体区别如表 7-1 所示。

表 7-1　印度自治学院和非自治学院的区别

自治学院	非自治学院
可以单独制定课程大纲、课程表及试卷	遵照母校的课程大纲、课程表及试卷
试卷由自有教师制定	试卷由考试委员会统一制定
学制结构跟其他类型大学不一样	学制结构跟其他类型大学保持一致
根据班级最高分确定其他同学分数的定分系统	遵循传统的百分比制的定分系统

20 世纪 70 年代,印度第一所自治学院建立。印度高等教育的主管机构大学拨款委员会(UGC)的自治学院认证名单显示:截至 2020 年 6 月,印度自治学院数量已经达到 708 所,招收了超过 2000 万名学生,是一个庞大而复杂的系统。其分别附属于 109 所大学,遍布 25 个邦。在所有州中,泰米尔纳德邦拥有数量最多的 193 所自治学院[①],如表 7-2 所示。

表 7-2　印度自治学院各州数量概览(截至 2020 年 6 月)

所在州	数量
安得拉邦	104
阿萨姆邦	2
比哈尔邦	2
恰蒂斯加尔邦	11
果阿	1
古吉拉特邦	4

---

① KEERTHANA R. Top Autonomous Colleges in India [EB/OL]. (2021-12-18) [2022-07-20]. https://www.getmyuni.com/autonomous-colleges-in-india/h/411.

续表

所在州	数量
哈里亚纳邦	1
喜马偕尔邦	5
查谟－克什米尔邦	3
贾坎德邦	5
卡纳塔克邦	71
喀拉拉邦	19
中央邦	41
马哈拉施特拉邦	86
曼尼普尔邦	1
那加兰邦	3
奥里萨邦	47
本地治里	3
旁遮普邦	11
拉贾斯坦邦	5
泰米尔纳德邦	193
特兰伽纳	60
北方邦	11
北阿坎德邦	4
西孟加拉邦	15
总计	708

　　自治学院在一定程度上促进了印度高等教育的发展,但是也存在不可忽视的问题。最主要的是自治学院的"自治"并不是完全的自治,而是在大学拨款委员会各种条例及纳附大学各种规章之下的有限自治,这种有限的自治在学术、管理、财务三方面都给自治学院的发展造成了不小的困扰。具体表现在:自治学院课程改革审核耗时多、改革动力小,学术自治权因执行障碍未能充分发挥;自治学院人员聘任中存在教师流动性大、全员参与决策导致管理难度增加等问题,自治学院是否能自主设置学费标准也超越了管理自治权的范畴;基础设施维护、教职人员工资及招募资金分配不可控,导致人力不足,影响工作效率,还需谨慎衡量财务自治权的赋予问题。这些问题反映出自治学院

的发展处于困境中。所以,未来的自治学院应如何发展。如何更好地行使自治权将变得尤其重要①。

三、附属学院发展面临的挑战

印度高等教育的跨越式发展是在该国政府应对外汇危机、解决财政紧缩,从而盘活市场资本的情况下发展起来的。② 在 1950—1951 学年,印度拥有 30 所大学,750 所附属学院。1997—1998 学年,印度的附属学院数量达到 10555 所。在 2004—2005 学年,印度拥有 338 所大学,但附属学院总数达到了 17625 所。③ 印度附属学院规模庞大,其发展面临管理、质量等问题。时任印度人力资源开发大臣沙什·塔鲁尔(Shashi Tharoor)曾用"漂浮在平庸之海中的卓越之岛"来形容印度的高等教育。

(一)附属学院规模增加导致管理更加困难

随着附属学院规模的增加,想要有效地满足各所附属学院的常规需求,对任何附属型大学来说都绝非易事。附属学院使用相同的法律、章程、条例和规定管理着所有的学院,而不考虑他们各自差异性,事实上,各个附属学院具有各自的特点、优势、缺点和地理位置,忽略具体学院的特殊性,这对附属学院的学术发展带来不利影响。附属学院需要遵守附属型大学的教学大纲和校历,没有根据当地的具体需要、资源和愿望改革课程的自由,且要严格地遵守当前的管理体系,缺乏任何主动权和创新。

附属型大学虽然负责监管附属学院的教学质量、科研、基础设施,例如图书馆和实验室设备,但事实上尽管附属型大学制定了一系列质量标准,却没有合适的机制去监管这些标准是否得到有效实施。大学附属制系统设计非常复杂,并且程序烦琐,导致很多应该开展的工作都不能及时完成。为了寻求公正和效率,有关部门不得不修改法律来确保附属型大学和附属学院的透明性和应负的责任。当前,为了提高印度国民的整体教育素质,印度迫切需要提高高等教育毛入学率,为了达成这个目的就应该建立更多的学院,开设更多的课程。

① 王建梁,刘海洋:印度自治学院的发展历程、困境及展望[J]河北科技大学学报(社会科学版),2020(2):92-98.
② 王小栋,王战军,于妍.印度研究生教育发展现状、问题及改进方向[J].学位与研究生教育,2020(6):70-77.
③ 王文礼.印度附属学院自治面临的挑战及路径选择[J].高教发展与评估,2017,33(1):88-96,129-130.

（二）附属学院的质量普遍不高

印度的高等教育持续扩张,大多数是在无序的状态下进行的,甚至缺乏必要的审查和平衡。许多大学承载超过其管理能力的附属学院数量,个别大学甚至拥有超过 700 多所附属学院。一些大学正努力减少附属学院数量,以保证其教育质量。虽然印度高等教育在过去的几十年取得重大发展,但是印度高等教育也面临着数量和质量双重挑战:一是高等教育质量不高,国际影响力不大。二是需要进行高等教育数量的扩张,满足社会入学需求。2014 年,印度博拉理工学院人文与社会科学系助理教授普什卡尔在"对话"网站上发表文章称:当前印度高等教育质量较低,如果印度政府不改变现状,将会影响印度年轻人和国家的未来发展。普什卡尔警告:"在建立更多高等教育机构之前,当前政府、有关部门和机构应该提高现有的高等教育机构的质量。"据印度国家评估和认证委员会 2015 年收集的数据显示,印度 62％大学和 90％学院的质量全都持平或低于国际平均水平,印度高等教育毕业生的就业率在 34％～53％之间①。2013 年印度国家评估和认证委员会仅仅对 4371 所学院完成评估,仅占 26000 所学院的 16％。在评估过的 4371 所学院中,只有一半的学院获得 A 级。

（三）附属学院向自治学院的转型收效甚微

印度中央政府为自治学院的创立制定了较详尽的纲领,出台了一系列的政策,采取了许多具体扶持措施。然而,印度自治学院的发展却十分缓慢。从 20 世纪 60 年代提出开始,到 1986 年《国家教育政策》公布时,在近 20 年里自治学院的数量仅占全国学院总数的 0.4％(约 21 所)。到 1995 年,全国改制和新建的自治学院仅 109 所,约占全国学院总数的 1％,而且发展极不平衡,例如,泰米尔纳德邦有 44 所自治学院,而不少邦没有一所自治学院。在 2011年,印度共有 540 所大学,约 26000 所附属学院,其中只有 324 所自治学院,分别属于 57 所大学,而泰米尔纳德邦拥有 119 所自治学院,在印度各邦中拥有自治学院的数量最多。印度整个东北地区仅拥有一所自治学院,坐落于那加兰邦②。

---

① 赵琪.印度学者呼吁重视高等教育质量[EB/OL].(2015-08-02)[2022-08-15].http://www.cssn.cn/hqxx/bAych/201404/t20140429_1129541.shtml.

② S. John Britto. Autonomous Colleges in a Globalized Aorld. Higher Education in India:Emerging Issues and Future Prospects[C]. New Delhi:Authorspress,2013.

四、对我国独立学院的启示

印度附属学院和中国独立学院在成立和发展起源上,具有相似的社会背景,两者均满足了人民群众对高等教育的需求,两者都对本国的高等教育具有相同的基本价值,即缓解既有的公办大学的教育供给不足与人民群众不断增长的高等教育入学需求之间的矛盾,提供高等教育入学机会。印度附属学院的办学模式与我国独立学院成立初期的状态具有形式上的相似性。然而,印度附属学院与我国独立学院在创建背景和办学形式上虽有所相似,但是两者各自的后续发展却大不相同。首先,从严格意义上来看,附属学院只是大学的一个教学点,缺乏大学的传统与氛围。一所纳附大学往往有几十所甚至上百所附属学院,大学根本无法对附属学院实施有效的管理。其次,大学制定课程标准与实施考试,使得附属学院缺乏足够的自主权,高度集中的权力与官僚主义损害了纳附大学及其附属学院的声誉与质量。最后,最终发展为相对独立、近似独立高等教育机构的自治学院的附属学院比例低,且存在地域分配不平衡的现状。

基于此,不管是从实际的教育活动上看,还是从身份特征上来看,印度附属学院都不能被列为独立的高等教育机构一员。我国独立学院在成立初期,虽然依附于母体高校办学,但是从 2003 年起,国家加强政策规范,独立学院强化"民独优"办学,除了无法获得独立颁发学位证书的资格之外,其他方面都与一般大学无太大差别。2008 年之后,独立学院正式开始自授毕业证和学位证,逐步向传统意义上的独立的高等教育机构靠拢。2020 年开始,独立学院进入全面转设新阶段。因此,与其将印度附属学院作为正面参考模式进行学习,不如将其作为反面教材,以此为镜,时刻警醒我国独立学院应积极通过转设在制度和教学上实现真正意义上独立,通过提高教学质量和人才培养特色,争取早日从对提供高等教育入学机会的量型供给作用,向提供促进社会发展所需紧缺人才的质型培养作用上过渡,完成基本价值向核心价值的转变。

第二节 日本私立大学办学模式镜鉴

日本学者丸山文裕指出,只有在高等教育市场需求大于供给的前提条件下,私立大学才得以维持正常经营①。高等教育市场的供需关系一旦发生供大于求的变化,择优消费则成为预测学生择校意愿的一个重要风向标。基于此,以日本为例,可以推测学生的择校排序分别是:以整体学费低且质量好的国公立大学为第一选择;以学费高质量好的名牌私立大学,如早稻田大学、庆应义塾大学等为第二选择;以学费较低,选拔性较低但职业性强、有利于就业的职业性大学为第三选择。按照以上的择校顺序来看,学费高、选拔性稍低且职业应用性不强的私立大学则要面临着更严重的生源危机,特别是办学规模小,地处三大都市圈外,如东京都、神奈川县、千叶县等以外的地方私立大学,成为被淘汰的第一梯队。因此,日本未雨绸缪,避免因适龄人口减少带来的适龄入学者生源不足问题,通过提高自身办学特色完成基本价值体现向核心价值体现的转变。

纵观国际经验,日本私立在分类发展取得的经验和来自日本政府的宏观指导举措值得为我国独立学院转设为应用型本科高校或本科职业技术大学之后,加快差异化发展,形塑办学特色,提供参考和借鉴。

一、日本私立大学多样化分类发展的社会背景

20 世纪 70 年代中后期,日本逐步进入少子化社会。随着适龄人口的骤减,日本私立大学在招生、经营上陷入生源不足的现实困境中。根据文部省2019 年公布的调查数据显示,33% 的私立大学存在招生不足的问题,半数以上的地方中小规模私立大学出现财政赤字。② 2017 年,日本学者寺里诚司根据"日本国家社会保障、人口研究所"公布的 2040 年日本人口变化的预测报告提出假设,如果在 2030 年之前,进入大学的学生人数减少 7.3 万人,那么将有187 所招生规模在 600 人以下的小型私立大学消失;到 2040 年,考入大学的学生将再减少 10.9 万,这就意味着将有 97 所招生规模在 1000 人以下的私立大学消失,自 2017 年起至 2040 年,日本私立大学将有可能只剩下 110 所。③这一说法与 2018 年有本章教授在"全国高等教育研究所等协议会"成立 10 周

---

① 丸山文裕.私立大学の経営と教育[M].京东都:東信堂,2002:3.

② 日本文部科学省.私学行政の現状と課題等について[EB/OL].(2019-08-30)[2020-5-21]. https://AAA. mext. go. jp/component/a _ menu/education/detail/_ _ icsFiles/afieldfile/2019/10/02/1421582_01.pdf.

③ 寺裏誠司.未来予測から見える私学に残された4つの改革の方向性[J].私学経営,2017(504):53-94.

年大会上提到的官方预测几乎一致,根据官方的正面预测,2016 年至 2030 年,约有 200 所私立大学将被淘汰。①

面对如此严峻的外部压力以及可预测的淘汰危机,日本政府以及私立大学采取了一系列举措进行他救和自救。

二、政府举措:竞争性资金补助对日本私立大学分类发展的促进及监管作用

日本政府通过政策支持、财政补助等方式鼓励私立大学提升教学质量、特色创新、地域合作、国际办学等,从质量和特色上吸引生源,解决招生不足带来的经营困难问题。2009 年,文部省作出决定,依法对一些经营状况持续恶化的大学法人,进行整顿或与其他法人合并,促进大学间的优势互补,节约办学成本。文部省提出,自 2016 年至 2018 年,3 年期间对位于三大都市圈的在校生规模在 4000 人以上的大中型私立大学实施招生定额管控决定,抑制其容量过剩的现象,并且原则上从 2018 年起的 10 年内不接受来自东京 23 区的大学进行扩招的申请②。

众多政府层面的指导举措中,值得一提的是日本文部省于 2013 年启动的"私立大学等改革综合支援事业"。该事业旨在选拔出在教育和研究方面有计划、有步骤地进行大学改革的私立大学,对其进行重点扶持,以增强其财政基础,促进私立大学特色和功能提升,帮助私立大学解决少子化问题带来的各种危机和挑战。该支援事业自 2013 年实施以来,截至 2021 年度,文部省共安排约 1311 亿日元的财政预算③。自实施以来,该项目一直是文部省用于引导私立大学特色构建、分类发展、功能提升的核心项目。根据文部省公布的资料和数据④,2013—2021 年"私立大学等改革综合支援事业"提出的申报类型在数量上和名称上有所变动或调整。例如,2014 年起,可申报的类型由原有的 3

---

① 有本章.私立大学の内部質保証を問う.アルカディア学報.2018(645).[EB/OL]. (2018-9-30)[2021-03-28].https://AAA.shidaikyo.or.jp/riihe/research/645.html.

② 西川泰彦.定員管理の厳格化による私立大学の学生募集への影響—私立大学の財務及び高等教育政策に関するアンケート調査から-[J]高等教育政策と私立大学の財務[M].私学高等教育叢書.2020:43-57.

③ 日本文部省"私立大学等改革综合支援事业"资料[EB/OL].(2022-03-21)[2022-07-15].https://www.mext.go.jp/a_menu/koutou/shinkou/07021403/002/002/1340519.htm.

④ 日本文部省"私立大学等改革综合支援事业"资料[EB/OL].(2022-03-21)[2022-07-15].https://www.mext.go.jp/a_menu/koutou/shinkou/07021403/002/002/1340519.htm.

大类被调整为"教育质量转换型、地域发展型、产学研合作型、国际化型"4种类型。2017年起,文部省为促进大学与当地政府及产业界的合作,使三者的优势资源利用集中化,达到促进大学改革、形成特色化经营模式及带动地方经济发展、产业振兴的双赢目的,在原有的4种类型上新设了第5种类型——平台形成型,用于重点支持私立大学组建合作平台。2019年起,文部省再次对前一年的类型划分做了调整,以上的5大类回归为4大类型。

类型1"特色教育发展型",通过对比前后年类型的定义和变化,我们发现,该类型仍然坚持原有"类型1——教育质量转变型"的特点,即关注教学质量的提升和入学选拔制度的多样性及合理性。

类型2"特色研究发展型",该类型在2018年"类型3——校间合作型"的基础上,将支援目的聚焦于促进私立大学研究功能方面的特色和提升,入选该类型的私立大学可获得高于其他类型1000万,合计共2000万日元的补贴,用于投入对解决社会高需求问题的有关研究、创新及开展校间合作研究的项目等。

类型3"地域社会贡献型",该类型分为"地域发展合作型"和"平台型"2个方向:方向一明确允许大学与区域两者间的协作,旨在鼓励私立大学结合地域发展需要开发相对应的教育课程以及进行有益于解决地域课题的研究,达到促进当地经济、社会、就业、文化发展的最终目标;方向二延续了2018年的"类型5——平台形成型"的特点和功能。

类型4"社会发展推动型",设定该类型的目的是支援那些致力于与产业界、企业进行共同开发、研究的私立大学,从而达到将研究成果、技术创新转化成对社会发展有用的实际成果的目标。

综上所述,日本文部省对申报类型的划分有所调整或者覆盖,然而对私立大学改革的分类指导思想始终保持相对一致,主要围绕4个关键方向:方向一重视私立大学的教育质量;方向二重视私立大学对区域经济发展的贡献性;方向三重视私立大学的国际化发展;方向四重视私立大学与其他大学及社会团体、产业界之间的合作,重视其在科学研究上的创新性及成果的社会实用性、贡献性。

根据日本文部省的调查结果显示,较于未入选的私立大学,2013年至2017年期间获得该支援事业财政支援的私立大学在构建特色教育、促进区域经济发展、产学研合作、国际化推进上效果显著,呈现出逐年正向增长的良好势头[1]。可见,日本文部省通过"私立大学等改革综合支援事业"推进私立大学办学类型划分的实践,是应对外部环境变革而作出的及时反应及长远规划。日本文部省为推进私立大学的分类发展进行财政补助,特别是通过开展"私立大学等改革综合支援事业",提供的竞争性资金补助对促进日本私立大学的特色建设和分类发展起到一定的激励效果,其经验可为我国独立学院转设高校的特色发展及分类建设提供有益参考。

三、高校举措:日本私立大学的办学特色和多样化发展实践探索

日本私立大学分类发展,一方面得益于日本文部省的引导作用和财政补贴激励,另一方面更离不开建立在日本私立大学自身优势和传统基础上的努力和战略调整。总体来说,日本私立大学特色发展可以归纳为以下 4 大类型。

(一)教育质量转换型私立大学的办学特色

该类型私立大学的经营特色主要围绕"教育质量"。参照历年来日本文部省公布的"私立大学等改革综合支援事业"的要求,申请第一类型财政补助的私立大学需在现有的条件或将来的规划中做到两点要求。一是关注教育质量,形成特色。即在学习成果可视化的基础上,通过改进教育方法、制订文理融合的教育方案、开发特色教学方法,促进教育功能的提升,提高教育质量。二是重视高中和大学两者间的衔接,形成多样且合理的入学者选拔制度,加强高中教育与大学教育的合作。具体举措表现在以下几个方面:构建全校性教学管理体制;完善教学大纲,鼓励提高自主学习课程的比例;把握和提高学生的有效学习时长;活用学生对课堂评价结果;实施课程系统图、编号、GAP 制度[2]、校长对经费使用的自由裁量权等;重视产学合作,实施课题解决型学习项目;实施基于能力、动机、匹配性等多种评价指标的综合招生制度等[3]。

通过上述发展战略提高自身竞争力和生存价值的私立大学,在推进教育质量转换上各有特色、亮点纷呈。

---

① 日本文部省.私立大学等改革综合支援事业的成果(2013—2017)[EB/OL].(2018-02-05)[2022-07-15].https://www.mext.go.jp/component/a_menu/education/detail/__icsFiles/afieldfile/2018/02/05/1340519_408.pdf.

② GAP 制度,实施该制度旨在防止学生过劳过度选课,通过规定每学期可修的学分上限,以达到确保学分的价值体现的目的。根据日本大学基准协会制定的针对基础条件的评价指标(2018 年 3 月版),学士课程的学生一年可攻读的学分需低于 50 学分。

③ 日本文部省."私立大学等改革综合支援事业"[EB/OL].(2018-05-27)[2020-03-23].https://www.mext.go.jp/a_menu/koutou/shinkou/07021403/002/002/1340519.htm.

以连续 8 年每年获得财政补助,专注于"教育质量转换型"的大规模私立大学武藏野大学为例,该校设立 9 个学院 16 个专业,9 个研究生院。该校在以下 3 个方面构建特色。第一,实施 4 学期制度,分段培养学生的创造性思维能力,培养学生早期的学习动机和学习观。通过低年级教育,使高中教育与大学教育进行有效衔接。第二,在全校范围内实施校外实习项目,要求全体学生在入学第一年将田野研究项目作为必修课实施,到校外进行短则一周长则一个月的实践学习。加强与地方政府、企业等高校合作力度,目前武藏野大学已拥有 32 个长期项目和 25 个短期项目。第三,积极推进国际化发展。从提高课程的国际化、增加学生的海外留学机会、提高外国留学生的比例、拓展与海外大学的合作办学等方面,全面推进大学国际化进程。同时,武藏野大学响应文部省的指导要求,于 2016 年设立院校研究部门,加强、促进 PDCA 质量保证体系的运作。

日本许多私立大学注重教学质量,采取多样化举措。例如,立命馆大学设置了专项奖学金,为那些怀有梦想且学习目标明确、努力学习、积极参加课外活动的学生个人、团体、集体提供经济支援。东北公益文科大学通过组织学生去企业实习,参加"总裁见习"项目,培养学生的实践技能,组织召开以"当地社会经济发展面临的各种问题"为主题的研讨会,引导学生进行现场考察并提出解决方案,提供学生参与解决企业课题竞争项目的机会,旨在促进学生完成从"理论知识"到"实践运用"的转换。

以上"教育质量转换型"私立大学的核心特征是重视学生的学习成果,既要做到确保知识、技能、素养方面的学习效果,也要确保该学习成果的实用性和可转化性。为了实现这一教学目标,各个大学不仅要在教学理念上进行转变,也要在授课方式等方面进行调整。一是学习主体的转换,从教师的"应试灌输"到学生"自主学习"的转换。二是学习成果的转换,从"偏理论知识"到"重视实践运用"的转换。三是教学方式的转换,从单一的"传统课堂教学方式"到"活用互联网教学"的转换。四是指导方式的转换,从"课内指导"到"活用课外指导"的转换等。另外,转换的效果如何,离不开健全的 PDCA 质量保证体系。通过设置 IR(院校研究)部门,定期收集数据以便掌握学习效果、教学效果的变化。是否设置 IR 部门,活用 IR 功能既是日本文部省决定是否为私立大学提供补助金和竞争资金的审核标准之一,也是私立大学构建特色教育过程中必不可少的环节之一。

(二)区域社会经济发展促进/协作型私立大学的办学特色

该类私立大学经营特色的重点是对地域社会的贡献性。参与该类型评选的私立大学需在以下几个方面具备特色或潜力：与地方政府签订战略性合作协议；设置全校性的产学合作中心；与地区合作共同开发可解决区域问题的教育项目；对所在地域的学校进行教育支援和育儿支援；接收在职人士；根据地区政府和地区产业发展的需求，制定在职人士能力再培训的项目等。

日本东北福祉大学成立于 1875 年，位于日本宫城县仙台市，全日制在校生数为 5000 人，非全日制在校生数为 2790 人，研究生院可提供硕士及博士课程。该大学致力于培养对地域发展具有贡献性的人才，关注日益增长的老年人护理需求与护理人员严重不足两者间的社会矛盾问题，着重培养既有专业护理知识又有实践操作能力的护理人员，建立了契合地区经济发展和市场需求的服务设施，如特殊疗养院、疗养院、老人团体活动中心，并提供短期住宿服务、日间服务和家庭护理等多种护理服务。这种经营模式既能为学生提供实习场所，也能解决毕业生就业问题，同时又加强了高校与区域之间的合作及资源整合。

位于埼玉县的日本女子营养大学也是一所具有地域贡献特色的私立大学，多次获得文部省的财政补助，在校生 2103 人，研究生 37 人，属于中小规模的私立大学。该校自 1961 年建校以来，将饮食和健康作为促进自身发展的核心教育特色，为社会培养了大批的营养管理师、营养师、家庭学教师等具备较强实践能力的人才。日本女子营养大学将先进的营养学理念引进周边区域坂户市的市民生活中去，积极倡导和推动该地市民的健康饮食生活，使当地一年节省了约 10 亿日元的医疗护理费用①。2019 年起，实施针对符合市民每个生命阶段的详细健康促进项目，如亲子烹饪班、老年人防虚弱烹饪班等，积极规划和支持人口达到 1 万的城镇的健康促进和饮食教育计划。

由上可见，具备"地域发展贡献型"特征的私立大学，在地域贡献方面发展特色和优势，并主要是通过加强大学教育与当地经济发展的联系，发挥各高校的特色及优势，推进高校与区域之间的合作及资源整合；通过高度的产学融合方式使人才特色更加契合当地经济发展的需求。日本私立大学与区域经济发展相结合的领域主要集中在护理、健康管理、旅游、就职支援与地方人才回流等方面。

（三）国际化发展促进型私立大学的办学特色

国际化发展促进型大学指的是那些在国际学习环境构建、外语教育、地域

---

① 香川靖雄.先進的な栄養学による坂戸市民の健康づくり［EB/OL］.(2012-07-26)［2021-01-22］.https://AAA.eiyo.ac.jp/ions/Ap-content/uploads/2012/07/第 2 章％E3％80％80 研究成果の内容(概要).pdf.

国际化水平提高、多元国际化发展上有特色的私立大学。根据"私立大学等支援综合改革事业"中选拔符合该类型大学给予财政补助的标准来看,该类大学应具备以下几个特点:实用型外语教育的开展情况;教员的英语水平是否得到强化;海外实习机会和项目的实施情况;与海外大学的联合培养情况;外国人教员及留学生的比例、国籍的多元性;对地域国际化发展的贡献度,如是否积极开展留学生与当地居民的交流活动等。

位于日本东京都三鹰市的国际基督教大学(简称"ICU"),便是一所具有代表性的国际化发展促进型大学。ICU成立于1953年,该校以贯彻少数精英教育与国际化教育的教学理念而久负盛名。其在国际化发展上的特色和优势有以下四点:其一,极其注重培养学生运用英语撰写毕业论文的能力,该校在第一学年时便将重点放在英语写作能力的教育上。其二,坚持要求学生掌握除英语和日语两种语言之外的第三种语言,并提供9种语言的课程供学生选修,培养通晓三国语言的国际化人才。其三,在师资力量上,打造具备国籍和文化多样性且极具奉献精神的教职员工队伍。面向世界各地不拘一格引进人才,每三名全职教师中就有一名是外国人,占比在国际高校中名列前茅;许多日本籍教师具备海外教育和研究的经验,且约有60%的教师拥有海外博士学位。其四,在校园环境的构建上十分注重国际性。吸收世界各地的留学生,营造国际多样化的校园环境,设有留学生与日籍学生混住的国际宿舍,促进不同国籍学生间的交流与互动。

位于地方城市的宫崎国际大学亦是一所颇具国际特色的小规模私立大学。该校于1994年成立,以"礼节、勤劳"为办学理念,旨在培养真正的国际人才,多次获得国际化类型特殊财政补贴。该大学的最大特色是具有极高的国际化水平,外国人教员占该校总教员的58.1%。根据2020年最新数据显示,这一比例至今为止仍居日本全国第一,且外国教员的师生比为1:20,亦为日本全国最优分配。同时,作为该大学的特色学部国际教养学部更是将国际化实施到极致,除了"日本语表现""中国研究"等一小部分科目之外,其他科目全部用英语进行授课,英语授课率达到88%,83%的学生拥有海外学习的经验。

从以上发展情况和经营特色可见,具备国际化发展促进型特征的私立大学在教育理念、课程设置、教育模式等方面彰显国际化特色,通过吸引国际学生,既解决了生源不足问题,也提高了自身招生竞争力,缓解少子化形势加剧带来的经营破产危机,扩大了生存空间。

(四)科研创新推进型私立大学的办学特色

较于前面三种经营特色的单一性,该类型相对多元和复杂,整合了"产学合作型""校间合作型""特色研究发展型""社会发展实用型"等方向的分类指导思想。"科研创新推进型"具有三大办学特点。第一,在社会及合作平台方面:构建产学合作体制;与企业共同开发制定教育课程;与其他大学签订合作协议,开展交流活动,单位互换、共同开发教育课程,实施共同研究,共同开展教职员工研修培训等。第二,在研究职能方面:从国际上招聘人才;开展跨学科型共同研究活动;公开研究成果等。第三,在社会发展实用性方面:开展以实用性、创业性为目标的项目;进行共同研究,委托研究;引入校外资金等。概言之,"科研创新推进型"私立大学既具备敏锐的市场洞察力(产业需求)和厚实的产学合作平台(多元协作),亦拥有高度的研究能力。

通过整理归纳日本私立大学团体联合会列举的符合创新型大学的特征来看,具备科研创新推进型经营特色的私立大学的科技创新,主要集中在水产养殖类、纳米技术开发类、医疗健康等方面。譬如,在水产养殖技术开发方面,日本近畿大学水产研究所以成功开发世界首例人工养殖蓝鳍金枪鱼技术而著名。该项研究始于 1970 年,并于 2002 年成功实现了完全水产养殖。之后近畿大学和丰田通商的子公司开展合作研究,实现了从鱼苗到幼鱼的"中间繁殖"。2014 年,近畿大学扩大与丰田通商的合作范围,开始批量生产完全养殖的金枪鱼。

关于医疗、疾病治疗与预防、健康促进等方面的技术创新,日本大学致力于探究难治愈型免疫疾病、过敏性疾病的病理,试图开发出新的治疗方法。享誉盛名的名牌私立大学庆应义塾大学通过制定"跨学科内镜外科高级医学人才培训项目",成功入选日本文部省制定的"问题解决型高级医疗人才培养计划"资金支持资格,自 2014 起连续 5 年每年享有最高 5000 万日元的财政支持,用于开展建立各大学附属医院之间的研究据点和合作网络基地,旨在培养能够在患者脑死亡情况下进行高难度、高技术要求的器官移植等手术的高级医学人才。同样,作为日本领军私立大学的早稻田大学则深耕于体育健康领域,率先成立日本第一个以"体育"命名的学科,并一直引领这一领域的发展,致力于成为健康和体育科学发展上开展教育和研究活动的国际中心,聚集世界各地的人才,通过体育寻找有望解决人类所面临的"身体和精神"问题的办法。

作为东亚私立高等教育系统中的翘楚,日本私立大学在"量"与"质"的协调发展上取得了显著成就。究其原因,既离不开政府的宏观指导、分类扶持,更离不开私立大学自身的特色建设和有效的战略调整,其经验可为我国独立学院和新转设本科高校特色发展提供有益借鉴。

四、经验启示

目前,我国高等教育已经在横向上形成了研究型、应用型、技术技能型三大类,在纵向上表现为世界一流、国家一流、地方一流的分层格局①。国家根据产业结构升级及高等教育转型需要,出台了一系列措施推动高等教育分类发展,取得了显著成效。《中国教育现代化 2035》强调分类推进高等学校高水平发展。高等教育同质化问题仍是独立学院乃至其他地方本科院校不可忽视的问题,即使独立学院转设,如何进行差异化发展,特色发展仍是一项亟须解决的课题。

日本私立大学类型划分的经验表明,分类建设是塑造高校办学特色,从而实现高水平发展的关键所在,相关的经验和做法对于当前我国独立学院转设后的特色发展具有重要参考价值。

(一)以分类建设促进独立学院转设高校特色发展

高校分类发展就是在国家教育行政部门的主持下,组织高等教育研究机构或专家、学者根据一定的标准(如高校的社会职能和高校的特点)将高校划分为不同的类别或能级(包括类型和层次),具有稳定性和多样性的特点②。潘懋元先生指出,分类不清、定位不明是当前中国整个高等教育发展中的一个令人困惑的问题,并提出要定位就要先分类,再进一步才是特色发展③。由此可知,我国高等教育系统未能形成科学的分类体系,高等学校缺乏定位与特色意识;同时表明高等学校分类与特色是一对相互联系的概念。从经济学角度出发,分类对高校而言是一种品牌塑造,本质是对复杂的、同质化的高等教育市场进行分割。

从日本私立大学类型划分的经验来看,办学定位或办学理念层面的类型划分具有较高的辨识度,更容易受到市场和受教育者的认可,不同类型具有差异性的特点。独立学院转设为本科高校之后可适当借鉴日本私立大学的分类发展经验,根据产业结构变化、人口结构变化、区域经济发展对不同类型、不同领域应用型人才的需求,结合自身发展形成的优势和积淀,进行更深入的分类发展,形成各自的特色办学和品牌,从而克服过去外延式扩张逻辑导致的复制性、模仿性和同质化发展。

① 廖苑伶,周海涛.新中国成立 70 年来高校分类发展的历程、逻辑与展望[J].现代教育管理,2020(9):43-52.
② 陈厚丰.中国高等学校分类与定位问题研究[M].长沙:湖南大学出版社,2004:32.
③ 潘懋元.中国高等教育的定位、特色和质量[J].中国大学教学,2005(12):4-6.

（二）从整体的多样化向单一个体的多样化尝试

分类建设并不意味着框定高校的发展方向，要避免分类束缚高校自主办学和自由发展。在分类办学过程中，早稻田大学隶属于国际化发展促进型大学，但又具备科研创新推进型大学的特点；近畿大学在致力发展科研创新推进型大学的特征之外，又开拓性地进行国际化办学，其国际学部采用 15 人以下小班教学，并要求该专业所有学生在大一下学期留学国外 1 年，以培养学生的商务英语能力；芝浦工业大学连续 8 年获得所有类型的财政补贴。从日本的私立大学在分类发展和自身定位中，不局限于单一类型的发展经验来看，有资源平台和历史积淀的独立学院转设高校可以同时具备两种或多种类型特点，甚至可以在发展科研创新推进型大学上，进行一定的尝试和创新，尝试从整体的外部多样化发展向单一个体的内部多样化过渡和发展。

（三）发挥政府的宏观指导和推进作用

日本"私立大学等综合改革支援事业"最终的目标在某种意义上可以说与日本政府在《2040 年高等教育总体规划报告》中提到的改革方向相一致。2018 年日本文部省公布了《2040 年高等教育总体规划报告》，强调少子化现象加剧及社会 5.0 时代到来等外部因素的变化对日本高等教育的影响，对包括私立大学在内的日本高等教育机构的未来走向和发展前景提出了 3 个大指导方向。一是立足学生需求，关注教育效果。要求各大高等教育机构明确教学内容、学习成果指标，开发促进学习者获得实质性学习成果的教育方式；完善多样且灵活的教育研究系统，构建质量保障体系。二是凸显各自大学的优势、特色，加强与区域发展的互动共生。通过加强大学与当地经济发展的联系，发挥各高校的特色及优势，推进高校与区域之间的合作及资源整合，推进高度的产学融合方式，使人才培养特色更加契合当地经济发展的需求。三是促进国际化发展、拓宽生源途径。该报告提出日本高等教育机构应积极吸收社会在职学生和国际留学生，以确保高等教育发展该有的适当规模①。

由上可见，政府对私立大学的宏观指导、财政支援与实际考察效果得出的发展特色之间并不冲突，国家层面的分类指导对私立大学的特色发展起到一定的推进作用。日本推进私立大学办学类型划分的实践，是应对外部环境变革作出的及时反应，通过该支援事业积累的分类指导的经验与成果，是日本文

---

① 日本文部科学省.2040 年に向けた高等教育のグランドデザイン（答申）[EB/OL].（2018-11-26）[2020-01-13] https://AAA. mext. go. jp/b _ menu/shingi/chukyo/chukyo0/toushin/1411360.htm.

部省进行长期教育发展规划的基础及各界检验政策合理性的参考实证之一。

独立学院转设之后,进行分类建设、特色发展是凸显个性和价值,逐步做到被社会公认的重要途径。政府基于经济社会发展需要和人民群众对教育的需求,制定高等教育战略,进行宏观规划和顶层设计,是保障高校分类建设成效的重要基础。日本私立大学类型划分的实践表明,分类建设和特色形成,离不开政府的宏观指导和一定比例的财政支持。

第三节　德国应用科学大学办学模式镜鉴

独立学院转设后人才培养目标是社会亟须的具备本科基础的应用型、技术型人才。世界上关于应用型本科培养人才模式主要有两种:一是以美国为代表的通识教育(通才教育),另一种是以苏联为代表的专门教育(专才教育)[①]。国际工程教育分为两大体系:一是以《华盛顿协议》为代表的工程教育互认体系;另一个是以德国和法国为代表的欧洲大陆工程教育互认体系[②]。德国的双元人才培养制度和职业本科教育的发展历史悠久,在如何培养应用型人才上经验丰富。对德国应用科学大学办学特色进行考察,可以寻找供独立学院及新转设高校借鉴的经验。

一、德国的高等教育概况

德国高等教育历史悠久,实力雄厚,在世界上影响深远,既有欧洲史上最古老的大学——德国大学,又有第一所现代意义上的大学——柏林大学。19世纪以来,德国的大学追求教学自由与学术自由的双平衡;实行教授问责制,有严格的考试制度,淘汰率高,实行"学校自治",发展各自特色;学制长,课程门类齐全,重视教学质量。大学间的质量差距不明显,不管是在学术型教育领域上,还是在应用型教育领域,都是世界高等教育发展以及人才培养的楷模。

德国的"高等教育"(Hochschule)一词是一个上位概念,包括一系列提供职业教育或通过研究和教学促进学术和艺术发展的第三级教育机构(Tertiary sector),具体主要由高等教育机构和职业学院组成。高等教育机构与我国所

---

① 刘道玉.论大学本科培养人才的模式[J].中国地质大学学报,2008(2):1-8.
② 李茂国.中国工程教育全球化战略研究[J].高等工程教育研究 2008(6):1-12.

定义的高等教育机构相似。职业学院(Berufsakademie)则是指一些州的国营或国家承认的学习机构,其作为传统意义上的高等教育机构外的另一种机构,为那些完成高中教育并获得高等教育入学资格的人提供高等教育的替代课程,以获得专业的技能和从业资格。职业学院将学习机构(Studienakademie)的学术培训与企业界的实际职业培训结合在一起,从而构成双轨制(Duales System)。双轨制学习中公司承担在职培训的费用,并向学生支付工资。参与双轨制学习项目的学生,在学习机构进行理论学习期间亦可获得公司颁发的工资。1974 年,巴登-符腾堡州作为一个试点项目首次设立了职业学院,目前在德国的一些州可以看到国营或国家承认的机构。基于中德高等教育机构涵盖范围的不同,下面只针对符合中国高等教育系统认知下的德国高等教育机构进行讨论。

截至 2021 年,德国共有 422 所国家认证的高等教育机构,主要有以下 3 大类型。如表 7-3 所示。

表 7-3 德国各类高等教育机构数量及在校学生数

类型	传统大学	应用科学大学	艺术与音乐大学	合计
机构数量/所	130	240	52	422
在校学生数/万人	177.95	112.6	3.7	294.25

数据来源:德国教育部省.Federal Statistical Office August 2021 [EB/OL].https://www. destatis. de/EN/Themes/Society-Environment/Education-Research-Culture/Institutions-Higher-Education/Tables/type-institution.html.

第一类:由综合大学、教育大学、神学大学构成的传统大学,共 130 所。第二类:由应用科学大学组成,共 240 所,占德国高等教育机构总数的 56.9%,其中包括了 30 所行政管理大学。第三类:艺术与音乐大学,共 52 所,仅占德国高等教育机构总数的 12.3%。

德国联邦学术研究部按照各高等教育机构的功能和作用,将大学分为以下 6 大类:综合大学(universities)、教育大学(colleges of education)、神学大学(colleges of theology)、艺术与音乐大学(colleges of art and music)、应用科学大学(University of Applied Science)、行政管理大学(colleges of public administration)。如表 7-4 所示,从机构的数量来看,德国应用科学大学有 210 所,占德国高等教育机构总数的近 50%,是德国高等教育机构数量最多的大学机构。从在校生看,共有 107 万应用科学大学在校生,占德国高等教育在校生总数的 36.4%,继综合大学之后位居第二位。1968—1970 年间登场的应用科学大学(简称 UAS)被看作是二战后德国大学部门扩张的结果,同时该类大学的出现也适应了新的教育和培训形式的需要,其教育重点更多的是面向专业培训,主要培养社会发展所需要的应用型和实践型人才。

表 7-4　德国高等教育机构具体分类及规模

类型	综合大学	教育大学	神学大学	艺术与音乐大学	应用科学大学	行政管理大学	合计
机构数量/所	108	6	16	52	210	30	422
在校学生数/万人	175.1	2.6	0.25	3.7	107	5.6	294.25

资料来源:德国教育部省.Federal Statistical Office August 2021[EB/OL].(2022-08-05)[2022-08-13].https://www.destatis.de/EN/Themes/Society-Environment/Education-Research-Culture/Institutions-Higher-Education/Tables/type-institution.html.

二、德国应用科学大学形成的背景

德国应用科学大学的登场和形成与德国的社会需求和经济发展密不可分。二战后,德国经济迅速增长,进入所谓的"德国经济腾飞"(Deutsche Airtschafts Aunder)时代。当时,在短时间内德国达到了零失业率,人力资本成为塑造经济增长的关键因素和资源。为了获得经济发展所需要的人力资本,一方面德国通过移民政策,吸引了大批来自意大利、土耳其、希腊的人员,解决了德国蓝领工人短缺的问题。另一方面,为解决白领工人和工程师方面人才供给不足问题,1960 年代中期德国政府决定采用企业理论中一个著名的概念——分工,通过建立一种新的大学机构来培养所需的具有高技能和应用能力的人才。当时,德国传统大学如综合大学、神学大学、教育大学主要专注基础研究或某个领域的专门人才培养,无法提供大量受过良好教育的人才,特别是工程科学方面的应用型人才。而且传统大学的学习时间通常是 4 到 5年,时间的高机会成本使得当时想要进入传统大学就读或者已经就读的人认为,辍学后直接在工业界开始职业生涯更具吸引力。为解决这一问题,1968年 10 月,联邦德国各州州长达成协定,统一将原有的职业培训学校进行合并或改革,建立高等专科学校,也就是世界上著名的应用科学大学。

应用科学大学首先出现在德国,之后在欧洲各地广泛传播,特别是在奥地利、瑞士、荷兰。应用科学大学,德语原文为"Fachhochschulen","Fach"的意思是专业、领域或部门。"University of Applied Sciences"是现今对德国应用科学大学的国际称法。该称法于 1998 年召开的德国各州文化部部长联席会议上正式被通过并使用,旨在消除国际社会对 FH(应用科学大学)的误解,进一步明确通过应用科学大学实行的教育在德国高等教育中的正统位置。

三、德国应用科学大学的特征

德国传统大学一般以基础研究与教育或特定领域的研究与教育为目标,提供广泛的学科教育。与传统的大学相比,应用科学大学专注于为经济发展提供擅长应用研究和教育方面的人才。与其他类型的高等教育机构相比,德国应用科学大学的特征如表 7-5 所示,主要可从以下几个方面观察。

表 7-5　德国应用科学大学与其他类型大学的主要区别

分类 1	传统大学			艺术类大学	应用科学大学	
分类 2	综合大学	教育大学	神学大学	艺术与音乐大学	应用科学	行政管理大学
历史传统	设有哲学专业,持有博士和教授资格授予权	专注教师培养,持有博士和教授资格授予权	设有神学专业,历史悠久,由教会建立	专注艺术家培养	由职业培训机构的基础上发展起来	专注政府人才培养
职能定位	教育与研究	教育为主	教育为主	教育为主	教育为主	教育为主
人才类型	学术型人才	小中高教师培养(特定领域)	神职人员(特定领域)	艺术家(特定领域)	应用型人才	政府机关行政人才(特定领域)
生源特征	公开＋入学资格	公开＋入学资格	公开＋入学资格	公开＋入学资格	公开＋入学资格等	政府职员限定
专业设置	哲学,法学,医学,药学	教育	神学	音乐,雕刻,绘画	工程,商业,机械等	行政
教师要求	博士	博士	博士	博士	博士＋3 年实务经验	博士
实践要求	非必要	非必要	非必要	非必要	必须	
毕业后方向	多数升学	小中高教师	教会	多数就职	多数就职	政府机关

资料来源:德国意志联邦共和国各州教育和文化事务部长常设会议(KMK)[EB/OL].[2022-09-10].The Education System in the Federal Republic of Germany 2017/2018[EB/OL]. https://www. kmk. org/dokumentation-statistik/informationen-zum-deutschen-bildungssystem/dossier-englisch.html.

（一）历史传统

应用科学大学是在职业培训机构的基础上发展起来的。德国自19世纪开始建立很多工程师学校、高级技术学院、机械学院等机构，在培养专门工程技术人员方面有很好的基础。1968年10月，联邦德国各州州长达成协定，统一将原有的职业培训学校进行合并或改革，建立高等专科学校，即应用科学大学。

传统大学则一般具有悠久的历史，由两大类学科发展而来：一类是由哲学和神学等传统学科发展而来的大学，另一类是由专门研究自然科学的工程学院发展而来的大学。现今所称的传统大学，主要有综合大学、教育大学和神学大学。截至2021年，德国共有6所独立的教育大学，仅占德国高等教育机构总数的1%，用于专门培养小中高教师。据统计，德国历史上共设有近100所教育大学用来培养除文理中学以外的能够从事基础教育的特定教师，但后来陆续被改组或者并入综合大学。另外，传统大学中至今还保留着16所神学大学，用来培养神职人员，这些大学主要由教会建立。

（二）功能和定位

德国的传统大学特别是综合大学具有悠久的历史，深受"洪堡教育思想"影响，追求纯粹的研究和教育，其表现是在探知事物发展规律的同时，提供广泛的专业领域教育，培养学术型人才。综合大学设有哲学专业，而且拥有授予博士学位和大学教授资格的传统和法定权利。

与之相对，应用科学大学顺应德国社会发展和经济腾飞对人才的需求而诞生，专注于高等教育的实践应用，设有与劳动力市场相关的注重应用的专业，提供更多与专业领域相关联的实践性教育，培养实用型应用型人才。应用科学大学既有公立的也有私立的，私立性质的应用科学大学每年的费用最高可达20000欧元。应用科学大学与劳动市场之间持有密切关系，其提供的实践导向型教育使其毕业生更受劳动市场及企业雇主的欢迎。应用科学大学一般具有区域性，扎根于本地办学，试图为当地企业提供人才，因此学生也大多来自周边地区。另外，应用科学大学的数量几乎是传统大学的两倍，且许多应用科学大学设有多个分校，为那些想就近学习的人员提供了接受高等教育的机会。另外，较于德国传统大学，应用科学大学拥有授予学士和硕士学位的资格，但不具备开设博士课程、授予博士学位的资格。不过近年来出现了一些改革，有些应用科学大学如汉诺威兽医学院，具备授予博士学位的资格。

（三）入学条件和生源

传统大学一般只接受德国普通高中（Abitur）毕业生的入学申请，因此进入传统大学的学生通常比较年轻且没有实践经验。相比之下,应用科学大学的学生层次多样,其入学申请者主要有 3 类:一是普通高中毕业并获得一般高校入学资格的学生;二是从高级中等职业学校(Fachabitur)毕业的学生;三是就读于专业高级中学或技术培训学校等职业培训机构,获得应用科学大学入学资格的学生。原则上,应用科学大学对持有以上 3 种入学资格的申请者所有开放。但是,对于已经工作的特别有才华的入学申请者,即使他们不具备进入高等院校的前提条件,也可以获得特殊的许可。自 20 世纪 70 年代以来,获得一般高校入学资格的学生进入应用科学大学的比例稳步上升,目前约占新生的一半。

值得注意的是,有些分类将行政管理大学归入应用科学大学类别,成为行政应用科学大学。行政管理大学,英文名称为"colleges of public administration",这类大学是专门为德国联邦和州政府培养行政人才的高等教育机构。从教育目的和人才的应用上来看,确实属于非学术型人才的应用科学大学。然而,按照德国校长会议的分类来看,该类大学并未被当作应用科学大学的一员看待。究其原因,与其入学条件和生源的局限性有关。行政管理大学主要针对行政机构的雇员开展招生工作和教育活动,其特点是:就读于行政管理大学的学生都是从行政机构内部选拔出来的。

(四)学位证书

德国传统大学提供学士、硕士、博士学位。大学的学制并不固定,学生可以根据需要自己设定学习速度,具有一定的弹性,同时也意味着需要更长的时间才能从传统大学毕业。

应用科学大学与综合大学一样,同样授予的是学士学位,不过需要在学位后面标注"FH"字样以示区别。在应用科学大学可以攻读学士和硕士学位,但一般没有博士学位。学制是固定的,学士为 3 年或 3.5 年,相当于 6 或 7 个学期;硕士为 1.5 年或 2 年,相当于 3 或 4 个学期。应用科学大学授予的学士或硕士学位与综合大学的学士或硕士学位具有同等价值。因此,如果选择继续进入硕士课程的学习,可以选择进入同类大学或传统大学的硕士课程。从应用科学大学毕业的学生,大多数选择直接进入社会工作。

(五)专业设置

在专业设置上,应用科学大学较于传统大学中的综合大学和艺术类大学具有明显的区别。具体如表 7-6 所示。

表 7-6　专业设置上德国应用科学大学与其他类型大学的区别

类型	综合大学	应用科学大学	艺术与音乐大学
专业设置	1.语言、人文和体育 2.法律、经济和社会科学 3.数学 4.医学 5.农学、林业和营养科学 6.工程科学	1.工程科学 2.经济学/经济法 3.社会工作 4.公共管理、司法行政 5.信息技术、计算机科学 6.设计 7.信息和通信研究 8.公共卫生管理	1.音乐 2.视觉艺术 3.表演艺术 4.应用艺术 5.艺术教育和艺术治疗 6.媒体
学位课程数量/门	6079	3698	585
学制/学期	4～5/6 学期	4～5/6～7 学期	4～6/8 学期

资料来源：德意志联邦共和国各州教育和文化事务部长常设会议（KMK）.［EB/OL］.［2022-09-10］.The Education System in the Federal Republic of Germany 2017/2018 ［EB/OL］. https://www. kmk. org/dokumentation-statistik/informationen-zum-deutschen-bildungssystem/dossier-englisch.html.

综合大学的专业设置集中在对理论知识的宽度与深度要求较高的自然科学、社会科学、医学、法律、教育等。艺术类大学集中在音乐、绘画、雕刻等专业，视觉、设计和表演艺术等领域相关的专业。与之相反，应用科学大学通常提供较窄的学科范围，主要集中在社会经济发展上较为常见的专业，包括工程、计算机科学、商业和管理、艺术和设计、通信研究、社会服务和其他应用性较强的专业领域。哲学、神学、历史、文学等注重基础研究的专业并不会出现在应用科学大学的专业设置里。应用科学大学亦不进行小中学教师的培养和课程学位的颁发，这部分教育由传统大学中的教育大学提供。

基于此，可见发现，传统大学、应用科学大学、艺术类大学的专业设置各有分工和特色，避免了今后在人才类型和毕业生输出上出现的同质化问题。

（六）培养特色

应用科学大学与传统大学在规模、学生人数和学习方式等方面有很大的不同。传统大学以理论为导向，以研究为重点。大多数传统大学提供大量科学、技术、工程、数学和医学方面的课程，并且这些课程通常不需要实习。另外，传统大学规模较大，通常有几座建筑，可以分布在整个城市或一个地区。一所传统的德国大学的在校生可多达50000人，少则5000名。传统大学的教授多是全职教员,长期在校开展教学和研究,属于研究型人员,故教学内容离现实生活和需要较远。

与此相比,应用科学大学的学习和教学组织的特点是特别强调实际应用以及与企业界保持紧密联系。具体表现在,第一,应用科学大学都与所在地区的企业密切联系。其教学人员以及课程内容与产业界的应用研究和开发项目直接相关,这使学生所学的内容在今后的工作中更具实用性。第二,通过与企业连接合作,进行校外学习(Praxissemester),使学生获得实践经验,通过实践学会运用所学的知识和掌握实际技能。每个学生必须在合作企业中完成至少3个月的实习,该部分被算入课程的一部分,作为拿到学位的必要条件之一。这是应用科学大学与传统大学在人才培养方式上不同的教育特色之一。第三,教学方法灵活多样。虽然应用科学大学比传统大学小得多,平均学生人数约为5000人左右,然而正由于规模较小,更有利于应用科学大学进行小班授课,采用更多具有创新性的教学方法,促进课堂上师生间的互动和交流指导,也提高了大学更新尖端先进的技术、设备和基础设施的频率,并使其落实到每个学生的学习与实践。

除了设有特定的实践学习单元之外,一些应用科学大学开发了类似于职业学院的"双元学习课程"。应用科学大学根据所在州的教学规定,对兼职或全职身份的学生提供双元学习课程,在教学活动中采取大学和企业双场所交替学习的人才培养方式。设有双元学习课程的专业领域有农业经济、设计、商业、社会工作四大类。另外,应用科学大学中也包含一些专注双元制人才培养模式的大学,如由职业学院发展而来的巴登-符腾堡州双元制大学、格拉-爱森纳赫双元制大学、萨克森合作教育大学、下莱茵应用科学大学。

(七)师资构成和要求

应用科学大学的师资队伍既有专任教师又有兼职教师,两者的共同特点是具备丰富的校外从业经验。这也意味着,应用科学大学的教师几乎人人称得上"双师型"教师。教员在传统大学与应用科学大学中的职业道路各不相同。在应用科学大学工作的教员一般需要达到2个要求,如图7-1所示,一是取得博士学位,二是需要拥有最低5年的工作经验,其中3年的工作经验必须来自与大学无关的校外工作经验。[1] 不过,根据德国2004年版的大学大纲修订法,其废除了对须有3年与大学无关的工作经验的要求,改为须有5年工作

[1] 德国科学理事会(Wissenschaftsrat).mpfehlungen zur entwicklung der fachhochschulen [R].2002:69.

或数年工作经验的规定。

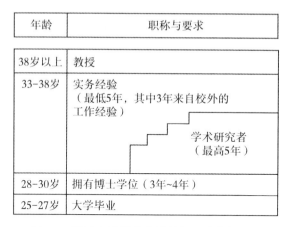

年龄	职称与要求
38岁以上	教授
33-38岁	实务经验 （最低5年，其中3年来自校外的工作经验）
	学术研究者（最高5年）
28-30岁	拥有博士学位（3年~4年）
25-27岁	大学毕业

图 7-1 德国应用科学大学教师晋升资格途径

图片来源：根据 Bericht Expertenkommission Reform Hochschuldienstrecht[①] 制作而成。

对校外实践经验的要求是区分应用科学大学与综合大学教师要求的最大区别之一。这也意味着，应用科学大学中担任工商管理课程的教授，其过去可能是市场或人力资源部门的负责人，而传统大学的教授的职业生涯一般都只局限于大学。许多应用科学大学教授只是每周来教几个小时的课，其余时间都在从事不同的职业。

应用科学大学教师的主要任务是教学，因此与综合大学相比，对教师在研究上的要求要低很多，在研究方面的投入也明显比综合大学低很多。据统计，2010 年，综合大学为每位教授提供用于研究和教学的人均经常性支出约为 59 万欧元，而应用科学大学的教授只有 18 万欧元。传统大学的教员通常独自开展研究，研究经费由联邦政府支持。应用科学大学通常与本地区的公司一起开展研究，具有强烈的区域导向，其研究经费由合作公司支付，且研究成果具有很高的实用性。因此，应用科学大学教员在应用研究中发挥了重要作用，特别是对中小企业而言。近年来，应用科学大学教员在研究方面的投入有所提高，然而整体来看，研究强度仍然比大学低得多。

---

① 德国联邦教育研究部（BMBF）．Bericht expertenkommission reform hochschuldienstrecht〔R〕．Bonn，Berlin 2004：34.

（八）毕业去向

应用科学大学毕业的学生大部分进入劳动市场工作，从事与专业相关的工作，只有少数毕业生选择继续攻读硕士课程。与此相反，毕业于综合大学的学生，大部分选择继续攻读硕士课程，只有少数人选择就职。从毕业生的去向可以看出，应用科学大学培养的是劳动力市场可以直接使用的人才。德国科学委员会建议应继续巩固高等教育二元制度和应用科学大学的作用。对此，应用科学大学成立以来的 50 多年间，在缩短学习时间、提供更多的职业导向教育、发展合作教育上发挥着越来越重要的作用。

据统计数据显示，应用科学大学每个学生的培养成本大约是传统大学培养成本的 1/2；在应用科学大学获得文凭的平均时间是 4.2 年，而在大学则需花费 7 年；应用科学大学的辍学率也较低，为 $18\%\sim20\%$，而大学的辍学率为 $29\%\sim31\%$。应用科学大学专注于高等教育的实践方面，开设的专业与劳动力市场更加相关，培养的人才更受劳动市场欢迎。应用科学大学培养的人才大多从事工程、商业、应用艺术（设计）和各种社会职业，约占德国高等教育在校生总数的 1/3。应用科学大学以更有效的方式和教育特色，为解决大众高等教育社会所产生的问题作出不同于传统大学的贡献。

四、典型案例：德国下莱茵应用科学大学

德国下莱茵应用科学大学（Hochschule Niederrhein，HSNR）成立于 1971 年，是德国 10 大应用科学大学之一，也是德国 U-Multirank 收录的 101 所大学之一。

（一）地理优势

下莱茵应用科学大学所在的北莱-茵威斯特法伦州（简称：北威州），位于德国西部，西与比利时、荷兰接壤，面积 34083 平方千米，人口 1792.6 万，占德国总人数的 21.56％，是德国人口最多的州，也是欧洲人口最稠密的地方。北威州具有得天独厚的区位、设施、产业及人文等资源富集的基础性优势。

其一，北威州是德国经济最发达的州，地区生产总值在各联邦州中排名第一。据统计，2020 年地区生产总值 6871.25 亿欧元，占德国国内生产总值的 20.92％，欧盟的 5.24％，接近荷兰国内生产总值，中国的 5.4％。人均国内生产总值 3.88 万欧元，如果北威州以单独个体参与世界各国生产总值排名，2020 年位列全球第 18 位。其二，对外贸易在各联邦州中排名第一。北威州2020 年进出口总额约 3975.68 亿欧元，同比下降 9.33％，占全德 17.82％，位列德国 16 个联邦州首位。其三，北威州在吸引外国投资和海外投资在各联邦州

中排名第一。德国21.6％的外企落户在北威州,有约20000家外国企业。外资企业共创造了100多万个的就业岗位。2020年成功落户北威州以及在州内投资扩建的外国投资项目数量达408个,在全德16州中占比24.2％。

北威州是德国重要的年轻学术骨干培养基地。截至2020/2021学期,共约77万名注册大学生,约占德国在校大学生总数的24％。超过10万名海外留学生(约占全部大学生比例13.2％)在北威州深造,学习4000多个不同的专业。正是位于这样一个在经济、文化、教育等方面上取得多个第一的联邦州市,下莱茵大学也成为德国国内外具有高知名度的应用科学大学之一。

(二)历史传统

下莱茵应用科学大学的前身是1855年成立的克雷费尔德高等纺织学校。1971年8月1日,在同年6月8日颁发的《建立应用科学大学法》的促进下,正式成立下莱茵应用科学大学,成为第一批德国应用科学大学。该校拥有2个校区(克雷费尔德校区和门兴格拉德巴赫校区),设有10个学院,克雷费尔德校区设有化学院、设计学院、电气工程和计算机科学学院、机械和工艺工程学院、工业工程学院、卫生保健学院6大学院。门兴格拉德巴赫校区则设有生态学院、社会应用科学学院、纺织与服装技术学院、工商管理与经济学院4大学院。下莱茵应用科学大学拥有87个本科专业和27个硕士专业,8个研究所,16个能力培养中心,所培养的人才既能满足区域发展需求又能符合国际人才的能力要求。学校的优势专业是纺织与服装技术、电子技术与信息学和经济学等专业。2021—2022学年,该校在校生约13719名学生。

(三)办学定位

1.区域合作型大学,重视校企合作共同培养人才

下莱茵应用科学大学和众多应用科学大学一样,致力于关注与区域企业的合作。该校认为大学和中小型企业是理想的合作伙伴,应一起进行人才培养,以解决方案为导向,致力于为学生提供以实践导向为主的教育,增强学生的就业竞争力。其中大学—企业的双元制教学模式便是该校的特色人才培养方式之一。除设计学院和生态学院不提供双元制课程之外,其他8个学院都设有双元制课程。下莱茵应用科学大学积极推进与薄弱地区的中小型企业结为合作伙伴,以防止当地青年人才流失。该大学具有强烈的社会责任感,致力于促进大学、企业、社会三者间的对话与合作。

为了确保为学生提供与行业相关的知识和技能教育,德国应用科学大学对教授的要求是具有学术资格之外,还要有3—5年的校外工作经验。然而,实际上在快速寻找合适人选填补空缺的教授岗位方面上遇到的问题日益突

出,导致许多应用科学大学的教育质量愈发受到影响。德国的科学政策试图加强应用科学大学教授队伍的建设,推出了联邦与州"应用科学大学人才"(FH-Personal)计划。根据 2020 年公布的入选结果,德国共有 64 所应用科学大学成为该"人才计划"的资助对象,下莱茵大学则是其中一所。该校将在未来 5 年内获得 750 万欧元,用于招聘和培养特定学科的教授①。另外,下莱茵应用科学大学在该人才计划的资金助力下,针对博士或博士后人员积极开发并提供一条通往教授职位的职业发展道路,提供 3 年的资格课程。该课程一半由下莱茵应用科学大学承担,旨在培养博士或博士后的教学技能,另一半的课程培养由合作公司承担,旨在培养博士或博士后的专业经验。

2.创新型大学,重视研究和技术转移

下莱茵应用科学大学是由 BMBF(德国联邦教育研究部)发起的"创新大学"计划的推进大学之一。该计划旨在促进大学的研究成果向地区技术转移和应用。致力发展创新型大学,强调研究和技术转移是该校衡量自身绩效和社会贡献的另一个维度。下莱茵应用科学大学认为除了产生知识并将其传授给下一代,大学的任务是利用知识为学生的职业生涯做准备,并向经济和社会转让技术。对此,该校的 10 个学院和 8 个研究中心,密切面向中小型企业需求开展学术研究和技术转让以及提供问题开发解决方案等。例如,电气工程和计算机科学学院将工业合作纳入教学,建立战略网络和伙伴关系。该学院的研究和技术转让涵盖了促进企业发展必不可少的有关电气工程和计算机科学方面的所有领域。学院进行该创新项目的目的是与有需求的合作伙伴一起为当前的工业问题,如工业 4.0 和能源应用、通信技术、IT 安全、数字化和辅助系统等,开发实用的解决方案,并将其应用于公司、产品和解决方案。据该校官网统计②,2020 年下莱茵应用科学大学获得来自第三方资金合计 960 万欧元用于支持该校进行研究和技术转移;且连续 4 年获得了约 1000 万欧元的第三方资金补助。

---

① FH-Personal:7,5millionen Euro zur gewinnung von professorinnen und professoren [EB/OL]. (2020-11-09)[2022-07-03].https://www.hs-niederrhein.de/startseite/news/news-detailseite/?tx_news_pi1%5Bnews%5D=21023&cHash=00861031bfdc997e2115298a13bc306d.

② Hochschule Niederrhein wirbt 9,6 millionen Euro drittmittel für forschung und transfer ein. [EB/OL]. (2021-03-16)[2022-07-03].https://www.hs-niederrhein.de/startseite/news/news-detailseite/? tx_news_pi1%5Bnews%5D=21844&cHash=a18f298cbb36db57d4ebb0f0a4ee831b.

3.国际发展型大学,重视国际交流合作

下莱茵应用科学大学强调国际合作,通过多方面推进。第一,通过鼓励走出去发展国际化。为了让学生接触外国文化从而促进其个人发展和跨文化能力,获得新的专业视角,提高学习动力,加强职业生活的联系能力,学校鼓励本科学生和硕士在毕业前进行为期至少3个月的国外学习。2017年,该校出国学习的人数占总在校生人数的10%,然而联邦和州政府制定的全国目标是33%。对此,下莱茵应用科学大学在学位课程设置中增加出国交流体验学习模块,实行国际学分互认制度和灵活的海外线上考试制度,实现提高出国留学比例的目标。第二,通过引进来发展国际化。加强与国外大学的合作。目前下莱茵应用科学大学已经建立了与来自世界各地130所学校的国际合作关系。该校的外国留学生分别来自100多个国家,人数占在校生总数的10.1%。在学位教育上,引入全英文的学士和硕士课程,以及更多的双学位课程。例如,下莱茵应用科学大学认为经济学的教学和研究在内容、语言和写作方面的国际定位对于毕业生在劳动力市场上的成功是不可或缺的,因此,该校通过提供英语的学士和硕士课程以及开发引进更多的双学位课程来满足这一需求。

4.友好型大学,注重包容平等

下莱茵应用科学大学的友好型特征表现在三个方面。第一,消除各种差异带来的教育机会不平等问题。根据该校2021年发布的主席团报告[①],在下莱茵大学就读的学生中,男性学生为6909名,女性学生为7306名,几乎做到了消除性别差异带来的入学机会不平等问题。第二,对学生友好。支持学习与家庭生活的兼容,根据不同学生需要提供不同的课程教育。既有面向学生的3年制本科教育,也有面向在职学生和兼职学生的4—5年的本科教育。支持辍学者向就业过渡,针对一些不适应学习的学生群体,提供咨询服务。可通过发展与区域合作伙伴,如工商会、贸易会和就业机构等之间的网络,为辍学生和雇主之间创造雇佣机会和平台。第三,对教职员工友好。该大学强调其不仅要对雇员有吸引力,而且作为一个雇主也要具备吸引力。该校特别关注员工满意度,致力于做到符合社会对其"家庭友好型大学"的荣誉称号期望。具体举措包括:考虑员工的不同生活计划和情况,提供工作时间灵活型、智能

---

① Präsidiumsbericht 2020. [EB/OL]. [2022-07-03]. https://www.hs-niederrhein.de/fileadmin/dateien/Hochschulkommunikation/Publikationen/2021_Praesidiumsbericht_2020.pdf.

型工作模式,以及提供让有家庭责任的教职员进行远程工作的可能性;进行定期有效的职业健康管理;进行透明的行政管理和绩效评价;设置适合不同员工的工作环境;确保少数群体得到表达意见的机会和权益等。

(四)人才培养特色

下莱茵应用科学大学强调以面向实践应用的方式培养人才,在广泛的专业环境中使学生获得就业能力。让学生参与以应用为导向的研究,并使他们有资格在科学和研究领域就业,最终促进毕业生在社会和职业中承担起责任,成为能够作出改变的行动者和推动者。

1.推行以能力和学习为目标导向的教学计划

下莱茵应用科学大学强调人才培养要以能力和学习目标为导向进行。第一,确保教学与学习目标保持一致。即需要预测到学生在学习之后应该知道什么,能够做什么。根据预测结果拟定需要向学生传授的基本知识的教学内容与计划。教学内容以应用为导向,以获取应用的能力及跨学科关键能力为目标。根据不同专业的学习目标、能力目标以及总体学习计划目标来制订学习计划和随后的相关模块,确保不同模块学习既有独立性又能互相衔接渗透。第二,强调学位课程的目的不仅是要确保毕业生具备在短期内从事某一特定职业的资格和能力,还要使其在一个广泛的专业环境中具备获得长期和可持续发展的专业能力的资质。第三,学习结果和能力导向也意味着教师热衷的内容要在教学过程中得到体现,下莱茵科学应用大学强调激发教师的教学热情,热情的教师可以激励学生的学习积极性。

2.强调个性化教学方法

下莱茵应用科学大学支持教师根据自身特点开展多样化的教学方式,鼓励教师将自身的研究融入教学中,为学生提供参与研究项目的机会。为了保证教师的教学水平和保持其教授知识的市场适用性,下莱茵应用科学大学为教师的教学进修和继续教育创造条件和机会,鼓励教师进行能力与资质的再提升。随着2020年新冠肺炎疫情在全球范围内爆发,线上教育模式逐渐成为常态化。对此,下莱茵应用大学致力于运用现有的新媒体基础设施来开发和使用创新的教学形式,引入数字化的考试和教学方法,以此来增加灵活性,特别是保证非全日制学生能够在学习期间检查自己的学习状况。

3.提供个性化的学习课程

双元制学习方式是下莱茵应用科学大学的一个特点,已经成功实践了几十年。随着2011—2015年大学发展计划的出台,该校进一步扩大其在双学位领域的地位。虽然面向全日制学生的双元制课程和时间模式仍是下莱茵应用科学大学的主要人才培养模式,但学校认为传统的教育方式对于3类人群是极其不公平:一类是在学习的同时还要工作的人,几乎不可能按照课程学习;一类是具有高等教育入学资格的离校生,特别是那些来自教育弱势家庭的离校生,由于经济原因而选择直接进入工作岗位错失学习机会;另外,对于企业来说,根据克雷费尔德模式的经典双轨制学习方案对企业留住员工是不利的,因为它规定学生在第二个学习阶段要进行全日制学习。对此,学校通过与雇主及企业对话,2015年在多年的双元制学习课程的经验基础上,设置适用在职和兼职人员的非全日制和半日制学习课程,不仅可以使学生工作和学习相结合,而且还能满足学生协调家庭和学习的要求。学校提供良好的条件,通过结合不同的时间模式,为多样化学生群体提供个性化的学习课程和学习时间。因此,这种高度的渗透性也为成功解决包容性和多样性领域的任务提供非常好的条件。

五、启示借鉴

通过考察德国应用科学大学的历史发展轨迹、办学定位、培养特色,可以为我国独立学院转设以及应用型人才培养模式带来启示。

(一)确保大学教育"应用化"的正当性

1968年,随着应用科学大学的诞生,德国高等教育系统形成了培养专注于学术型人才培养的传统大学和专注于应用型人才培养的应用科学大学的双元体系,明确了高等教育机构的分工。将应用型人才培养及大学教育"职业化"和"应用化"这种教育理念通过制度合法化的方式落实。我国重视应用型大学和职业大学的战略具有深远意义,其实施和落地离不开法律法规的保驾护航。其中最关键的一项是,将大学教育"职业化""应用化"这种理念具体化法制化,像德国应用科学大学或日本专门职大学一样,确认其在高等教育体系中的正统地位。

(二)开设新兴特色专业

与传统大学相比,德国应用科学大学在专业设置上具有自身的特色,主要集中在应用性高的领域。除了常见的经营、商科、机械工科等之外,还有应用性极高的设计、护理等领域。其专业设置既紧密结合社会发展,培养与之对应的人才,又避开了现有大学专业设置上的雷同现象,做到了专业设置的差异化。独立学院转设高校在专业设置上应避免过度模仿传统大学的专业设置,避免同质化,积极结合社会和区域发展需求,设置特色专业。

(三)创新应用型人才培养模式

借鉴德国应用科学大学的办学特色,可以从以下方面推进应用型人才培养。

一是遴选经验丰富的教师。基于德国经验可知,除了必要的学术资格,应用科学大学的教师至少需要拥有3至5年的工业或商业专业经验。这种经验使他们能够向学生传授高度实用和面向劳动力的技能。开发应用型专业,实施应用型教育,培养应用型人才,离不开具有实践经验的师资。我国应用型本科高校需要构建一支具有学术能力又有校外实践经验的"双师双能型教师"。师资力量上的人才储备非短期可达成,政府层面应在政策和财政上给予支持。培养实践经验丰富的师资队伍既保证教学效果,又可发挥其在促进大学、研究人员和学生与企业合作与实习之间构建平台的积极作用。

二是进行实践导向型教学。坚持应用为本、能力为重,为学生提供实践性的教育。课堂的目的是让学生为就业做准备。实验、辅导、模拟、案例研究、项目和实地考察是应用型高校教学课程中不可或缺的组成部分。开设实践型学期,确保每位学生至少都有一个学期可以到与其专业相关的企业进行实习。通过现场分析和解决一个适合企业需求的实际问题,培养问题解决能力、知识运用能力等,为未来职业生涯获得关键竞争优势提供经验。

三是推进应用导向型研究。通过与企业和以应用为导向的研究机构合作,一方面激发师生思考为社会需求提供创新解决方案的积极性,培养其创新能力;另一方面实现在学术研究和技术知识转让方面的社会贡献。鼓励学校为师生及研究人员提供最先进的实验室和设备,使其能够保持竞争力。

四是同步构建区域和国际网络。随着高等教育全球化,一方面要继续扎根所在区域,保持与区域企业的合作,共同培养促进区域发展的人才;另一方面,需要关注国际发展,培养国际意识,发展广泛的国际合作,国际接轨,通过与国外大学建立合作关系,为师生提供海外学习的机会和平台。

五是开发实施双元制人才培养计划。确保每位学生在就读期间,既能够接受大学的理论教育,又能接受企业的职业训练和理论运用训练。通过大学和企业双场所的学习与应用,确保学生获得理论知识的同时,也获得进入职业生活的重要技能。根据不同入学群体的需求,开发不同的双元制人才培养课程。重视培养学生就业创业能力,与工商界密切合作,使毕业生能够很好地过渡到劳动力市场。

第四节　美国高校异地多校区办学的模式镜鉴

高校异地多校区办学是高等教育大众化过程中一种特有的教育现象,在美国、日本等国家较为常见,美国加利福尼亚大学(简称"加州大学")、威斯康星大学、张伯伦大学是世界异地多校区办学的典范。我国部分独立学院是公办高校与异地政府合作办学的产物,广东、江苏等地独立学院客观上构成了一些公办高校的异地校区。

一、美国高校异地多校区办学的概况

"异地多校区办学"是指高校在本国境内至少两个不同的地理空间设置分校(区)。美国研究者科尔和盖德将异地多校区办学定义为:由两个或两个以上高级(即四年制)校区组成、只受某个单极的管理委员会合法管理、管理委员会或多校园大学系统行政部门与各分校区之间的重要职责分工明确的一类高等教育系统。1960年,加利福尼亚州通过《加利福尼亚高等教育总体规划》(the California Master Plan for Higher Education),成立了最早的多校区研究型大学系统,[①]正式开启了美国异地多校区办学时代。经过几十年的发展,美国异地多校区办学已经形成自己固有的特色。

加州大学建校之初本是单一校区的公立大学,后来发展成一个复杂的多校区系统。加州大学在加利福尼亚州拥有10个分校区,并没有所谓的"主校区",旗下的伯克利分校、旧金山分校、圣地亚哥分校和洛杉矶分校更是世界一流大学。目前的分校中,伯克利分校是加州大学最早的校区,在2005年之前也是加州大学总校——大学校长办公室的所在地。其他9个分校的形成可以分为三类:第一类是加州大学在扩张过程中合并的其他院校,后来逐步成为独立的分校,如洛杉矶分校源自洛杉矶州立师范学院,旧金山分校源自托兰德医学院,圣芭芭拉分校源自圣芭芭拉学院;第二类由加州大学设在各地的附属机构独立而成的分校,如河滨分校、戴维斯分校、圣地亚哥分校;第三类是根据加州高等教育规划在加州不同地方建立的全新分校,如尔湾分校、圣克鲁斯分校

---

① PELFREY P A,CHENEY M. A brief history of the University of California[M]. Berkeley:University of California Press,2004:1.

和默塞德分校。[①]

例如,加州大学圣克鲁斯分校(UCSC)成立于 1965 年,是一项大胆的高等教育实验,在短时间内发展成为一所全球研究型大学,是加州独一无二的公立大学,将小型文理学院的亲密感与主要研究型大学的深度和严谨性结合在一起。2022 年,学校有本科生 17084 人,有艺术、工程、人文科学、物理和生物科学以及社会科学的部门指导,研究生有 1896 人,在校生共计 18980 人。学校设置本科专业 66 个,提供研究生学习项目 64 个。加州大学圣克鲁斯分校的 10 所本科学院每个都是一个独立的社区,拥有自己的建筑和管理部门,围绕共享大学设施的核心而建。其中包括主要和科学/工程图书馆、表演艺术建筑、视觉艺术工作室、教室、计算机设施,以及用于物理和生物科学及工程的高度专业化建筑群。学校的教师和退休人员包括诺贝尔奖获得者、12 名美国国家科学院院士、28 名美国艺术与科学院院士和 40 名美国科学促进会成员,8 名加州大学圣克鲁斯分校校友共获得十项普利策奖。UCSC 杰出的师资力量使校园能够提供高质量的文学、艺术和科学课程。2021 年,《普林斯顿评论》将加州大学圣克鲁斯分校评为全美第三大公立大学。[②] 截至 2021 年 7 月 1 日,UCSC 2021 年至 2022 年预计收入为 9.368 亿美元。2022 年,《普林斯顿评论》将加州大学圣克鲁斯分校评为全美第二大"产生影响"的公立大学。

威斯康星大学由威斯康星州的 13 所公立大学组成,威斯康星大学麦迪逊分校(University of Wisconsin-Madison)是其系统的旗舰学府,也是美国大学协会和十大联盟创始成员,被誉为"公立常春藤"大学。张伯伦大学是一所以营利为目的的私立高等教育机构,在全国各地 19 个地点设置了分校,分别是凤凰城、萨克拉门托、杰克逊维尔、米拉玛、亚特兰大、圣路易斯、芝加哥、廷利公园、印第安纳波利斯、特洛伊、夏洛特、拉斯维加斯、北不伦瑞克、克利夫兰、哥伦布、休斯敦、欧文、珀兰、阿灵顿。

二、美国高校异地多校区办学的特点

在漫长的发展过程中,美国大学总校与分校之间的关系经历曲折的变化,形成一些办学特点。

① 谢广宽,钟灿涛.美国加州大学多校区系统的发展及其总分校关系的演变[J].高校教育管理,2013,7(5):54-61.
② 加利福尼亚大学圣克鲁斯分校.Achievements[EB/OL].(2022-08-15).[2022-06-15]. https://www.ucsc.edu/about/achievements/index.html.

(一)统一管理下不同分校系统使命

奥尔特加·加塞特(Ortega Y.Gasset)认为,大学的使命应该包括"文化的传授、专业的教学、科学研究和新科学家的培养"。[①] 在威斯康星大学系统中的各分校,一方面接受着来自系统执行机构的统一管理,另一方面根据自身发展的特点建立了适合分校发展的分校系统使命。威斯康星大学"系统使命"开发人力资源,发现和传播知识,将知识及其应用扩展到校园之外,并通过培养学生的智力、文化和人文素养来服务社会。这一系统使命旨在教育人们和改善人类状况。而威斯康星大学异地分校却可以依据自身的办学特点,自行制订教育教学计划,确定专业发展方向和课程设置,设置组织机构,制定管理制度和发展规划,自行聘任教师和职员,自行筹措、分配和使用经费等。在招生生源方面更是具有较大的自主选择性,总校一般不会强行限定分校招生名额或学生的入学资格,不同层次的分校可自主对学生的入学成绩提出要求。

(二)系统形成遵循自身发展客观规律

美国异地多校区办学异军突起具有多方面的原因。主要原因是在第二次世界大战后,美国政府加大了对高等教育的投入,原有的美国高等教育系统已经无法满足美国公民对高等教育的需求。在二战以前仅大约10%的美国人能上大学,而二战以后却猛增至51%。[②] 正是基于这样的背景,一些主校区在自身发展到一定规模程度时自然衍生出了分校,再加之赠地学院、师范学院、社区学院的演变,进一步加速了美国异地多校区办学系统的形成。1853年,加州大学起源于奥克兰的一所私立学校加利福尼亚学院,在后来与农业、采矿、机械学院合并的基础上形成。1866年,加州议会常设委员会根据林肯总统签署的《莫里尔赠地法案》,把加利福尼亚学院与另一所公立学院合并,创办一所综合性大学。1868年加州州长签署法案,在加利福尼亚学院的旧址上创办加利福尼亚大学。1873年,加利福尼亚大学搬迁到伯克利。随着加利福尼亚地区农业、工业、矿业和商业的急剧发展,原来的加利福尼亚大学已经不能满足当地发展的需求,此后逐渐在洛杉矶等地开设分校区。1952年起"加利福尼亚大学"作为一个行政系统逐渐与伯克利加利福尼亚大学分离。加利福尼亚大学逐渐发展成一个拥有十个校区并对世界发展影响深远的大学系统。这些校区包括加利福尼亚大学伯克利分校、加利福尼亚大学洛杉矶分校、加利福尼亚大学圣芭芭拉分校等,最终发展成今天拥有十几万成员的多校区大学

---

① 奥尔特加·加塞特.大学的使命[M].徐小洲,陈军,译.杭州:浙江教育出版社,2001:61.
② 王彦才.美国多校园大学及对我国多校区办学的启示[J].教育科学,2006(1):85-87.

系统。由此可见,加利福尼亚大学是在高等学校扩张中自然发展起来,遵循了高等教育的自然发展规律,顺应了当地经济发展的需要。

(三)树立统一的共同发展愿景

美国高校异地多校区办学系统管理树立的是"一个大学"的理念,各个异地分校虽然拥有较大的自主权,各自保持着各自的特色,但在对外关系上,大学系统都是"多个声音组成的一个合唱队",各个校区都在统一理念的指导下进行分校的发展与建设。一般来说,在一个大学结构中,异地多校区都有一名中央治理负责人,职责是创造一种包容性的组织文化,将校园整合起来,在整个校园内定期和理念一致地进行沟通,让人们对预期行为负责,让使命、价值观、愿景、战略和目标保持一致。如张伯伦大学帮助在地理上分散的教师创建了一个在线门户网站的教师卓越中心,包括教师交流工具、定向和培训材料以及一系列导致不同成就水平的教师认证的模块,获得世界一流员工敬业度分数,提高教职员工的保留率,实现组织的共同愿景,确保人们不会觉得他们的工作目标不同。

(四)集权与分权相结合

"集权式与分权式组织在本质上是不同的。"[①]集权是指管理中的集中统一,领导权力集中于高层的管理机构,分权则是指权力的分散,管理和决策权分散至基层的职能机构。集权和分权不是绝对的,关键是如何平衡权力、责任、义务。美国的异地多校区大学系统一直在寻求大学总校与分校之间集权与分权的最佳平衡,实现集中领导下的有效分权。在多校区异地办学过程中,州政府的责任是为大学设立最高权力机关,即总校董事会,负责对各分校实行统一管理。总校董事会负责对整个加州大学系统进行调控,起着战略决策作用。分校设有二级职能部门,总校主要通过二级职能部门对分校进行管理,各分校还有自己的院系,二者相互制约,形成双轨制管理体制。如加利福尼亚大学实行的是分层模式(segmented approach),这种模式目前已成为美国公立高等教育最主要的形式,拥有较高的效率和透明度。美国加利福尼亚大学总校校长办公室坐落在奥克兰市区,是大学的执行机关和行政中心。办公室以总校长为首,由董事会任命并对董事会负责,既是大学的行政首长,又是大学的象征。加利福尼亚大学校长办公室与附属部门负责整个大学系统的公共事务并且协调大学系统的根本政策,各个分校作为一个相对独立的办学实体具有各自的内部管理制度,充分享有管理内部事务的自治权,各校区都有各自完

---

① 傅松涛,郑丽君.美国加利福尼亚大学的分校制[J].世界教育信息,2004(C2):32-34.

善的管理制度和独特的校园文化。美国加利福尼亚大学分校系统数量大、类型多、调控难度大、成本高,政府管理本州高等教育的职能和优势难以充分发挥。分校系统将多所高校整合成一个系统,实行州、校长、董事会和教师的分权管理,使州政府摆脱具体的教务工作,通过对总校的宏观调控指导实现对各个分校的管理,管理上实现以"点"带"面",减轻了州政府的管理负担,提高了管理效率,强化了州管理高等教育的职责。①

(五)学科交叉融合

学科交叉融合是当前国际高等教育发展的重要趋势。在美国多校区异地办学过程中,扩建校区并不是盲目进行的,而是在权衡分校自身发展需要和学科结构的前提下推进的,具有很强的针对性。如美国加利福尼亚大学分校为实现学科的交叉与融合,依据自身的专业特色培养国家需要的人才,在设计教学科研单位时,既采用传统的按照学科划分的方式组合学院,又选用了按问题、按综合、按矩阵划分设计教学科研单位。其中,设置跨学科的问题研究中心是加利福尼亚大学系统打破学科壁垒促进教学、科研、生产密切结合的有效措施。跨学科研究中心是围绕课题设置的科研组织,直接面向问题,人员来自各个院系,不依附于任何院系,这种模式有效打破了层级制的学术治理机构,减弱了院系分割,有效实现了学科间的交叉融合,是一种学术研究型和探索性组织。据不完全统计,加利福尼亚大学系统共设置 60 个问题研究中心,加利福尼亚大学伯克利分校设置了 20 多个问题研究中心,如中国研究中心、东南亚问题研究中心等。② 加利福尼亚大学洛杉矶分校(UCLA)作为一所著名的研究型大学,注重服务区域发展,师生通过学术研究解决洛杉矶地区的现实社会问题,学校致力于运用自己的科学知识和学术资源发现外部区域发展问题并努力寻求解决方案。③

三、美国高校异地多校区办学的启示借鉴

克拉克·克尔曾说:现代美国多元化大学为什么能够存在? 历史可以给

---

① 斯蒂芬·P.罗宾逊.组织行为学[M].孙建敏,李原,译.北京:中国人民大学出版社,1997:429.
② 吴志功.国外巨型大学的组织结构特点分析[J].比较教育研究,1999(1):28.
③ 王战军,杨旭婷,刘静.世界一流大学服务区域发展的理念与行动:以加利福尼亚大学洛杉矶分校为例[J].学位与研究生教育,2021(5):73-79.

我们一个答案,与周围社会环境的和谐相处则是另一个答案。① 分校制是美国公立高等院校组织管理模式的一个鲜明特点。加利福尼亚大学、纽约州立大学、威斯康星州立大学等大学均举办了著名的分校。经过多年的摸索、积累与创新,州政府、总校和分校之间分合有别、统专有度、关系顺畅、彼此支持、相互制约,形成了一个个完整的高校生态系统和协调的运作机制,在共享教育资源、形成整合优势、壮大整体实力、扩展教育机会、有效参与竞争、提高教育效益和积极引领州与地区社会生态环境的发展等方面具有明显优势。② 美国大学分校有合并重建、老校区扩建、加盟改建和新校增建等形式。

美国高校异地多校区办学不仅在国内普遍存在,而且在海外也曾盛行过。20 世纪 90 年代初期,美国大学在日本兴起一股创办分校的热潮。在"免入学考试、在日本就能充分享受美国校园生活气息"等宣传标语吸引下,不少学生进入家门口的国际化大学。当时,日本兴起 30 多所美国大学分校,但是短短 5 年后,它们大部分先后被迫关闭或解体,延续至今的只剩 3 所。③ 尽管自治体在资金方面给予支持,但还是由于美国本校发生了经营危机而导致在日分校的停办;入学前的说明和入学后的真实情况差距悬殊;美国的合作方更换频繁,这些都导致美国在日本的分校衰落。后来随着日本国内政策的变化,日本政府逐渐认可美国大学在日本分校的学位和海外留学获得的学位具有同样价值。

美国大学异地分校与我国独立学院在创办背景、运行机制、管理模式、办学权限、办学定位等方面均具有较大不同,在独立学院转设过程中,虽然不能直接采用美国大学分校系统的模式,不过二者在运行样式、办学形态方面还是有一些相似之处,对于独立学院转设和高等教育改革创新具有一定的启示意义。

当前,我国独立学院因占地面积不足,纷纷在异地新建校区,迁址办学。江苏、浙江等地一批独立学院由中心城市搬迁至周边中小城市办学,虽然办学条件得到改善,但是也面临一些困难:师资队伍建设面临挑战、生源数量质量受到冲击、校园文化培育缓慢、持续经费投入压力巨大。④ 同时,部分独立学

---

① 克尔.大学的功用[M].陈学飞,陈恢钦,周京,等译.南昌:江西教育出版社,1993:29.

② 傅松涛,郑丽君.美国加利福尼亚大学的分校制[J].世界教育信息,2004(C2):32-34.

③ 叶林.美国大学在日分校的历史、现状和将来[J].清华大学教育研究,2005(1):27-33,57.

④ 阚明坤.独立学院"迁址办学"现象研究:基于江苏、浙江两省的实证调查[J].教育发展研究,2016,36(C1):9-15.

院回归母体高校,转设为公办大学的异地校区,如北京师范大学珠海分校转设为北京师范大学珠海校区。此外,一些大学所属独立学院转设后,与母体高校仍然存在紧密联系和依存关系,例如,南京信息工程大学滨江学院转设为公办本科高校无锡学院,江苏省政府任命由南京信息工程大学副校长担任无锡学院校长。借鉴美国大学异地多校区经验,独立学院在转设过程中,需要增强办学的独立性、发展的自主性、定位的特色性,走出一条差异化特色化区域化办学之路。

第八章 独立学院转设后发展 走向展望

独立学院转设后成为完全独立设置的本科高校,在办学理念、办学性质、治理结构、人才培养、教育格局等诸多方面,均发生了根本性的变化。面对建设高质量教育体系的新形势、新任务、新要求,新转设高校如何真正走向独立,迎接市场风浪,需要转变办学理念,做好分类管理必选题,提升治理现代化能力,迈向高质量发展。

第一节 办学模式转变——平稳渡过断奶期

独立学院转设后,失去母体高校的"庇护",由政府、投资方与母体高校合力推动独立学院发展的模式被彻底改变,[①]其法人地位、产权归属、办学环境、内部治理等方面发生了重大变化,需要转变办学模式,平稳渡过断奶期,促进学校健康可持续发展。

一、办学环境发生重大变化

环境对组织的成长具有重要影响。采用 SWOT 分析法探讨独立学院转设本科高校的发展状况及未来发展环境,有利于增进对组织内外发展机遇和挑战的认识。SWOT 分别代表 strength(强项、优势),weakness(弱项、劣势),opportunity(机会、机遇)和 threat(威胁、对手)。

(一)内部优势(S)

独立学院与母体高校脱钩,成功转设后,从内部审视,至少有三大优势。

---

① 阙海宝,苏婷.资源依赖理论下独立学院转设后的困境分析与战略抉择[J].教育与职业,2020(22):68-74.

第一,具备较好的办学基础条件。新转设本科高校在转设之前,为迎接教育部考察,按照《普通本科学校设置暂行规定》的要求,加快校园基本建设,充实办学条件,在生均占地、生均行政用房、生均教学仪器设备和生均图书等方面均达到了教育部规定的本科院校设置条件。转设时,学校已完成了全部资产的过户,落实了法人财产权。

第二,具备多年的本科办学经验。新转设本科高校在本科教育上高起点办学,瞄准市场设置专业,依托公办高校和社会资源建立了师资队伍、实习基地和就业基地,积累了相当丰富的本科教育经验,取得了一定的办学成绩。

第三,具备更充分的办学自主权。独立学院脱离母体走上独立自主后,拥有更大的办学自主权,在专业设置、学科建设和人才引进等方面更加灵活、高效;每年不必再向母体高校交纳数千万元的管理费,使办学经费更加充裕。

(二)内部劣势(W)

新转设本科高校虽然具备一定的比较优势,但同时也存在不少短板。

一是社会声誉未形成。独立学院转设后,校名发生变更,由于放弃了母体公办大学的金字招牌,联结双方最重要的纽带被断开。"部分独立学院转设后,失去了母体高校的品牌效应、管理服务、师资队伍等资源,经费来源相对单一,短期内面临较大发展压力。"①脱离了名校的光环,新转设本科高校的品牌效应受到影响,社会影响力和知名度降低,一时难以获得社会认可。

二是师资队伍不健全。"许多民办学校的教师稳定性差、流动性大,一有合适的岗位立即转岗,民办学校要吸引优秀的教师长期任教更非易事。不少民办学校的教师薪酬与公办学校相差甚远,而且许多教师工作多年后也难以评上职称。"②作为民办本科高校的主体,新转设本科高校存在"教师队伍数量不足、青黄不接、流动频繁、结构不合理、教学能力参差不齐等问题"。③ 为迎接转设评估,新转设本科高校大量引进年轻师资,造成教师在职称、学历与年龄上结构不够合理,高水平师资队伍建设还有待加强;教师队伍专、兼职教师比例不协调,专任教师比例偏低。调查显示,多数民办高校兼职教师队伍所占

---

① 钟秉林,景安磊.独立学院转设现状分析与转设后可持续发展路径探析[J].中国高教研究,2021(4):14-19.

② 阙明坤,陈春梅.民办教育新法新政解读及其影响分析[J].教育与职业,2018(5):5-10.

③ 阙明坤.我国建设高水平民办大学的差距及对策研究:以5所首获硕士研究生招生资格民办高校为例[J].黄河科技大学学报,2014(2):6-9.

比例超过50％,部分学校甚至超过了80％。[①]

三是办学特色欠积淀。由于新转设本科高校的办学历史较短等原因,其办学理念不鲜明,办学定位模糊,办学特色较为匮乏,没有形成与众不同的校园文化、学科专业与育人模式。以专业建设为例,新转设本科高校专业设置往往与母体学校或同类院校"雷同"。

(三)外部机遇(O)

首先,党中央、国务院高度重视高等教育事业发展。党的十八大提出"推动高等教育内涵式发展",党的十九大报告提出"实现高等教育内涵式发展",党的二十大报告提出"加快建设高质量教育体系"。中共中央办公厅、国务院办公厅出台《关于新时代振兴中西部高等教育的意见》等文件,教育部先后召开新时代全国高等学校本科教育工作会议、全国研究生教育会议,开展新工科、新医科、新农科、新文科建设,推进国家一流专业、一流课程建设,体现国家对建设教育强国的极端重视,高等教育重要地位和作用前所未有,为新转设本科高校发展提供了契机。

其次,国家不断优化民办教育和职业教育的政策环境。2016年11月7日,全国人民代表大会常务委员会通过了《全国人民代表大会常务委员会关于修改〈中华人民共和国民办教育促进法〉的决定》,对民办学校实行非营利性和营利性分类管理分类扶持;《中华人民共和国国民经济和社会发展第十四个五年规划和2035年远景目标纲要》提出"支持和规范民办教育发展"。各级政府亦积极出台支持民办高校发展的举措,譬如浙江制定出台《公共财政扶持民办教育发展实施办法》等,为民办教育发展提供大力支持。同时,国家大力支持职业教育发展,召开全国职业教育大会,修订《职业教育法》,出台一系列政策支持职业教育高质量发展。这些有力举措为新转设高校的发展创造了适宜的外部环境。

最后,人民群众对本科教育资源需求旺盛。根据教育部网站公布的全国高等学校名单,截至2022年5月31日,我国普通本科院校1270所,数量低于高职(专科)院校(1489所)。当前,我国本科教育资源尤其是优质本科教育资源还相对匮乏,而人民群众对本科教育的需求仍非常旺盛,就读本科高校的愿望非常强烈,为新转设本科高校提供了机遇。同时,近年来,随着中职定位为升学与就业兼顾,高考适龄生源增长,2022年我国高考报名人数1193万人,

---

① 钟秉林,赵应生,洪煜,等.抓住历史机遇化解深层矛盾促进健康发展:我国民办高等教育改革与发展探析[J].中国高等教育,2010(23):13.

比 2021 年增加 115 万人,无论是净增长人数还是总人数均创下历史新高。从 2022 年全国各高校发布的招生简章和招生计划来看,绝大部分高校的招生计划数都在增长,增长幅度在 10%～30%。生源增加也为新转设本科高校发展创造了有利外部条件。

(四)外部威胁(T)

一是经济社会高质量发展对应用型、技术技能型人才需求更高。党的二十大报告提出,高质量发展是全面建设社会主义现代化国家的首要任务,坚持把发展经济的着力点放在实体经济上,推进新型工业化,加快建设制造强国、质量强国、航天强国、交通强国、网络强国、数字中国,努力培养造就更多大师、战略科学家、一流科技领军人才和创新团队、青年科技人才、卓越工程师、大国工匠、高技能人才。在此背景下,经济社会高质量发展需要高素质的劳动者和技术技能人才,这对应用型本科院校的人才培养提出了新要求新挑战。随着一些公办高职院校升格为本科职业技术大学,这些院校将会获得政府更大力度支持,应用型本科高校的竞争更加激烈。此外,由于国内外经济增速放缓、毕业生基数不断扩大、学科专业结构与产业发展不契合,大学生就业难成为不争的事实。与公办高校相比,包括独立学院在内的民办高校办学历史短,社会美誉度和认可度低,因此用人单位往往更青睐于公办本科高校的毕业生,新转设民办本科高校毕业生就业形势严峻。

二是民办教育政策难以落到实处,歧视现象依然存在。民办性质新转设本科高校数量众多,占比大,经费来源不是依靠学费,且公共财政对民办高校扶持力度偏弱,几乎很难享有政府的财政拨款。我国大多数省份对于财政补贴的标准、条件和重点领域表述不明,更多地表达出扶持意向,但实际纳入同级预算的较少。在税收优惠政策方面,一些地方没有落实民办高校的税收优惠政策,民办高校没有依法享受与公办高校同等的税收优惠政策[①],在教师身份、待遇方面,民办高校明显处于劣势。

三是高等教育适龄人口回落,出现生源危机。虽然近年来高考生源阶段性回升,但是从长期来看,生源短缺是不可回避的挑战。2016 年全国新生儿逼近 1800 万,创下 20 年来新高,但二孩效应昙花一现,连续数年都呈现出下降趋势。国家统计局数据显示,2021 年的新生儿人口数量为 1062 万,相较于 2020 年减少了 138 万人,人口出生率为 7.52‰,人口净增只有 48 万,生育率

① 邱德雄,盛正发.我国公办高校与民办高校竞争的公平性问题分析[J].国家教育行政学院学报,2013(2):24-27.

水平低于 1.2,在亚洲位居日本之后,未来高校生源必然大幅减少。适龄生源的下降,高等教育普及化的迅速发展,以及人民群众对优质高等教育资源的需求,使得高校间生源竞争更加激烈。目前,已经有部分独立学院转设高校出现招生严重断档,例如山西工程科技大学 2021 年招生缺额 1017 人,其中理工类缺额人数超过招生计划的一半。① 另外,高等教育国际化进程加快,中外合作办学机构、境外教育机构在生源市场争夺优质生源。我国的高考成绩被越来越多的海外高校认可和接受,其中不乏剑桥大学、多伦多大学等国外知名高校。这给新转设本科高校招生带来了冲击,尤其是在适龄生源减少的情况下,高校间竞争更加激烈,新转设本科高校生源危机问题凸显。

二、内涵建设迎来重大挑战

独立学院转设本科高校作为年轻的新建本科院校,面临着全面加强内涵建设,迎接教育部本科教学工作合格评估的重任,这是对学校人才培养质量的全面检阅,也是一次重要的大考。本科教学工作合格评估是教育部对新建本科院校的本科教学工作合格评估,主要面向未参加过教学工作评估的各类新建普通本科学校。自 2011 年教育部发布《教育部办公厅关于开展普通高等学校本科教学工作合格评估的通知》《普通高等学校本科教学工作合格评估实施办法》《普通高等学校本科教学工作合格评估指标体系》以来,我国部分转设高校如三亚学院、武汉工商学院等已陆续接受本科教学工作合格评估。2021年,教育部印发《普通高等学校本科教育教学审核评估实施方案(2021—2025年)》,对"十四五"期间普通高等学校本科教育教学审核评估工作作出整体部署和制度安排。随着更多独立学院转设,其参与合格评估和审核评估已经成为必然,人才培养质量迎来考验。

(一)精准把握本科教学工作合格评估要求

《普通高等学校本科教学工作合格评估实施办法》是评估的重要遵循,分为评估对象与条件、评估组织、评估程序及任务、评估纪律与监督四部分内容。《普通高等学校本科教学工作合格评估指标体系》(以下简称《指标体系》)是指挥棒,着重引导新建本科院校紧密结合区域经济社会发展需要,改革人才培养模式,以期"进一步增强紧迫感和责任感,把主要精力放在人才培养和教学工作上,

---

① 新浪网.山西工程科技职业大学:生源缺额 1017 人,缺额数排名第二[EB/OL].(2021-8-17)[2022-6-20].http://k.sina.com.cn/article_6864494516_19927dfb400100tvtm.html.

切实抓好学校的内涵发展和质量建设"。[①]《指标体系》主要包括办学思路与领导作用等 7 个一级指标与学校定位等 20 个二级指标,具体内容详见表 8-1。

表 8-1　普通高等学校本科教学工作合格评估指标体系

一级指标	二级指标
办学思路与领导作用	学校定位、领导作用、人才培养模式
教师队伍	数量与结构、教育教学水平、培养培训
教学条件与利用	教学基本设施、经费投入
专业与课程建设	专业建设、课程与教学、实践教学
质量管理	教学管理队伍、质量监控
学风建设与学生指导	学风建设、指导与服务
教学质量	德育、专业知识和能力、体育美育、校内外评价、就业

教育部教育督导局 2018 年印发《对普通高等学校本科教学工作合格评估部分评估指标的调整说明》,对民办高校部分评估指标进行了调整。一是在"1.2 领导作用"中,增加一个观测点"领导体制",基本要求为领导体制健全,法人治理结构完善,这是针对民办本科高校提出的新要求。该观测点有利于引导新转设本科高校"进一步完善决策管理体系,确保做到民主决策、科学决策,切实提高学校的战略执行力"。[②] 二是在"2.1 数量与结构"观测点"生师比"合格标准中增加自有专任教师数量不低于专任教师总数 50%,引导新转设高校强化自有专任师资队伍建设,切实提高人才培养质量。

(二)制订适切的本科教学合格评估方案

新转设本科高校要根据教育部、省本科教学工作合格评估安排,制订适合本校的本科教学合格评估方案,做好迎接评估相关准备工作,以评促建,以评促改,以评促管,评建结合,重在建设,确保顺利通过教育部教育质量评估中心开展的本科教学工作合格评估。

完善评建工作机构。成立以党委书记与校长为组长,各部门、各学院党政主要负责人为组员的评建工作领导小组,下设评建工作办公室,可与质量督导部门合署办公,在领导小组指导下开展工作。成立专项工作组,推进评建工作

① 钟秉林.新建本科院校要高度重视内涵发展和质量建设:基于 41 所本科院校合格评估结果的分析[J].中国高教研究.2015(6):68-72.

② 史秋衡,张纯坤.民办高校发展的内在逻辑:重构与转型路径[J].高校教育管理,2020(4):25-31.

270

顺利开展,包括教学质量提升组、教学条件保障组等,全面推进评建工作。各二级学院成立评建工作组,完成学校评建工作办公室下达的阶段性评建工作任务。

确定评建工作步骤。新转设本科高校可以根据教育部《普通高等学校本科教学工作合格评估实施办法》有关要求,结合学校工作实际,明确评建工作步骤和工作任务。譬如自建自评阶段,制订合格评估工作实施方案,开展自建自评工作;整改完善阶段,组织专家进行全面评估,加强整改;迎接预评估阶段,根据预评估专家组的意见和建议,加强建设和整改;迎接教育部评估阶段,完善各项文稿和材料,迎接教育部专家组进校评估;整改阶段,按照教育部评估专家组的意见和建议,查找缺点和不足,制订整改方案。

(三)新转设本科高校教学工作合格评估现状

独立学院转设满三届毕业生后,进行本科教学合格评估,以评促建,推动了学校内涵建设。部分新转设本科高校已经顺利通过了普通高校本科教学工作合格评估,譬如2018年,长春光华学院、长春建筑学院、长春科技学院、无锡太湖学院、阳光学院、郑州升达经贸管理学院、武汉东湖学院、武昌理工学院等8所新转设本科高校接受并顺利通过本科教学工作合格评估。从总体上看,独立学院转设后已经接受本科教学合格评估的学校数量较少,未来将有大批学校面临迎接合格教学评估的挑战。

教学评估能够引导新转设本科高校按照评估指标和标准要求,"加强投入,建章立制,深入推进专业、课程体系、教学内容和教学方法改革",①有利于提升教学质量。部分新转设本科高校乘着迎评促建的东风,深化教育教学改革。譬如,武汉学院(原中南财经政法大学武汉学院)2021年迎接教育部本科教学工作合格评估工作,以迎评促建为契机,积极探索"一主体、两融合"(突出学生主体,强化产教融合,推进学科专业交叉融合)高素质应用型人才培养模式,开展"磨课"工作,提升课堂教学质量。

三、质量保障亟需持续改进

目前,我国已经建成世界最大规模高等教育体系,高等教育进入世界公认的普及化阶段,更加关注教学的质量。通过专业认证促进教育质量的提升,是世界各国高等教育质量建设的共同经验。工程教育专业认证制度,为我国工程教育乃至其他专业建设的教育质量保障和改进建立了制度基础。

---

① 刘振天.共治·分类·增效:新时代高校教学评估变革的三个向度[J].中国高教研究,2019(10):53-60.

(一)工程教育专业认证历史沿革

工程教育认证是实施工程学位与工程师国际互认制度的重要前提。1989年,美国、英国、新西兰等六国发起构建国际工程教育与工程师互认体系,签订了《华盛顿协议》。2013年,我国成为《华盛顿协议》预备会员;2016年,我国正式成为该协议第18个正式成员。

自成为《华盛顿协议》成员国以来,我国工程教育认证工作稳步推进。2020年,教育部公布我国高校通过工程教育认证的专业名单,截至2019年底,全国共有241所普通高等学校1353个专业通过了工程教育专业认证。很多新建本科高校积极参加工程教育认证,譬如常熟理工学院,以专业认证为抓手,持续推进教学质量改进,截至2022年5月,该校机械工程、电子信息工程等9个专业通过教育部专业认证。

(二)工程教育认证标准

根据中国工程教育专业认证协会(CEEAA)公布的工程教育认证标准,工程教育认证由通用标准和专业补充标准两部分组成。通用标准规定了学生、培养目标、毕业要求、持续改进、课程体系、师资队伍、支持条件7个方面的要求,具体要求详见表8-2。

表8-2　工程教育认证标准(通用标准)

认证项目	序号	认证要求
学生	1.1	具有吸引优秀生源的制度和措施
	1.2	具有完善的学生学习指导、职业规划、就业指导、心理辅导等方面的措施
	1.3	对学生在整个学习过程中的表现进行跟踪与评估
	1.4	有明确的规定和相应认定过程,认可转专业、转学学生的原有学分
培养目标	2.1	有公开的、符合学校定位的、适应社会经济发展需要的培养目标
	2.2	定期评价培养目标的合理性并根据评价结果对培养目标进行修订
毕业要求	3.1	工程知识:能够将数学、自然科学、工程基础和专业知识用于解决复杂工程问题
	3.2	问题分析:能够应用数学、自然科学和工程科学的基本原理,识别、表达、并通过文献研究分析复杂工程问题,以获得有效结论
	3.3	设计/开发解决方案:能够设计针对复杂工程问题的解决方案
	3.4	研究:能够基于科学原理并采用科学方法对复杂工程问题进行研究
	3.5	使用现代工具:能够针对复杂工程问题,开发、选择与使用恰当的技术、资源、现代工程工具和信息技术工具

续表

认证项目	序号	认证要求
毕业要求	3.6	工程与社会:能够基于工程相关背景知识进行合理分析,评价专业工程实践和复杂工程问题解决方案对社会等的影响,并理解应承担的责任
	3.7	环境和可持续发展:能够理解和评价针对复杂工程问题的工程实践对环境、社会可持续发展的影响
	3.8	职业规范:具有人文社会科学素养、社会责任感
	3.9	个人和团队:能够在多学科背景下的团队中承担个体、团队成员以及负责人的角色
	3.10	沟通:能够就复杂工程问题与业界同行及社会公众进行有效沟通和交流
	3.11	项目管理:理解并掌握工程管理原理与经济决策方法,并能在多学科环境中应用
	3.12	终身学习:具有自主学习和终身学习的意识,有不断学习和适应发展的能力
持续改进	4.1	建立教学过程质量监控机制、毕业要求达成情况评价机制
	4.2	建立毕业生跟踪反馈机制,对培养目标的达成情况进行定期分析
	4.3	能证明评价的结果被用于专业的持续改进
课程体系	5.1	与本专业毕业要求相适应的数学与自然科学类课程(至少占总学分的15%)
	5.2	符合本专业毕业要求的工程基础类课程、专业基础类课程与专业类课程(至少占总学分的30%)
	5.3	工程实践与毕业设计(论文)(至少占总学分的20%)
	5.4	人文社会科学类通识教育课程(至少占总学分的15%)
师资队伍	6.1	教师数量能满足教学需要,结构合理,并有企业或行业专家作为兼职教师
	6.2	教师具有足够的教学能力、专业水平、工程经验、沟通能力、职业发展能力
	6.3	教师有足够时间和精力投入本科教学和学生指导中
	6.4	教师为学生提供指导、咨询、服务
	6.5	教师明确他们在教学质量提升过程中的责任,不断改进工作

续表

认证项目	序号	认证要求
支持条件	7.1	教室、实验室及设备在数量和功能上满足教学需要
	7.2	计算机、网络以及图书资料资源能够满足学生的学习以及教师的教学和科研所需
	7.3	教学经费有保证,总量能满足教学需要
	7.4	学校能够有效地支持教师队伍建设,吸引与稳定合格的教师
	7.5	学校能够提供达成毕业要求所必需的基础设施
	7.6	学校的教学管理与服务规范,能有效地支持专业毕业要求的达成

除了通用标准外,中国工程教育专业认证协会还公布了专业补充标准。专业补充标准针对该类专业的课程体系与师资队伍作了详细的规定,譬如根据纺织类专业补充标准[①],该类专业师资队伍的要求是"从事专业教学工作的70%以上的教师,80%以上的教师至少要有 6 个月以上纺织类或相关企业工程实践经历"。工程教育认证标准的发布,有利于督促新转设本科高校健全内部质量检查评价机制与外部质量反馈评价机制,建立严格的教学过程质量监控体系。

(三)申请工程教育认证

通过工程教育认证的专业能够提高专业竞争力,吸引优质生源。"凡事预则立,不预则废。"新转设本科高校应充分认识工程教育专业认证的意义与作用,坚持"以学生为中心"的办学理念,强化成果导向教育的培养模式,推动创建持续改进的质量文化,积极申请工作教育专业认证,助推人才培养质量提高。

工程教育认证工作的基本程序包括 6 个阶段:申请和受理、学校自评与提交自评报告、自评报告的审阅、现场考查、审议和作出认证结论、认证状态保持。部分新转设本科高校以工程教育专业认证为引领,将"以学生为中心、成果导向教育、质量持续改进"的专业认证理念落地生根,助推专业高质量发展。譬如大连东软信息学院(原东北大学大连东软信息分院)坚持各专业对接工程教育专业认证,切实将专业认证相关标准落实到培养方案设计环节,融入专业人才培养过程,建立人才培养持续改进机制,提高人才培养质量。

---

① 中国工程教育专业认证协会.纺织类专业补充标准[EB/OL].(2020-7-22)[2022-3-5].https://www.ceeaa.org.cn/gcjyzyrzxh/rzcxjbz/gcjyrzbz/18gzylybcbz/fzlzysx/index.html.

四、办学层次有待进一步提升

跻身硕士学位授予单位,是新转设本科高校办学实力、办学水平、办学特色和学术地位的集中体现,对于进一步提升新转设本科高校办学层次、增强核心竞争力具有十分重要的意义。2020 年召开的新中国成立以来第一次全国研究生教育会议,强调要增加专业学位研究生的数量,为新转设本科高校开展硕士学位授权点培养建设提供了机遇。新转设本科高校可以面向经济社会主战场,开展专业学位研究生教育,"大力培养创新型、复合型、应用型人才,源源不断为各行各业培养大批高素质人才"。[①]

(一)申报硕士学位授权基本标准

2017 年国务院学位委员会下发《博士硕士学位授权审核办法》,一共分为七个部分,包括总则、组织实施、新增博士硕士学位授予单位审核、新增博士硕士学位点审核、自主审核单位新增学位点审核、质量监管、附则。总则对学位授权审核工作的依据、目标、含义、方式、评审要求与方式等方面做了阐述。学位授权审核包括新增学位授权单位审核和学位授权点动态调整两种方式。新增博士和硕士学位授权单位由省级学位委员会上报国务院学位委员会,由国务院学位委员会组织专家评议。评议要求三个月内完成审批,结果公示不少于 10 个工作日。我国自 1981 年以来,一共开展了 13 次学位授权审核工作。前 12 次学位授权审核情况详见表 8-3。

表 8-3 我国历次学位授权审核情况

批次	年份	主要工作
一	1981	审议批准新增博士和硕士学位授予单位、博士和硕士学位授予点以及博士生导师
二	1983	审议批准新增博士和硕士学位授予单位、博士和硕士学位授予点以及博士生导师;审批通过《高等学校和科研机构授予博士、硕士学位的学科、专业目录(试行草案)》
三	1986	审议批准新增博士和硕士学位授予单位、博士和硕士学位授予点以及博士生导师;审议批准 12 个试点单位自行审批的硕士学位授权学科专业 38 个

① 翁铁慧.全面落实全国研究生教育会议精神推进新时代研究生教育高质量发展:在 2020 年省级学位委员会工作会议上的讲话[J].学位与研究生教育,2020(11):1-6.

续表

批次	年份	主要工作
四	1990	审议批准新增博士和硕士学位授权单位、博士和硕士学位授予点以及博士生导师;通过《国务学位委委员会会议事则》;审批通过《授予博士、硕士和培养研究生的学科、专业目录》;原则上同意设置和试办工商管理硕士学位
五	1993	审议批准新增博士和硕士学位授予单位、博士和硕士学位予点以及博士生导师;审议批准有关试点单位自行审批的硕士学位授予点253个
六	1996	审议批准新增博士和硕士学位授予单位、博士和硕士学位授予点;批准了在数学、化学、力学、电学、计算机科学与技术5个一级学科行使博士学位授予权的试点单位
七	1998	审议批准新增博士和硕士学位授予单位、博士和硕士学位授予点;批准部分单位自行审批增列的硕士学位授予点160个,北京等地方省级学位委员会和军队学位委员会授权审核新增学位点946个;审批通过《授予博士、硕士和培养研究生的学科、专业目录》
八	2000	审议批准新增博士和硕士学位授予单位、博士和硕士学位授予点
九	2003	审议批准新增博士和硕士学位授予单位、博士和硕士学位授予点;同意少数无博或硕士学位授予权的单位在个别学科与有学位授予权的单位联合培养博士或硕士研究生
十	2006	审议批准新增博士和硕士学位授予单位、博士和硕士学位授予点;审议批准清华大学、北京大学自行审核增列的一级学科博士学位授予点
十一	2011	审议批准新增博士和硕士学位授予单位、博士和硕士学位授予点
十二	2017	审议批准增列的博士、硕士学位授予单位及其新增学位授权点

2020年,国务院学位委员会下发《国务院学位委员会关于开展2020年博士硕士学位授权审核工作的通知》,开展第十三次学位授权审核工作,强调特色引导、分类发展的评价体系。例如,学位授权审核从学科类别上进行分类指导,将原来的新增博士学位授予单位单一条件调整为农医类、文科单科类、艺术体育类、其他类;新增硕士学位授予单位基本条件分为文科单科类、艺术体育类、其他类的基本条件。这几类单位条件的差异主要体现在生师比、博士比、生均经费与师均科研经费等方面。我国新增硕士学位授予单位申请基本条件如表8-4所示,这是应用型本科院校申硕的基本要求。

表 8-4 我国新增硕士学位授予单位申请基本条件

类别	获学士学位授权年限/年	专任教师中博士学位教师占比/%	专任教师中硕士学位教师占比/%	全日制在校学生与专任教师比例	近5年师均年科研经费/万元	生均经费收入/万元
文科单科类	>8	≥25	≥80	≤17	≥1	≥3
艺术体育类	>8	≥5	≥80	≤15	≥1	≥4
普通类	>8	≥25	≥80	≤17	≥4	≥3

数据来源:国务院学位委员会发布的《学位授权审核申请基本条件》。

(二)新转设本科高校获批硕士学位授权单位路径

第一,凝练学科方向。新转设本科高校宜以服务区域发展为导向,依据国家颁布的学科建设有关文件要求,对照《博士硕士学位点授权审核办法》《申请学位点基本条件(试行)》的要求,在广泛深入调查研究的基础上,统筹考虑学科、硕士学位授权点、本科专业的情况,科学、规范、合理地遴选硕士点建设学科。新转设本科高校作为应用型本科院校,在选择学科方向时,无疑应侧重选择应用型学科方向,既要考虑学科内在的发展趋势,又要着眼区域经济社会发展的需要,突出特色,紧贴社会需求,立足学校实际,确立重点建设学科,形成学科—专业硕士点培育一体化的发展机制。譬如文华学院形成了以"人工智能技术"为学科方向的"数据科学与光电信息"优势特色学科群,全面带动"信息与通信工程"、"计算机科学与技术"和"光学工程"三个一级学科的发展。

第二,开拓培养渠道。新转设本科高校虽然在人才培养方面取得了明显的成效,对地方经济的发展作出了重要的贡献,但由于办学时间短,学科建设滞后,大多数学校自身没有研究生学位授予权。为了提高办学层次,部分新转设本科高校与高校、研究所、企业联合培养研究生。譬如从 2022 年起,广州理工学院(原广东技术师范大学天河学院)联合广东技术师范大学,当年招收硕士研究生 5 名;广州南方学院(原中山大学南方学院)与广州大学联合开展全日制专业学位硕士研究生联合培养工作;珠海科技学院(原吉林大学珠海学院)与华南师范大学在软件工程和人工智能等专业学位类别(领域),共同开展全日制专业学位硕士研究生联合培养工作。

第三,建设导师队伍。师资队伍是高校申报硕士研究生培养资格的关键指标,专任教师中具有博士学位教师占比须达 25% 以上,这是一大挑战。新转设本科高校须依据各学科所凝练的学科方向,加快引进学科带头人、博士等高层次人才,为组建研究团队、建立导师队伍打基础。譬如浙大宁波理工学院

(原浙江大学宁波理工学院)实施人才强校战略,截至 2020 年 12 月,拥有两院院士、享受国务院特殊津贴专家、教育部长江学者奖励计划、国家杰出青年科学基金获得者、国家重点人才计划、"新世纪百千万人才工程"、浙江省重点人才计划各类人才 184 人次,[①]2021 年成功获批硕士点。

第二节　办学属性转变——分类管理必选题

为适应新时代民办教育分类发展需要,全国人大常委会三审通过修订《民促法》的决定,我国民办教育领域实现重大法律变迁。《国务院关于鼓励社会力量兴办教育促进民办教育健康发展的若干意见》《民办学校分类登记实施细则》《营利性民办学校监督管理实施细则》等文件相继出台,民办教育步入营利性、非营利性分类管理时代。2021 年历经多轮审议,国务院颁布新修订的《民办教育促进法实施条例》,修改比例达 67%,此次修订聚焦民办教育发展的难点问题,法律责任更加明确和严格,更加强调支持规范并重,民办教育法律顶层设计基本完成。独立学院转设为民办本科高校后面临着"选择非营利性还是营利性"的二元选择。

一、民办教育分类管理制度设计

非营利性和营利性民办学校分类管理制度之所以能够启动、推进并最终落实,既是更好地实现民办教育公益属性的要求,也是解决政策冲突和政策歧视的需要,同时,也是适应调整后的法治环境的现实需要。正是这些因素共同助推,使我国民办教育迈入分类管理改革的新时代。[②]

(一)实施分类管理是恪守民办教育公益性的需要

第一,公益性是民办教育的本质属性。美国经济学家萨缪尔森将公共产

---

① 浙江大学宁波理工学 2020—2021 学年本科教学质量报告[R].宁波:浙大宁波理工学院,2021.

② 阙明坤,谢锡美,董圣足.民办学校分类管理:现实挑战与突围路径[J].中国教育政策评论,2018(0):194-213.

品定义为,"每个人消费这种产品不会导致他人对该产品消费的减少"。^① 根据公共产品理论,民办教育兼具公益性和私益性,民办教育提供的教育服务属于准公共物品,其公益性正是源于提供的服务具有正外部性。弗里德曼对教育的正外部性有经典的阐述:"如果大多数公民没有一个最低限度的文化和知识,也不广泛地接受一些共同的价值准则,稳定而民主的社会不可能存在。教育对文化知识和价值准则这两个方面,均会作出贡献。"^②我国民办教育制度设计一直将民办教育列入公益性事业范畴。

第二,合理回报制度冲击了民办教育的公益性。在《中华人民共和国教育法》"不以营利为目的"的总原则下,2002 年《民促法》规定:"民办学校在扣除办学成本、预留发展基金以及按照国家有关规定提取其他的必需的费用后,出资人可以从办学结余中取得合理回报。"但是,合理回报的具体比例难以确定,国务院及其相关部委并没有出台具体办法,2004 年《民办教育促进法实施条例》也没有具体规定,使得该制度饱受争议。大量寻利性资本进入教育领域,投资者通过各种方式对学校财产权进行控制,通过各种"隐性途径"获得回报。一些民办学校打着公益性幌子行营利之实,从教育中牟取暴利,为此,对我国民办高校进行分类管理改革迫在眉睫。

同时,民办学校粗放式发展模式弱化了公益属性。粗放管理是民办教育发展初期阶段的一大特征。相当一部分民办学校在治理结构上以及内部各类权力主体之间,普遍存在"分工不明、关系不顺、程序不清"的现象,这导致决策机制不够健全、执行机制出现扭曲、监督机制严重缺位,从而造成不少民办学校重大决策的盲目性、随意性,内部管理的无序性、低效性和办学行为的功利性、短期性。^③

(二)实施分类管理是解决民办教育政策冲突歧视的需要

我国民办教育政策长期以来存在冲突抵牾。一是法人属性问题。根据《中华人民共和国民办非企业单位登记管理暂行条例》的规定,民办学校大多登记为民办非企业单位;而根据《民法通则》关于法人的规定,我国有机关法人、企业法人、事业单位法人和社会团体法人四类。很明显,民办非企业单位

① 保罗·萨缪尔森,威廉·诺德豪斯.经济学:第 16 版[M],萧琛等,译.北京:华夏出版社,1999:3.
② 米尔顿·弗里德曼.资本主义与自由[M].张瑞玉,译.北京:商务印书馆,2001:83.
③ 董圣足.我国民办教育治理制度:变革与创新[J].华东师范大学学报(教育科学版),2017(6):19.

在《民法通则》规定的四大法人类型中找不到应有的位置。这一状况成为《民促法》中同等法律地位、支持和优惠等规定得不到落实的原因,也成为以后出现诸多制约民办教育发展主要制度瓶颈的根源。二是税收政策问题。非驴非马的法人类型、尴尬的组织属性和相互冲突的法律规定,使得民办学校税收优惠得不到落实。相关税收法规并未对民办非企业单位作出明确规定,使得民办学校的税收政策在实践中产生了重大分歧,造成执法困难。三是会计制度问题。民办学校执行的是《中华人民共和国民间非营利组织会计制度》,然而,该文件规定了非营利组织同时具备的三个特征,即该组织不以营利为宗旨和目的,资源提供者向该组织投入资源不取得经济回报,资源提供者不享有该组织的所有权。这使得只有捐资办学或不要求合理回报的民办学校才适用此制度,而大部分要求合理回报的民办学校则陷入"既不适用这一制度又不能完全采用企业会计制度"的尴尬境地。①

与此同时,我国民办学校在办学中一直受到政策歧视。由于没有区分营利性和非营利性民办学校,现实中合理回报和变相套利现象长期存在,一些地方政府部门看民办学校时戴有色眼镜,并在办学自主权、教师待遇、学生资助等方面存在歧视行为。在自主权上,各地不同程度地存在挤压招生指标、限制招生区域、靠后安排招生批次等现象;在收费自主权上,部分省在收费标准特别是学历教育收费标准方面进行严格管控;在教师权益方面,民办学校教师难以享受与公办学校教师同等权益,养老和医疗保险、住房公积金甚至教师人事档案身份均与公办学校教师不平等,这是导致民办学校教师队伍不稳定的重要原因之一。

(三)实施分类管理是适应国家法治环境最新变化的需要

《国家中长期教育改革和发展规划纲要(2010—2020年)》提出进行民办学校分类管理改革探索。党的十八届四中全会提出要实现国家治理体系和治理能力现代化,最引人注目的是对系列法律法规进行编纂和修改。在这场声势浩大的法制变革中,与《民促法》相关的主要包括:外部的《民法总则》的编纂和《慈善法》的修订,内部的《教育法》《高等教育法》修改。为适应国家法治环境变化,修订《民促法》势在必行。

一方面,《民法总则》为民办学校分类管理提供了基本法依据。2017年全国人大通过的《民法总则》将法人分为营利性法人、非营利性法人、特别法人。

---

① 胡卫,张敏,方建锋.营利非营利分类管理下民办学校税收问题与建议[J].复旦教育论坛,2020,18(4):79-84.

依据这一法人分类思路,民办学校属于非营利性法人中的社会服务机构,至此,民办学校有了自己的归属,这必将改变长期以来我国学校法人属性不明确的弊端。《民法总则》引入的三类法人对民办学校分类管理制度的推出具有根本的、决定性的影响。三类法人的引入预示着,修订《民促法》,进行营利性和非营利性民办学校分类管理,具有国家基本法依据。

另一方面,教育法律一揽子修订为分类管理提供了法律。第十二届全国人民代表大会常务委员会第十八次会议通过了对《教育法》《高等教育法》中关于"不以营利为目的"规定的修改,为民办教育分类管理改革消除了最主要的法律障碍,为《民促法》的修改提供了直接的法律依据。总之,营利性和非营利性民办学校分类管理制度之所以能够启动、推进并最终落实,既是更好地实现民办教育公益属性的要求,又是解决政策冲突和政策歧视的需要,同时,也是适应调整后的法治环境的现实需要。① 正是这些因素共同助推,使我国民办教育迈入分类管理改革的新时代。

二、非营利性与营利性民办高校办学特点

"非营利性民办学校"的举办者不得取得办学收益,学校的办学结余全部用于办学;"营利性民办学校"的举办者可以取得办学收益,学校的办学结余依照公司法等有关法律、行政法规的规定处理。国家对民办高校采取"积极鼓励、大力支持、正确引导、依法管理"的政策,在分类管理框架下,非营利性民办高校与营利性民办高校具有不同的特征(见表8-5)。

表 8-5　非营利性民办高校和营利性民办高校特征一览表

分类	非营利性民办高校	营利性民办高校
法人属性	1.民政部门或者编办登记 2.社会服务机构或事业单位	1.工商部门登记 2.企业法人
投资回报	1.不取得办学收益 2.办学结余全部用于办学	1.可以取得办学收益 2.办学结余依据国家有关规定进行分配

① 王烽.新时代民办教育:变革与进化[J].教育发展研究,2020,40(5):19-22.

续表

分类	非营利性民办高校	营利性民办高校
产权处理	1.捐资举办的学校,清偿后剩余财产统筹用于教育事业 2.出资举办的学校清偿债务后的剩余财产继续用于其他非营利性学校办学 3.新法颁布前的学校,按照国家有关规定给予出资者相应的补偿或者奖励,其余财产继续用于其他非营利性学校办学	1.学校财产依法清偿后有剩余的,依照《公司法》有关规定(出资比例和股份)处理,具体办法由省、自治区、直辖市制定 2.新修订的《民促法》颁布后设立的民办学校终止时,财产处置按照有关规定和学校章程处理
会计制度	1.民间非营利组织会计制度 2.事业单位会计制度	企业会计制度
税收政策	1.非营利性民办学校与公办学校享有同等待遇 2.免税资格认定后,免征非营利性收入的企业所得税	1.征收企业所得税 2.所得税税率待定
土地政策	享受公办学校同等政策,按划拨等方式供应土地	1.按国家相应的政策供给土地 2.只有一个意向用地者的,可按协议方式供地
扶持政策	政府补贴、政府购买服务、基金奖励、捐资激励、土地划拨、税费减免	政府购买服务、税收优惠
收费政策	1.通过市场化改革试点,逐步实行市场调节价 2.具体政策由省级人民政府确定	1.实行市场调节价 2.具体收费标准由民办学校自主确定

(一)非营利性民办高校的办学特点

非营利性民办高校是国家大力支持、举办者不以营利为目的、放弃办学收益的教育类型,更加坚守教育初心,确立取之于社会、回报于社会的理念,遵循教育规律。非营利性民办高校体现了教育的公益性,分类管理改革实施后,多元利益相关者共同治理是非营利性民办高校内部治理的基本趋势。与营利法人相比,非营利性民办高校的法人治理注重公共利益,而不是追求举办者或者股东的经济利益最大化,治理过程遵从教育逻辑,保障基层学术组织和广大师生员工的权益。

非营利性民办高校更加强调权力的相互制衡。用权力制衡权力、以权力保障权利是治理的核心理念[①],从制度层面约束权力和制衡权力,是治理运行

---

① 胡建华,王建华,陈何芳,等.大学内部治理论[M].南京:南京师范大学出版社,2019:113.

的特点。非营利性民办高校法人治理更重视权力分治,强调多元利益主体间通过平等协商与合作,形成各自独立、权责明确、相互制衡的关系,实现科学有效治理。分类管理给非营利性民办高校带来了更多的"政策红利",比如享有与公办高校同等的税收优惠政策,政府将加大对非营利性民办高校的公共财政支持等,同时对健全内外部监督机制提出了要求。现行《民促法》第二十条从法律层面明确要求民办学校建立相应的监督机制。内外部监督机制的建立及实施,有助于保障非营利性民办高校依法治校、凸显非营利办学属性以及增强公众对学校身份的认同,兼顾各利益相关者的诉求。内部监督机制主要通过设立独立董事、监事会、教代会等机构,加强对举办者和办学团队的监督,保障师生权益,防范办学风险;外部监督机制则可通过政府监控、社会监督和行业监管等方式,构筑对学校办学方向、办学行为以及办学质量和效益的监督体系,让多元利益相关者共同参与监督和管理,实现决策、执行、监督等机构之间的良性互动,提升治理能力,为民办高校内涵式发展提供坚实的制度保障。[①]

(二)营利性民办高校的办学特点

营利性民办高校是由社会力量投资兴办,所有权和收益权由投资者所拥有的民办高校。其举办者进行投资主要目的是获得经济利润,这是与非营利性民办高校最明显的区别。营利性民办高校对股东、投资者负责,体现了私利特征,这与其他商业机构并无二致。但是,营利性民办高校举办过程中又体现了教育公益性特征:一是直接推进教育公益性。例如给予贫困学生助学贷款、助学金等照顾,尊重教学规律,强调教师重要作用,强调课程设计的合理性等。二是间接推进教育公益性。例如强调优质教学服务提供,满足学生对高等教育的需求,进而获得竞争优势站稳脚跟,从而间接推动了整体教育质量水平的上升。[②]

民办教育分类管理给营利性民办高校市场化融资提供了法律保障。与非营利性民办高校办学资金主要来自社会捐赠、财政拨款、学生收费不同,营利性民办高校可以诉诸市场来获得相应办学资金。其资金筹措渠道主要有:投资者根据投资协议支付的注册资本,这也是营利性民办高校主要资金来源;发行股票而获得资金;经过金融主管部门的批准,通过发行债券而获得融资;金融贷款获得资金;以法人财产或者财产收益权,通过抵押、质押等方式,向银行

---

① 吕宜之.非营利性民办高校内部治理的主要特征、现实困境与优化对策[J].浙江树人大学学报(人文社会科学),2021,21(1):25-30.

② 刘学民.分类管理背景下我国营利性民办高校的风险防控研究[D].北京:中国社会科学院研究生院,2020.

等金融机构进行贷款而获得举办资金;学生学费、注册费、培训费以及学校内部的商铺租金;资产出让、转卖等方式获得举办资金等。以上各种形式融资都是以市场化形式展开,丰富且灵活,融资渠道多样化也为营利性民办高校发展注入了新的活力。[①]

为了快速占领民办高等教育市场,营利性民办高校更加重视标准化课程的开发,如美国凤凰城大学诞生之初,就显示出与传统大学的不同之处,带着极强的"斯波林烙印":凤凰大学所雇佣的教师都是兼职教师,白天工作,晚上上课;同时,努力将课程标准化。[②] 所谓标准化教育服务,也即是为所有课程标准设置一条底线,包括教案标准、课时要求、上课方式等都要有明确规定。同时,还对课堂、管理、培训、建设等也都建立一整套标准,并依靠系统将这些标准进行整合,使得各个标准之间都相互支持、相互推动。

营利性民办高校在工商部门登记为企业法人,更多选择公司制模式,学校校长全面负责学校发展规划制定、教学日常运行以及员工业绩评价等工作。学校管理层聘请职业经理人,学校运转由管理者负责。相对而言,教师只是负责课程正常进行、保证课程教学质量。三者之间分工明确,角色定位清晰,避免部门间推诿而产生的行政管理效率、管理决策执行能力下降问题。这种责任明确的专业管理机制的建立有效降低了专业设置与劳动力市场需求不合拍的问题,当然也有助于管理效率和决策质量的提升。[③]

三、民办高校分类管理面临的主要困难

分类管理政策作为国家法律是必须付诸实施的,但却并没有如预想的那样得到顺利实施。[④] 目前,全国 31 个省(自治区、直辖市)政府均已颁布落实《民促法》的实施文件,国家授权省级政府自主决定分类管理过渡期,截至 2022 年 6 月,仅上海民办高校分类管理取得阶段性进展,部分省份 2017—2022 年过渡期已至,但分类登记基本没有进展,绝大多数民办高校还在观望中。

① 巫志刚.我国营利性高等教育机构基本法律制度研究[D].武汉:华中师范大学,2013.

② 王志强,党庆治.成功与启示:阿波罗教育集团的经营之道[J].外国教育研究,2011,38(2):72-77.

③ 刘学民.分类管理背景下我国营利性民办高校的风险防控研究[D].北京:中国社会科学院研究生院,2020.

④ 别敦荣,石猛.民办高校实施分类管理政策面临的困境及其完善策略[J].高等教育研究,2020,41(3):68-76.

(一)利益相关者众多且构成复杂

截至 2021 年底,全国共有民办高校 764 所(含独立学院 164 所),占全国高校数的 25.37%;民办普通、职业本专科在校生 845.74 万人,占全国普通、职业本专科在校生的 24.19%,全国平均每 5 名大学生中就有 1 名在民办高校就读。国家统计局数据显示,2020 年,全国民办高校教职工共有 46.23 万人。分类管理备受关注,其利益相关者除举办者之外,还包括政府、教职工、学生等群体,涉及人数众多,政策执行难度较大。

举办者既是"营、非选择"的决策者,也是最重要的政策对象。我国民办高校的举办者构成较为复杂,有关调查显示,30%属于个人办学,30%属于企业办学,10%属于国有民办,10%属于共同治理,其余 20%属于股份制形式。[①]民办高校举办者的办学动机可分为经济回报、权力获得和自我实现三个方面。不同举办者的诉求存在较大差异,其中,国有民办型和共同治理型的民办高校的举办者乐于选择"非营利性",以期获得更多的政府扶持和社会认同,而个人办学型等民办高校的举办者既希望获得政府扶持,又希望得到一定的回报。北京邮电大学世纪学院创办者、原董事长张杰庭曾经直言,"搞教育来讲,某种意义来说,是一种暴利行业,超过我们房地产行业的平均利润"。[②] 全国有一部分教育公司已经上市,旗下包括一批独立学院及新转设本科高校,这部分学校也面临分类管理考验,详见表 8-6。

表 8-6 全国举办独立学院及新转设本科高校的企业上市一览表

序号	公司名称	公司旗下独立学院及转设高校名称	上市类别
1	希望教育集团有限公司	西南交通大学希望学院、贵州黔南经济学院、山西医科大学晋祠学院、贵州大学科技学院、银川能源学院	港股上市
2	中国教育集团控股有限公司	江西科技学院、广东白云学院、海口经济学院、成都锦城学院、重庆外语外事学院、广州应用科技学院、烟台科技学院	
3	民生教育集团有限公司	重庆人文科技学院、云南大学滇池学院、重庆工商大学派斯学院	

---

① 王一涛.民办高校的内部治理与国家监管:基于举办者的视角[M].北京:中国社会科学出版社,2019:1-3.

② 阚明坤.投资办学视阈下我国独立学院营利现象研究[J].现代教育科学,2014(5):60-65.

续表

序号	公司名称	公司旗下独立学院及转设高校名称	上市类别
4	中国新高教集团	云南工商学院、湖北恩施学院、哈尔滨华德学院、兰州信息科技学院	港股上市
5	春来教育集团	商丘学院、安阳学院、商丘学院应用科技学院(商丘学院开封校区)、荆州学院、苏州科技大学天平学院(合作办学)	
6	宇华教育集团	山东英才学院、湖南涉外经济学院、郑州工商学院	
7	中国科培教育集团有限公司	广东理工学院、哈尔滨石油学院、淮北理工学院	
8	中汇集团控股有限公司	广州华商学院	
9	东软教育科技集团有限公司	大连东软信息学院、成都东软学院、广东东软学院	
10	辰林教育集团控股有限公司	江西应用科技学院	
11	中国职业教育控股有限公司	广州华立学院	
12	上海建桥教育集团有限公司	上海建桥学院	
13	嘉宏教育科技有限公司	郑州经贸学院	
14	成实外教育	四川外国语大学成都学院	
15	立德教育股份有限公司	黑龙江工商学院	
16	21世纪教育集团	石家庄铁道大学四方学院	
17	中国银杏教育集团有限公司	成都银杏酒店管理学院	
18	中国通才教育集团有限公司	山西工商学院	
19	华夏视听教育集团	南京传媒学院	
20	科大讯飞	安徽信息工程学院	A股上市
21	陕西金叶科教集团	西安明德理工学院	

(二)分类管理的配套政策不完善

国务院已经正式颁布新修订的《民办教育促进法实施条例》,对于民办学校关联交易、集团化办学等各界关切的内容作出明确规定,为分类管理提供了重要遵循。但对于非营利性民办高校的财务监管、治理结构、第三方评价等事项仍有待进一步完善,民办教育工作部际联席会议确定拟制定的《民办高等学校内部治理实施细则》《非营利性民办学校监督管理实施细则》《非营利性民办高校财务监管办法》等文件仍未出台。省级层面的分类管理实施细则仍原则性过强、操作性偏弱,一些关键问题仍相对模糊、语焉不详,政策并不完备,举办者最为关注的土地差价、税收优惠、经费扶持、补偿或奖励标准等问题仍不明确。

在此背景下,民办高校法人身份转变缺乏明确的政策指导。举办者作出"营、非选择"前,须开展学校自查工作,但却没有完备的配套政策来指导民办高校判断资产权属、用地、资金来源等内部决策信息,导致董事会难以权衡利弊,直接影响分类管理的有效推进。

(三)选择"非营利性"利益调适幅度较大

我国多数民办高校包括独立学院是在鼓励投资办学的国情下发展起来的,起初具有投资办学的本质特性。例如,上海市的 21 所民办高校中,只有上海杉达学院一家是靠捐资滚动发展起来的,其他大多数是投资办学。一些民办高校举办者建立房地产公司和建筑公司等经济实体,这些经济实体将名下的房产出租给民办高校或向民办高校提供其他服务,民办高校再向这些实体交付房租或者其他费用。许多民办高校的学生宿舍、食堂等房产都不在民办高校的名下而是在投资方的名下,学校需要向投资方缴纳租赁费。[①] 根据现行《民促法》,民办高校选择"营利性"则"可以取得办学收益",选择"非营利性"则"不得取得办学收益",这与以往"合理回报"模糊界定存在本质差别,与"合理回报"相比,非营利性民办高校办学收益的调适幅度较大,甚至与部分举办者投资办学的初衷相悖。[②]

虽然现行《民促法》规定学校可以获得补偿或奖励,但是《民法典》规定:非营利法人终止时,不得分配剩余财产,"自然人合法的私有财产,可以依法继承",即非营利性民办高校终止时,无法分配和继承财产,而营利性民办高校则可分配可继承。对于资产高达数十亿元的民办高校来说,财产分配和继承的调适幅度较大,导致民办高校的举办者作出"非营利性"选择时心存顾虑。

---

① 王一涛.民办高校的内部治理与国家监管:基于举办者的视角[M].北京:中国社会科学出版社,2019:85.
② 佘宇,葛延风,阙明坤,段淑芬.民办高校如何走出"营利与非营利"选择困境[EB/OL].(2021-08-21)[2022-04-22].https://www.thepaper.cn/newsDetail_forward_14116080.

(四)举办者对分类管理存在不同解读

实行分类管理是对改革开放以来民办高校发展不规范的纠偏,是民办高等教育走向健康发展的必由之路。调研发现,民办高校的举办者对分类管理仍然存在不同解读:一部分举办者心存侥幸,认为选择登记为"非营利"以后,实则延续以往,可采取多种途径取得办学收益。然而,《实施条例》第四十五条明确规定"民办学校应当建立利益关联方交易的信息披露制度"。教育、人力资源社会保障以及财政等部门将按年度对非营利性民办高校关联交易进行审查与监管,过往的"模糊区域"将触碰法律红线,构成犯罪的,将依法追究刑事责任。另一部分举办者则心存悲观情绪,认为在未来生源、政策等不确定、社会认可度不高的情况下,选择登记为"营利性",便是主动放弃各项优惠扶持政策,学校难以持续发展。在此背景下,民办高校举办者陷入"营非选择"的两难境地:选择营利性,担心死路一条;选择非营利性,又心有不甘。

四、民办高校分类登记和分类管理策略

一分规划,九分部署。我国民办教育分类管理的宏伟蓝图虽然已经绘就,但是还有待地方政府具体落实和执行。目前,我国民办教育发展的政策主导模式已从中央主导转变为地方主导,这是我国民办教育发展的一个重要特征。[①]

(一)进一步加强政策宣传和引导

现行《民促法》的修订可概括为"分类"和"规范"两个方面。"分类"主要体现在办学性质和收益分类、政策取向分类和学费管理分类等。"规范"主要体现在规范学校的法人属性、规范产权归属问题和规范监督机制等。现行《民促法》的实施,必将终结"以非营利之名而行营利之实"的第三条道路。民办高校的举办者必须清晰地认识民办高校分类管理是历史大势。"营非选择"的决策不只是一道选择题,还是一道与以往的"合理回报"存在本质差别的必答题,存在侥幸心理的举办者需要认清形势;同时,存在悲观情绪的举办者也无须多虑,"差别化扶持"不等于"不扶持",营利性民办高校依法办学、按章纳税,同样可以享受国家规定的税收优惠、政府购买服务、助学贷款、奖助学金等扶持政策。放眼未来,我国民办高校公益性将更加凸显,非营利性民办高校将成为民

① 吴华.我国民办教育发展的地方政策主导模式分析[J].教育发展研究,2009(8):11-16.

办高等教育的主体力量,或将出现一批高水平非营利性民办高校和一小批特色化办学的营利性民办高校。

(二)完善配套政策并加大支持力度

要让民办高校的举办者在"有限理性"下作出"满意"决策,必须尽快完善国家和省级政策法规。各省(自治区、直辖市)教育行政部门亟须明确补偿与奖励、税收优惠、财政扶持、土地划拨与差价补缴、分类登记程序、操作细则等举办者最为关心的关键事项,从政策上正面回应社会保险、职业年金、评优评先、职称评审、培训进修等民办学校教师最关心的问题。浙江民办教育"1+7"分类管理政策较为详细,提出了有益借鉴。温州作为"样板",在资产认定、"一件事联办"、奖励办法、土地处置、税费等方面进行了有益探索,在民办学校教师保障制度方面也进行了创新。①

公益性办学是国家政策倡导的方向,非营利性民办高校尚未形成规模的重要原因在于相关扶持政策没有落实到位。为引导民办高校公益性办学,提高办学水平,各地应结合实情,创新财政扶持方式,加大支持力度。一是建立政府支持的民办学校教师社会保障新制度。完善学校、个人、政府合理分担的民办学校教职工社会保障机制,民办高校应依法为教职工足额缴纳社会保险费和住房公积金,鼓励民办高校为教师建立补充养老保险。各项社会保险费的单位应缴部分,由民办学校承担,当地财政通过购买服务的方式对非营利性民办高校提供资金支持。二是落实民办高校教师平等待遇,民办高校教师在表彰奖励、职称评聘、评优评先、人才政策、困难救助等方面,与公办高校教师享有同等待遇。三是加强专业培训,把民办学校校长、教师的业务培训纳入统一规划和管理,在培训经费、参加人次等方面给予相同保障。

(三)处理好分类管理过程中的利益补偿

现行《民促法》规定非营利性民办高校不能取得办学收益,《民法典》第八十七条规定,非营利法人不向出资人、设立人或者会员分配所取得的利润。两部法规高度一致地体现了对非营利性民办高校的规范性要求。与以往"合理回报"相比,"不能取得办学收益"使大多数民办高校举办者利益受损而不愿意选择"非营利性"。

根据法律法规,选择营利性可继承合法财产,选择非营利性不能分配和继承剩余财产。因此,对选择登记为"非营利性"民办高校的举办者的历史贡献

---

① 董圣足,戚德忠.新政背景下民办学校分类转设的困局与出路:基于浙江温州的实践探索及思考[J].现代教育管理,2020(9):38-45.

需要有合理的补偿和奖励办法,例如,江苏规定选择登记为非营利性民办学校的,终止时可给予出资者相应补偿,补偿数额为出资额及其增值(按照清算当年中国人民银行5年期存款基准利率计算),同时给予出资者不高于民办学校补偿后剩余净资产20%的奖励;湖北规定选择登记为非营利性民办学校的,终止时可视情况给予举办者学校净资产(扣除国有资产、捐赠、土地房产增值部分)15%的奖励;温州规定选择登记为非营利性的民办学校终止时,如果财产依法清偿后有剩余,按不低于学校净资产20%的比例给予奖励。这正是消除举办者"非营利性"选择顾虑的重要手段。借鉴这些有益经验,全国其他省级政府需要进一步完善补偿和奖励办法,处理好利益补偿,让新转设民办高校作出合理选择。

第三节 治理结构转变——治理能力现代化

治理能力现代化是现代大学制度的核心内容。在新转设本科高校的建设发展过程中,治理结构转变及治理能力现代化占据极为重要的地位,发挥着支撑与保障作用。当然,在治理结构转变的"阵痛期",新转设本科高校不可避免地面临一些问题和挑战,应当积极采取措施完善治理结构,提升治理体系和治理能力现代化水平。

一、持续完善大学章程:治理现代化的根本

完善的大学章程是现代大学制度的标志和重要载体,在大学治理中具有"大学宪章"的地位,对内规范大学内部权力运行,保障师生合法权益,完善大学自我发展、自我监督机制,对外划定政府和社会干预大学治理的边界。加快推进教育现代化,对大学治理能力提出了新的要求,大学章程必须及时修订、更新内容,才能适应大学的生存环境。新转设本科高校特别是新转设民办本科高校积极制定了符合学校未来发展的大学章程,为大学治理奠定了基础。

(一)大学章程是新转设本科高校健康发展的基本遵循

新转设本科高校的章程基本包括总则、组织与管理、教职工福利待遇、学生、教育教学管理、经费来源、财产及财务管理、学院变更及终止、举办者权利义务、章程的修改程序、附则等方面。总则规定了学院的名称、性质、办学层次、形式、规模、学科门类、宗旨等,为新转设本科高校正常运行和健康发展指

明方向；财产和财务管理，为新转设本科高校的健康发展提供了资金保障。新转设民办本科高校章程同时规定了举办者的权利与义务，明晰了学校各有关法律主体权利和义务；在组织管理中规定了董事会的构成、职责职权、议事规则、院长的任职条件等要求，为进一步加强董事会管理与建设提出了有效的指导依据；在教育教学、教师与受教育者中，提出了遵守国家法律、法规、规章和章程的规定，要求贯彻国家的教育方针，按照办学宗旨和培养目标，设置专业、开设课程，自主选用教材，依法建立教学管理制度，开展教育教学活动，保证教育教学质量，合理保障教师和受教育者的合法权益；对学校变更、终止及终止后资产处理也作出规定，为新转设民办本科高校的退出提供了遵循。

（二）新转设本科高校章程建设面临的挑战

独立学院转设时需要制定新学校章程，教育部进行了公示，虽然章程基本上涵盖了要件，但是，还存在一些问题，特别是新转设民办本科高校。

1.章程制定程序模糊

制定或修改章程是学校重大"立法"活动，涉及众多利益主体的切身权益问题，在制定过程中，必须吸收广大师生员工参与讨论，并在一定范围加以公告或公示。只有这样，章程的合法性地位才能得以确认，其有效性才能得到公众认可。① 第一，从政策文本制定的角度来看，章程制定主体要有明确的规定。明确章程制定主体，是制定章程的首要问题。以新转设民办本科高校为例，《民促法》第十五条明确规定，申请正式设立民办学校的，举办者应当向审批机关提交"学校章程"等材料。可见，民办高校章程的制定主体应该是举办者。调查中发现，章程制定主体存在模糊性，如有新转设民办本科高校在章程中提出，本章程由院长办公会制定，报董事会审核，显然混淆了章程制定主体。第二，制定的政策文本内容未经过上级部门核准。为确保章程内容的科学性与合理性，举办者制定学校的章程后，应由上级机关对章程的内容进行核准。从调查来看，有的新转设民办本科高校报呈上级机关核准，而有的只报送上级机关备案。可见，对于新转设本科高校章程的监督和管理，还存在一定的漏洞。

2.章程文本内容规定不明晰

大部分新转设本科高校章程都能够涵盖章程内容要件，但是在每一个要件表述的要求上，部分学校转设模糊，避重就轻。以财务管理中办学投入为

---

① 李昕欣,张德祥.关于高等学校章程制定与实施的几个问题[J].中国高等教育,2007(1):48-52.

例,有的高校按不低于年度非限定性净资产增加额或者净收益的10%的比例提取发展基金,用于学校的发展;有的高校则没有这一具体数字比例的表述。根据对82所新转设本科高校的资金投入情况调查发现,有24所新转设本科高校在章程中明确资金投入,占29.26%;另有58所未在章程中明确资金投入,占70.73%。另外,章程中对于加强党的建设表述也不清晰。2021年,教育部办公厅印发《关于深入贯彻落实党的教育方针进一步做好党的建设有关内容写入民办学校章程工作的通知》,要求在章程中充分体现加强民办学校党的建设的精神,将党组织的主要职责、地位作用、隶属关系、参与决策和监督机制、党员管理、机构设置、工作保障等内容,全部增补进学校的章程。目前,仍有部分独立学院转设民办本科高校章程对于党组织相关条款不够明晰,有待细化。

3.章程执行过程公开程度不够

章程是一所学校自主办学、自主管理的行动纲领,也是社会公众监督学校的有效依据。但从新转设本科高校来看,各学校的章程只有在教育部官网,关于独立学院转设的批复函件上,方可看到链接,在新转设本科高校官网上,基本找不到相关的大学章程。另外,在学校的实际运转过程中,很多时候并未依据章程的要求治理学校。例如,章程规定建立监事会,但事实上很多高校并没有设置监事会成员。又如,章程的制定要充分调研教师、管理者、学生等多元利益主体的意见或建议,但在实际章程制定中,并没有征求多元利益主体的建议,只由一两个相关部门形成文本,报送董事会及有关上级部门备案或核准。

(三)新转设本科高校章程建设的举措

1.提高对章程重要性的认识

从举办者角度来看,他们是章程的制定者和执行者,其对学校章程的目的、意义、精神、内容等具体细节的认识和态度,直接决定着章程的作用是否能得到有效发挥、价值目标能否顺利实现。为此,举办者需要认识到,学校章程是保证学校正常运行的基础性自治规范,是学校举办者规范、监控学校行为的重要手段和媒介,也是保障学校独立人格的前提和学校自主发展、自我约束的依据。[①] 正是有了章程,才能保证举办者在法律规制下,经营管理学校,使其规范健康发展。

从学校教师与学生角度看,学校章程不仅规范学校决策机构、执行机构及其职能部门的行为,同样也规范着全体师生员工的行为,关系着教育者和受教

---

① 陈立鹤,聂建峰.高等学校章程制定主体研究[J].中国高教研究,2007,(5):12-14.

育者的权利和义务。加强师生对章程的认识,使其行为取向与章程的预期指向相一致,对于章程的顺利实施,具有十分重要的意义。

从政府管理角度来看,政府作为执法部门,应该认识到学校章程一经核准登记,就具有一定的法律效力,在章程所规定的自治范围内事项,任何组织和个人都无权侵犯和干涉,从而自觉地维护高校依法所享有的各项权利,从制度上保障高校真正实现自主管理和自我约束。[①]

2.加强章程内容审核与执行督查

章程一经核准即具有一定的法律效力,对于章程制定的文本内容的核准就显得尤为重要。根据调查可知,公办高校章程须经核准,而民办高校现有的章程一部分是上报上级管理部门核准,一部分是上报上级部门备案,一部分是上报教育管理部门,没有明确的规定与要求。对此,上级主管部门应对章程的核准有明确的要求,原则上要通过上级教育部门核准,方可通过。相关部门应加强对章程内容的督查。重点督查:在章程制定过程中,是否进行了多方咨询和听证活动,成立了专门的机构拟定章程;是否对章程的拟定进行了相关且深入的调研;章程内容是否涵盖章程所需要的要件,各要件内容表述是否充分,如非营利性与营利性选择、财务资金的管理与投入、董事会成员变更等;章程通过后,是否在学校醒目处公开。章程通过审核后,学校与教育部门应该按照章程来管理,进行教育教学,把章程放在学院官方网站上并在醒目的位置,以便更好地指导学校的发展。

3.加强章程个性化与特色的塑造

章程本质上体现了学校的办学理念与文化基因。新转设本科高校脱离母体大学,成为独立的本科高校,更需要有特色的发展理念和校园文化,才能形成自身的品牌特色,保持持久健康发展。因此,章程制定者在制定学校章程时,不仅要全面反映法律法规的基本要求,满足章程应具备的各种要件,还要善于从实际情况出发,因地制宜,尽可能在章程条文中反映本地区、本行业和本校的特殊性,把自身特有的办学目标、大学精神、办学理念、治学风格以及其他历史文化特征加以归纳和提炼,融入章程条文之中,体现在字里行间。[②] 例如,大连东软信息学院章程提出:"面向经济与社会发展的实际需要,培养具有创新精神、较强工程实践能力和良好外语沟通能力的高素质 IT 应用型人才,为地方经济和社会发展服务。"章程强调了 IT 人才培养特色。三亚学院章程

---

① 董圣足,李蔚.论民办高校章程的制定与完善[J].高等教育研究,2008(6):42-48.
② 董圣足,李蔚.论民办高校章程的制定与完善[J].高等教育研究,2008(6):42-48.

规定:"始终坚持走地方性、应用型、国际化办学道路,主动服务并融入国家重大战略,立足三亚、服务海南、辐射'珠三角'和南海。"该校强调了服务区域发展的办学理念。只有结合校情制定学校章程,才能富有个性和特色。

二、健全董事会制度:治理现代化的基石

新转设本科高校中民办本科高校占有很大比例,加强董事会建设,对于新转设民办本科高校未来发展具有十分重要的意义。《民促法》规定:"民办学校应当设立理事会、董事会或者其他形式的决策机构并建立相应的监督机制。"董事会是民办高校的最高决策机构,是学校的中枢组织和掌舵者。民办高校高质量发展离不开健全的董事会制度。

(一)新转设民办本科高校董事会建设存在的问题

受制于原有的制度与实践惯性,新转设民办本科高校往往难以轻易脱离董事会低效运行的窠臼。在治理效能方面,董事会中社会知名人士等其他董事的头衔多是荣誉性的[1],参与的积极性和主观能动性、创造性不能发挥;在公共性方面,董事会存在封闭性和成员单一性,董事会成员名单不公开,难以反映教师、家长、学生等利益相关群体的诉求,尤其是社会公众的利益诉求;在公信力方面,董事会实际运作不透明,举办者个人或家族对学校的控制程度较强,缺乏信息公开与监督,严重影响公众对民办学校的信任度。实践中新转设民办本科高校决策"专制化"、管理"家族化"、监督"形式化"、文化"企业化"等现象依旧严重,由于缺乏科学有效的董事会制度的保障和支撑,一些民办高校的发展缺乏持续性和稳定性,举办者去世或变更后,学校便在短期内由盛至衰。[2]

从董事会规模来看,新转设本科高校董事会人数大多为奇数构成,通过调查全国67所新转设本科高校发现,有36所高校为7人,17所高校为9人。大部分高校董事会能够维持相对稳定的人员规模,但也有一部分高校人员过少或过多,容易造成责任推诿、不能有效参与董事会议事等问题。

从董事会人员结构来看,董事会的构成一般包括党委书记、校长、举办者代表、教职工代表、教育专家等。据调查,新转设本科高校中,教育专家的占比

---

[1] 郭建如.多样与趋同:我国民办高等教育发展特征研究[J].教育发展研究,2008(8):3-12.

[2] 王一涛,刘继安,王元.我国民办高校董事会实际运行及优化路径研究[J].教育研究,2015,36(10):30-36.

294

较低,仅占样本总量的近 1%(见图 8-1)。新转设民办本科高校有相当一部分为集团办学、企业办学、上市公司办学等类型,举办者权力过大,带来"一言堂"的问题。如甘肃兰州交通大学博文学院开除患癌女教师一事,倘若没有教育专家参与董事会决议,不易限制举办者的个人独断行为,从而影响学校健康发展。

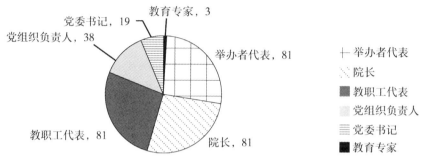

图 8-1　新转设民办本科高校董事会人员组成结构图(单位:%)

(二)新转设民办本科高校董事会建设路径

建立具有中国特色、符合民办高校发展实际的董事会制度,是新转设民办本科高校内部管理科学化、合理化的关键所在。

1.优化董事会成员结构

克拉克·克尔一针见血地指出:"董事会的好坏取决于其成员的优劣。"[1]新转设民办本科高校董事会应当广泛吸纳社会贤达以优化董事会成员结构。根据法律和政策规定,党委书记、校长、教职工代表应依法进入董事会。特别是要确保党委书记派驻到位,落实党委书记进入学校董事会规定,建立健全党组织参与决策和监督的机制,确保党组织在重大事项决策、监督、执行各环节有效发挥作用。中共中央办公厅《关于加强民办学校党的建设工作的意见(试行)》,明确提出推进党组织班子成员进入学校决策层和管理层,"民办学校党组织书记应通过法定程序进入学校董(理)事会"。民办教育进入分类登记管理时代后,民办高校须进一步发挥党委的政治核心作用,确保学校始终坚持社会主义办学方向和教育公益性原则。将党委书记纳入董事会成员,有助于依法监督、引导新转设本科高校的办学方向、办学行为和办学质量,平衡董事会的

---

① CLARK K,MARIAN L.GADE. The guardians:boards of trustees of American colleges and universities[R]. Washington,DC:The Association of Governing Boards of Universities and Colleges,1989:39.

权力构成。此外,可以通过设置独立董事提升新转设民办本科高校董事会独立性与公正性,助力解决办学失范、效能不高、公益不足、公信力不够等问题。①

2.健全董事会程序性制度

健全董事会会议制度和议事规则,是新转设民办本科高校规范化管理的关键之举。一是健全董事会会议制度。董事会分为常务会议和临时会议,常务会议每年至少召开一次,经董事会三分之二的人员提议可以召开临时会议。新转设民办本科高校应当列出召开董事会临时会议的情形,如董事会人员不足五人或学校未弥补的亏损过于巨大等。董事因故不能出席会议的,一般允许委托其他董事或其他人代为出席,应当出具书面委托,载明授权范围,并由委托人签名或盖章。对于董事未出席会议,亦未委托代表出席的,应当视为该董事放弃在该次会议上的投票权。二是判定并落实董事会议事规则。《民办教育促进法实施条例》第二十六条规定,民办学校的理事会、董事会或者其他形式决策机构应当由举办者或者其代表、校长、党组织负责人、教职工代表等共同组成。鼓励民办学校理事会、董事会或者其他形式决策机构吸收社会公众代表,根据需要设独立理事或者独立董事;同时,明确规定民办学校的理事会、董事会或者其他形式决策机构每年至少召开 2 次会议。讨论重大事项应当经 2/3 以上组成人员同意方可通过,包括变更举办者,聘任、解聘校长,修改学校章程,制定发展规划,审核预算、决算,决定学校的分立、合并、终止,学校章程规定的其他重大事项等。应做好会议记录工作,会议表决情况及时公布,确保每位董事的充分表决权,会议须严格遵循少数服从多数原则,避免出现董事长"一言堂"现象。

3.提升董事长的治校能力

新转设民办本科高校与公办学校的治理体系具有显著差异性,这是由学校的办学体制决定的。以董事长为首的董事会组成,对于新转设民办本科高校的治理格外重要。通过对 2008—2018 年全国 63 所新转设民办本科高校董事会调查发现,教育行业出身的董事长占 49.04%,企业出身的董事长占 15.39%,其他占 32.69%(见图 8-2)。没有教育背景的董事长占据一大半比例,能否遵循教育规律,会受到行业经历的影响。从学历层次上看,董事长的学历层次基本在本科以上,具有博士学位的占 20.19%,能基本保证知识的储备含量,满足治学的需求,但"其他"学历类型的董事长占到 42.3%,说明有待进一步提升学历层次。

① 刘永林.试论民办学校独立董事制度:价值内涵、可行性及框架设计[J].复旦教育论坛,2020,18(4):85-90.

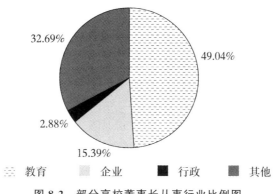

图 8-2 部分高校董事长从事行业比例图

三、推进校长职业化：治理现代化的重点

新转设本科高校能否完成时代赋予的历史使命，在于领导班子这一关键少数。近年来，新转设本科高校校长遴选机制不断健全，专业水平持续提升，但是校长职业化专家化水平仍需提升。

（一）校长类型

韦伯将大学校长划分为四种类型。第一类是政府任命的官员，接受国家政府的指示贯彻政府政策；第二类是学者，他们追求真理并且钟爱学术自由；第三类是经营者，以管理企业的眼光管理大学，注重对大学的经营和办学效益；第四类是教育家，他们把人的发展放在重要地位，注重人的自由全面发展①。大学校长的理想角色很多，如政治家、战略家、教育家等等，理想中的大学校长是全能型的，他们能够在各个方面扮演相应的角色，但人无完人，不同人生的经历与成长背景和对大学的理念所持的不同观点，会在他们管理与治理大学时表现出不同的倾向性。

我国新转设民办本科高校校长类型主要划分为两类：一是公司董事长兼任校长，有一部分新转设民办本科高校，公司（投资方）的董事长即为新转设本科高校校长。二是公办高校退休干部担任校长。以某高校为例，该校治校团队一共由 8 人构成，其中，政府部门委派 1 人、集团总部派出 2 人、原母体高校书记 1 人，其余为母体高校退休人员 4 人。当前，一批公办高校校长、党委书记等退休后担任新转设民办本科高校的校长，成为学校的"顶梁柱"（见表 8-7）。一

① 王洪才.大学校长：使命角色选拔［M］.上海：上海交通大学出版社，2009：37-39.

大批新转设本科高校校长攻读博士学位，加强理论学习，为高水平管理打下坚实基础。譬如大连东软信息学院"清华博士"校长温涛，享受国务院特殊津贴，治校过程中坚守专业化、科学化原则，为大连东软信息学院发展作出了重要贡献。

表 8-7　部分独立学院转设高校校长任职情况一览表

序号	学校	校长	曾任职务
1	长春人文学院	吕英华	东北师范大学计算机学院院长
2	上海视觉艺术学院（原复旦大学上海视觉艺术学院）	周斌	上海对外贸易大学教务处长
3	武昌首义学院（原华中科技大学武昌分校）	李崇光	华中农业大学党委常委、副校长
4	武汉工商学院（原中南民族大学工商学院）	孔建益	武汉科技大学党委书记
5	成都锦城学院	王亚利	四川大学工商管理学院党委书记
6	三亚学院（原海南大学三亚学院）	陆丹	扬州大学广陵学院党委副书记、副院长
7	文华学院（原华中科技大学文华学院）	刘献君	华中科技大学党委副书记
8	沈阳工学院（原沈阳理工大学应用技术学院和沈阳农业大学科学技术学院合并转设）	李康举	沈阳理工大学机械系主任、应用技术学院装备分院院长
9	郑州升达经贸管理学院（原郑州大学升达经贸管理学院）	郭爱先	新乡学院副院长
10	长春科技学院（原吉林农业大学发展学院）	栾立明	吉林工程技术师范学院院长、党委书记
11	安徽信息工程学院（原安徽工程大学机电学院）	吴敏	中国科学技术大学教授（三级）、工程博士生导师
12	信阳学院（原信阳师范学院华锐学院）	王北生	郑州师范学院副院长、河南大学教育科学研究所所长
13	武汉华夏理工学院（原武汉理工大学华夏学院）	吴永桥	武汉理工大学理学院党总支书记、职业技术学院院长
14	郑州工商学院（原河南理工大学万方科技学院）	郭德欣	河南中医学院副院长
15	武汉东湖学院	李冬生	湖北工业大学党委常委、副校长
16	温州商学院（原温州大学城市学院）	李扬	中国社会科学院研究员

续表

序号	学校	校长	曾任职务
17	重庆人文科技学院（原西南大学育才学院）	张跃光	西南大学党委副书记
18	闽南科技学院（原福建师范大学闽南科技学院）	游小波	福建师范大学党委常委、副校长，泉州师范学院党委书记
19	阳光学院（原福州大学阳光学院）	乔海曙	湖南大学金融与统计学院教授、博士生导师
20	吉林建筑科技学院（原吉林建筑大学城建学院）	韩立强	长春工程学院院长

（二）新转设民办本科高校校长团队建设策略

校长是大学的灵魂，是一所大学的"金字招牌"，一个好校长就是一所好大学。新转设民办本科高校校长团队建设直接关系到学校行稳致远。

1.推进校长职业化

校长是学校决策的执行者和学校管理的负责者，加强校长队伍建设是新转设本科高校迈向高水平的重要环节。要加快建立校长遴选机制，进一步规范校长选聘流程。日本私立大学的校长遴选基本不受行政干预，私立大学的校长多由各大学自行设定评选方式，并由大学理事会最终任命。新转设民办高校可以借鉴国外经验，成立专门的遴选委员会，成员由政府人士、专家和教师共同担任，委员会在充分讨论的前提下严格筛选审查候选人资料，确定候选人名单，并对相关人员以访谈面试的方式考察评估，保证选聘过程公开透明，做到举贤不避亲，唯才是用。如阳光学院选聘湖南大学"70后"博导乔海曙担任校长，一定程度上提高了学校的学术声誉，促进了学校科学决策及可持续发展。

新转设本科校长应具有丰富的管理经验和较强的学术能力，其职责主要是管理学校日常性事务并向学校负责，高水平新转设本科高校呼唤教育家型校长，要求校长全身心投入学校管理工作。在博克看来，大学校长应该具备高度的职业责任感，应该以"治校为志业"，全身心地从事学校的治理，研究学校的发展，成为专业化、职业化的大学校长。① 因而有必要建立校长职业化制度，推动校长角色由"学术领袖"到"职业校长"转化。

---

① 曲铭峰，龚放.研究型大学"教育家校长"的专业素养：对哈佛大学前校长德里克·博克的个案分析[J].高等教育研究，2014，35(8)：37-45.

2.分类提升校长团队管理水平

公司董事长兼任校长的情况下容易导致决策上出现"一言堂",需要建立健全规范和监督机制,特别是强有力的外部监督,促使决策者按照董事会的章程开展学校管理。校长自身需要不断学习和实践,认识到"一言堂"的弊端和风险,积极主动地采用科学的校长治校管理模式。公办高校退休人员担任校长的新转设民办本科高校容易沿袭公办高校治校模式,不能凸显民办本科高校的自身特色与优势。需要组建多元化的行政班子,从学校自身选拔政治过硬、品行优良、业务精通、锐意进取、敢于担当的优秀干部到学校领导岗位。

根据委托代理理论,校长在授权管理高校的过程中由于信息的非对称而容易出现隐蔽行为,这些行为可能损害学校利益。对此,应当构建完善的监督激励机制,董事会加强对校行政班子考核,发挥监事会的监督制衡作用,可以通过绩效考核实行软约束,既要提升校长工作的积极性,又要进一步完善校长目标责任制度,明确中长期目标,提高工作效率。学校应重视对校长的激励,增进信任,确保校长行使法律赋予的权力,促进其实现办学抱负和学校的使命、愿景和目标。

3.落实校长独立管理权

我国民办高校实行董事会领导下的校长负责制,校长是董事会决策的执行者,是行政权力的主要代表。新转设民办本科高校的举办者作为学校的实际决策者,大多担任学校的董事长或者理事长,决定办学方向、经费预决算、校长任免等重大事项,在重要事宜的决策上,举办者的意志起到决定作用。与公办高校不同的是,民办高校校长代表的行政权力相对较弱,校长主要负责学校内部的教育教学和行政事务,主要因为公办高校校长由教育主管部门任命,被赋予一定的政府权威,而多数民办高校校长受董事会雇佣,向董事会负责,其行政权力弱于内部权力结构中的资本权力。

落实董事会领导下的校长负责制,对校长角色提出更高要求。新转设民办本科高校校长要具有更自觉的市场经营意识、更自主的规划决策能力、更出色的公共协调能力,能在学校治理中起到引领学校发展、主导学校经营、协调各种关系的角色作用。在实际工作运行中,由于董事长与校长之间目标追求的差异,相当部分新转设民办本科高校董事会与校长之间存在矛盾冲突。更有甚者,一些新转设民办本科高校因为董事会与校长之间关系无法理清而导致学校运行受到严重影响。就校长而言,一方面要遵循高等教育规律,保证学校的办学方向和质量;另一方面,要顾及投资者的利益,保证学校重大决策的落实。其既要服从董事会领导,又要有责任担当,应当以个人魅力获取尊重,争取办学话语权,避免沦为"花瓶校长""名誉校长"。

四、发挥党委政治核心作用:治理现代化的保障

公办高校党委是学校的最高决策机构,党委是学校的领导核心;而新转设民办本科高校党委是学校的政治核心。加强新转设民办本科高校党建工作,发挥党委的政治核心作用,事关全国高等教育的质量和高校系统党建的质量,事关立德树人根本任务的落实。

(一)新转设民办本科高校党建工作面临的挑战

2016年中共中央办公厅印发《关于加强民办学校党的建设工作的意见(试行)》,要求加强党对民办学校的领导,确保学校按照党的要求办学立校、教书育人,理顺党组织隶属关系,将民办学校党的建设纳入基层党建述职评议考核重要内容,不断提高民办学校党建工作整体水平。2019年中组部、教育部、民政部、人社部、市场监管总局印发《民办学校党建工作重点任务》,明确了党建十项重点任务:强化党组织政治功能;推动党的建设有关内容写入学校章程;健全党组织参与决策和监督制度;推进党的组织和党的工作有效覆盖;规范理顺党组织隶属关系;选好管好党组织书记;提升基层党组织建设质量;抓好党员队伍建设;强化抓民办学校党建工作的责任;落实民办学校党建工作激励约束和保障制度。这些政策为新转设民办本科高校党建工作提供了科学指引。新转设民办本科高校加强党的建设能够保证学校的办学方向,贯彻落实党的教育方针,进一步提升办学治校能力,树立良好的社会形象。面对全面从严治党的要求,面对提升教育治理体系和治理能力现代化水平的期待,当前新转设民办本科高校党的领导和建设尚存一定差距。

1.思想认识有待进一步提升

在民办高校党建工作中,部分党组织和领导认为,民办高校不同于公办高校,党建工作没有那么重要。有的认为,民办高校正处于上升的阶段,业务工作更重要,所以并不重视开展党建工作。新转设民办本科高校党务工作者来源多样,有的缺乏对党基本知识的了解,有的思想政治敏锐性不强,有的政治理论水平有限,在开展党建工作的时候,往往缺乏主动性,要等到上级教育部门进行相关政策批准之后再执行。还有部分人认为,民办高校是培养人才的场所,和党建工作关联不强[①]。总之,部分新转设民办本科高校党建没有得到

---

① 蔡锦山.高校党建工作科学化的问题及突破路径[J].教育理论与实践,2018,38(24):29-31.

应有的重视,具体工作不能落实,思想认识有待进一步提升。

2.党组织决策监督作用发挥有待加强

民办高校建校时间比较短,党建工作多数都是照抄照搬公办高校的管理模式,而民办高校办学体制具有一定的特殊性,并非简单复制就行。许多新转设民办本科高校党组织管理体制不完善,党委参与学校决策监督的作用没有发挥出来;部分新转设民办本科高校的党组织工作职责不明确,工作积极性不高,很难保证党建工作顺利进行。大多数新转设民办本科高校建立了各级党组织,但党建工作开展依然困难重重,有的董事会还存在"党建工作是上级党委政府的事"等错误认识。目前,新转设民办本科高校普遍实行"董事会领导下的校长负责制",在这一体制下,党组织的地位有时处于尴尬境地,难以发挥积极作用,党组织书记的作用被弱化,且部分党委书记尚未进入董事会。有的举办者开展工作时担心党委书记会影响其权力,进而导致党委书记只参与党建工作,不参与"三重一大",参与决策机会较少,从而产生了缺位现象。学校党组织书记、校长、党员领导干部和党务工作队伍采用聘用制,党建工作的持续性、稳定性不足。

3.党务队伍有待加强

新转设民办本科高校教师年龄结构呈现 U 型,中青年骨干匮乏,教师专业水平参差不齐,缺乏相应培训和交流机制,缺少学科带头人。许多学校为追求利益最大化,减少机构人员配备,管理人员往往一岗多责,1 人需要完成 2~3 人的工作,教职工教学和科研任务重、压力大,造成他们归属感不强,人员流动性大。特别是专职党务人员匮乏,党支部书记待遇落实不到位,吸引力不强,大多数学术骨干不愿意做党务工作。新转设民办本科高校中的教师党员真正投入党建工作的时间和精力少之又少,疲于应对上级党组织布置的各项任务,缺乏创新动力。有的教职工认为在民办高校中做党务工作没有较好的上升空间,党务工作琐碎、繁杂,不如做教学科研晋升快。[①]

4.党建思政经费短缺

必要的经费保障是开展党建工作的基本条件。新转设民办本科高校的经费主要依靠学费,来源单一,加之市场逻辑制约教育逻辑,为了压缩办学成本,日常经费捉襟见肘,党建和思政工作经费难以保障,往往出现经费缩水现象。有的学校党建经费大打折扣,甚至缺失专项经费,在一定程度上影响了党建工

---

① 章文忠,沈艺,王瑞杰.高校院系党支部建设的突出问题与对策研究[J].思想理论教育,2017(11):74-77.

作。党建工作没有上级拨款、专项经费、固定场所,且缺乏专职的党务干部,致使一些院系、基层党的工作出现有组织没活动的局面。党务干部有职务没待遇,重使用轻培养,极大影响党的工作开展。

(二)提升新转设民办本科高校党建科学化水平

1.加强党的政治建设

民办高校作为社会主义教育事业的重要组成部分,与公办高校同样承担着培养德智体美劳全面发展的社会主义建设者和接班人的重任。各级党委要充分认识做好民办高校党建工作的重要性、紧迫性,按照全面从严治党要求,加强党对民办高校的领导,加强社会主义核心价值观培育,确保学校按照党的要求办学立校、教书育人。

党的政治建设是党的根本性建设,决定党的建设方向和效果。新转设民办本科高校应建设高质量党建工作体系,切实保证社会主义办学方向。不断健全完善各类学习教育制度,通过党政联席会、校院两级党委理论中心组学习、教职工政治理论学习、党支部组织生活会以及基层党支部"三会一课"、主题党日活动等形式,抓好党员领导干部学习、党员师生理论学习。[①]

2.构建全面覆盖的思政教育体系

抓好思想政治教育和德育工作,是民办高校党组织的首要政治任务。新转设民办本科高校要不断深化"三全育人"改革,加强思政课程与课程思政建设,促进二者同向同行,形成协同育人效应。部分新转设民办本科高校坚持立德树人,把思想政治工作贯穿教育教学全过程。大连东软信息学院创新思政教育与专业教育融合互动的一体化工作模式,在 TOPCARES 能力指标框架下,将思政教育纳入专业人才培养方案,树立了思政教育与专业教育同步设计实施,学生知识、能力、素质一体化培养的教育模式;将辅导员定义为素质教师,兼具教师和管理者的双重身份,承担思政教育和专业辅导双重职能;成立专业教育管理团队与专业党支部,工作内容涵盖专业教育、思政教育、党建群团、安全稳定等,实现专业教师与素质教师、学生党支部和教工党支部在组织形式上的融合;将校团委与创新创业学院合署办公,使创新创业教育与素质教育项目、思政教育相互融合贯穿,协同开展。

3.选优配强党组织书记

党组织书记队伍建设是抓好新转设民办本科高校党建工作的重中之重。

---

① 王宝根,侯红梅,王振兴,等.强党建立制度 推动民办高校跨越发展[J].中国高等教育,2020(19):50-52.

新转设民办本科高校基层党组织负责人应由政治素质好、群众威信高、工作能力强、党务工作经验丰富的党员担任。要将工作重心下移,强化责任落实,推进党支部标准化、规范化建设水平。支部强不强,主要看领头羊。作为新时代的党支部书记,首要的任务就要提升政策理论水平,以习近平新时代中国特色社会主义思想为指导,把"坚持党对一切工作的领导"落到支部工作中,贯穿支部工作的全过程;把"政治建设"摆在首位,通过自己的模范带头作用,严肃规范党内政治生活,发挥支部教育、管理、监督党员的"熔炉"作用,使党员干部严格遵守党的政治纪律和政治规矩,引导新转设民办本科高校党建工作规范开展,真正实现为党育人、为国育才。

第四节　人才培养转变——迈向高质量发展

《中华人民共和国国民经济和社会发展第十四个五年规划和 2035 年远景目标纲要》明确提出,要构建高质量的教育体系,建设高质量本科教育。新转设本科高校应立足新发展格局,牢固树立以提高质量为核心的教育发展观,紧紧抓住"高质量发展"这个牛鼻子,培养高素质应用型、技术型人才。

一、革新人才培养方案改革为统领

专业人才培养方案是人才培养目标定位和专业特色最为直接的体现,是人才培养类型定位及知识、能力、素质目标的综合反映,是保证教学质量和人才培养规格的重要文件,是组织教学过程、安排教学任务的基本依据。[1] 新转设本科高校要高度重视人才培养方案修订工作,遵循 OBE 理念,精准对接《普通高等学校本科专业类教学质量国家标准》,坚持立德树人,构建"五育并举"育人体系,明确培养目标,坚持产出导向。深化产教融合,面向产业变革,重构实践教学体系,明确专业教育课程与个性化发展课程设置、实践学分设置与实践教学体系构建、专业综合实践与集中实践教学环节设置等内容,扎实推进人才培养方案的修订工作。

---

① 潘懋元,车如山.做强地方本科院校的理论与实践研究[M].北京:高等教育出版社,2016:104.

(一)构建能力导向课程体系

作为地方本科院校,新转设本科高校应紧紧围绕"应用型人才"的培养目标,构建以能力为重的教学体系,根据"学生中心、产出导向、持续改进"的理念,精准确立培养目标与毕业要求,逐步构建能力导向课程体系。根据职业岗位任职条件设计课程体系,与行业、企业共同组建专业建设指导委员会,共同制订人才培养方案,共同完成人才培养全过程,实现课程体系设置与行业要求对接、相应的课程内容与职业标准对接、教学过程与生产过程对接、职业证书与相关课程对接。例如,上海视觉艺术学院(原复旦大学上海视觉艺术学院)视觉传达设计专业建立"学力＋能力＋创造力"为核心的人才培养方案,构建"融会贯通、互为影响、层层递进"的螺旋式上升课程体系,创立"双证融通"国际工作坊课程。

(二)强化实践教学改革

突出实践教学在应用型人才培养中的地位,加大实践教学比重,构建多层次、多学科、全方位的实践教学大平台,切实提高学生的实践能力。德国应用科技大学把理论教学和实践教学放在同等重要的地位,[①]新转设本科高校可以借鉴德国应用科技大学课程设置,加强实践教学,提高学生实践动手能力。如沈阳工学院(原沈阳理工大学应用技术学院与沈阳农业大学科学技术学院合并转设)在人才培养方案的总体设计上,加大实践学分比例和对专业能力的培养要求,明确规定各专业实践比例不低于30％,主要专业课和核心专业课要有课程实训和课程实习。大连东软信息学院(原东北大学东软信息学院)共建"产教融合"平台新版人才培养方案,建设实践教学平台,探索实践教学模式改革,成效明显,"创新型IT职业人才培养模式的探索与实践"获2005年国家级教学成果一等奖,"软件人才培养的实训平台建设与应用"获2009年国家级教学成果二等奖。

(三)打造一流"金课"

实现高等教育高质量发展,需要在多个方面精准发力,其中,推进高校课堂革命是重要一环。新转设本科高校须推动课程改革创新,打造"金课",建设一流课程。2020年,17所新转设本科高校和独立学院的20门课程入选首批国家级一流本科课程,详见表8-8。

---

① 潘黎,郑钧丹.德国应用科技大学课程设置的特点及启示[J].中国高等教育,2018(6):61-63.

表 8-8　全国新转设本科高校和独立学院首批国家一流本科课程统计表

学校名称	名校一流课程合计	线上一流课程	虚拟仿真实验教学一流课程	线下一流课程	线上线下混合式一流课程	社会实践一流课程
武汉工商学院	2	—	1	—	1	—
武汉华夏理工学院	1	—	—	—	—	1
长春财经学院	2	—	—	1	1	—
长春光华学院	1	—	—	1	—	—
大连东软信息学院	1	—	—	1	—	—
武昌理工学院	1	—	—	—	1	—
上海视觉艺术学院	1	—	—	—	1	—
重庆人文科技学院	1	—	—	1	—	—
无锡太湖学院	2	—	—	1	—	1
长春建筑学院	1	—	—	—	1	—
长春科技学院	1	—	—	—	1	—
上海师范大学天华学院	1	—	—	1	—	—
南京理工大学泰州科技学院	1	—	—	—	1	—
温州医科大学仁济学院	1	—	—	—	1	—
吉林大学珠海学院	1	—	—	1	—	—
四川大学锦城学院	1	—	—	—	1	—
昆明理工大学津桥学院	1	—	—	—	1	—
合计	20	0	1	7	10	2

数据来源:《教育部关于公布首批国家级一流本科课程认定结果的通知》。

　　新转设本科高校需要加强课程思政,推动思政课程和课程思政同向同行。在课程教学中充分挖掘各类课程和教学方式中蕴含的思想政治教育资源,把思想政治教育贯穿于教育教学全过程,实现全员全程全方位育人。充分发挥思政课程在学校课程体系中的政治引领和价值引领作用,寓价值观引导于知识传授和能力培养之中,同时挖掘其他课程和教学方式中蕴含的思政教育资源,实现显性教育和隐性教育相统一。

(四)加快人才培养模式改革

　　推进教学模式改革,深入组织开展"案例式、探究式、互动式"教学,积极推广小班化教学、小组研讨、课堂实验等课堂组织形式。完善教学评价,改进学生考核评价,实施过程评价、作业评价、考试评价相结合的综合考核评价。加强产教融合协同育人,探索"3+0.5+0.5"或"3+1"等人才培养模式。长春光华学院(原长春大学光华学院)创建"2.5+0.5+1"人才培养模式,其中第1至5学期(2.5学年)课程在学校完成,第6学期(0.5学年)课程在企业实训基地集中完成,第7、8学期(1学年)学生进入企业进行带薪顶岗实习,做到了校企合作协同育人4年不断线。[①] 再如武昌首义学院(原华中科技大学武昌分校)建设智慧教室7间;引进中国大学 MOOC(慕课)国家精品在线开放课程5门、超星课程教学示范包2925门,在中国大学慕课 SPOC 平台建设140门课程。[②]

二、优化学科专业体系

学科与专业是高等学校发展的基石,是人才培养的重要载体。[③] 新转设本科高校的学科专业需要契合地方经济社会发展,不断调整优化结构体系,打造优势特色品牌,增强学校竞争能力。

(一)学科专业发展概况

"应用型高校办学离不开应用性知识,所以,它非常重视设置和发展应用性学科专业,建立应用性学科专业发展平台,为传承和创新应用性知识创造条件。"[④]作为应用型高校,我国新转设本科高校大力发展区域经济社会发展需要的专业,工学、管理学、经济学、文学、艺术学是我国新转设本科高校开设前五位的学科专业,医学、法学、农学、历史学学科涉及较少,没有哲学和军事学学科。部分新转设本科高校拥有省重点学科,但是仍需重点加强建设。

新转设本科高校改变依托母体高校建设专业的状况,主动融入产业转型升级和创新驱动发展战略,不断深化专业综合改革,提高专业整体建设水平。一些新转设本科高校专业建设取得显著成效,譬如,截至2022年6月,大连东软信息学院共获批7个国家级一流本科专业建设点,获批数量领跑全国民办高校;沈阳工学院获批3个国家级一流本科专业建设点。详见表8-9。

① 李晓光.深化产教融合 推进应用型内涵建设:聚焦长春光华学院创建"光华—中软"IT现代产业学院[N].中国教育报,2021-06-22(8).
② 武汉首义学院.2020—2021学年本科教学质量报告[R].武汉:武汉首义学院,2021.
③ 潘懋元,车如山.做强地方本科院校的理论与实践研究[M].北京:高等教育出版社,2016:77.
④ 别敦荣.应用型高校的办学理念与建设路径[J].中国高教研究,2022(4):1-8.

表8-9　全国独立学院转设高校国家一流专业一览表(截至2022年6月)

学校	国家一流专业建设点数/个	国家一流专业建设点专业名称
大连东软信息学院	7	计算机科学与技术、软件工程、数字媒体技术、电子信息工程、集成电路设计与集成系统、电子商务、动画
无锡太湖学院	5	物联网工程、机械工程、会计学、国际经济与贸易、视觉传达设计
四川传媒学院	5	广播电视编导、数字媒体艺术、动画、播音与主持艺术、环境设计
吉林动画学院	5	动画、数字媒体艺术、数字媒体技术、视觉传达设计、艺术与科技
广州南方学院	4	会计学、电子商务、财务管理、行政管理
南京传媒学院	4	广播电视编导、动画、网络与新媒体、表演
武汉工商学院	4	会计学、电子商务、物流管理、广告学
长春光华学院	3	机械工程、会计学、电子信息工程
珠海科技学院	3	计算机科学与技术、旅游管理、制药工程
上海视觉艺术学院	3	工艺美术、视觉传达设计、环境设计
沈阳工学院	3	机械设计制造及其自动化、计算机科学与技术、材料成型及控制工程
齐鲁理工学院	2	计算机科学与技术、贸易经济
沈阳城市学院	2	酒店管理、广播电视编导
武汉东湖学院	2	电子商务、新闻学
阳光学院	2	电子信息工程、电子商务

注:数据源于2019—2021年教育部国家一流专业建设点名单。还有一部分独立学院转设高校获批1个国家一流专业,未纳入本表。

(二)推进学科专业建设

调整学科专业结构。科学设置学科专业是高等教育优化结构、提高质量、适应经济社会发展需求和人的全面发展需要的基本保证。[①] 新转设本科高校应主动适应区域经济社会发展需要,对专业进行"关、转、增、停",加大调整优

---

① 韩筠.调整优化高等教育学科专业和人才培养类型结构[J].中国高等教育,2017(12):30-33.

化力度,构建适应产业结构变化的政校联动、动态调整的专业机制;重点布局社会需求强、就业前景广、人才缺口大的学科专业。譬如武昌首义学院(原华中科技大学武昌分校)根据社会需求及专业发展状况,对专业进行动态调整,近五年新增机器人工程等5个专业,停招电子商务等5个专业,撤销旅游管理等4个专业。①

打造品牌学科专业。"地方高校学科发展要找准定位,特色发展、错位发展,立足地方,从服务区域和行业发展中补充获取资源,优化资源结构。"②新转设本科高校需要进一步明确办学定位,立足区域经济社会发展,加强打造优势、特色学科专业群,提升学校核心竞争力,积极培养高素质创新型人才。例如,上海视觉艺术学院(原复旦大学上海视觉艺术学院)以专业群建设为重点,加强优质专业建设,截至2022年6月,工艺美术、视觉传达设计、环境设计专业入选国家级一流本科专业建设点。武汉文理学院(原江汉大学文理学院)重视特色专业建设,设立特色专业建设项目,提供专项建设经费,配备专业负责人,组建专业团队,推行专业负责人制,大力推进特色专业建设,培育专业特色。一些新转设本科高校积极采取有力措施,以产业引导专业,以专业对接行业。

加快推进"四新"建设。推进新工科、新医科、新农科、新文科建设,是高等教育界的一场变革。"'四新'建设是从教育思想、发展理念、质量标准、技术方法、培养方式等方面对高等教育进行的全方位改革。"③新转设本科高校须建设"四新"建设方案和实施办法,探索新时代文科专业结构优化、原有文科专业改造提升改革与实践、新兴文科专业建设,研究新文科课程、教材与人才培养模式改革;探索工科专业改造升级、新兴工科专业建设的有效路径,建立工科专业设置及动态调整机制,加强新工科多方协同育人模式、创新创业能力培养;探索医学发展新理念,以新内涵强化医学生培养,创新医学教育,优化医学教育学科专业结构,探究医科与多学科深度交叉融合路径;改造提升现有涉农专业,新建新兴涉农专业,调整优化专业结构,探索新农科建设的新范式、新标准、新技术、新方法,推进科教融合、产教融合和农科教结合。

① 武昌首义学院.2020—2021学年本科教学质量报告[R].武汉:武昌首义学院,2021.
② 王小兵.地方高校学科建设的路径研究[J].中国高等教育,2021(18):51-53.
③ 吴岩.深化"四新"建设走好人才自主培养之路[J].重庆高教研究,2022(3):3-13.

三、加强师资队伍建设

"教师是立教之本、兴教之源。"①对于新转设本科高校而言,师资队伍是推动学校发展、提高教学质量、办人民满意教育的关键。

(一)师资建设概况

教育大计,教师为本。新转设本科高校教师队伍建设虽然取得了一定成绩,但也存在不少问题。各专业间教师数量与职称结构尚不够均衡,尤其新增专业或急需发展专业高学历、高职称的专业教师存在缺口;教师队伍的综合素质有待进一步提高,培养引领专业建设的专业负责人和加强高水平教学团队建设的任务较为迫切。新转设民办本科高校普遍存在高职称教师比例不足、科研能力较弱的现象,具有正高级职称及博士学位教师数量所占比例少②。大多数高校博士数量占师资队伍比例还非常低,按照国务院学位委员会对申请硕士点要求高校教师博士数量不少于25%的标准来看,大部分新转设本科高校相差甚远。例如,大连东软信息学院作为较早转设的高校之一,师资队伍仍面临压力。如表8-10所示,2020—2021学年,该校专任教师中具有博士学位教师比例为7.13%,具有教授职称教师比例为7.13%,高层次人才教师比例为4.19%③。

表 8-10　大连东软信息学院教授队伍建设情况(2020—2021 学年)

本校专任教师总数	具有教授职称		具有副教授职称		具有博士学位教授比例	具有硕士学位教授比例	45 岁以下中青年教师比例	具有行业经历教师比例	高层次人才教师比例
	人数	比例	人数	比例					
645 人	46 人	7.13%	223 人	34.57%	7.13%	92.87%	90.54%	33.02%	4.19%

注:数据来自大连《东软信息学院本科教学质量报告(2020—2021 学年)》。

(二)师资队伍发展路径

加强师资引进与培训。新转设本科高校须制定引进人才的优惠政策,根

---

① 习近平总书记教育重要论述讲义编写组.习近平总书记教育重要论述讲义[M].北京:高等教育出版社,2020:203.

② 教育部高等教育教学评估中心.2016 年度中国民办本科教育质量报告:中国民办本科教育质量的全景与深析[M].北京:教育科学出版社,2017:65.

③ 大连东软信息学院.本科教学质量报告(2020—2021 学年)[R].大连:大连东软信息学院,2021.

据学科专业建设的需要,大力引进学科带头人和高水平博士;加大现有师资的进修和培训力度,逐渐优化专任教师职称、学历、年龄和学缘结构;加强青年教师思想政治和师德师风建设,突出教师从事教育教学、教育研究的教育情怀、科学精神、育人实绩与研究贡献,营造风清气正、宁静和谐的教育与教学、学习与实践、治学与研究环境。[①] 譬如,广州新华学院(原中山大学新华学院)深入贯彻落实人才强校战略,坚持规范化管理,以"六大人才计划"(即"双百计划""博士导研计划""海外导师导研导教计划""校外导师导研导教计划""'双师型'导师计划""督导倍增计划")等系列制度助推强师工程。再如广州南方学院(原中山大学南方学院)大力实施人才强校战略,通过外引内培,不断加强师资队伍建设,根据该校 2020—2021 学年本科教学质量报告,学校博士学位专任教师 208 人,占全校教师数的 23.7%。

大力培养"双师型"队伍。作为培养应用型、技术型人才的主阵地,新转设本科高校的教师"必须具有较强的实践教学的能力,必须成为'教师'+'工程师'的双重身份,才能指导学生进行教学实践,培养学生的动手能力"。[②] 选派教师到企业一线挂职锻炼,提升工程实践能力;选聘企业优秀管理人才、高技能人才担任产业教授、专兼职教师,[③]制定适合双师型教师发展的内部制度和评价体系。譬如,武汉东湖学院(原武汉大学东湖分校)加强"双师双能"素质教师队伍建设,启动教师挂职锻炼实践活动,每年有计划地安排专业教师特别是青年教师到相关行业、企业一线挂职锻炼。

合理构建政策保障体系。建立一支结构合理的教师队伍,需要高校、政府的协同配合与共同支持。政府部门应当建立一视同仁的人才发展支持政策,确保新转设本科高校引进的人才享受当地人才优惠政策,对于民办高校高层次人才给予事业编制、职业年金、工作津贴等支持。学校自身需要尊重人才,坚持事业留人、待遇留人、情感留人,建立有较强吸引力的薪酬体系,根据教师队伍的需求提供相应的福利,如住房补贴、子女教育资助、补充养老保险和医疗保险等。例如,广州商学院实行青年教师"低职高聘"并为其缴纳"五险一金"、购买补充商业医疗保险。

---

① 范国睿.高质量教育体系建设:价值、内涵与制度保障[J].南京师范大学报(社会科学版),2022(2):5-13.

② 潘懋元,车如山.做强地方本科院校的理论与实践研究[M].北京:高等教育出版社,2016:190.

③ 阙明坤.民办高校高质量发展的挑战与路径[J].中国高等教育,2021(6):57-58.

四、建设现代产业学院

美国斯坦福大学研究员亨利·埃茨科威兹在深入洞察"大学—产业—政府"三者关系的基础上,提出著名的三螺旋理论,即政府、企业、大学三者在创新过程中密切合作、相互作用,但又保持了各自的独立身份,并且存在角色与功能上的交叉。"大学—产业—政府"之间相互作用,在各种各样的结合中,每个机构范围保持传统作用和独特身份,同时又起着其他机构范围作用的三螺旋模式,是组织创造的兴奋剂。[①] 基于该理论,设置现代产业学院是新转设本科高校在生源竞争加剧、人才供给侧失衡、加强产教融合背景下,校企协同提升应用型人才培养质量、实现学校高质量发展的积极探索。教育部办公厅、工业和信息化部办公厅联合印发的《现代产业学院建设指南(试行)》对推进现代产业学院建设具有很强的针对性和指导性。新转设本科高校可以发挥特色学科专业优势,积极建设与学校办学定位和办学特色相匹配、与地方经济社会发展需求相适应的现代产业学院,有效提升人才培养与产业需求的契合度,实现专业链、教育链与产业链、创新链有机衔接。

(一)提供保障激励,完善评估机制

国家和地方要进一步完善产业学院相关政策法规,有针对性地出台更具体的产业学院相关配套政策和实施细则,引导行业企业积极参与产业学院建设。完善新转设本科高校与企业对接协同的保障体系,对高校学费让利企业等提出指导原则,进行规范;对标国家发展改革委、教育部《建设产教融合型企业实施办法(试行)》,推进落实"金融+财政+土地+信用"支持的组合式激励政策。教育主管部门要完善监督职能,建立分层分类评价机制,对应用型本科高校的评估标准进行修订,将专业设置、教师聘任、招生制度、教学督查等结合产业学院特点进行更新;对新转设本科高校产业学院的设置给予指导,完善产业学院的评价和退出机制,规范产业学院发展。

(二)加强顶层设计,厘清组织架构

加强制度建设,完善产业学院相关规章制度及发展规划,制定产业学院管理制度、运营管理制度、创收收入分配管理制度等。设置专门的职能机构,如"产学运营中心"等,负责产学运营、产教融合、产业学院建设等工作。厘清产业学院的层级关系,避免层级结构不清产生管理内耗。产业学院实际执行校

---

① 亨利·埃茨科威兹.三螺旋[M].周春彦,译.北京:东方出版社,2005:6.

企"双主体"运行机制,有的具有校园、研发园、孵化园"三园合一"特点;可成立由董事会成员、校长、职能部门负责人、产业学院负责人等组成的联席会议,加强决策层、执行层、教学一线相互间的战略研讨和沟通。

(三)加强产业师资建设,创新人才培养方案

转变传统用人观念,重点引进适宜产业学院发展的企业人员担任教师,注重其工程背景和实践技能,可"适度降低具有工程背景、双师双能型人才的准入门槛"。[①] 产业学院人才培养方案,须"校政企多方共同制订,校内校外双平台实施。"[②]以"对接需求、跨界融合、开放办学"的思路,破解传统本科专业人才培养同质化倾向和结构性矛盾突出的难题。

(四)着力特色打造,凸显产业集群效应

在发展定位上,要紧扣"应用型""地方性"发展战略,精准契合地方产业结构和经济发展要求,以地方产业特色定位学院特色,依据产业结构调整优化专业结构。宁波大学科学技术学院 2019 年搬迁到慈溪办学,公牛、慈星、新海等3 家慈溪本土龙头企业在宁波大学科学技术学院先后成立公牛学院、慈星智能产业学院、新海学院,构建高等教育与产业集群联动发展机制。其中,公牛集团向宁波大学科学技术学院捐资 3000 万元,用于支持校园建设、奖教奖助学金和高层次人才提升。

第五节 教育格局转变——走向多元化道路

随着独立学院转设的稳步推进,我国高等教育格局也在发生重大变化,对高等教育的区域布局、类型结构、体制机制均产生影响。建设教育强国,高等教育结构优化调整是一项重要的战略考量。越来越多的独立学院转设为本科高校后,将为高等教育体系注入新的活力,形成多元化发展格局。因此,独立学院转设可谓我国高等教育布局结构的"第三次调整"。

① 陈春晓,王金剑.应用型本科高校产业学院发展现状、困境与对策[J].高等工程教育研究,2020(4):131-136.
② 张兵,邹一琴,蒋惠凤.共生视角下的地方本科院校产业学院建设[J].高等工程教育研究,2021(4):125-132.

一、独立学院转设改变公办与民办高校的比例结构

进入新时代,中国社会主要矛盾发生关系全局的历史性变化,我国教育发展仍存在不平衡不充分的问题,人才培养结构与社会需求的契合度不够,不能完全适应国家经济社会发展和人民群众日益增长的新要求、新期盼。随着我国中等收入群体比例不断提高,人民群众对教育的需求更为多样,必须顺应人民群众的期盼,加快发展更高质量、更加公平、更具个性的教育,促进社会公平正义。党的二十大报告提出,"坚持以人民为中心发展教育,加快建设高质量教育体系,发展素质教育,促进教育公平"。在高质量发展背景下,公办与民办高等教育协调发展是健全教育体制、激发教育活力、建设高质量教育体系的有效途径之一,有利于提升教育管理效能,提高教育质量,满足人民多样化教育需求,改变"一条腿长一条腿短"的现状。新时代教育体制机制改革的主要任务是,建构与完善政府依法宏观管理、学校依法自主办学、社会有序参与、各方合力推进的格局。其核心是激发各教育要素的活力,从而激发整个教育系统的活力。具体而言,就是要理顺政府、学校、社会三类主体内部及三者之间的关系。[①] 可见,民办高校作为社会参与教育体制机制改革的重要因素,发挥着重要的作用。"随着越来越多独立学院转设为民办本科高校,在校生占全国高等教育近四分之一份额的中国民办高校水平的高低将直接影响教育强国目标的实现。没有民办高校的现代化和质量提升,高等教育现代化将无从谈起,遑论教育强国目标。"[②]面对人民群众对教育的多元化需求,亟须建立多样性、选择性、丰富性的教育,其中关键在于办学体制改革。开放民间办学,降低办学门槛,鼓励社会力量参与办学,打破体制障碍,为教育创新寻找新的可能。[③]民办高等教育作为重要的社会力量之一,为教育创新提供了另外一种新的可能。

独立学院转设为本科高校后,改变了公办与民办高校的比例结构,提升了区域公办与民办高校的办学层次和发展水平。截至 2022 年 5 月 31 日,我国

---

① 陈超,刘楚.作为深化教育体制机制改革必由之路的教育信息化:全国教育大会与教育信息化笔谈之三[J].中国电化教育,2019(1):12-16.

② 阙明坤,王云儿.我国建设高水平民办高校的动因、瓶颈及对策[J].现代教育管理,2022(2):74-83.

③ 陈超,刘楚.作为深化教育体制机制改革必由之路的教育信息化:全国教育大会与教育信息化笔谈之三[J].中国电化教育,2019(1):12-16.

共有1270所普通本科高校,其中有674所应用型本科高校,约占我国普通本科高校的53.07%。674所应用型本科高校包括:287所公办应用型本科高校、223所民办应用型本科高校和164所独立学院。此外,全国还有新设立的32所本科职业技术大学,其中22所为民办本科职业技术大学,10所为公办本科职业技术大学,有一部分也是源自独立学院转设。

一方面,独立学院转设为公办院校后,在经费、编制、待遇、政策等方面均会得到极大支持。例如,南京信息工程大学滨江学院转设为无锡学院后,获取无锡市人民政府的大力支持,与南京信息工程大学签约,围绕本科生联合培养、共建高水平师资队伍、支持学科培育建设、联合开展学科研究、推动干部人才交流等方面,进一步深化全方位、高层次、宽领域合作,加快把无锡学院建设成为高水平应用型大学。独立学院转设为公办本科高校后,不仅具有民办高校办学的特点和基因,其自身特色更加突出,进一步提升了社会认可度。

独立学院转设为公办院校后,在政府的支持下,学费也会变为按照公办高校收费,出现大幅下降。如表8-11所示,除了石河子大学科技学院之外,其余国有民办型独立学院在转设前每学年的学费基本在12000元以上。而在转设为公办院校后,这些院校的学费都有明显下降,除了艺术类专业学费稍高之外,普通类专业的学费基本降到了8000元或更低。针对独立学院转设后的收费问题,山西省发改委、省财政厅、省教育厅2021年曾发布文件明确:"转设为公办院校的,学费和住宿费实行政府定价;转设为民办的,学费和住宿费执行转设前收费标准。"

表8-11 部分独立学院转设为公办本科高校前后学费变化

省（区、市）	转设前校名	转设后校名	转设前学费/（元/学年）	转设后学费/（元/学年）
江苏	苏州大学文正学院	苏州城市学院	人文社科类:14000 理工科类:15000 艺术类:16500	文科类:5200 理科类:5500 工科类:5800 艺术类:6800
江苏	南京信息工程大学滨江学院	无锡学院	人文社科类:14000 理工科类:15000 艺术类:16500	人文类:5200 艺术类:6800 理科类:5500 工科类:5800
江西	江西理工大学应用科学学院	赣南科技学院	12000～14500	3880～8000

续表

省 (区、市)	转设前校名	转设后 校名	转设前学费/ (元/学年)	转设后学费/ (元/学年)
江西	东华理工大学 长江学院	赣东学院	文史类:12000 理工类:13500 艺术体育类:14500	文科(文史哲)类:3650 文科(经管法外)类: 3880 理工(Ⅰ)类:4120 理工(Ⅱ)体育类:4350 艺术类:8000
江西	江西中医药大学 科技学院	南昌医学院	医药类:14500 保险学、市场营销: 12000	医学类:4350 保险学、市场营销: 3880
江西	江西理工大学 应用科学学院	赣南科技 学院	12000~14500	普通类:3880~4120 设计学类:8000
甘肃	兰州财经大学长青 学院(与兰州资源 环境职业技术学院 合并)	兰州资源 环境职业 技术大学	13000~15000	普通生:4500 元 士官生:7000 元
广西	广西大学行健文理 学院(与广西农业 职业技术学院合并)	广西农业 职业技术 大学	13500~17000	6000~7500
河北	河北工业大学城市 学院(与承德石油 高等专科学校合并)	河北石油 职业技术 大学	普通类:10000~ 16000 艺术类:18000	普通本科:4900(暂定) 普通类专科:5000 中外合作办学:14000
山东	中国石油大学 胜利学院	山东石油 化工学院	非艺术类:12000 艺术类:13000	理工、管理类:4500 文学、教育类:4000 医学类:5400 艺术学:8000
山西	山西大学商务学院 (整合山西交通 职业技术学院、 山西建筑职业技术 学院办学资源)	山西工程 科技职业 大学	15000~17000	本科:普通类:4500~ 4800 艺术类:6000 专科:普通类:4000~ 5200 艺术类:6000
山西	太原科技大学 华科学院	山西科技 学院	15120~17040	普通类:4500~4800 艺术类:6000
新疆	新疆医科大学 厚博学院	新疆第二 医学院	13000~18000	4000

续表

省 (区、市)	转设前校名	转设后 校名	转设前学费/ (元/学年)	转设后学费/ (元/学年)
新疆	石河子大学科技学院	新疆政法 学院	9000~10000	本科:3100~3800 专科:2900~3300
浙江	温州大学瓯江学院	温州理工 学院	18000~26000	普通类:4800~6300 艺术类:9000 单考单招:9000
浙江	湖州师范学院 求真学院	湖州学院	17000~26000	普通类:4800~5500 艺术类:10000

另一方面,部分独立学院转设成为民办本科高校,大幅提升了高等教育的层次,提高了民办高等教育质量,促进了教育体制机制改革,推动了公办高等教育与民办高等教育协调发展。

大部分独立学院转设成为民办本科高校,使得民办本科高等教育规模大幅提升。一是办学水平得到了一定的提高。根据教育部办公厅《实施方案》要求,独立学院的办学条件必须达到本科高校办学设置标准,方可转设成为民办本科高校。这其中对办学规模、学科与专业、师资队伍、教学与科研水平、办学经费、基础设施等硬性指标有详细要求。转设成功的独立学院其办学水平在一定程度上都有较大提升。二是未来发展空间变大。独立学院在转设为民办本科高校后,脱离了母体学校的支撑,通过不断地开拓创新促进了学校的发展,让自己有一个更大的发展空间,这对学校的未来和教育事业的发展都是一个不错的选择。另外,独立学院转设后在人才培养质量提升度、内部治理完善度、办学基本条件改善度、外部资源获取能力强化度以及社会声誉评价提高度多方面都具有显著变化,也成为民办高等教育内涵发展的有效推动力量。

民办教育是教育事业发展的重要增长点和促进教育改革的重要力量。[①]独立学院转设后整体发展呈上升趋势。一是师资队伍水平显著提升。转设后学校的师资队伍力量增强,教授、副教授的比例、"双师型"师资队伍建设、高水平人才引进、教师队伍的管理与培养等各个方面取得了长足的发展。以三亚学院为例,目前已建立3个院士工作站(院士创新平台),是国内唯一拥有3个院士工作站(院士创新平台)的民办高校。二是科研水平进一步提升。科研水

---

① 阙明坤,段淑芬.我国民办高校改革发展成效、经验及展望:《教育规划纲要》实施十年审视[J].大学教育科学,2021(2):13-25.

平的高低是衡量一所高校学科发展、人才培养等的重要指标之一。独立学院转设为民办高校后,发挥自身特色优势,不断加强自身建设,发展态势良好。例如,温州大学城市学院转设为温州商学院后,重视科研工作,紧密对接地方经济社会发展需求,建有国家金融与发展实验室温州研究基地等科研机构,学校科研项目"中国地区金融风险指数构建与应用研究"获国家社科基金重大项目立项,"宏观调控理论创新研究"获国家社科基金重点项目立项。三是学科发展稳中有升。学科是构建人才培养体系的有效抓手,学科与专业的良性互动,是提高高等级教育质量的有力保障。转设后的民办本科高校,集中自身优势,打造符合自身与当地经济社会发展人才趋势的特色专业,形成了一批富有特色、改革卓有成效的专业,并相继被国家和省级设立为重点专业。譬如,三亚学院获批硕士学位授予权;武汉学院部分专业在一本批次招生;上海视觉艺术学院设计专业进入 QS 全球前 100 名段。四是研究生教育初露端倪。研究生教育资格的获批是一个学校综合实力的体现,也是学科高质量发展的有力例证。独立学院转设成为民办本科高校后,不断加强内涵建设,提升综合实力与水平,有的学校开始瞄准更高层次的研究生教育。目前,三亚学院已经获批研究生教育资格。总的来说,转设后的民办高校促进了我国高等教育事业的长足发展。

二、独立学院转设优化研究型应用型职业技能型高校比例

《教育部关于"十三五"时期高等学校设置工作的意见》首次对我国高等教育类型进行了明确划分,探索构建高等教育分类体系,明确提出,"以人才培养定位为基础,我国高等教育总体上可分为研究型、应用型和职业技能型三大类型"。[①] 研究型高等学校主要以培养学术研究的创新型人才为主,开展理论研究与创新,学位授予层次覆盖学士、硕士和博士,且研究生培养占较大比重。应用型高等学校主要从事服务经济社会发展的本科以上层次应用型人才培养,并从事社会发展与科技应用等方面的研究。职业技能型高等学校主要从事生产管理服务一线的专科层次技能型人才培养,并积极开展或参与技术服务及技能应用型改革与创新。各地要充分发挥资源配置和政策引导作用,逐步形成不同类型高等学校之间各安其位、相互协调,同类型高等学校之间有序竞争、争创一流的发展格局。

---

① 教育部关于"十三五"时期高等学校设置工作的意见[EB/OL].(2017-02-17)(2022-12-27).http://www.moe.gov.cn/srcsite/A03/s181/201702/t20170217_296529.html.

独立学院转设对于进一步构建高等教育分类体系具有重要意义。

首先,对于研究型大学而言,独立学院转设有利于研究型大学心无旁骛,致力于研究型人才培养。

随着隶属于研究型大学的独立学院逐渐脱离母体高校,完成转设,研究型大学可以发挥"双一流"建设高校培养急需高层次人才和基础研究人才主力军的作用,不再分散精力用于培养应用型人才。研究型大学可以更好地贯彻落实《教育部财政部国家发展改革委关于深入推进世界一流大学和一流学科建设的若干意见》,解决"双一流"建设中存在的高层次创新人才供给能力不足、服务国家战略需求不够精准、资源配置亟待优化等问题,更加突出"双一流"建设培养一流人才、服务国家战略需求、争创世界一流的导向,深化体制机制改革,统筹推进、分类建设一流大学和一流学科,在关键核心领域加快培养战略科技人才、一流科技领军人才和创新团队,加快建设"双一流"大学,为全面建成社会主义现代化强国提供有力支撑。

其次,对于应用型高校发展而言,独立学院转设为应用型本科高校,可以扩大应用型高等教育阵容,培养更多经济社会紧缺的应用型人才。

当前,面对经济结构深刻调整、产业升级加快步伐,高等教育结构性矛盾凸显,存在严重的同质化倾向,2023届高校毕业生高达1100多万人,大学生就业难与企业招工难并存,生产服务一线紧缺应用型、复合型、创新型人才,人才培养供给侧与市场需求侧并不匹配。2022年对全国应用型本科高校的调查显示,公办新建本科高校的科研竞争力最高,民办本科高校次之,独立学院最弱。进入应用型本科高校科研实力100强的高校有95所是公办高校,只有5所是民办本科高校或独立学院。

如何评价独立学院转设后的发展成效,是各界关注的焦点。紧紧围绕国家政策导向和独立学院发展态势,以评估性研究为重点,对独立学院转设成效开展追踪研究,可以将独立学院转设后的发展成效指标评价体系分为两级:一级指标分为五个维度,即办学基本条件改善度、人才培养质量提升度、内部治理完善度、外部资源获取能力强化度和社会声誉评价提高度,既反映教育投入,又反映教育产出。二级指标是对一级指标的具体观测点。通过专家论证、初步测试调整,丰富问卷内容,最终构建了独立学院转设发展成效指标评价体系,分为五个维度,即办学基本条件、人才培养质量、内部治理水平、外部资源获取能力和社会声誉评价,详见表8-12。

表 8-12 独立学院转设后发展成效评价指标体系

一级指标	二级指标	
办学基本条件	Q1	校园占地面积
	Q2	校园建筑面积
	Q3	在校生人数
	Q4	办学经费投入
	Q5	教学仪器设备值
	Q6	教师待遇
人才培养质量	Q7	批准专业设置数量
	Q8	教师队伍质量
	Q9	副高以上职称教师比例
	Q10	博士学位教师比例
	Q11	教学质量
	Q12	科研项目数量和级别
内部治理水平	Q13	董事会、校行政、校党委三者和谐程度
	Q14	党的领导与建设
	Q15	民主决策与管理
	Q16	招生自主权
	Q17	收费自主权
外部资源获取能力	Q18	地方政府的支持力度
	Q19	公共财政的扶持力度
	Q20	社会捐赠收入
	Q21	校企合作
	Q22	校校合作
	Q23	国际合作
	Q24	同等申报各类项目、参加会议等权利
社会声誉评价	Q25	招生录取分数线
	Q26	新生报到率
	Q27	大学排行榜排名
	Q28	毕业生就业率
	Q29	社会整体声誉

根据对 2008—2018 年 60 多所独立学院转设高校的调查来看,独立学院转设高校整体上均取得了较好的发展成效。独立学院转设后在人才培养质量提升度、内部治理完善度、办学基本条件改善度、外部资源获取能力强化度以及社会声誉评价提高度 5 个方面都具有显著变化。具体而言,办学基本条件方面改善明显(M=5.10)、人才培养质量有所提升(M=5.02)、内部治理善治度显著提升(M=5.01),同时独立学院外部资源获取能力强化度也有所改善(M=4.84),社会声誉评价提高度也有所提升(M=4.82),[①]详见表 8-13。

表 8-13 独立学院转设成效总体评价(n=60)

因素	平均数	标准差	偏度
社会声誉评价变化	4.82	0.77	−0.48
人才培养质量变化	5.02	0.62	−0.50
外部资源获取能力变化	4.84	0.57	−0.26
办学基本条件变化	5.10	0.84	−1.73
内部治理水平变化	5.01	0.69	−0.49
总体转设成效	4.94	0.58	−0.65

独立学院转设后在人才培养质量、内部治理水平、办学基本条件、外部资源获取能力以及社会声誉评价等方面都发生了较大的变化。对理论构想的独立学院转设成效结构与因素分析,进行了描述性统计分析,如图 8-3 所示,从中可以看到独立学院总体转设成效得分在 4.9365,从各因素得分可以看出,独立学院转设成效最好的是办学基本条件变化(M=5.1000)、人才培养质量变化(M=5.0194)和内部治理水平变化(M=5.0056),其次是外部资源获取能力变化(M=4.8417),最后是社会声誉评价变化(M=4.8167)。

党的二十大报告提出,加快建设国家战略人才力量,努力培养造就更多大师、战略科学家、一流科技领军人才和创新团队、青年科技人才、卓越工程师、大国工匠、高技能人才。早在 2011 年,教育部就发布《关于实施卓越工程师教育培养计划的若干意见》,卓越计划实施的层次包括工科的本科生、硕士研究生、博士研究生三个层次,培养现场工程师、设计开发工程师和研究型工程师等多种类型的工程师后备人才。我国应用型本科高校是培养现场工程师的主阵地,需要遵循工程型人才培养规律,解决产教脱节的关键问题,创立与行业

---

① 阙明坤,王慧英,原珂.我国独立学院转设发展效果的实证研究[J].教育与经济,2019(4):52-59.

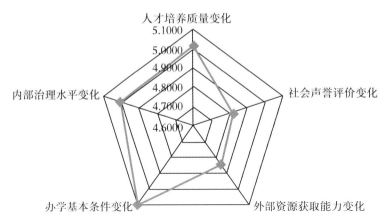

图 8-3　我国独立学院转设民办本科高校后整体效果评价图

企业联合培养人才的新机制,进一步落实国家关于地方本科院校转型战略,加快应用型高校高质量发展,按照《教育部、国家发展改革委、财政部关于引导部分地方普通本科高校向应用型转变的指导意见》提出的,"推动转型发展高校把办学思路真正转到服务地方经济社会发展上来,转到产教融合校企合作上来,转到培养应用型技术技能型人才上来,转到增强学生就业创业能力上来,全面提高学校服务区域经济社会发展和创新驱动发展的能力"。

独立学院转设为应用型本科高校后,可以更加贴近市场办学,树立正确办学定位,加强与行业企业对接,开展产教深度融合,增强应用型高等教育办学特色,有利于壮大应用型高等教育群落,优化我国高等教育生态体系。例如,广州南方学院(原中山大学南方学院)实施"学科专业知识传授、核心价值观传承、能力素质养成"三位一体的立体化人才培养方案,着力践行学科专业交叉、产科教融合的人才培养机制,实行"专业交叉、科产教融合、通专结合"的复合型、创新型、应用型高素质人才培养机制,在健康、医护、医技和工科类学科专业试点德国双元制人才培养模式。又如,科大讯飞举办的应用型民办本科院校安徽信息工程学院,发挥企业办学优势,突出实践教学环节,通过三段式、三明治、三学期的"三·三制"模式,加强实验技能和工程实践训练;通过基础实验、夏季小学期实训、专业生产实习、毕业设计(论文)等实践教学环节培养学生的应用实践能力;改变传统的生产实习和毕业实习模式,实习期间不少于 2 个月的一线实践学习,2 个月后进行轮岗,每个岗位由企业安排工程师直接指导。学校实践类课时占学生总课时的 40％以上,工学、艺术学更是高达 45％,实践环节考核引入国家技能标准,严格执行技能过关的企业实习准入制度,提升学生的实践动手和创新能力。学校近 75％ 的毕业生直接从事工程师岗位,让学校"产业工程师的摇篮"的办学愿景越来越近。

最后,对于职业技能型高等教育发展而言,独立学院转设为本科职业技术大学,有利于提升职业教育办学层次,优化现代职业教育体系。

国家高度重视职业教育发展,党的十八大以来出台一系列新政策新部署。2014 年 6 月,教育部等六部门联合印发的《现代职业教育体系建设规划(2014—2020 年)》提出,"在办好现有专科层次高等职业(专科)学校的基础上,发展应用技术类型高校,培养本科层次职业人才"。2019 年 1 月,国务院印发的《国家职业教育改革实施方案》提出,完善高层次应用型人才培养体系,开展本科层次职业教育试点。2020 年 9 月,教育部等九部门联合印发的《职业教育提质培优行动计划(2020—2023 年)》强调,"稳步发展高层次职业教育"。在此背景下,发展本科层次职业教育成为大势所趋和国家重要政策导向。2021 年 4 月,习近平总书记对全国职业教育大会的召开作出重要指示强调,在全面建设社会主义现代化国家新征程中,职业教育前途广阔、大有可为。要坚持党的领导,坚持正确办学方向,坚持立德树人,优化职业教育类型定位,深化产教融合、校企合作,深入推进育人方式、办学模式、管理体制、保障机制改革,稳步发展职业本科教育,建设一批高水平职业院校和专业,推动职普融通,增强职业教育适应性,加快构建现代职业教育体系,培养更多高素质技术技能人才、能工巧匠、大国工匠。2022 年,第十三届全国人民代表大会常务委员会第 34 次会议表决通过新修订的《职业教育法》,为本科职业教育发展提供了法律保障。可见,本科层次职业技术大学未来可期。

"职业教育和普通教育是两种不同的教育类型,具有同等重要地位",这是我国教育理念的一次重大变革,是党和国家把握教育发展规律、职业教育办学规律、人的全面发展规律作出的一个重大判断,揭示了职业教育的独特作用和本质属性。在国家顶层设计的指引下,多所独立学院通过直接转设或者与高职院校合并转设等途径,举办本科层次职业教育,打通中等职业教育、专科职业教育向上发展的通道。本科层次职业教育作为一种独特的类型教育,有着不同于传统普通本科教育的特点,必须大胆探索,走出一条适合自身发展的特色之路。本科层次职业教育是职业教育的本科层次,具有教育属性、职业属性和本科属性等基本属性,人才培养应定位于面向生产、建设、管理和服务一线,能够运用创新方法解决复杂问题的技术技能人才[1]。本科层次职业技术大学不能照抄照搬研究型或应用型高校的办学定位，而要坚持自身的职业特色。本科层次职业教育打破了专科职业教育"断头路"的尴尬局面，实现了办学层次的跃升。《教育部关于"十四五"时期高等学校设置工作的意见》提出，"以优质高等职业学校为基础，稳步发展本科层次职业学校"，教育部发展规划司在"十四五"时期高等学校设置规划编制工作中明确要求，拟设立的本科层次职业学校原则上每省（区、市）不超过2所。要狠练内功，提升质量，真正发挥职业技术大学在职业教育体系中的示范引领作用，加大宣传力度，提高社会认可度。本科层次职业教育作为跨界教育，深化产教融合、校企合作不仅是其人才培养的必由之路，也是实现其特色发展的重要法宝[2]。本科层次职业技术大学要认真思考专业发展与学科建设的关系，结合人才培养目标，根据职业需求，找准人才培养的异同点，设计本科层次职业学校的人才培养方案，从专业目标及职业需求、专业内容及职业内容、专业结构及职业结构、专业标准及职业标准等方面，构建以职业学科为支撑的专业体系[3]。稳步发展本科层次职业教育需要持续推进产教深度融合，真正实行校企双主体办学，让企业有话语权、决策权、参与权，发挥企业的办学主体作用。在实践环节上，确保不低于50%的实践教学比重和100%的实验实训项目开出率，顶岗实习时间不少于6个月；在教学组织上，应打破学科逻辑，基于工作过程重构课程。

三、独立学院转设促进东中西部及大中小城市高教资源布局

新中国成立以来，我国高等教育资源经历了两轮重大调整，分别在20世纪50年代和90年代。新中国成立到改革开放之前，我国形成了以北京、天津、上海、哈尔滨、长春、沈阳、大连、武汉、南京、成都、西安等中心城市为载体，以重点院校为龙头的若干高等教育区域中心，并以此为支撑奠定了北京、天津、上海、辽宁、湖北、四川、陕西等高等教育大省的地位。改革开放至今，中心城市办大学成为我国高校空间布局再生产的重要形式，以"211工程""985工

① 吴学敏.开展本科层次职业教育"变"与"不变"的辩证思考[J].中国职业技术教育,2020(25):9.
② 阙明坤,武婧,李东泽.本科职业技术大学的兴起背景、国际经验及人才培养机理[J].教育与职业,2019(20):6.
③ 侯长林,陈昌芸,罗静.本科层次职业学校学科选择及建设策略:兼论职业学科[J].高校教育管理,2020,14(6):8.

程"为核心的重点建设计划的实施,拉大了中央部委院校与地方院校的差距。20 世纪末,下放地方的大批原中央部委所属院校,在拉近了与区域经济社会发展距离的同时,也因地方财力等原因拉开了与未下放院校的差距。世纪之交的大扩招为地方高等教育的规模扩张和高等教育的大发展提供了历史机遇与空间,一些省份的高等院校数量有了大幅增长。

目前,从总体上看,当前我国高校布局仍然存在较为突出的不平衡问题,尤其是东部地区高教资源密集,北京、上海、南京等地高校林立,高等教育资源高度集中,而一些地方高等教育资源单薄,不利于经济社会发展。长期以来,政策资源、财政资源、人才资源的供给不平衡,造成我国高校在空间布局上不平衡、不合理,呈现出东部资源密集、中西部资源稀疏的"东高西低"格局。[1] 2020 年,江苏(167)、广东(154)、山东(152)、河南(151)位列全国省域普通高校数量前四。各地区 100 所以上规模高校省(区、市)占比中部为 83.3%,东部为 50%,东北为 33.3%,西部仅 8.3%。我国省均高校规模东部有 102 所,中部有 116.5 所,东北有 86 所,西部有 59 所,西部地区省份高校规模明显偏低。部(委)属高校中东部地区有 77 所,占比 65.25%,主要集中在北京、上海、南京、武汉、西安等高等教育中心城市;而中西部的山西、内蒙古、江西、广西、海南、贵州、云南、西藏、青海、新疆 10 个省区则没有 1 所部(委)属本科高校。2022 年"双一流"建设高校分布在 44 个城市,其中 131 所分布的 30 个城市为省会或直辖市,占比 89.12%,仅 16 所分布在 14 个非省会及直辖市城市,占比10.88%;其中 61 所(占比 41.50%)位于排名前三的北京、上海、南京,而有 10 个省份有且仅有 1 所。

习近平总书记强调:"要立足服务国家区域发展战略,优化区域教育资源配置,加快形成点线面结合、东中西呼应的教育发展空间格局,提升教育服务区域发展战略水平。"没有中西部高等教育的全面振兴,就无法全面缩小区域差异、城乡差异,就无法实现共同富裕的奋斗目标。

我国中西部地区和东北地区独立学院转设为独立设置的本科高校后,优化了区域高等教育资源布局。截至 2022 年 9 月,中西部省份共有 86 所独立学院转设为本科高校,有力地发展壮大了中西部本科高等教育,其中,河南 10 所,陕西 2 所,重庆 6 所,贵州 5 所,山西 5 所,湖北 18 所,广西 5 所,四川 7 所,江西 6 所,云南 3 所,河北 6 所,湖南 1 所,宁夏 1 所,甘肃 5 所,新疆 5 所,

---

① 刘琴,高众.加快高等教育结构优化调整:专访全国人大常委会委员、教科文卫委员会副主任委员,中国高等教育学会会长杜玉波[N].中国教育报,2021-03-08(1).

内蒙古 1 所。东北地区共有 30 所独立学院转设为本科高校,优化了东北地区高等教育资源布局,其中,辽宁 14 所,吉林 8 所,黑龙江 8 所。

　　特别是许多独立学院位于非省会城市,转设为本科高校后,有力促进了所在城市高等教育发展,缓解了区域范围内高教资源分布严重不均的问题,填补了一些地区本科高校的空白,增加了本科教育资源供给。例如,2021 年江苏省无锡市人均 GDP 全国城市排名第一,无锡的人均 GDP 达到 187416 元,高于深圳,但是该市长期以来只有江南大学 1 所研究型大学,12 所高职院校,没有应用型本科高校;后来随着江南大学太湖学院转设为无锡太湖学院,南京信息工程大学滨江学院迁址无锡办学,转设为无锡学院,该市才有了 2 所应用型本科高校。随着独立学院转设的不断推进,我国东中西部及大中小城市高教资源布局结构有望得到一定程度的优化。

第九章 独立学院转设为本科高校后的典型案例

独立学院转设为完全独立设置的本科高校,是组织形态、办学机制、领导体制、发展模式的重大变迁。转设后,不同类型的高校呈现出不同的发展状态,有的高校发展势头良好,充分展示了生机活力。

第一节 独立学院转设为民办本科高校案例——三亚学院

三亚学院的前身是海南大学三亚学院,由吉利控股集团举办,始建于2005 年 4 月。学校因应海南省"大特区"建设需要和"优先发展教育"的施政理念,以独立学院的身份诞生。与其他独立学院不同,三亚学院自创建伊始即采取全聘师资,坚持独立办学。学校经历了我国独立学院从"独立期"到"发展期"三个阶段:最初八年,作为海南大学的独立学院,三亚学院通过生存创业,完成了"出世计划",实现学校基础建构。2012 年,学校抓住机遇顺利完成转设,进入"二次创业"发展阶段,开启大学健康生态"阳光育人家园、体面学术社区、博雅文化高地、积极竞合平台、健康成长通衢"的布局及大学基本功能的均衡展开。转设以后,学校在延续现代大学内部治理模式的基础上,赢得了更适宜的外部发展环境,完整掌握独立办学的自主权,抓住机遇,乘势而上,着力于塑造特色、创建品牌,办成中国民办本科院校优秀代表。2015 年 12 月,学校于转设三年后通过教育部本科教学工作合格评估,进入逐步形成和增强核心竞争力的卓越发展时期。2016 年 3 月,学校成为海南省政府和三亚市政府"省市共建"民办大学。2021 年 11 月,学校成为专业硕士学位授予单位。2022 年 6 月,海南省政府全力支持学校办"三亚大学"。

目前,学校拥有 3000 余亩校园、23000 名师生、50 余万平方米建筑面积、

200 万册图书,56 个本科专业,3 个专业硕士点。学校总投资超 30 亿元。先后获得教育部"全国毕业生就业典型经验高校 50 强"和"创新创业典型经验高校 50 强"荣誉。学校报到注册率位居全国民办高校前列,80% 在校生来自岛外,超过 40% 的毕业生在海南就业,对海南自贸港建设特别是三亚经济社会发展的贡献日益突出。学校获得国家社科基金项目位列全国所有高校科研院所第 258 名(民办高校第 1 名)。转设后的三亚学院是我国成长较快和具备较强竞争力的民办本科院校。

一、成功出世,完成生存创业时期基础建构

2004 年,海南省"大特区"建设的目标与其各领域滞后的发展状况相差悬殊,苦于当时高校全部集中在海口,省内学子 80% 以上通过高考到岛外求学就业,导致以三亚为中心的琼南地区高素质人才匮乏,难以支持产业发展。根据当时政府"优先发展教育事业"的施政理念,在海南省南部三亚市发展高等教育、填补本科高校空白成为急迫且必须完成的任务。2005 年,教育部批准海南大学三亚学院办学,学校成为海南省唯一一所独立学院,从此,开始了建校之路。

2005 年,校园选址虽人迹罕至、一片荒芜,但学校建设得到省委省政府高度重视,建设三亚学院被列为 2005 年省重点建设项目的"一号问责工程"。2006 年,三亚学院建设被列为海南"十一五"期间重点发展项目。面对办学资源缺失、自然环境艰苦等诸多地域性困难,学校创业团队研判当时独立学院的生存机遇并前瞻谋划学校持续发展愿景,确定以"学生走进校园的目的是更好地走向社会"为办学使命,确定以董事会领导下的校长负责制为基础的现代民办高校治理模式;据此规划设计了"出世计划"发展思路,以优选办学路径、创新办学体制、建构制度文化、凝聚人心、锤炼队伍、形成规模、夯实基础为主的外延高效发展的目标,学校建立独立自有师资队伍,构建学校制度和文化体系,培育凝聚力高、高效工作的教学和管理团队,夯实办学基本条件,完成了学校基础建构任务;形成了经得起过去阶段性实践检验的基本图景、基本理念、基本价值、基本文化、基本制度和基础成就。

经过艰苦创业和初期常规发展,中国南端的三亚市建立起第一所本科大学,结束了海南南部没有本科院校的历史,为海南特区发展带来了各类资源、注入了新生力量,解决琼南发展中的人才难题。

二、成功转设,实现二次创业时期跨越式发展

2012 年 3 月,学校顺利通过转设评估,成为独立设置的民办普通本科院校。转设后,学校以办党放心、办人民满意的大学为方向,以民办机制为驱动、以探索现代大学制度为抓手,以提升办学质量为要务,以服务师生、服务社会和取得学校竞争力为目标。学校办学环境持续改善,独立办学地位得到规范明确,一直践行的现代大学治理模式得以更顺畅实施,开始了"二次创业",开启了学校以育人为本、教学为中心、科研为基础、提高品质为主的内涵稳健发展新阶段。学校以包容与开放的发展理念,形成发展战略、制度、文化、价值,以及有效的管理与运行机制,逐步塑造健康大学生态。吉利控股集团董事长李书福充分授权,给予学校领导班子依法治校、依规行权,进一步健全学校治理结构,完善学校制度体系。学校坚持党的领导,坚持依法治校,进一步构建和完善民办大学体制机制,推进"各司其职、专家治校、教授治学、科学管理、民主监督"的开明治理方式。学校在此基础上丰富了"党、政、学"三委员会决策机制,建立了若干二级委员会工作与协调机制,试行"行政六长"负责制,健全了党政各功能机构执行、监督、纠错与问责机制,推动了纪委教育监察和查处机制、群众参与和监督机制,试行了二级学院"有权办学"和"依规行权"机制,健全了人才队伍两条线发展通道和评价机制,完善了教学质量保障与提升机制、教学与课程评价改革机制、学生学业评价机制,以及在此基础上推行的树立学术地位、建构学术生态、建设良好学风的若干举措。学校坚持"管理即服务"的原则,明确大学管理即服务教学、服务师生,突出大学管理效能。学校不断下放办学自主权,推进分权、分层、分责的校院两级管理制度,充分调动和激发各级人员参与学校管理的积极性。

在转设以后,学校更加重视人才队伍建设,全方位规划人才队伍建设,实施高层次人才引进计划,面向全球启动"亿元人才引进计划",大力引进各类高层次人才以及有实力、同行认可、有影响力的学科专业带头人和学科专业团队、重大项目带头人;引进和培养学历职称高,在教学、科研上有发展潜力的中青年学术教学骨干,作为学校教学科研新的生力军和中坚力量;吸引一批海外高级人才到学校工作或进行多种形式的合作交流,提高学校教师队伍的国际化水平;本着"不求所有,但求我用"的原则,建立人才流动合作机制,以专兼结合、重在实际实用的方式,引进有学术理想、有作为、有重要影响力的专兼职高端人才;充分利用校企合作平台,引进和培养"双师、双能型"教师。学校积极发挥教师发展中心的作用,建立教师队伍培训长效机制。推进"青年教师校本

项目科研资助计划""百名博士攻读计划""骨干游学计划""中青年骨干专业拓展计划""中青年小班教学支持计划""中青年慕课名师计划"等,加强对骨干教师的培养培训,鼓励中青年教师拓展知识新视野、跟进新观念和新技术,提高教学水平和科研能力。2021年,三亚学院在国家社科基金重点项目上实现首个突破。

学校建立了服务学生成长的"教"与"学"一体化管理机制,实现分管教学和分管学生的校院二级工作联动机制,教师、教学管理、学生管理三支队伍协同联动机制,建立健全学校与学生的多维联系和交流机制、协作机制和相关工作的评价机制。建立学生中心等专业指导平台,通过服务学生,推动学校管理体制机制的建设和改革。建立了招生—培养—就业联动机制,以招生促培养、以培养促就业、以就业促招生,推动人才培养工作的全面联动。学校毕业生得到社会的广泛认可,年平均就业率超过96%。2014年,国务院总理李克强听取了校长陆丹关于学校校企合作的汇报,勉励学校培养具有精益求精精神的应用型人才。

学校在政策和制度的执行过程中,采取"稳定性"和"灵活性"相结合的管理方式。在教师和职员聘用、职业发展通道、师资培养进修、产权房的购置与补贴、高职称教师退休待遇等方面,学校积极争取到三亚市对民办高校副高级以上职称退休人员享受与同类公办高校同级别人员同等待遇的政策,坚持"稳定性";在导引"权责利"匹配、激励"能者多劳""绩优得多"等方面突出体现"灵活性"(一线关键岗位等)。学校灵活的激励机制充分调动了广大教职员工的工作积极性,学校"四业"(志业、敬业、专业、乐业)的职业化标准得到有力践行,打造了具有良好专业素养、较高管理水平、职业精神、服务能力的"四业"管理团队。经过转设后的三年内涵建设,学校的治理结构、师生积极性、管理效能、教学质量、学风状况、办学条件、国际化方面都有了进一步完善与提高,学校于2015年12月通过教育部本科教学合格评估。

三、成功申硕,全面推进"三亚大学"建设

2016年3月,海南省政府和三亚市政府在三亚签订《省市共建三亚学院协议》(以下简称《共建协议》),明确把申报硕士学位授权单位和建设"三亚大学"作为共建目标。学校围绕"以学生为中心"推进大学文化建设,把文化根植于学校事业和校园生活中。在全国高校中率先颁布办学纲要,全面规划卓越发展战略和实施方略。积极推动文化建设,颁布《大学文化解析与发力》等文件,不断塑造特色大学文化,并持续发力。学校始终保持观念开放,对市场反

应敏锐、决策和行动高效、内部团结向心力高、内耗低、组织内部变迁能力和动员能力强，充分发挥出民办大学机制的优势，形成特色鲜明的大学治理体系行动方案和文化自觉。学校持续完善健康的大学治理体系，通过完善的党委会、党政联席会、校务委员会、学术委员会、六长联席会各负其责决策机制和治理架构，有序推进分权、分层、分责的校院两级管理制度。通过不断完善专家治校、教授治学、民主管理、民主监督的运行机制，建立起与"以学生为中心"办学理念相适应，公开公正、依规行权、履职尽责的现代大学制度。

2017年，三亚学院被教育部评为全国创新创业典型经验高校50强，是当时中国少有、海南唯一的"双50强"高校单位。学校紧密围绕国家"一带一路"倡议和海南自贸港产业发展定位，整合优势学科、特色专业，发挥集群效应，建立起"旅游、文化""海洋工程、新能源汽车""商科、社会""大数据、人工智能""体育、健康"五大学科专业群，面向未来重点发展信息技术、金融、智能与新能源汽车、医疗、海洋类专业；前瞻性布局高性能计算和金融科技领域，投入上亿元建设海南第一个高性能计算实验室和金融科技实验室；服务新能源和车联网未来发展，成立5G实验中心与车联网实验中心；谋划建立高标准康养医学院与医院；为海南新一代信息技术产业、数字经济、健康产业和新能源经济发展，提供专业技术支撑和高层次人才支持。学校成立"盛宝金融科技学院""京东智慧物流产业学院""吉利工业互联网产业学院"等现代产业学院。在新发展阶段，学校正加快推进产教融合，以"产学研用"一体化办学引领学校新发展。

学校持续推动与岛外一流大学、一流学科（专业）和一级学会合作办学的"1+N计划"，引进国内外一流高校优质教育资源：与北京大学政府管理学院共建"三亚城市治理研究院"，与上海交通大学设计学院共建"国际设计学院"和"创新设计研究院"；国际合作方面，学校与丹麦盛宝银行合作共建"盛宝金融科技商学院"，与美国伯克利学院、英国及东盟高等院校洽商联合举办非独立法人的中外合作办学机构。

学校始终以进取者文化吸引人才、发展人才，以大学事业和梦想留住人才，引领大学不懈进步。通过不断强化"以进取者为标榜"的人才战略支点建设，学校面向国内外持续加大高层次人才引进和培养，创建有利于人才工作和优秀人才脱颖而出的竞争合作环境、干净温暖的环境和主人翁文化，为各类人才提供发展平台和成长空间。学校重视人才管理，结合学校发展战略和对人才队伍的动态要求，整体设计人力资源管理体系，完善人才招聘管理、培训管理、绩效管理和薪酬管理等制度，保证各管理模块功能完备、均衡发挥作用并有机衔接,整体良性运转,形成了人才激励和竞争淘汰机制,促进人才队伍自身提升。统筹规划和设计全员职业发展通道,以"能力地图"模式构建各级各类人员的职业要求、标准、职业化能力水平模型和职业成长、晋升和发展通道,激励教职工围绕工作目标,在各自岗位上进取作为,成为"技术能手""岗位专家""领域行家"。2016年4月,学校启动"亿元人才引进计划",着力加强高层次人才引进和培养,2017年5月启动主题为"百万年薪,产权住房,全球平台"的全球人才招聘。借助海南自贸港人才战略东风,学校目前共引进包括教育部新世纪优秀人才、国务院特殊津贴专家在内,具有博士学位、高级职称的高层次人才百余人,是海南省人才引进成绩最突出的单位之一。

学校在逐步实现大学人才培养、科学研究、社会服务、国际交流与合作、文化传承与创新五个基本功能时,着力于人才培养质量的提升、特色的提炼和服务地方经济社会能力的提高;在开展学科专业建设和师资队伍建设过程中,重点探索产学研合作的路径和双师型队伍的建设,突出本科应用型人才的培养。2018年1月,学校教育改革创新典型案例作为海南教育领域唯一获奖案例被教育部评为"第五届全国教育改革创新典型案例优秀奖"。在科学研究方面,学校建立3个院士工作站,大幅提升科研投入,大幅引进高层次人才,大抓项目、抓大项目,凝聚特色优势,还积极发挥智库作用,开展国家治理研究、地方治理研究、地方产业研究,实现国家战略和省市区域发展战略有效整合。在学校承担的纵向项目中,有80%与海南经济社会发展密切相关;同时承担地方政府、企事业单位委托课题100余项,部分研究成果为地方经济社会发展决策提供了重要依据。学校积极开展专业硕士点建设,2021年11月成为专业硕士学位授予单位,具有社会工作、电子信息、旅游管理3个专业硕士授权点。

三亚学院积极开放办学,学习国际高校先进办学经验,不断提高学校国际化水平。学校成功举办"全球500强企业CEO年度峰会""中非高等教育合作论坛""中国—东盟高等教育论坛",成功发起签署"中国—东盟民办大学校长合作共识",发起成立"中国—东盟民办大学联盟",成为国家"一带一路"海南战略高等教育对外交流合作与文化传播的重要平台。学校"印度尼西亚研究中心"入选教育部国别与区域研究中心项目,获批教育部"国家青少年研学基地"和"中国国际青少年活动中心—三亚学院基地"。学校响应"一带一路"倡议,与国家发展和改革委员会国际合作中心共同发起"丝路商学院"建设,并作为牵头单位同亚、非、欧10多个国家的高校共建"丝路商学院"。利用海南省整体作为服务贸易试点省份的良好契机和"丝路商学院"合作平台,加快与国外高校在国内或境外合作建立中外合作办学机构的进程,着力促成建立中外合作办学机构。

　　独立学院转设为本科高校后,给予学校真正的独立办学权利和责任。对三亚学院而言,转设还原了其在围绕办学使命愿景,在现代大学制度指引下独立办学的现实状态,从而为学校带来更大的发展空间和发展机会。学校坚持党的领导,坚定社会主义办学方向,秉承"让学生更好地走向社会"的办学使命,坚持依法合规、非营利办学,始终探索并实践现代大学治理模式,呼应并依托区域教育改革布局,服务区域经济社会发展。学校充分运用独立办学的自主权,充分发挥"自我激励、自我约束、自我超越"的民办机制,自觉加强依法治校、合规办学,构建"以学生为中心"的现代大学制度体系和大学健康文化生态。学校延续独立学院发展八年艰苦创业时期形成的"气质""基因",促进办学理念、体制机制、办学思路、办学行动的完整实施,并结合发展战略进行升华,为实现"学生竞争力"战略核心,建构"以学生为中心、以进取者为标杆、以教育情怀为乐趣"战略支点,全面迈向"卓越进程",探索现代大学之道,为建设"三亚大学"奠定了坚实基础,建立了行动起点。

第二节　独立学院转设为公办本科高校案例
——浙大宁波理工学院

　　浙大宁波理工学院是一所经教育部批准,由浙江省人民政府管理、宁波市人民政府举办、浙江大学支持办学的全日制公办普通本科高校。其前身是2001年6月成立的浙江大学宁波理工学院,是由宁波市和浙江大学合作创办、具有独立法人资格的独立学院,为宁波市属事业单位。2020年1月,教育部同意浙江大学宁波理工学院由独立学院转设为公办普通应用型本科高校——浙大宁波理工学院。学校现有全日制在校本科生10589人,教育部备案专业42个,形成了以工科为主,理、文、法、经、管等相互支撑、协调发展的学科专业体系,专任教师队伍中38%教师具有副教授以上职称,60%教师具有博士学位。拥有研究生导师174人(其中博士生导师21人)。学校依托名城名校,继承和弘扬浙江大学"求是创新"精神和浙东学术文化精髓,坚持内涵发展,提升核心竞争力,坚持开放办学,实现跨越式发展,努力建设"省内一流、全国百强"高水平创新性应用型大学。

一、应运而转,转设为公办普通本科学校的历史背景

独立学院转设为公办普通本科高校,是高等教育体制改革的新尝试,也是高等教育跨越式发展的有益探索。浙江大学宁波理工学院转设为公办普通本科高校——浙大宁波理工学院,顺应了国家推动独立学院转设、提高应用型人才培养质量的政策导向,为独立学院转设公办应用型本科高校提供了"浙江样板"。

(一)浙江大学宁波理工学院转设为公办本科高校转设的必要性

首先,转设是区域经济社会转型升级的需要。

浙江省第十四次党代会提出"两个高水平"的奋斗目标,宁波市提出"六化协同"战略,确定加快建设国际港口名城,努力打造东方文明之都的"名城名都"的奋斗目标。要实现奋斗目标,浙江省和宁波市都面临经济发展的质量和效益还不够高,科技创新、高等教育和人才的支撑作用还不够强等问题,特别是高水平大学建设短板明显。按照习近平总书记要求唱好杭甬"双城记"、区域一体化发展的要求,宁波市作为计划单列市、长三角南翼经济中心,加快高水平大学建设显得尤为迫切。将浙江大学宁波理工学院转设为公办普通本科学校,有利于其在更高的办学层次和实力水平上实现产学研用融合,服务国家长江经济带战略和浙江大湾区建设,为区域经济社会转型升级提供更强有力的人才保障和智力支持。

其次,转设是优化区域高等教育结构的需要。

浙江省第十四次党代会提出高等教育强省战略,全力打造杭州、宁波等高等教育重点区域。宁波市"十三五"教育事业发展规划提出提升高校核心竞争力,走量质并举、以质为先、特色发展、错位发展的道路。截至 2017 年,宁波市共有全日制普通高校 15 所,其中本科高校 7 所,高职高专院校 6 所,成人高校 2 所,在校生 15.5 万人。虽然高等教育事业取得显著成绩,但是对照跻身国内大城市第一方阵的高定位,距离打造一流创新型城市,还存在很大差距,急需高校提质升级。因此,将浙江大学宁波理工学院转设为公办普通本科学校,将快速提升办学水平,提高办学质量,有利于增强和优化宁波市乃至浙江省高等教育存量和结构,在区域发展中更好地发挥科技和人才的支撑性和引领性作用。

再次,转设是学校自身内涵发展的需要。

经过近 20 年的建设和发展,浙江大学宁波理工学院已经发展成为一所综合实力快速提升的应用型本科高校。学校 2015 年被确定为浙江省首批应用

型试点示范本科高校,2016年通过独立学院省级规范设置验收,2017年被确定为浙江省多科性教学研究型高校,2018年被列为浙江省新增硕士学位授予立项建设单位,自2013年始,学校已连续7年位居中国独立学院排行榜第1名,办学水平为社会广泛认可。但由于被纳入独立学院管理序列,学校与普通本科高校在教学改革、科研平台建设、高层次人才引进等方面竞争中处于劣势,严重制约学校办学水平和层次提升。将浙江大学宁波理工学院转设为公办普通本科学校,有利于学校突破办学体制约束,建立长效发展机制,在更高层次上开展人才培养、科学研究、社会服务及高水平的文化传承创新和国际交流合作。

最后,转设是深化一流高校与地方政府合作的需要。

根据浙江大学与宁波市人民政府新一轮战略合作框架协议和高教合作协议,市校双方支持浙江大学宁波理工学院转设为公办普通本科学校,并继续巩固拓展宁波市与浙江大学合作办学资源,积极提升学校人才培养质量和办学层次,将学校转型提升为高水平创新性应用型大学。将浙江大学宁波理工学院转设为公办普通本科学校,有利于与新的市校合作载体资源共享,优势互补,对接浙江大学高水平学科资源和高水平学术平台,快速形成学科优势和特色,加快推进市校深度合作进程。

(二)浙江大学宁波理工学院转设为公办本科高校转设的可行性

浙江大学宁波理工学院转设为公办本科高校,不仅具有必要性,而且也具备客观现实条件。

一方面,浙江大学宁波理工学院具备独立设置的公办普通本科学校的条件。

截至2019年,对照国家设立公办普通本科学校的相关规定,浙江大学宁波理工学院各项办学指标均已满足要求。在办学规模方面,学校有全日制在校本科生1万余人。在学科与专业方面,学校有7个学科门类,其中工学涉及13个一级学科,覆盖专业20个。在师资队伍方面,学校具有研究生学历的教师数占专任教师总数83.66%,具有副高级专业技术职务以上的专任教师人数占专任教师总数的45.59%。在教学水平方面,学校于2012年通过"学士学位授权评估",2016年通过"独立学院省级规范设置验收"。2017年,学校在全省56所本科院校校(院)长教学述职测评中综合排名第16名,在全省独立学院中排名第一。在浙江省教育厅组织的对本科高校教学工作巡回诊断检查中,专家组充分肯定了学校教学工作的突出成绩及办学特色。在基础设施方面,学校占地面积744070平方米(1116亩),生均占地面积72.39平方米,校舍建筑面积、教学科研行政用房面积均符合标准。学校图书馆馆藏文献总量、纸质图书均达标,且共享浙江大学的数字资源。在办学经费方面,学校的收入来源主要为学生学费,其他包括学生住宿费、科研经费、财政专项拨款、教育培训以及利息等。转设成公办普通本科学校后,由宁波市人民政府履行举办者职责,保障办学条件,负责学校公办运作经费拨款,学校经费预算形式参照宁波市属高校标准执行。在领导班子方面,学校党政领导班子有 8 人,具有较高政治素质和管理能力。

另一方面,浙江大学宁波理工学院具有良好的办学基础与鲜明的办学特色。

学校秉持"教育为学生提升价值"的办学理念,始终坚持人才培养中心地位,坚持"以本为本",推进"四个回归",致力于培养"德智体美劳全面发展,具有人文精神和科学素养的高素质应用型创新人才"。

第一,人才培养质量过硬。学校以"立德树人"为根本,贯彻落实党和国家教育方针政策,按照全国教育大会和高校思想政治工作会议精神要求,加强师德师风建设和学生思想政治教育。学校落实全国高校本科教育工作会议精神,按照高层次应用型人才培养要求,以专业评估和认证为导向,不断优化课程体系,积极改革教学方法及手段,推广现代教育信息技术。2013 年,在浙江省本科一批招生。学校实践教学体系特色鲜明,2 项教学改革成果分别于 2014 年、2016 年获省教学成果一等奖;2013 年 ACM 参赛队进入全球总决赛,在 120 支全球参赛队中排名第 41 位;连续三年入选"红点"设计奖亚太区最佳大学排行榜;机电与能源工程学院被认定为宁波市首批试点特色学院,并牵头宁波市智能制造学院有关工作。2019 年学校"宁波装备制造业产学研技术创新联盟"被评为浙江省高等学校省级产教融合示范基地。

第二,学科专业建设稳步加强。学校努力构建以工科为主,理、工、文、法、经、管等相互支撑、协调发展的学科专业体系,促进多学科交叉融合,调整优化学科结构与专业布局,主动适应地方产业结构转型升级,融入宁波市"中国制造 2025"试点示范城市、"246"万千亿级产业集群建设,推动建设具有区域特色的新技术、新产业、新业态和新模式。"十二五"以来自筹资金 1 亿元建设 10 个优势特色学科和 10 个重点特色专业,取得显著建设成果,新增 3 个"十二五"省重点学科,3 个"十三五"省一流学科(B 类),6 个"十二五"省新兴特色专业,5 个"十三五"省优势特色专业。2017 年,学校实施了一流学科建设计划,启动学校 8 个一流学科和 1 个一流学科方向的建设工作。目前,学校已有国家级平台 1 个、省部级平台 4 个。

第三,科学研究和社会服务成效明显。学校注重科研项目的积累和科研成果的集聚,结合区域产业结构升级和战略性新兴产业发展,培育出多项高水平科研成果。近年来,学校每年新增国家自然科学基金、社科基金等国家级项目10余项,近5年累计发表高水平论文770余篇,其中SCI/SSCI收录论文近400篇。2014年以来,学校获批国家科技支撑计划课题1项,获得国家自然基金海外合作项目、国家自然科学基金重点项目、中国与乌克兰政府间科技交流项目共6项,获得国家社科基金重大项目子课题2项,获批科研经费千万元级以上的省部级项目、获得省部级以上科研奖励共16项,其中作为第一完成单位的有4项。学科建设成果在社会服务中显现了较强的辐射作用,建成了科技合作基地、研发与服务中心、重点实验室、协同创新中心、人文社科研究基地等国家、省、市科研创新平台18个。与宁波市9个县市区建立校地科技战略合作关系,并与部分县市区共建技术转移中心,牵头成立宁波市产业技术创新联盟2个,与行业企业共建6个研发中心,建有宁波市金融研究院等市级资政咨询研究机构8个。

同时,学校发展得到浙江大学与地方政府的大力支持。

自2001年宁波市与浙江大学"名城名校"携手创建浙江大学宁波理工学院以来,市校双方均高度重视宁波理工学院的建设发展,浙江大学通过输送高水平师资、办学管理力量等,全面支持宁波理工学院提升人才培养、专业学科、师资队伍、科研服务等方面质量,保证学院高起点高质量办学。宁波市政府投入专项资金1700余万元支持宁波理工学院实施"9211人才专项支持计划",从浙江大学引进22名"学科领航教授"和"教学卓越教授"。2018年4月,省委常委会决定支持学校转设,努力将学校建设成为高水平应用型大学,并将学校转设工作列入修订后的《浙江省"十三五"时期高等学校设置规划》。2018年8月,宁波市与浙江大学签订新的高教合作协议,明确市校共建浙大宁波理工学院。

学校转设后,市校双方将继续深化战略合作,充分发挥浙江大学办学优势,放大优质教育资源,创新和优化办学机制,全力支持浙大宁波理工学院加强师资队伍、学科、专业建设等,全面提高浙大宁波理工学院办学质量和水平,更好地服务于浙江省建设高等教育强省的战略。宁波市人民政府负责浙大宁波理工学院公办运作经费拨款。学校将实行党委领导下的校长负责制,在浙江大学支持下独立办学。浙江大学同意将继续支持高水平师资以双聘、兼聘形式到宁波理工学院工作,促进师资队伍水平提升,确保学院的办学水平和人才培养质量。学校以"省内一流,全国百强"作为发展目标,切实提高学校办学层次和培养质量,把学校建设成一所高水平创新性应用型大学。学校的转设必将改善浙江省的高等教育布局,提升宁波市的高等教育办学层次。

二、跨域式发展,转设后学校步入高质量发展快车道

转设为公办高校后,浙大宁波理工学院锚定"省内一流、全国百强"发展目标,坚持"立足宁波、依托浙江大学、放眼全球"发展思路,推动党建与事业融合发展,深化办学治校数字化改革,持续加强内涵建设,全面提升办学水平,为区域经济社会发展作出更大贡献。

(一)坚持思想政治引领,开创事业发展新局面

第一,坚持把党的政治建设摆在首位。深入学习贯彻习近平新时代中国特色社会主义思想,巩固深化党史学习教育成果,引导广大党员、干部深刻领悟"两个确立",不断增强"四个意识"、坚定"四个自信"、做到"两个维护"。优化党委理论学习中心组的组织形式,加强院级党组织中心组学习的制度化、规范性建设,探索联学共学新方式,推进学习型班子建设。

第二,加强和改进思想政治和宣传文化工作。以课程思政建设为着力点,完善师风教风学风校风一体推进机制。深化思政课教学改革创新,开发"沉浸式党史E路学"线上教育平台。加强校园文化建设,推动文化群建设,开展党建思政与文化建设课题项目立项建设工作,探索文化育人新方式、新载体、新形态。系统构建宣传工作新格局,提升媒体融合的能力水平,全面展示办学成效和师生精神风貌。

第三,系统性重塑,建设变革型组织。充分发挥院级党组织在推动教学科研管理工作中的政治核心和监督保障作用,扎实推进学习型、服务型、创新型、变革型组织建设。落实教师党支部书记"双带头人"培育工程。实施"对标争先"建设计划,形成2至3个省、市高校党建工作先进典型。推动中层领导班子结构功能重塑、干部队伍能力素质重塑、干部成长路径重塑、干部工作体系重塑和干部队伍团队文化重塑,打造干净忠诚担当的高素质专业化干部队伍。

(二)坚持聚焦内涵建设,取得提质创优新业绩

第一,提升教学质量和水平。深化教学改革,推进拔尖人才培养。完成专业建设规划,凝练专业特色,加快专业认证步伐,新增省级及以上一流专业建设点2个,市级以上教学成果奖5项,省级及以上教研教改项目10项。推进专业综合改革,试点构建跨专业微辅修平台。深化课程思政,加强一流课程建设过程管理,加快高水平教材建设。授课教授比例达85%。深化通识教育改

革,加强体育艺术教育,深入开展"双创"教育。加强实践教学课程建设,加大教学实践基地建设力度,推进"数字化＋"跨学科专业实验平台。严把毕业论文质量关。完善教学评价激励机制,建立全过程、立体式教师教学发展培训体系。健全本科教育评价体系,加强教学质量标准和评估。学校 2021 届毕业生整体就业率为 96.19％,国内外深造率 16.68％,其中国内升学率 9.74％,出国(境)率 6.93％。

第二,加强学科专业建设。浙大宁波理工学院坚持以学科建设为龙头,以学科建设统筹人才培养、师资队伍、科学研究、社会服务和资源配置。学校"十二五"期间投入 1 亿元建设十大优势特色学科(方向),"十三五"期间启动建设 9 个一流学科(方向)。与浙江大学等省内外高校联合开展硕士研究生培养,在校研究生近 300 人,累计培养近 1600 人,建有浙江省博士后工作站。获批"十三五"省一流(B 类)3 个,建有国家级科研平台 1 个、省部级科研平台 5 个、市级科研平台 14 个、市级创新团队 10 个,学校被列为浙江省新增硕士学位授予立项建设单位。

第三,重点提高科研量级层级。聚焦国家战略发展方向和地方产业需求,加强与宁波市龙头企业、单项冠军以及浙江大学宁波科创中心的合作,重点培育扶持科研平台和团队。在国家、省市科创平台、重大重点项目、科研成果奖励上实现新突破,加强研究机构的运行管理和绩效考核。2021 年浙大宁波理工学院当年外源科研到款总经费 1.1483 亿元,创历史新高。从 2001 年建校元年仅 50 万元外源科研经费,到 2021 年外源科研经费突破 1 亿元,该校用 20 年时间实现科研体量 200 倍跨越。学校作为完成单位之一,参与的"包装食品杀菌与灌装高性能装备关键技术及应用"项目荣获 2020 年度国家技术发明奖二等奖。学校获浙江省自然科学基金重点项目等省级重点项目 4 项。作为主持单位获批宁波市重大科技专项项目 10 项,获财政经费支持 2350 万。2011—2020 年十年间,学校累计服务地方党委政府部门及其直属单位 477 家次,共完成各类(横向)科研项目 745 项,合同经费总额 9766 余万元;累计服务高校院所、企事业单位及社会团体 1726 家次,获得各类项目 2026 项,合同总经费 60444 余万元。2021 年,外源横向科研经费到款 7307 万元。

第四,提高教育国际化水平。立足学科发展方向,在工科领域大力拓展中外合作办学。推进中东欧高层次合作,吸引海外学者来校授课访学。建立教育部国别与区域研究中心"波兰研究中心"等国际合作平台。打造英文授课国际化课程体系,提高学校全外语授课课程比例。提高国际科研合作论文数量,举办高层次国际学术会议。完善出国境资助体系,"十三五"期间,年均 290 名学生参加各类出国境交流交换学习项目。

(三)坚持优化体制机制，实现改革创新新跨越

一是切实增强战略落地能力。深化综合绩效考核体系改革研究，加强对"十四五"发展规划实施过程的监督管理，确保发展路径精准实施。从总体规划出发，对专项规划和学院规划层层解码，推动战略举措和重点工作落到实处，实现战略、执行、评价、反馈的闭环管理。加强体制机制创新，坚持"目标导向、优胜劣汰、透明公正、持续提升"，实施动态管理，优化办学资源配置，攻克学校建设发展的难点痛点问题。

二是全力推进数字化改革。升级改造现有信息基础设施，打造有线、无线、物联网与5G"四网融合"的校园网，完善融合门户。以师生需求为导向，加强部门协同，优化改造业务流程，积极推进校务服务事项网上办理。提炼提升各类多跨服务场景，重点攻关财务报销、物资(服务)采购、科研管理服务、学生奖助贷、迎新、离校、出国境等多跨部门服务"一件事联办""一网通办"，提升师生获得感。加大信息化建设经费投入，2022年度划拨数字化改革经费2500万元，占学校年预算支出经费4.97%。

三是健全学生工作管理机制。建设"学生思政创新发展中心"，打造集素质提升、工作研究、品牌孵化于一体的学生工作发展平台。完善"三全"育人体制机制，构建学工队伍精神识别系统，梳理学生教育管理亮显指标体系，实施多维协同的学风建设工程，提升育人工作满意度。以"五育并举"为导向，完善学生综合素质评价指导意见，制订劳动教育实施方案。建立健全学生生活园区管理机制体制。

四是提升生源和就业质量。落实招生就业数据分析与反馈机制，加强与人才培养的联动互动。完善全方位、立体化的线上线下相结合招生宣传体系。深化招生网格精细管理工作，密切与重点生源基地的沟通。优化招生专业结构，逐步增加工科专业省内计划。实施"满意度提升工程"，毕业生对母校满意度、用人单位对毕业生满意度等指标稳步提升。

三、着眼长远，转设后学校未来可期

《浙大宁波理工学院"十四五"发展规划》提出"两步走"战略，"第一步，2025年主要办学指标接近或达到全国大学两百强水平；第二步，主要办学指标接近或达到全国大学百强水平、基本建成为一流创新型应用型大学"。学校以服务区域经济社会发展为宗旨，持续提升办学水平与综合实力，完善高层次应用型创新创业人才培养机制，在国家级科技创新平台、国家级重大重点项目方面实现新突破,将学校建设成综合办学水平进入"省内一流、全国百强"的高水平创新性应用型大学。

(一)坚持理念创新,深化应用型人才培养体系

积极借鉴国内外成功经验,创新和深化应用型人才培养理念和工作体系,以"中国制造 2025"为导向,以宁波市智能经济建设为重点,对接地方产业结构升级转型和战略性新兴产业发展,主动服务地方经济社会发展和人才培养。积极创建国家和省级教学示范中心及省、市重点实验室。按照"外接产业,内接专业"的思路,深化应用型学科专业一体化建设,构建对接区域产业链的特色专业群,建立专业评估与退出机制,制订应用型人才培养规划及实施方案,加强"双能型"师资队伍建设,深化教育教学综合改革,创新人才培养机制,大力实施创新创业教育,积极利用校内外资源协同育人。学校咨询委员会和各专业建设指导委员会由浙江大学、政府部门和知名企业的教授、专家和高级管理人员担任。

(二)坚持机制创新,强化支撑型科研开发体系

学校实施人才强校战略,形成一支师德过硬、业务精湛、结构合理、充满活力的师资队伍。2019 年,全职引进中国工程院院士李焯芬、闻雪友,学校现有两院院士 3 名,享受国务院特殊津贴专家、国家杰青、国家"特优人才"、"新世纪百千万人才工程"、浙江省"151 人才工程"等各类市级以上人才工程人选 194 名。专任教师队伍中 38% 教师具有副教授以上职称,60% 教师具有博士学位。学校现有教育部"双万计划"一流专业建设点 11 个、科技部国际科技合作基地 1 个、教育部区域与国别研究基地 1 个、国家海洋局研发与服务中心 1 个。在科研方面,学校以国家"一带一路"倡议、长江经济带战略、大湾区战略为指引,按照宁波市"一带一路"综合试验区创建、"中国制造 2025"试点城市建设等工作要求,推进科技体制机制创新,依托浙江大学宁波研究院等浙江大学延伸平台,重点面向高端装备、新一代信息技术、新能源、大湾区建设等领域,通过浙江大学"双一流"学科的延伸、辐射和共享,深化产学研融合、校企合作,突出应用性科学研究与多元协同产学研创新人才培养。

(三)坚持协同创新,优化区域型社会服务体系

深化国际交流和校地战略合作,紧扣宁波市产业技术创新跨越发展工程和产学研合作伙伴计划,以创业宁波引领计划为契机,不断优化科技服务平台、人才培养服务平台、资政咨询平台、校园服务平台和资金募集平台建设,与境内外高校、地方政府、企业、第三方机构等开展多元化的交流与合作,提升服务地方经济发展能力,充分利用海外资源、校友资源、企业资源、兄弟院校资源,推进学校的跨越式发展。建立以科技成果转化和产业化为导向的激励机制。推进区域科技创新平台建设,拓展产学研成果转化渠道,探索与企业合作共建产业技术创新联盟,着力培育科技创新型企业,形成产学研创结合的有机整体,将学校打造成有区域影响力的先进技术转移中心、科技服务中心和技术创新基地。

第三节　独立学院与高职院校合并转设为本科职业大学案例——河北科技工程职业技术大学

　　2021 年 1 月 25 日,教育部正式批准邢台职业技术学院与华北电力大学科技学院合并转设为河北科技工程职业技术大学,成为河北省公办本科层次职业学校。华北电力大学科技学院成立于 2002 年 6 月,是一所全日制本科层次独立学院,有在校生 7000 余人,开设电气工程及自动化、机械工程等 23 个本科专业。邢台职业技术学院的建校历史可追溯到 1975 年,其时全国重点大学原北京农业机械化学院从重庆迁至河北邢台,更名为华北农业机械化学院。1979 年,华北农业机械化学院计划迁京,其留在邢台的教职工在原校址建立"邢台农业机械学校",隶属于国家农业机械部。1983 年归属中国人民解放军总后勤部,学校更名为中国人民解放军军需工业学校。1991 年军地联合承担国家高职教育试点任务,建立邢台高等职业技术学校,一校两名。1997 年正式更名为邢台职业技术学院,成为国家第一所正式以"职业技术学院"规范命名并挂牌的院校,已升格的军需工业高等专科学校相应地更名为军需工业学院。2002 年从中国人民解放军总后勤部整体移交河北省管理。该校是国家示范性高职、国家优质专科高职、中国特色高水平专业群(A 档)建设单位、全国毕业生就业典型经验高校 50 强。

　　两校转设合并后的河北科技工程职业技术大学,是一所以工科为主,工、经、管、艺协调发展,面向全国招生,具有本专科教育、留学生教育、继续教育等多种办学层次和类型,为社会培养生产、建设、管理、服务一线的技术技能型人才的综合性职业本科学校。独立学院与高职院校的合并转设,让这所有着部队基因的学校经过 40 余年的发展壮大,实现了中专、大专、职教本科三个办学层次的跨越式发展,助力建设高水平本科职业技术大学,推动新时代职业本科教育高质量发展。

一、乘势而为实现合并转设

推动独立学院与高职院校合并转设为职业本科大学，促进教育转型发展和创新发展，是对独立学院转设模式的有益探索。华北电力大学科技学院与邢台职业技术学院合并转设为河北科技工程职业技术大学，是双方优势互补、资源共享、平等协商、互惠共赢的结果，顺应了国家关于推动独立学院转设，促进独立学院转型发展和职业教育高质量发展的大势，为独立学院合并转设之路提供了典型的"河北样板"。

（一）大势所趋，合并转设顺应各方需要

第一，是优化河北省高等教育布局的需要。截至 2020 年，河北省尚无本科层次职业学校，职业教育办学层次相对较低。从高校地域分布上来看，河北省 125 所本专科学校多半集中在石家庄、保定和唐山等经济发展水平较高的城市，而邢台作为老牌工业基地，仅有 4 所高等学校，其中仅 1 所普通本科院校，高等教育结构布局不尽合理。两校合并转设为本科层次职业院校，有利于优化河北省高等教育层次结构，填补邢台市域工科类本科院校空白，加快现代职业教育体系建设，增强高等教育服务区域经济社会发展能力。

第二，是适应产业变革对高素质技术技能人才的需要。我国正在打造新兴产业链，推动传统产业高端化、智能化、绿色化，加快壮大新一代信息技术、高端装备、新能源汽车等新兴产业。在此背景下，信息技术和装备制造产业高质量发展，将需要大量有工匠精神、有精湛技艺、有创新本领的跨界型复合职业人才。根据《制造业人才发展规划指南》，至 2025 年我国新一代信息技术产业人才缺口将达 950 万人。近年来，河北省实施了"高精尖缺"技能人才培养支持计划，每年计划培养"高精尖"技能人才 3 万人，但河北省缺少本科层次职业大学，而专科层次职业教育培养能力难以满足产业变革的需要。华北电力大学科技学院与邢台职业技术学院合并转设为本科层次职业大学，是在公办院校中开展本科层次职业教育的新探索，有利于融合双方教育优势，培养理论知识扎实、专业技能精湛的高素质创新型技术技能人才，满足区域产业变革的迫切需要。

第三，是区域经济高质量发展的需要。作为京津冀协同发展的重要功能节点城市，河北省邢台市确定将以先进制造业为支撑、科技创新为动力、研发转化为先导，积极承接京津产业、技术和人才转移，加快构建结构优化、布局合理、特色鲜明的产业体系。但邢台经济发展总体水平在全省仍处于落后位置，特别是技术和人才短缺已成为制约邢台经济高质量发展的短板。每年邢台市市域范围内高校的本科学历毕业生数仅为 5000 人左右,院校人才培养支撑力度远远不足,亟须增加地方职业本科学校,提升高素质创新型技术技能人才培养能力。两校合并转设为以工科为主的职业技术大学,人才培养方向符合邢台市产业转型升级要求,有利于继续发挥学校行业优势,建立学校与企业双元育人机制,更好满足国家发展战略和区域经济发展需要。

第四,是探索本科职业教育办学路径的需要。为落实教育部关于推进独立学院转设的工作部署,华北电力大学积极探索符合学校发展实际的转设路径,但是几经努力,未能顺利将科技学院转为普通公办或民办院校。经多方沟通协商,华北电力大学最终确定通过将科技学院与邢台职业技术学院整合资源进行合并的方式实现转设。邢台职业技术学院办学条件较好,办学质量较高,是国家示范性高职院校、国家"双高计划"建设高校,具备举办本科职业大学的基本条件。因此,两校合并转设既解决了华北电力大学科技学院转设所面临的难题,实现高质量按期完成转设,同时也为其他同类独立学院完成转设提供可借鉴的经验,是探索独立学院转设的现实需要。

(二)夯实基础,为合并转设做足准备

首先,厘清了举办者之间责权利关系。华北电力大学是教育部直属高校,学校积极响应国家"能转快转"的工作要求,在明确采用与高职院校合并完成转设的路径后,华北电力大学与国家电网河北省电力公司签订了终止合作办学协议,明确了资产权属,厘清了债权债务关系,确保在合并转设过程中没有国有资产流失。

其次,完成合并转设前期准备工作。华北电力大学科技学院完成了财务清算和财产清偿,华北电力大学、华北电力大学科技学院与邢台职业技术学院三方成立了合并转设工作组,共同制定了《华北电力大学科技学院与邢台职业技术学院合并转设方案》,签署了《合并转设协议书》,就合并转设有关问题达成了一致意见,并明确了过渡期办学与师生安置方案。

再次,各级政府高度重视、大力支持。河北省政府高度重视独立学院转设,要求积极稳妥推进相关工作。邢台市政府与华北电力大学签订了《邢台市人民政府与华北电力大学战略合作协议》,并将推动独立学院合并转设作为重点工作来抓,专门成立了转设工作领导小组,多次召开专题会议,研究解决转设过程中的困难问题,在土地划拨、教职工安置等方面全力予以支持。

最后,办学条件基本达到本科学校设置标准。华北电力大学科技学院当时有在校生 7000 余人,开设了电气工程及自动化、机械工程等 23 个本科专业。经过十年的探索发展,已初步形成办学规模和人才培养特色。邢台职业技术学院已有 40 多年办学历史,秉承军需精神和邢职文化,在办学规模、学科与专业设置、师资队伍、教科研水平、基础设施、办学经费、领导班子等方面具有良好的基础。两校联合起来在土地、建筑、图书、设备等方面办学条件已基本达到本科学校设置标准。

(三)谋篇布局,科学定位学校发展新目标

职业本科相对于高职专科,不是简单的"更"的关系,不是"理论更广、实践更多、能力更强"之类描述所能准确反映的"递进"或"延伸"的关系。职业本科聚焦确需长学制培养的相关专业,并在理论和技能的综合化、复杂性方面充分体现本科层次教育水平,同时带动高职专科提质升级。

合并转设后,学校致力于办好高水平职业本科教育,立足邢台、服务河北、辐射京津、面向军地高端装备制造业及生产性服务业,培养德智体美劳全面发展,掌握扎实的理论基础和技术基础知识,具备过硬的专业技能,能够解决复杂问题的高素质创新型技术技能人才。

聚焦人才培养目标,学校进一步明确职业本科教育发展目标。学校继续保持职教本色、做到"三个坚持"——坚持产教融合办学主线、坚持军民融合办学特色、坚持服务地方办学方向,着力办好职业本科;做到"四个提升"——人才培养向创新型提升、师资向"专家型双师"转型提升、科技服务向引领型转变提升、办学条件向一流职业本科学校提升。根据教育部发布的《本科层次职业学校设置标准(试行)》和《本科层次职业教育专业设置管理办法(试行)》,学校确定了发展本科层次职业教育的具体指标,主要有:一是完成新校区建设,校区占地 1600 余亩;二是全日制在校生 18000 人(其中本科生 13000 人);三是高级职称教师占比达到 40% 以上;四是建成 5~6 个引领行业和支撑企业关键技术与创新技术的省级科研平台。

(四)因势利导,理顺学校办学体制机制

华北电力大学科技学院与邢台职业技术学院合并转设这一创新举措,既实现了邢台职业技术学院的转型升格,推动职业教育向更高水平和更高层次发展;也盘活了华北电力大学科技学院的沉淀资源,探索了一条独立学院的合并转设之路,实现了两校的双赢。转设后的河北科技工程职业技术大学传承弘扬军队办学作风,遵循"德能并蓄,敏行担当"的校训,坚持"雷厉风行,团结奉献,实干创新,追求卓越"的学校精神,不断理顺办学体制、管理体制和运行机制,充分融合"双一流"大学沉淀的办学优势和地方高职院校小而精的发展特色。

在办学体制上,学校既注重发挥教育部直属高校、"双一流"大学先进的办学理念和优质的教学资源优势,高起点办好职业本科教育;又注重赓续军需、邢职精神,优化"邢台模式",发挥地方职业院校培养技术技能型人才的优势,特色化办好职业本科教育。在管理体制上,学校既注重发挥"双一流"大学管理体制稳定性和科学化的优势,以制度建设赋能学校各项管理事业发展,克服了独立学院时期学校管理体制存在的缺陷;又注重发挥地方职业院校管理体制的灵活性和部队院校管理体制的规范性优势,克服了专科高职时期学校管理体制存在的机械化、简单化问题,促进学校管理体制和运行机制更加顺畅高效。在师资队伍建设上,学校既注重发挥"双一流"大学高水平教师在教学和科研方面的显著优势,提高理论教学水平,夯实学生成长的理论功底;又注重发挥高职院校和独立学院原有应用型教师在实践教学、工程训练、社会服务、校企合作等方面的优势,提高实践教学水平,为学生成长提供技术技能支撑,实现两种类型师资相互配合与优势互补,为培养高素质应用型技术技能人才提供"双师型"师资队伍保障。

二、深化技术技能型人才培养模式改革

(一)提质培优打造高水平专业集群

专业是高校人才培养的基本教学单元,是高等教育质量保障的关键要素。《本科层次职业教育专业设置管理办法(试行)》中明确要求,"高校定期对专业设置情况进行自我评议"。学校充分吸收合并转设前两所高校的特色专业建设经验,大力发展优势特色专业,专业设置立足邢台,紧跟京津冀就业市场产业和企业的需求变化,契合产业布局。学校紧密对接京津冀及雄安新区产业结构发展,瞄准高端产业和产业高端,集聚优势打造高水平专业群。结合学校实际,服务河北省现代化工业体系建设、战略性新兴产业和区域传统产业升级发展,学校打造了以汽车检测与维修技术专业群、服装设计与工艺专业群、智能制造专业群为核心,以新一代信息技术专业群与现代商务专业群双向联合、复合支撑的"三核双融"五大主体专业群以及智能建造、环境工程、数字传媒三大特色专业群。

学校将"结构"视为专业群建设的核心要素,将"专业群内专业的结构优化"视为助推专业群高质量发展的核心抓手,不断巩固、完善"需求分析—多元评价—常态预警—动态调整"机制,促进学校从专业数量规模导向转为专业结构均衡导向,以结构性均衡发展优化专业布局,服务产业发展需求。对接区域产业转型升级需求,重点打造智能制造、新一代信息技术、新能源汽车等学科专业群,联动发展服饰产业、绿色建筑、数字传媒、智能财会和现代商务等学科

专业群。

（二）健全人才培养质量保障体系

构建完善的人才培养质量保障体系是高校提升人才培养质量的必经之路。合并转设后，河北科技工程职业技术大学立足培养高素质应用型技术技能人才，为社会培养更多的"金蓝领"，从切实履行人才培养工作质量保证主体的责任出发，建立"学校—二级单位—科室（专业/课程）"三级质量保障组织体系，建立校系两级督导和校内外诊改评价的专家队伍，以及各系部、职能部门、各教研室和班级选配的诊改信息员队伍，为培养高素质应用型技术技能人才提供有力保障。

学校准确把握人才培养质量保障体系建设运行的基本逻辑，构建了基于大数据分析的"纵向五系统、横向五层面、深向五链环""五纵五横五深向"质量螺旋提升的人才培养质量保障体系，并确定每一方向质量保障的各类主体及其分工，保证了体系设计的系统性和科学性，指导了诊改实践。围绕人才培养质量保障体系的高效运行，该校从四个方面进行有序推进：一是制定、完善了质量管理制度和标准，包括人才培养工作状态数据采集管理办法、人才培养质量报告制度、专业诊改和课程诊改三级指标体系等；二是分期分批进行了质量管理培训、诊改培训，通过国家诊改委、省诊改委、校本培训等，完成了对学校领导、中层干部、科室主任、信息员、普通教师等千余名教职员工的质量管理培训；三是建立了规范化的运行机制，实施"11211"计划，即建设一个智慧校园平台，遵循一条由发展规划到评价奖惩的诊改主线，开展教学诊改和行政督导两项工作，提供从人力到财务、资源等的新一轮全方位保障，形成一种深入人心的质量文化；四是按照省级诊改复核的标准和要求，进行了各层面的动态调整和自主诊改。

同时，为不断提高应用型技术技能人才培养质量，学校重点实施了三项举措。一是持续强化人才培养数据管理。学校设置了专门岗位，建立了信息采集与分析队伍，加强运用智慧校园平台进行日常管理和教学质量监控，充分发挥人才培养数据在决策、管理、运行、监控和人才培养工作年度质量报告等工作中的作用。

二是持续实施专业和课程诊改。以机械设计制造与自动化专业群为例，从专业建设规划与学生培养、课程建设与教学改革、师资队伍建设、教学条件建设、科研与技术服务、国际合作与交流六个维度，设计了 44 个质控点，依据事前设计目标、事中实时监控、事后诊断改进的思路，构建了"8 字型"质量改进螺旋提升体系，即时把握人才培养质量，从而推动了人才培养模式改革、专业建设和课程改革以及教育教学方法的创新。

三是持续开展人才培养质量调研。各系部与合作企业、用人单位均建立了长期联系,每年都会通过他们的反馈了解学生的就业情况、工作能力等信息;通过问卷调查等方式,开展多层面的学生调研,把握学生在校体验、成长成才、创新创业与职业发展等方面的情况,全面了解学校人才培养质量。对于人才培养质量的调研,学校会定期委托校外第三方评价机构(如麦可思)实施学校综合竞争力诊断分析、专业诊断、生源质量分析、学生成长评价、应届毕业生培养质量评价和毕业生中长期发展评价等项目调研。基于与第三方机构合作完成的调研和评价报告,找差距补短板,在优化专业布局、加强优势特色专业建设和课程设置、促进学生成长成才和就业创业等方面采取有力措施,学校均取得了明显成效,稳步提升了人才适应社会能力需求的质量。

(三)构建基于"三全育人"的思想政治教育体系

习近平总书记在全国高校思想政治工作会议上强调,要把思想政治工作贯穿教育教学全过程,实现全程育人、全方位育人。高校日常思想政治教育作为对大学生进行思想教育和日常管理的最基本、最重要途径,对大学生政治素质的提高和良好品德的养成具有其他教育方式无可替代的特殊作用。

合并转设后,学校紧密结合新时代高校思想政治工作改革发展需要,以"三全育人"综合改革为研究视角,强化过程评价、全要素评价和多主体评价,创新探索了把思政元素贯通"学生入学阶段—在校就读阶段—毕业阶段"3个环节,融入"思政党建—文体活动—社会实践—日常管理"4个领域,引向"辅导员—包班党员—学生骨干"3支队伍的"343"日常教育工作体系,在日常生活中开展润物细无声的思想政治教育。为优化全员全过程、全方位日常教育评价生态、提升高校思想政治工作质量提供了有益的借鉴和生动的实践经验,为培养思想政治素质过硬的大国工匠奠定了基础。

三、踔厉奋发走好高质量融合发展之路

党的十九届五中全会强调,"增强职业教育适应性""深化产教融合、校企合作",为新时代职业教育发展提供了根本遵循。完成合并转设后,河北科技工程职业技术大学发展在"融"字上下功夫,坚定"一流职教"的办学目标,立足邢台、服务河北、辐射京津,建成人才培养质量高、服务区域发展能力强、引领职教改革的一流职业技术大学。

一是走"产教融合"之路。"十四五"期间,学校坚持职业教育办学定位,坚持产教融合、校企合作贯穿全程,坚持高层次技术技能人才培养定位,高标准

完成本科职业技术大学转型建设。学校将面向技术技能人才链条的高端层次,适应新兴战略性产业发展和实体经济转型升级对高水平人才的需求,产教同步谋划、校企聚焦融合,夯实产业、行业、企业、职业和专业"五业联动"基础,强化政府、行业、企业、职业院校和科研院所"五方合力"效果,探索创新本科职业教育办学体制机制、育人模式、治理范式,扩大"守敬科坊"规模,成为本科职业技术教育办学和改革发展的"创新者""试验田""示范区"。

二是强"科教融合"之音。科教融合的"科",对于本科层次职业学校来说,指的是科技研发、科技服务,而非"双一流"大学的科学研究。职业技术大学要有大学的使命与担当,除了人才培养,尤其体现在科研上,要比专科更具层次和水平。学校转变观念,坚持教学中心,强化科研,切实提高教师的科技创新能力,把科研项目融入教学项目,把科研活动融入教学活动,实现教学与科研共生共长,着力打造本科层次职业学校服务社会、提升教育水平的科教融合典范。

三是打造"军民融合"特色。学校牵头成立了"军民融合职业教育产学研协同发展联盟",获批成为"河北省军民融合产学研用示范基地"。进入本科职教办学新阶段,学校将保持办学特色的延续性,利用好"联盟""基地"等平台,深化各方面合作,办出成果、办出成效、办出影响。学校将统筹整合资源,结合国家军民融合战略和职业教育产教融合战略,建设集教育、科研和军民融合专业技术人才培养为一体的"军民融合产教园",高水平打造军民两用技术积累转化和创新平台,践行"技术立校、军风育人"理念,培养"军地贯通"高层次技术技能人才,着力打造职教本科学校服务军民融合战略的典范。

第四节 独立学院转设为国有民办普通本科高校案例——桂林学院

桂林学院是一所经教育部批准设置的国有民办普通本科高校。该校前身系广西师范大学与社会投资方于2001年5月合作创办的广西师范大学漓江学院;2004年1月,经教育部确认取得"独立学院"办学资格。2021年5月,教育部同意广西师范大学漓江学院转设并更名为桂林学院,由广西壮族自治区教育厅主管、桂林新城投资开发集团有限公司(国有独资企业)举办。截至2022年9月,该校现有在校生13730人,校园规划占地面积1830多亩,拥有自治区级一流本科专业建设点增至 8 个,建设点总数位居全区民办高校第一。学校获得高等教育自治区级教学成果一、二、三等奖 9 项,广西社科研究优秀成果一、二、三等奖 3 项。学校创办以来,先后荣获"全国先进独立学院""全国民办高等教育创新创业教育示范学校文化建设奖""全国大中专学生志愿者暑期'三下乡'社会实践活动优秀单位""广西高等学校先进基层党组织"等一系列荣誉。

一、体制创新,建设国有民办城市型大学

该校全面贯彻党的教育方针,坚持社会主义办学方向,抢抓机遇,凭借独立学院转设的东风,推进机制体制改革,全力打造校市双向赋能新典范的国有民办城市型大学。

(一)多措并举,启动转设

学校自 2001 年办学以来,全面贯彻党的教育方针,坚持社会主义办学方向,秉承"向学、向善,自律、自强"校训精神和"至善"办学理念,贯彻落实立德树人根本任务,加大办学投入,完善基础设施,建设专任师资队伍,形成至善文化氛围,学生奖助体系健全,办学赢得广泛认可,办学条件达到了《普通本科学校设置暂行规定》设置标准和独立学院转设要求。2020 年,广西师范大学漓江学院根据教育部《实施方案》文件要求,启动转设工作。转设前后,学校通过党委理论中心组学习(扩大)会议、中层管理干部会议、教学和学生工作例会、学校官方媒体平台、邀请新举办者及桂林市领导来校座谈、自治区教育厅及教育部专家组进校实地考察座谈会等方式,宣传解读教育部办公厅《实施方案》《关于独立学院转设有关问题的说明》精神,通报自治区教育厅有关独立学院转设的总体安排和学校转设进展情况,并广泛听取师生对转设的意见和建议,使学生和家长吃上"定心丸",为稳步推进转设工作奠定了基础。

2021 年,教育部致函广西壮族自治区人民政府,同意广西师范大学漓江学院转设为独立设置的本科层次民办普通高等学校,并更名为桂林学院。学校根据教育部办公厅《关于加快推进独立学院转设工作实施方案》的部署安排,实现了从广西师范大学漓江学院转设为桂林学院的历史新跨越。2021 年12 月完成了学校党委、纪委更名,以及隶属关系由原隶属于广西师范大学党委变更为隶属于桂林市委教育工委的变更工作。在转设过程中,经由自治区教育厅向教育部报送了《履行举办者变更程序材料》,现任举办者桂林新城投资开发集团有限公司,是经桂林市人民政府授权临桂新区管委会出资设立的国有独资企业,具备法定资质和法人资格。

（二）明确定位，建设"两型""两性""一化"城市大学

该校坚持根植八桂、扎根桂林、对接粤港澳大湾区、面向全国、辐射东盟，明确"两型"（教学型、应用型）、"两性"（地方性、综合性）和"一化"（国际化）的发展定位，坚定"规范高效、特色鲜明、质量与就业双优的国有民办城市大学"发展目标，致力打造校市双向赋能新典范的国有民办城市型大学，培养德智体美劳全面发展、基础扎实、知识宽厚、具有"至善"品格的应用型、技术技能型人才。学校"十四五"规划明确提出，坚持"育人为本，教学为本，本科为本"的教育教学理念，坚持"质量核心，教学中心，学生本位，教师主体"的工作思路，坚持"以人为本，德育为先，依法治校，严格管理"的质量方针；牢牢抓住广西加快构建"南向、北联、东融、西合"全方位开放发展新格局和桂林全力打造世界级旅游城市等历史性战略机遇，以党的建设为引领，以通过教育部的转设学校过渡期考核和本科教学工作合格评估为目标，统筹推进教育教学综合改革和转型发展，以全日制应用型本科教育为主，积极拓展成人高等学历教育和国际学生教育，加快推进专业硕士研究生教育，加快推进基本办学条件改善，着力加强师资队伍建设，进一步调整优化学科专业结构布局，进一步优化人才培养方案，深度推进产教（地）融合发展，加快智慧校园建设，不断推进内部治理体系与治理能力现代化，积极推动教育国际化，力争在国内一流民办大学建设进程中实现新突破。

（三）健全体制，完善内部法人治理结构

转设后，学校认真落实《终止合作举办广西师范大学漓江学院暨善后事宜协议书》中关于转设过渡期及转设后的共同约定条款。多次召开座谈会群策群力推进转设过渡，学校于 2021 年 12 月组织召开行"砥砺二十载再启新征程——桂林学院建校 20 周年回顾与展望座谈会"，2022 年 5 月组织召开"桂林学院独立设置一周年纪念暨桂林学院广西师范大学两校深化合作座谈会"，通报学校转设以来的办学发展情况，听取来自桂林市委市政府、广西师范大学、广大校友及师生的建言献策，进一步营造了学校转设发展的良好氛围。学校积极争取桂林市委市政府支持，截至 2022 年 6 月，桂林市副市长先后主持召开 3 次专题会议，研究桂林学院转设过渡期相关工作并形成了会议备忘录，副市长参加指导董事会第七次会议。

同时，学校加强董事会和监事会建设。依照《桂林学院章程》有关规定，召开第一届董事会成立暨第一次会议，研究决策重大事项，董事会设立董事长 1人，副董事长 1 人，董事 5 人，董事会秘书 2 人，由桂林新城投资开发集团有限公司党总支部书记、董事长、总经理担任桂林学院董事长；成立桂林学院第一

届监事会,组成人员共5名,其中监事会主席1人,监事4人。完善董事会领导下的校长负责制,不断健全完善"校董事会领导—党委政治核心—校长行政负责—专家教授治学—多元民主监督"内部治理体系,定期召开董事会会议,对学校办学中的重大问题进行决策,校党委和监事会全程参与各项重大决策,校党委实行政治监督。学校把党组织建设有关内容纳入学校章程,明确党组织在学校法人治理结构中的地位。积极推进"双向进入、交叉任职",党委书记担任督导专员,进入校董事会,担任董事;校长担任董事会董事,同时担任校党委副书记;党委副书记兼纪委书记担任校监事会监事;副校长担任校党委委员和校监事会监事。学校实行大部制和校院两级管理体制,依托原有党政事务部、人力资源部、学生事务部、教学科研处、合作发展处、财务资产处、后勤保卫处、实验实训与网络信息中心、图书馆档案馆等大部制机构和二级学院的管理框架继续运行,有效地保障了正常教育教学秩序。

广西师范大学同样积极履行《终止合作举办广西师范大学漓江学院暨善后事宜协议书》有关约定,在保留学校高层管理人员、职称自主(委托)评审、部分学生住宿与管理、外聘教师选派和教学场地使用、教职工子女入学、新冠肺炎疫情防控等方面大力支持桂林学院发展,并将"继续支持桂林学院发展"列入广西师范大学党委行政2022年工作要点。

二、以"四新"建设为引领,提升专业培养能力

学校以"新工科、新医科、新农科、新文科"建设为引领,深入推进人才培养模式改革,面向新一轮科技革命,扎根中国大地,推动学科和产业变革、促进新经济发展、培养时代新人。学校加强学科专业结构调整,从教育思想、发展理念、质量标准、技术方法、质量评价等人才培养范式进行全方位改革,提升专业建设质量。

(一)以推进"四新"建设为导向,深化专业供给侧改革

以"四新"理念为指导,遵循学校自身发展小逻辑服务于经济社会发展大逻辑的基本原则,紧紧围绕区域经济社会发展需求、行业产业结构布局和桂林大学集聚区学科结构,主动对接需求,建好"新工科""新文科"。以学科专业为切入点,加强新工科建设,积极探索产教融合、文教融合、科教融合、校地融合的新路径,构建校地合作、校企合作、校际合作、国际合作的新模式;积极申报物联网工程、工程造价、城市设计、数字媒体技术、城乡规划、智能测控工程、医学信息工程、物流工程等工科专业,壮大工科专业数量。在新文科领域,推进构建科研反哺教学机制,为进一步促进学校师生对桂林文化和漓江文化等地

域文化的深切认知和深刻理解,学校成立"漓江文化研究院",设立专项课题系统开展漓江流域文化研究;联合广西高校人文社科重点研究基地桂学研究院举办 2020 年"桂学研究"系列主题讲座,讲座由十余位博导、教授、社会名流担任主讲嘉宾,围绕"传承八桂精神,弘扬桂学文化"主题,把最新人文社科科研成果转化为学习内容,激发学生专业学习兴趣,取得了较好的社会效应。

(二)聚焦"双一流"建设,提升专业与课程建设质量

学校主动适应新一轮科技革命和产业变革,改造提升传统专业,打造特色优势专业,不断完善协同育人和实践教学机制,不断提升人才培养的目标达成度和社会满意度。按照发展目标定位和学科专业定位,培育建设了一批适应区域经济社会发展需要、师资力量强、教学质量好,具有较高社会声誉的优势特色专业,取得了明显成效。截至 2022 年 6 月,该校建有广西民办高校重点建设专业 8 个、广西高校特色专业 2 个、广西高校转型试点专业(群)1 个、广西高校自治区级一流本科专业建设点 8 个。

(三)修订人才培养方案,优化课程体系

坚持"以本为本",全面贯彻落实《中国教育现代化 2035》、教育部《关于深化本科教育教学改革全面提高人才培养质量的意见》等政策精神,优化人才培养方案,重构课程体系,鼓励教学改革研究,推进双创教育、劳动教育、美育体育探索。严格对照《普通高等学校本科专业类教学质量国家标准》和各类专业认证标准,科学研判未来经济社会和行业发展对专业人才知识、能力、素质的要求,结合学校办学定位和人才培养目标,按照"社会需求—培养目标—毕业要求—课程体系"的逆向线性约束路径,构建基于产出导向(OBE)的课程教学体系,按需设课,持续改进,支撑学生素质、知识、能力培养需求,形成特色鲜明、层次清晰、模式多元的应用型人才培养体系。加强应用型课程建设,鼓励各专业与单位共建实践类、项目化课程,每个校企合作共建专业均建设了 5 门以上校企合作开发课程和 5 门以上校企合作建设的校本特色课程,构建了以学生应用能力培养为核心的应用型课程体系。推进课堂教学和一流课程建设。实现了课程思政教学全覆盖,积极开展校级课程思政示范课程、校级课程思政专项教改课题研究与实践,入选广西高校自治区级课程思政示范课 2 门;探索开展"互联网(智慧)+教学"课堂教学新形态,立项建设校级一流课程。提高课程建设质量,坚决避免因人设课,杜绝"水课",按照"高阶性、创新性、挑战度"的建设标准,打造"金课",现已拥有广西高校自治区级一流本科课程 5 门。

三、重视产教融合，培养学生实践创新能力

桂林学院以立德树人为根本任务，以学生发展为中心，突破传统路径依赖，充分发挥产业优势，发挥企业重要教育主体作用，深化产教融合，完善人才培养协同机制，大力培养产业需要的高素质应用型、复合型、创新型人才。

（一）产教融合扎实推进，建设现代产业学院

桂林学院大力推进以校企合作产教融合、服务区域经济社会发展为基本路径的转型发展，按照"以共建为基础，以共育为支撑，以共管为保障，以共赢为目标"的原则，先后与浙江名淘集团、广州粤嵌集团、东软教育集团、中软国际等国内外知名企业共建了"名淘电商学院""粤嵌电子工程学院""东软软件学院""中软国际大数据产业学院"等一批现代产业学院，着力构建开放、协同、共赢的产教融合教育生态体系，通过全新的产学研协同育人体制机制。以名淘电商学院为依托，与桂林市商务局共建"电商人才培训基地"和"电商项目校园孵化及运营中心"，与广西师范大学出版社集团共建数字出版专业、与广西通诚律师事务所等20余家法律实务机构和单位共建法学专业，推进产学研深度融合，共同推进高校与企业高质量发展，着力培养高素质应用型人才。

（二）强化创新创业教育，提高学生实践创新能力

持续加强毕业实习管理工作与毕业论文（设计）管理，全面推广使用"校友邦"毕业实习管理系统，实现学生实习全流程信息化管理和实习指导老师与学生"点对点"管理，实习管理效率得到提高。学校于2013年率先在自治区内开设《创业基础》通识必修课，各专业根据专业特色开设40余门创新创业类选修课，投资引进"智慧树""名淘云课堂"等在线教育资源库，面向全校提供创新创业类在线课程资源，所有课程都纳入学分制管理。全面推进"双创"工作，打造标志性成果，学校连续四年获得自治区就业创业工作突出单位，大学生创业实践基地入选广西高校第三批创业示范基地。先后获得教育部产学合作协同育人项目6项；获广西教育科学创新创业教育专项重点项目1项，一般项目1项；出版创新创业教育专著1部。先后派出20余批次教师参加各类双创师资培训，取得人社部SYB创业培训讲师资质28人，教育部高校创业指导师资质15人，其他各类创业师资资质28人。现有双创入库导师68人，其中4人入选教育部万人创新创业导师人才库，13人入选自治区优秀创新创业导师人才库。积极开展创新创业训练计划项目和培训，累计获得国家级、自治区级大学生创新创业训练计划项目500余项。定期与桂林市人社局联合开办SYB创

业培训班,已有近千名毕业生获得合格证书,扩大创新创业教育的参与面。支持鼓励学生参加学科(技能)竞赛等创新实践活动,以赛促学、以赛促练,调动了学生参与双创的积极性,扩大了双创教育的参与面,学生作品入选第十一届全国大学生创新创业年会,并做主题报告,系广西唯一民办高校代表;近年来学生获各类省级创新创业大赛金银铜奖 125 项,进一步拓展了视野,提升双创能力。积极推进教育部"1+X"证书与本科教学书证融通,拓展职业认证渠道,帮助学生获得社会第三方认证资质,无缝对接就业岗位需求,提升学生就业竞争力和职业发展能力,已完成"1+X"项目认证且考核合格学生近 600人。组织开展职业资格培训与认定,开办茶艺师培训,开办化妆、育婴师培训认证,取得中国音乐学院社会艺术水平认证、文化和旅游部中国艺术科技研究所美术技艺认证。成立第二课堂综合素质认证中心,整合专业课实践教学、创新创业教育、军事训练、社会实践、志愿者服务等实践教学环节,开展第二课堂学分认定,形成第一课堂与第二课堂联动的实践育人体系。

四、多措并举,加强师资队伍建设

学校深入学习贯彻全国教育大会精神,把教师队伍建设作为基础工作来抓,坚持师德第一标准,强化教师待遇保障,大力建设高素质专业化的教师队伍。

(一)注重引进,实施人才强校战略

学校通过实行自有教师岗全员劳动合同制和外聘教师全员劳务协议制"两条腿"走路的办法来开展师资队伍建设。为优化教师队伍结构,提升教学科研水平,桂林学院实行人才强校战略,出台实施《桂林学院高层次人才聘用管理办法(试行)》,聘用对象为具有副高级以上职称或取得博士学位的人员,以期进一步完善师资队伍职称结构与年龄结构。截至 2022 年 9 月,拥有专任教师 767 人,其中自有教师 527 人。专任教师中,具有高级职称的占比达30%;具有硕士研究生以上学的历占比 63.6%;拥有全国万名优秀创新创业导师人才库首批入库导师 4 名、广西高校卓越学者 1 名、广西高校思想政治教育卓越人才 1 名、广西高校"千骨计划"6 名及桂林市会计拔尖人才 1 名。

(二)强化培养,提升师资队伍的能力和水平

加强教师教学发展中心建设,组织开展校级教师教学创新大赛、教育信息化大赛、青年教师教学技能大赛、课程思政教学设计大赛、课程思政微课大赛等活动,助力教师提升教学能力和水平;开展师资培训工作,组织自有教师全员参加教学理念、教学技能等线上系列培训课程学习。坚持多形式、多渠道和

学用一致的原则,通过函授、脱产,鼓励教师提升学历,提高教师学历层次,努力造就一支师德高尚、素质优良、结构优化的高素质教师队伍。

(三)强化激励,构建多层次的教师教学荣誉体系

桂林学院积极营造重视人才的良好氛围,加大对学科带头人、突出贡献科研人员的激励力度。组织各级各类教学荣誉,以召开总结表彰会、发文通报、撰写优秀事迹表彰等多种方式对获得荣誉的教师进行表彰,营造尊师重教的良好氛围,鼓励和吸引更多的优秀教师积极投身教学改革和教学研究,切实提升本科教学水平和人才培养质量。

当前,桂林学院在发展过程中还面临着基本办学条件亟待改善、师资队伍建设亟待加强、学科专业结构亟待优化、整体办学水平亟待提升等问题。展望未来,桂林学院宜进一步加强校园基础设施建设、加快优化学科专业结构布局、深入推进校企协同产教融合,尽早通过本科教学工作合格评估,加快建成"校城双向赋能融合发展新典范的国有民办城市型大学"。

后　记

一本书，就是一段岁月。

孜孜矻矻，终日乾乾，努力写出一本书，总是期待自己的思考之光能在教育的海洋里晒出几粒盐，奉献于社会，呈现于读者。

这本书是本人承担的国家社会科学基金"十三五"规划教育学一般课题的研究梳理和成果呈现，亦是我 10 多年从事独立学院实践与理论探索的历史回眸和系统总结。

时间的指针回到 2008 年，我从一所公办高校到一所独立学院工作，从此与独立学院这一中国高等教育改革的新生事物紧密联系在一起，结下不解之缘。10 多年以来，我一直身处独立学院教学、科研、管理一线，见证过独立学院的蓬勃发展，参与过独立学院的探索转型，目睹过独立学院政策变迁的历程，体验过独立学院从公办高校剥离的不易，感受过独立学院转设后凤凰涅槃的艰辛。

法国著名社会学家皮埃尔·布迪厄曾说过："没有理论的具体研究是盲目的，而没有具体研究的理论则是空洞的。"教育理论研究离不开教育实践，在教育一线工作最大的好处是每天都处于教育改革天然实验室之中，每天都可以从事教育调研、观察、访谈、实验等工作。回首这些年来在独立学院以及独立学院转设高校工作的点点滴滴，发现那些曾经不以为然的经历也是一笔宝贵的财富。从 2008 年参加中国独立学院协作会常务理事会，到 2009 年参加中国独立学院协作会年会，从筹备全国独立学院表彰大会暨中国独立学院协作会 2010 年峰会，再到 2011 年参与独立学院转设揭牌，作为中国独立学院协作会秘书处负责人，我有幸参与了独立学院发展、壮大、转型等各个重要阶段重大改革事宜的谋划、研讨与实践。

2012 年之后，随着我工作的独立学院转设为普通应用型本科高校，在一定时期内虽然继续关注和跟踪独立学院的发展，但是主要精力投入独立学院转设后的可持续发展研究。曾经有一段时间感到迷茫，是否还需要从事独立学院研究,因为不少人表示独立学院将成为历史,转设是大势所趋,没必要还盯着这一领域。经历一段时期的彷徨与困惑之后,在与学界友人的交流探讨中,我获得启示,终于坚定了继续从事独立学院研究的信心——因为从历史长河观之,虽然20世纪80年代兴起的中国乡镇企业如昙花一现,在时代的潮起潮落中以转制等方式消失了,但依然有不少学者在从事乡镇企业研究,这样一种现代企业制度扎根于一个乡土社会之中所产生的新的经营和治理方式,对于解放生产力具有长盛不衰的深意;虽然起始于隋、确立于唐、发展于宋、绵延1300多年的中国古代科举制不复存在,但是还有那么多学者在研究科举制对现代考试选拔人才的启示。

正是基于此,我一直没有放弃对独立学院的跟踪研究,10多年以来,我先后随教育部发展规划司高校设置处、民办教育处和江苏省教育厅、中国独立学院协作会,实地走访调研了浙江、江苏、黑龙江、甘肃、四川、广西、广东、辽宁、重庆、山西等19个省、自治区、直辖市的90多所独立学院及转设高校,收集了许多独立学院及由独立学院转设的公、民办本科高校的第一手资料和数据。同时,围绕相关研究成果应邀在业内交流指导实践,我在全国新建本科院校联席会峰会、应用型高等教育体系构建与应用型本科院校发展学术研讨会、第一届长三角民办高校教学发展学术年会、首届全国教育学博士后论坛等学术会议上作独立学院领域主旨报告,接受《中国教育报》《南方都市报》《新华日报》等媒体采访。

深耕独立学院这一沃土,我也取得了一些研究成果,主持教育部人文社科项目"独立学院转设效果跟踪评估及政策调整研究"等课题,在《教育研究》《高等教育研究》《中国高教研究》《教育发展研究》《中国高等教育》《复旦教育论坛》《高校教育管理》等CSSCI期刊发表了一系列关于独立学院、高等教育、办学体制改革方面的学术论文,多篇论文被人大复印报刊资料转载。近几年,我直接参与起草教育部办公厅《关于加快推进独立学院转设工作的实施方案》、江苏省六部门《关于加快推进独立学院规范发展的意见》等政策文件。围绕独立学院转设、办学体制改革、民办高等教育等重大问题,撰写了一系列决策咨询报告,服务国家教育宏观决策,获得党和国家领导人肯定性批示。

大学是遗传和环境的产物,独立学院是植根于中国土壤、彰显中国智慧、具有中国特色的高等教育办学模式。我们生活在一个充满不稳定性、不确定性、复杂性、模糊性的时代,面对风险社会,本书通过深度调研独立学院的转设现状及瓶颈问题,深入分析了独立学院转设面临的五大风险,构建包括风险识别、风险评估、风险预警、风险应对在内的具有普遍适用价值的风险防范体系,丰富和发展高等教育风险管理理论,尝试系统回答独立学院转设中的重点和难点问题,提出推进独立学院转设的五大保障机制,同时对独立学院转设后的发展走向进行展望,希冀为独立学院转设后高质量发展提供借鉴。

值此拙著出版之际,我要向长期以来给予后学关心教诲、帮助支持的各位领导、师友、同仁深表谢忱。

感谢中国高等教育学会会长杜玉波,北京师范大学原校长钟秉林教授,国家教育咨询委员会秘书长、教育部原教育发展研究中心主任张力研究员,上海师范大学原校长杨德广教授,华中科技大学教科院刘献君教授,南京大学教育研究院龚放教授,中国高等教育学会副会长、教育部高等教育司原司长张大良研究员,美国加州大学校长办公室院校研究与学术规划主任常桐善教授,中国民办教育协会常务副会长、上海市人民政府参事胡卫研究员,厦门大学高教质评所所长、贵州师范大学校长助理史秋衡教授,浙江大学社科学部副部长顾建民教授,北京大学教育学院院长阎凤桥教授,北京师范大学高等教育研究院院长周海涛教授,浙江大学教育学院常务副院长阚阅教授,陕西省教育厅原副巡视员李维民教授,浙江树人学院原校长徐绪卿,中国教科院教育体制机制改革研究所所长王烽研究员,上海教科院民办教育研究所所长董圣足研究员,苏州大学教育学院院长助理王一涛教授,江苏教科院彭华安研究员。感谢教育部发展规划司和部分省、自治区、直辖市教育行政部门的领导。诸位专家为本书提供了悉心指导,指引了方向。

感谢独立学院举办者、管理者为本书提供了丰富素材和深邃见解。无锡太湖学院理事长金秋萍、四川工商学院董事长王六章、同济大学浙江学院董事长沈国甫、南京理工大学紫金学院原院长李新民、云南大学滇池学院院长马杰、西安交通大学城市学院院长陈光德、浙江工业大学之江学院原党委书记郑雅萍、中北大学信息商务学院原党委书记孙豫峰、吉利学院校长阙海宝、武汉学院党委书记陈祖亮、烟台理工学院校长于光辉、东软教育科技集团高级副总裁王维坤、桂林学院副校长杨庆庆、浙大宁波理工学院招办主任郑剑、三亚学院校办主任丁力玮、河北科技工程职业技术大学质量管理办公室主任鲍东杰等独立学院及转设高校的实干家长期耕耘在教育一线,对本书研究给予了大力支持,在此一并表示衷心的感谢。

感谢徐军伟、景安磊、李友仕、于光辉、潘秋静、王佳丽、原珂、雷承波、方建锋、丁秀棠、宣葵葵、王慧英、潘奇、陈春梅、魏训鹏、倪涛、段淑芬、谌卉君等课题组核心成员及同仁,为本课题取得预期成果提供了有力支持。拙著顺利出版,离不开厦门大学出版社编辑的细致编校、严谨审核,他们的辛勤付出,匡谬补阙,让拙著增色不少。

书不尽言,唯有感谢。我最想感谢的还有我的家人,为了支持我的学术研究,他们默默承受了家庭所有事务,让我安心投入自己热衷的研究领域。参加工作以来,我总是忙忙碌碌,放弃节假日休息时间,基本上无暇陪伴家人,让他们的生活中少了朝夕相依的温馨,多了辛劳忙碌的庸常;少了杏花烟雨江南的诗意,多了饱经风霜的沧桑经历。现在,唯有用这本新著感谢他们的信任支持、温暖相伴。

随着高等教育综合改革不断推进,许多独立学院虽然完成转设,消失在中国高等教育舞台,但是其通过制度变迁以新的组织形式屹立于高教之林。因此,独立学院相关研究并不会随之终止。希望拙著能为促进独立学院平稳转设和中国高等教育高质量发展,提供些许启示,那将善莫大焉。

囿于本人识力,谫陋难免,尚祈学界先达指正,恳请方家不吝赐教。

阙明坤
2022 年 12 月于凝熏斋